분단과 통일의 독일 현대사

손선홍 씀

손선홍

충남 당진에서 출생하였으며, 한국 외국어 대학 독어과를 졸업하고, 독일 하이델베르크 대학교에서 수학했다.

1980년 외교통상부에 들어온 이래 주프랑크푸르트 총영사관, 주오스트리아, 주독일, 주베트남, 그리고 주스위스 대사관에서 근무했다. 이어서 본부 홍보과장을 역임하고, 현재는 주프랑크푸르트 총영사관에서 근무하고 있다.

다년간 독일 근무 경험과 1995년 2월부터 8월까지 독일 프리드리히 에버트 재단(Friedlich Ebert Stiftung e.V.)에서 독일 통일 문제 연구 등으로 독일의 분단과 통일 문제에 조예가 깊다.

연세대학교 행정대학원을 졸업했으며, 논문으로 "동·서독 관계의 발전과 통일 문제"(1990)가 있다.

저서로는 『독일 독일인』(1989)이 있다.

분단과 통일의 독일 현대사

초판인쇄일 2005년 7월 20일
초판발행일 2005년 7월 25일

펴낸이 유재현
기획편집 전창림 이혜영
마케팅 안혜련 장만
디자인 예감
인쇄 제본 영신사
필름출력 ING
종이 한서지업사
라미네이팅 영민사

펴낸곳 소나무
등록 1987년 12월 12일 제2-403호
주소 121-830 서울시 마포구 상암동 11-9, 201호
전화 02-375-5784
팩스 02-375-5789
전자우편 sonamoopub@empal.com

책값 18,000원

ISBN 89-7139-545-1 93920

소나무 머리 맞대어 책을 만들고, 가슴 맞대고 고향을 일굽니다

차 례

이 책을 쓰면서 몇 가지 점을 유의하였다. 우선 쉽게 쓰기 위해 노력했다. 독자들이 쉽게 이해하도록 가급적 풀어쓰고, 중요한 용어는 독일어를 함께 표기하였다. 또한 관련된 역사적인 사진도 실었다. 동·서독 교류는 시대별로 나누지 않고 한 장에 정리했으며, 독일 현대사 일지는 부록에 실었다. 모쪼록 이 책이 분단에서 통일에 이르는 독일의 역사는 물론, 독일 통일에 관심이 있는 모든 분들에게 도움이 되었으면 하는 마음이다.

모든 일이 그러하듯이 이 책이 나오기까지 여러분의 도움이 있었다. 도로테 빌름스Dr. Dorothee Wilms 전 내독 관계부 장관은 독일 현대사에 관한 귀중한 자료를 제공해 주었고, 아데나워 재단으로부터도 자료 지원이 있었다. 또한 독일 연방 공보처는 두 번에 걸쳐 제2차 대전 이후의 사진 자료를 제공해 주었다. 관심을 갖고 격려와 조언을 해 준 외교통상부 선배님들과 동료들에게도 감사를 드린다.

오랫동안 원고 정리에 전념할 수 있도록 도와준 아내에게 고마운 마음을 전한다. 하이델베르크와 프랑크푸르트에서 각각 태어난 두 아들 재선載善이와 재필載弼이는 원고를 정리할 때는 옆에 있었는데, 지금은 군軍에 복무하고 있다. 원고를 정리하는 가운데 자주 오르내리던 청계산의 사계절이 눈앞에 아른거린다. 끝으로 다시 이 책을 흔쾌히 출간해 준 소나무 출판사 식구에게 감사드린다.

2005년 6월
서울에서 손선홍

를 펴낸 바 있다.

1995년 2월부터 8월까지 독일 프리드리히 에버트 재단(Friedrich Ebert Stiftung e.V.)에서 통일 문제를 심도 있게 연구할 기회가 있었다. 6개월의 연구 과정에는 독일 통일 작업에 참여했던 전문가의 강연뿐 아니라, 독일 외무부, 내무부, 재무부 및 연방은행 등 연방 기관과 막데부르크, 라이프치히, 드레스덴 및 포츠담 등 구동독 도시의 시청 등을 방문하여 그들과 의견을 나누는 일도 포함되었다. 에버트 재단에서의 연구는 독일 통일뿐만 아니라 통일에 따른 문제점을 이해하는 데 큰 도움이 되었다. 에버트 재단에서 연구가 끝난 뒤 독일 한국 대사관에서 1999년 2월까지 근무하면서 에버트 재단에서의 연구와 대사관 근무를 바탕으로 『새롭게 쓴 독일 현대사』를 보완하기로 마음먹었다. 그러나 처음 책을 낼 때도 그러했지만, 자료를 정리하고 글을 쓴다는 것은 무척이나 힘들었다. 때로 그만두어야겠다는 생각도 들어 나의 인내를 시험하기도 했다. 책이 나오기까지 처음에 생각한 것보다 오래 걸렸지만, 어려움 속에서도 결실을 맺게 되어 기쁘기 그지없다.

이 책은 제2차 대전 이후부터 통일 이후 통합 과정까지의 독일을 다루고 있는데, 1994년에 펴낸 『새롭게 쓴 독일현대사』를 토대로 하고 있다. 그러나 이 책에서는 통일 이후의 '독일 통합 과정'을 제11장에 새로 추가하였고, 제1장 '독일의 분단'부터 제10장 '독일 통일'에 이르기까지 전반에 걸쳐 많은 내용을 보완했다. 또 독일 지도도 추가했다. 따라서 전체적으로 새로 썼다고 할 수 있다. 이러한 점을 고려하여 책의 제목을 바꾸었는데, 이에 대한 독자들의 양해를 바란다.

독일인들은 1990년 10월 3일 자유로운 자결권 행사를 통해 염원하던 통일을 이룩했다. 독일 통일은 1945년 연합국에 의해 분할 점령된 지 45년, 그리고 1949년 동·서독으로 분단된 지 41년 만에 이루어졌다. 1945년 이후의 독일 역사는 "동·서독으로 분단, 분단을 극복하기 위한 과정, 평화적인 통일 달성, 그리고 통합 과정의 역사"로 요약할 수 있다.

비록 우리나라의 분단 원인이 독일과 다르지만, 서독이 확고한 독일 정책die Deutschlandpolitik을 바탕으로 동독과 교류를 추진하고, 또 평화적으로 통일을 이룩한 것은 아직도 분단의 어려움을 겪고 있는 우리에게 시사하는 바가 크다.

독일에 대해 깊은 관심을 갖게 된 것은 하이델베르크 대학에서 연수하던 1983년이었다. 연수하던 코스 가운데 독일 분단의 이해라는 프로그램을 통해 특히 강한 호기심을 갖게 되었다. 베를린 정세에 관한 강연을 듣고, 베를린 장벽을 둘러보면서 분단된 독일의 현실을 일부나마 이해할 수 있었다. 베를린에서의 경험은 나에게는 새롭고도 잊을 수 없는 경험이었다.

이후 동·서독 관계와 독일 현대 역사는 나의 주요 관심이었다. 프랑크푸르트와 비엔나에서 근무하며 독일 현대사에 관한 자료를 틈틈이 정리했다. 이 자료와 1990년에 작성한 논문 '동·서독 관계의 발전과 통일 문제'를 토대로 1994년『새롭게 쓴 독일 현대사』

분단과 통일의 독일 현대사

제1장 독일의 분단

강대국의 독일 분단 계획

제2차 대전에 패전한 독일은 미국, 영국, 소련, 프랑스의 4개국에 의해 분할 점령되고 영토 또한 축소되었다. 4개국에 의한 분할 점령과 영토 축소는 독일을 약화시켜 다시는 전쟁을 일으키지 못하도록 만들려는 조치였다. 이러한 방침은 이미 전쟁 중에 열린 여러 회담에서 결정된 것이다. 따라서 제2차 대전 이후의 독일 역사를 올바로 이해하기 위해서는 분단의 원인과 그 과정에 대한 이해가 필수적이다.

제2차 대전은 1939년 9월 1일 히틀러Adolf Hitler가 폴란드를 침공하면서 시작되었다. 영국과 프랑스는 히틀러의 침략을 저지하기 위해 9월 3일 독일에 선전 포고를 했다. 그러나 영국과 프랑스 두 나라는 적극적으로 전쟁에 개입하지 않고, 독일 서부 국경에서 방어 태세를 취했다. 독일이 폴란드를 공격한 지 2주 후인 9월 17일, 국경에 불안을 느낀 소련도 동쪽에서 폴란드를 공격했다. 9월 28일 독일과 소련이 우호 조약을 체결함으로써, 폴란드는 두 나라에 의해 양분되었다. 폴란드를 점령한 히틀러는 서방측이 협상을 제의해 오리라 생각하고, 잠시 공격을 멈추었다.

하지만 전격전電擊戰 구상에 따라 독일군은 1940년 4월 다시 대규모 공세를 취해 덴마크와 노르웨이를 침공했다. 이어 5월에는 벨기에, 네덜란드, 룩셈부르크를 점령했다. 6월 14일 독일군이 파리를 점령하자, 6월 21일 프랑스는 결국 항복했다. 유럽 대륙을 석권한 독일은 영국으로 칼끝을 돌려 6월부터 9월까지 세 달 동안 무차별 폭격을 가했으나, 영국인들은 끈질기게 대항했다.

마침내 독일군은 1941년 6월 22일 소련을 공격했다. 히틀러는 폴란드를 침공하기 불과 1주일 전인 1939년 8월 23일 소련과 불가침 조약을 체결했는데, 이 조약을 일방적으로 파기하고 소련을 공격한 것이다. 전쟁을 시작하기 전 소련의 개입을 우려하여 조약을 맺었으나, 이제 독일군이 파리까지 점령하자 마음이 바뀐 것이다.

당시 소련군은 별다른 대비를 하지 않았기 때문에 독일군의 공격은 계획대로 순조롭게 이루어져, 레닌그라드를 점령하고 모스크바 공격을 준비하고 있었다. 그러나 혹독한 겨울 추위가 몰아닥쳤다. 엄동설한에 보급마저 끊어지고 소련군이 거세게 저항하자 독일군은 더 이상 공격을 지속하기 어려웠다. 소련군은 이 기회를 이용하여 후방에서 전력을 재정비하여 반격할 준비를 했다.

한편 일본은 선전 포고 없이 1941년 12월 7일 하와이 진주만에 있는 미국 해군 기지를 기습 공격했다. 갑작스러운 공격을 당한 미국이 즉시 일본에 선전 포고를 하자, 일본과 동맹 관계에 있던 독일과 이탈리아는 12월 11일 미국에 선전 포고를 했다. 미국이 전쟁에 개입함으로써 이제 전쟁은 온 세계로 확대되었다.

미국이 참전하기 4개월 전인 1941년 8월 14일 미국의 루스벨트Franklin D. Roosevelt 대통령과 영국의 처칠Winston S. Churchill 수상은 북대서양의 영국 전함에서 만났다. 그들은 이곳에서 앞으로 전쟁을 어떻게 이끌 것인가 하는 문제와 전후의 정책 방향에 관하여 협의하고, 이를 요약한 '대서양 헌장The Atlantic Charter'을 발표했다.

두 정상은 '대서양 헌장'에서 미국과 영국은 영토 획득을 비롯한 다른 목적이 없으며, 당사국 국민의 자유로운 의사에 어긋나는 영토 변경은 원하지 않는다는 입장을 밝혔다. 또한 두 정상은 어떠한 형태의 정부를 선택할 것인가 하는 문제에 관해서는 모든 국민들의 권리를 존중할 것이라고 말했다. 또한 나치 독재가 완전히 패망한 후 모든 국민들이 자신의 국경선 안에서 안전하게 거주할 수 있는 평화가 이루어지기를 바란다고 했다. 이와 같이 대서양 헌장이 발표될 때까지만 해도 미국이나 영국은 독일을 분할할 생각은 하지 않았다.

독일을 분할하여 힘이 약한 나라로 만들자는 제안은 맨 처음 소련의 스탈린Josef W. Stalin으로부터 나왔다. 전쟁이 전세계로 확대되자 영국과 소련은 동맹을 맺고자 했다. 동맹 문제 협의를 위해 1941년 12월 이든Anthony Eden 영국 외무장관이 스탈린을 방문했다. 스탈린은 이든 장관에게 전쟁이 끝난 후 독일과 체결할 강화 조약의 내용을 언급하며, 두 번이나 전쟁을 일으킨 독일을 분할하여 약화시키자는 제의를 했다.

즉 스탈린은 독일의 라인란트Rheinland와 바이에른Bayern 지방을 별도의 독립 국가로 만들고, 동프로이센Ostpreuβen(독일 본토와 분리되어 있던 독일 영토로 오늘날 러시아 칼리닌그라드와 그 주변 지역)과 주변 지역은 폴란드에게, 쥬데텐 지역(폴란드와 국경을 마주하고 있는 체코슬로바키아의 북서 지방으로, 1938년 히틀러가 이 지역을 강제 점령했음)은 체코슬로바키아에게 각각 넘겨주자고 제의했다.

　그러나 이든 장관은 스탈린의 제의가 대서양 헌장의 원칙에 위배되기 때문에 받아들일 수 없다고 거절했다. 왜냐하면 유럽 대륙의 세력 균형을 중요하게 생각하는 영국은 독일이든 소련이든 어느 한 나라가 유럽 대륙에서 주도권을 갖는 것을 원하지 않았기 때문이다. 이에 스탈린은 대서양 헌장이 바로 소련을 겨냥한 것이라며 불만을 표시했다. 또 소련의 몰로토프W. M. Molotow 외무장관도 독일의 국경 문제가 해결되지 않고서는 영국과 진정한 관계가 이루어질 수 없다는 강경한 입장이었다. 이러한 가운데 영국과 소련은 1942년 5월 동맹 조약을 체결했다.

　루스벨트와 처칠은 1943년 1월 14일부터 24일까지 지중해의 카사블랑카에서 다시 만나 회담을 가졌다. 세계 평화는 독일군과 일본군이 완전히 패망해야 가능하다며 독일, 일본과 이탈리아에 대해 '무조건 항복'을 요구했다. 스탈린은 러시아 전선에서 수행하고 있는 작전을 이유로 이 회담에는 참석하지 않았다. 이러한 미국과 영국의 협의 체제는 향후 소련의 참여로 독일에 대해 더욱 강경한 방향으로 나가게 되었다.

테헤란 회담

　미국, 영국, 소련의 3국 정상 회담을 준비하기 위한 3국 외무장관 회담이 1943년 10월 19일~30일 모스크바에서 열렸다. 이 회담에서 외무장관들은 전후의 독일 국경을 1937년 12월 31일 당시의 국경선을 기준으로 확정하기로 합의했다. 이에 따라 오스트리아와 쥬데텐 지역 등 1937년 12월 31일 이후에 강제로 병합되었거나, 새로 취득한 영토는 독일 영토에서 제외되었다. 또한 독일의 행정권도 새로 설치될 연합국 통제 기구에 위임시키고, 독일의 군국주의와 나치주의를 제거할 뿐 아니라 전쟁에 이용될 수 있는 모든 산업 시설을 파괴하기로 결정했다. 3국 외무장관은 이러한 업무를 준비하기 위해 '유럽 자문 위원회European Advisory Commission(EAC)'를 설립하기로 합의했다.

모스크바 외무장관 회담을 기초로 하여 루스벨트와 처칠, 그리고 스탈린 세 정상의 첫 회담이 1943년 11월 28일부터 12월 1일까지 이란의 테헤란에서 열렸다. 이 회담에서 스탈린은 안전 보장을 더욱 확고히 하려는 소련의 입장을 강조했다. 그는 중부 유럽이나 동부 유럽에 강력한 나라가 수립되거나 약소국들이 연합한 나라가 세워지는 것을 허용할 수 없다고 했다. 왜냐하면 제1차 대전에 이어 다시 독일의 침공을 받은 소련은 독일을 철저히 약화시키지 않고서는 안심할 수 없었기 때문이다. 이에 루스벨트는 독일을 다섯 나라로 나누자고 제의했다. 그리고 루르 지역과 자르 지역을 국제 기구가 관리하도록 하는 문제도 논의되었다.

테헤란 회담에서는 독일의 동부 국경선 문제도 거론되었다. 소련과 폴란드의 국경선은 커즌George Nathaniel Curzon 영국 외무장관이 1920년에 제의한 커즌 선Curzon Line으로 확정하기로 했다. 이로 인해 폴란드의 동쪽 영토 일부가 소련의 영토로 편입되었고, 세 정상은 편입된 크기만큼 독일 영토를 폴란드에게 넘겨주기로 했다. 폴란드 망명 정부를 받아들여 폴란드의 보호자임을 자처하던 영국은 폴란드의 서부 국경선을 오데르Oder강과 나이세Neiβe강까지 넓혀, 동부 독일 일부 지역을 폴란드에게 넘겨주기로 소련과 합의했다. 이 합의는 구두로 이루어졌으나 루스벨트가 이를 묵시적으로 받아들여 영국과 소련 사이에 구속력 있는 합의가 되었다.

또한 소련이 메멜Memel(오늘날 리투아니아의 클라이페다 시) 지역과 쾨닉스베르크Königsberg(동프로이센의 수도, 오늘날 러시아의 칼리닌그라드)를 포함한 동프로이센 일부 지역도 요구했으나, 미국과 영국은 이의를 제기하지 않았다. 그리고 1938년 독일의 오스트리아 병합 조치를 무효로 하고, 오스트리아를 다시 독립 국가로 인정하기로 했다. 스탈린이 발칸 지역에 대한 소련의 권리를 주장하자 루스벨트는 이를 받아들였다.

이와 같이 테헤란 회담에서 독일 분할 문제와 동부 지역 일부를 폴란드에게 넘겨주는 문제가 논의되었으나, 최종 결정이 내려진 것은 아니었다. 3국 정상은 테헤란 회담에서 전쟁 중에는 물론 전쟁이 끝난 후에도 서로 협력한다는 내용의 '테헤란 선언'을 채택했다. 또한 이 회담에서 3국은 반反히틀러 연합을 결성했는데, 이는 3국이 공동의 목적을 추구했다기보다는 히틀러의 침략 정책을 저지하기 위한 의도가 앞섰기 때문이다.

테헤란 회담 이후 미국 일부에서는 다시는 전쟁을 일으키지 못하도록 독일을 철저히 약화시키는 계획이 조심스럽게 추진되었다. 1944년 미국 모르겐소Henry Morgenthau 재무장관은 전후 독일 문제를 처리할 안을 마련했는데, 이를 '모르겐소 계획Morgenthau Plan'이라고 한다.

'모르겐소 계획'은 동프로이센과 동부 쉴레지엔을 폴란드에, 자르 지역 및 라인 강과 모젤 강 사이의 지역은 프랑스에게 넘겨주어, 독일 영토를 대폭 축소하자는 내용이었다. 그리고 루르 지역과 라인란트 및 베스트팔렌 등 경제적으로 중요한 지역을 국제 기구가 관리하도록 하고, 남은 여타 지역의 산업 시설을 파괴하여 농업 국가로 만들자는 것이었다. 즉 모르겐소 계획의 핵심 내용은 영토 일부를 다른 나라에 넘겨주어 축소하고, 그 영토도 여러 나라로 분할하여 철저히 약화시키며, 산업 시설을 완전히 파괴하여 독일을 농업 국가로 전환시키려는 과격한 계획이었다.

이 모르겐소 계획은 1944년 9월 11일~19일 캐나다 퀘벡Quebec에서 열린 루스벨트 대통령과 처칠 수상의 회담에서 가서명되었다. 그러나 나중에 회담장에 도착하여 이러한 내용을 알게 된 영국의 이든 외무장관은 전후에 독일을 지나치게 약화시키는 것은 현명한 처사가 아니라면서 처칠에게 서명을 철회하도록 요청했다. 또한 미국의 헐Cordell Hull 국무장관, 스팀슨Henry L. Stimson 국방장관과 홉킨스Harry L. Hopkins 대통령 특별 보좌관도 모르겐소 계획이 미국의 국익에 도움이 되지 않는 무리한 계획이라면서 맹렬히 반대했다.

루스벨트 대통령과 처칠 수상도 필요 이상으로 독일을 약화시키는 내용이 들어 있어 처음에는 반대하다가, 모르겐소 장관의 설득으로 이 계획에 서명한 것이었다. 두 나라 외무장관 등 실무진의 거센 반대로 루스벨트와 처칠이 서명을 철회함으로써 모르겐소 계획은 실현되지 않았다

독일 점령지 합의

　미국, 영국, 소련 3국은 1943년 10월 열린 모스크바 외무장관 회담의 합의대로 1944년 1월 런던에 '유럽 자문 위원회(EAC)'를 설립했다. 이 위원회의 주요 임무는 전후 독일 점령지의 분할과 통치를 위한 연합국 통제 기구의 설립을 협의하는 것이었다. '유럽 자문 위원회'는 오랜 협의 끝에 1944년 9월 12일 '독일 점령 지역과 대大 베를린 행정에 관한 의정서(런던 의정서)'를 마련했다. 그리고 두 달 후인 11월 14일에는 연합국 통제 기구 설립에 관한 '런던 협정'을 마련했다.

　우선 3국은 '런던 의정서'에서 전쟁이 끝나면 독일을 1937년 12월 31일의 국경선을 기준으로 3개 지역으로 나누어 점령하기로 했다. 1937년 12월 31일을 기준일로 정한 이유는 히틀러가 1938년 3월에 오스트리아를 강제로 병합했고, 같은 해 9월에는 쥬데텐 지역을, 그리고 1939년 3월에는 메멜 지역을 점령했기 때문이다. 그리고 소련이 점령하기로 예정된 지역에 포함된 베를린(1920년 4월 27일 공표된 대大 베를린)은 3국이 나누어 점령하기로 합의했다.

　'런던 의정서'에서 독일의 동부 지역은 소련이 점령하기로 정해졌다. 그러나 북서 지역과 남서 지역은 미국과 영국 중 어느 나라가 점령할 것인가에 관해서는 합의하지 못했다. 왜냐하면 1944년 9월의 퀘벡 회담 이후 점령지 선택에 관해 두 나라는 다소 불편한 관계에 있었기 때문이다. 그러나 점령지 문제는 두 달 후인 11월 14일에 합의가 이루어져 해결되었다. 즉 영국은 쾰른과 함부르크 등이 있는 북서 지역을, 미국은 프랑크푸르트와 슈투트가르트, 뮌헨 등이 있는 남서 지역을 각각 점령하기로 했다. 다만 미국이 점령하기로 한 남서 지역에 항구가 없는 점을 고려하여, 영국 점령 지역 내에 있는 브레멘과 브레머하펜 항구, 그리고 필요한 주변 지역에 대해 미군 사령관이 통제권을 행사할 수 있도록 했다. 그런데 미국은 독일의 가장 중요한 산업 중심지인 루르 지역을 영국에 넘겨주게 되자, 이에 대한 불만으로 시간을 끌다가 1945년 2월 1일에야 비로소 런던 의정서를 비준했다. 이어 소련도 2월 6일에 비준했다. 영국은 이미 1944년 12월에 비준했기 때문에 런던 의정서는 1945년 2월 6일 즉시 발효되었다.

3국은 또한 1944년 11월 14일 합의한 '런던 협정'에서 3국의 점령군 사령관이 각자의 점령 지역 내에서 최고의 권한을 행사하고, 독일 전체에 관련되는 문제에 대해서는 공동으로 권한을 행사하기로 했다. 그리고 독일 점령 지역을 통치할 최고 기구인 '연합국 통제 위원회The Allied Control Council'를 설립하기로 합의했다. 이 위원회의 주요 임무는 독일 전체에 관련된 문제에 관하여 단일한 점령지 정책을 마련하는 것이었다. 통제 위원회의 결정은 만장일치로 하고 의장직은 3국이 교대로 맡기로 했다. 그러나 3국간 의견이 대립할 경우에는 3국 군사령관들이 각자의 점령 지역 안에서 최고의 권한을 행사하도록 했다. 따라서 독일 전체와 관련된 어떤 사안이 어느 한 점령 당사국의 의사와 다를 경우, 각국이 점령 지역 내에서 독자적으로 최고의 권한을 행사할 수 있게 되었다. 이것은 동시에 피점령국으로서 독일의 앞날이 험난하다는 것을 뜻하는 것이었다.

얄타 회담

　루스벨트, 처칠, 스탈린 세 정상의 제2차 회담은 1945년 2월 4일부터 11일까지 소련의 얄타에서 열렸다. 이탈리아가 이미 1943년 9월 항복했고 독일의 패배 또한 시간 문제였기 때문에 얄타 회담은 이전의 회담과는 완전히 다른 상황에서 열렸다.

　루스벨트 대통령은 독일 문제 이외에도 소련으로 하여금 일본에 조속히 선전 포고를 하도록 유도하고, 국제연맹을 대체할 새로운 평화 기구인 유엔(UN)에도 가입시키고자 했다. 또한 중부와 남동부 유럽에서 소련의 영향력이 확대되지 않도록 노력했다.

　이 회담에서 처칠은 서부 유럽에서 영국이 홀로 독일을 상대하기 어려우므로 프랑스도 독일의 한 지역을 점령하도록 하고 연합국 통제 위원회에도 가입시키자고 제의했다. 이것은 장차 새로운 강대국인 미국과 공산 정권인 소련을 상대로 독일 문제뿐만 아니라 유럽 문제를 협의할 경우에도 프랑스와 공동으로 대처하는 것이 바람직하다는 판단에서 나온 것이었다. 또한 독일 문제에 대해 영국보다는 프랑스가 더 강경하게 나서리라는 점도 고려되었다.

　그러나 스탈린은 프랑스가 서부 독일 지역을 노리는 것을 알았기 때문에 프랑스의 참여를 반대했다. 얄타 회담이 열리기 2개월 전인 1944년 12월, 우호 조약을 체결하기 위해 소련을 방문한 프랑스 임시 정부 수반 드골Charles de Gaulle은 스탈린에게 오데르-나이세 강 선을 독일의 동부 국경선으로 설정하는 대신 라인 강 선을 장래 독일의 서부 국경선으로 인정해 달라고 요청했다. 그러나 스탈린은 라인 강이 독일의 서부 국경선이 될 경우, 프랑스의 영토가 더 확대되기 때문에 거절했다.

루스벨트가 당초의 생각을 바꾸어 프랑스의 참여에 찬성하자, 스탈린은 프랑스 점령 지역이 영국과 미국이 점령할 지역 내의 일부를 차지하는 조건이면 프랑스의 참여를 받아들이겠다고 양보했다. 이에 영국과 미국이 스탈린의 제의를 받아들여서 프랑스가 독일을 점령하고 연합국 통제 위원회에도 가입하는 것이 가능하게 되었다.

따라서 3국은 1945년 2월 11일의 '얄타 선언'에서 이미 합의한 대로 전쟁이 끝나면 독일을 나누어 점령하기로 하고, "만일 프랑스가 점령지의 한 부분을 인도받고, 연합국 통제 위원회에 네 번째 회원국으로 가입하기를 원한다면, 3국이 초청하기로" 합의했다. 3국은 또한 같은 날짜의 '얄타 의정서'에서 "프랑스가 점령할 지역은 영국과 미국의 점령 지역 내에서 이루어지며, 그 범위는 영국과 미국이 프랑스와 협의하여 결정하기로" 합의했다.

얄타 회담의 결정에 따라 프랑스는 1945년 5월 1일 통제 기구 설립에 관한 '런던 협정'에 가입했다. 또한 독일 분할에 관한 '런던 의정서'에는 독일이 항복한 뒤인 1945년 7월 25일에 가입했다. 이로써 프랑스는 얄타 회담에 참가하지 않았으나 독일의 일부 지역을 점령하고, 점령지 통치를 다룰 연합국 통제 위원회에도 가입하여 전후의 독일 문제에 깊이 관여할 수 있게 되었다.

또한 3국은 얄타 선언에서 독일의 군사 시설을 파괴하고, 군수품 생산에 이용될 수 있는 독일 산업 시설을 제거하며, 전쟁 범죄자를 처벌하고 나치당과 나치 조직을 해체하기로 합의했다.

얄타 회담의 또 다른 협의 사항은 폴란드의 국경선 설정 문제였다. 이미 폴란드의 동부 국경선은 커즌 선을 일부 변형시켜 국경선으로 정하자는 소련의 제안이 받아들여졌다. 따라서 이 회담에서는 독일과 경계를 이룰 폴란드의 서부 국경선이 더 문제가 되었다. 폴란드의 서부 국경선에 관해 소련은 슈테틴Stettin 시를 포함하여 오데르 강을 따라 나이세 강을 연결한 선의 서부 지역이 포함되어야 한다고 주장했다. 그러나 처칠은 폴란드가 이 지역까지 실효성 있게 지배하기는 어렵다며 오데르 강과 나이세 강을 연결한 선의 동부 지역만을 넘겨주자고 제의했다. 미국도 영국과 같은 생각이었다. 영국과 소련이 제시한 지역의 크기를 비교하면, 영국이 제의한 나이세 강 동부 지역은 약 9,700㎢의 오버쉴레지엔Oberschlesien을 경계로 했다. 그러나 소련이 주장한 나이세 강 서부 지역은 오버쉴레지엔 지역 이외에 약 26,000㎢의 니더쉴레지엔Niederschlesien과 브란덴부르크Brandenburg를 포함한 광활한 지역이었다.

미국과 영국, 그리고 소련은 얄타 선언에서 "3국 정부 수반은 몇몇 지역의 경우 폴란드의 동부 국경선은 커즌 선에서 5~8㎞ 가량 폴란드에게 유리하도록 확정되어야 하고, 폴란드가 동쪽에서 영토를 상실한 만큼 북쪽과 서쪽에서 영토가 확장되어야 함을 인정했다. 이들은 보상받아야 할 영토의 범위에 관해 폴란드 임시 정부의 의견이 반영되어야 하고, 폴란드 서부 국경선의 최종 결정은 강화 회담 때까지 기다려야 한다"고 규정했다.

소련은 또한 이 회담에서 제2차 대전 중에 입은 막대한 인명 피해와 재산 손실에 대한 보상 문제를 거론했다. 소련은 전후 2년 내에 독일 안의 공장 시설과 중장비 및 외국 투자 시설을 몰수하고, 독일이 매년 원료 또는 완제품의 형태로 배상할 것을 제의했다. 영국은 완제품까지 배상하도록 할 수 없다며 소련의 제의에 반대했고, 미국은 독일의 산업이 황폐화되지 않고 스스로 자급자족할 수 있는 한도 안에서 배상하도록 하자고 제의했다.

결국 3국은 얄타 선언에서, 전쟁 중 연합국이 입은 손해에 대해 독일로 하여금 가능한 최대로 배상하도록 하고, 배상 문제를 처리할 배상 위원회를 모스크바에 설치하기로 합의했다. 얄타 의정서에는 독일이 이행해야 할 배상의 종류로 산업 시설의 제거, 일정 기간 완제품의 공급, 노동력 이용 등 세 가지를 규정했다. 배상과 관련해서 소련은 독일에 200억 불을 요구하며, 이 가운데 50%가 소련에 할당되어야 한다고 주장했다. 그러나 영국이 동의하지 않아서 배상 금액은 확정되지 않았다.

이와 같이 독일의 국경선 문제와 배상 금액 등 중요한 문제에 관한 결정이 뒤로 미루어졌다. 왜냐하면 전후 독일에 대한 3국의 정책 방향이 서로 다르기 때문이었다. 그럼에도 전쟁으로 인한 소련의 피해가 미국이나 영국보다 컸기 때문에 소련의 요구가 많이 반영되었다. 결과적으로 얄타 회담은 장차 소련이 독일과 유럽에서 세력을 증대하는 계기가 되었다.

스탈린은 유럽에서 전쟁이 끝나면 2,3개월 안에 일본에 선전 포고를 하고, 유엔 창립 총회에도 참석하기로 약속했다.

독일의 무조건 항복

독일군은 1943년 1월 동부 전선의 스탈린그라드 전투에서 패배한 데 이어, 같은 해 5월 북부 아프리카 전투에서도 패했다. 스탈린그라드 전투는 독일군 20만 명이 전사할 정도로 제2차 대전에서 가장 치열했던 전투였다. 스탈린그라드 전투와 북부 아프리카 전투는 제2차 대전의 방향을 결정짓는 중요한 전투였다. 두 전투에서 패한 독일군은 더 이상 대규모 공세를 취할 힘을 잃었다. 1944년 6월 미군과 영국군은 노르망디 상륙 작전을 감행하고, 8월에는 파리를 탈환했다. 1945년이 되자 연합군은 더욱 강력하게 독일을 공격했다. 1월 12일 동부 전선에서 소련군의 대공격이 시작되었고, 3월에 미군이 라인 강을 넘어 베를린을 향해 진격했다. 시간이 갈수록 독일의 패색도 점차 짙어만 갔다.

전쟁 막바지인 1945년 4월 처칠은 소련의 세력 확대를 우려하여 영·미 연합군이 오스트리아의 빈, 체코의 프라하와 베를린을 소련군보다 먼저 점령해야 한다고 연합군 사령관 아이젠하워Dwight D. Eisenhower를 독려했다. 그러나 아이젠하워는 군사 작전이 정치적인 판단에 의해 움직여서는 안 된다고 생각하여 따르지 않았다. 이에 따라 소련군이 이 세 지역을 먼저 점령했다. 소련군은 1945년 4월 13일 오스트리아의 빈을 점령하고 베를린을 공략하기 시작했다. 당시 미군과 소련군은 각각 독일의 서쪽과 동쪽에서 공격하다가, 4월 25일 동부 독일의 엘베 강 유역 토르가우Torgau에서 서로 만났다. 4월 30일 소련군은 베를린 제국 의사당까지 진격했다.

소련군이 베를린 중심부까지 공격해 들어와 히틀러는 더 이상 버티기 어렵게 되자, 모든 권한을 되니츠Karl Dönitz 제독에게 위임하고 4월 30일 15시 30분경 베를린의 지하 벙커에서 스스로 목숨을 끊었다. 이 때 죽기 하루 전인 4월 29일 결혼한 에바 브라운Eva Braun도 함께 죽었다. 나치 친위대는 소련군이 몰려오기 전에 히틀러와 브라운의 시체에 미리 준비해 둔 기름을 붓고 화장했다. 다음날 5월 1일에는 히틀러의 심복으로 나치의 선전장관을 지냈고, 히틀러가 유언에서 수상으로 지명했던 괴벨스Josef Goebbels가 일가족과 함께 약을 먹고 목숨을 끊었다. 5월 2일 소련군은 베를린을 완전히 점령했다.

독일군은 연합군에 더 이상 대항할 수 없게 되자, 5월 7일 프랑스의 랭스Reims에서 미군과 영국군에 무조건 항복을 했다. 다음날 8일 독일군은 소련군의 요구로 베를린-칼스호르스트Berlin-Karshorst에서 다시 항복 문서에 서명했다. 독일의 항복으로 히틀러가 일으킨 기나긴 전쟁은 5년 8개월 만에 끝났다.

이어 6월 5일 미국, 영국, 소련, 프랑스 4국은 베를린에서 '독일 패배와 독일의 최고 권한 인수에 관한 선언(베를린 선언)'에 합의했다. 이로써 독일에는 법질서를 유지하고 행정 업무를 담당하는 정부가 없어지고, 이들 4국이 독일의 최고 권한을 포함한 모든 권력을 행사하게 되었다.

미국과 영국은 1944년의 런던 의정서와 1945년의 얄타 협정에 의해 소련이 점령하기로 한 독일의 작센Sachsen 주, 튀링겐Thüringen 주와 메클렌부르크Mecklenburg 주에 진주해 있던 군대를 1945년 7월 1일에 철수시키고, 이 지역을 소련에 넘겨주었다. 대신 미군과 영국군은 소련군이 점령하고 있던 베를린의 일부 구역을 넘겨받아 베를린에 주둔할 수 있게 되었다.

전쟁 막바지에 이르러 소련은 동유럽까지 세력을 넓혀 나갔다. 소련은 발트 해 지역은 물론, 체코슬로바키아, 오스트리아 일부, 유고슬라비아, 헝가리, 루마니아, 그리고 불가리아에 이어 독일 동부 지역까지 영향력을 행사할 수 있게 되었다. 이와 같이 소련이 동유럽으로 세력을 급속히 확대해 나가자 처칠 수상은 트루먼 미국 대통령에게 보낸 1945년 5월 12일자 전문에서 "소련 군대 앞은 철의 장막으로 가려져 있으며, 그 뒤에서 어떤 일이 일어나고 있는지 우리는 모른다"라며 소련의 세력 확대를 우려했다. '철의 장막'이라는 말은 이때 처음 사용되었다.

처칠은 1946년 3월 5일 미국 플턴Fulton의 웨스트민스터 대학에서 행한 연설에서 "발트 해의 슈테틴에서 아드리아 해의 트리에스테까지 철의 장막이 내려져 있다"고 다시 언급하며, 소련의 세력 확대에 대한 경계를 촉구했다.

포츠담 협정

독일이 항복하자 미국, 영국, 소련 3국은 전후의 독일 문제를 포함한 여러 문제를 처리하기 위한 회담을 갖고 의견을 교환했다. 이 회담은 1945년 7월 17일부터 8월 2일까지 베를린 교외 포츠담의 세실리안 성에서 열렸다.

이 회담에는 트루먼과 처칠, 그리고 스탈린이 참석했다. 트루먼 Harry S. Truman은 12년간 미국을 이끌어온 루스벨트가 1945년 4월 12일 뇌출혈로 숨지자, 미국을 대표하게 되었다. 회담 기간에 영국에서 실시된 총선에서 노동당이 승리하여 7월 28일부터는 애틀리 Clement R. Attlee가 처칠의 뒤를 이어 참석했다. 이리하여 스탈린만이 유일하게 전쟁 전부터 진행된 회담에 계속 참석했다.

포츠담 회담에서 주요 협의 사항인 독일 문제를 다루기에 앞서 이탈리아, 루마니아, 불가리아, 헝가리, 핀란드 등 독일 위성 국가들과의 강화 조약 체결 문제를 비롯한 비교적 간단한 문제들이 먼저 처리되었다. 그 다음에 외무장관 위원회 설치, 독일 문제, 쾨닉스베르크와 그 인접 지역 문제, 전쟁 범죄, 오스트리아와 폴란드문제, 그리고 독일인들의 이주 문제가 다루어졌다. 3국 정상들은 8월

전후 독일 문제를 협의하기 위해 포츠담 회담(1945. 7. 17- 8. 2)에 참석한
스탈린, 트루만, 에틀리 영국 수상 (오른쪽부터).

2일 회담 결과 보고서인 '포츠담 협정'을 채택하고 회담을 끝냈다. 이 협정의 정식 명칭은 '베를린 3자 회담에 관한 보고서'이나, 일반적으로 '포츠담 협정'이라고 부른다.

미국과 영국, 소련이 '포츠담 협정'을 체결한 목적은 1945년 2월의 '얄타 선언'을 이행하기 위해서였다. 3국은 이 협정에서 "독일이 다시는 이웃 나라를 침략하거나 세계 평화를 위협하지 못하도록 독일의 군사주의와 나치주의를 제거하기"로 했다. 또한 "연합국이 의도하는 것은 독일 국민을 멸망시키거나 노예화시키는 것이 아니라, 독일 국민이 민주적이고 평화적인 토대 위에서 새로운 생활을 준비하도록 기회를 주기 위해서"라고 했다.

3국은 포츠담 협정에서 평화 정착을 위한 준비 업무를 맡아볼 외무장관 위원회를 운영하기로 했다. 또한 독일 점령 목적과 점령 기간 중의 통치에 관한 기본 원칙도 규정했다. 우선 독일을 철저히 무장 해제하고, 모든 군사적인 요소를 제거하며, 군수품 생산에 이용될 수 있는 모든 산업 시설을 철거하거나 통제하기로 했다. 3국은 독일 국민에게 그들이 군사적으로 완전히 패배하였으며, 무모한 전쟁과 국가사회주의 독일 노동자당(이하 '나치'라고 함)의 광적인 저항으로 인해 독일 경제가 파탄이 났으므로, 이에 대한 책임을 피할 수 없음을 강조하고자 했다. 또한 나치는 물론, 나치와 관련된 모든 조직을 해체하고 나치 시대의 각종 제도를 철폐해, 이러한 조직과 제도가 어떤 형태로든 다시 생겨나지 않도록 단속하기로 했다. 그러면서도 독일이 민주주의의 토대 위에서 정치 활동을 새로이 할 수 있도록 지원하고, 국제 관계에서도 영원한 평화 정착에 이바지할 수 있도록 한다는 고무적인 내용도 포함시켰다.

경제 원칙과 관련하여 포츠담 협정은 점령 기간 중 독일 전체를 하나의 경제 단위로 취급하기로 했다. 그리고 독일이 전쟁을 다시는 일으키지 못하도록 군수 산업을 철거하고, 전쟁에 직접적으로 이용할 수 있는 물품의 생산을 엄격히 통제하기로 했다. 그리고 카르텔, 신디케이트, 트러스트나 다른 독점적인 방법으로 인해 과도하게 집중된 독일의 경제 구조를 빠른 시일 내에 분산시키기로 했다.

배상 문제와 관련하여서는 독일로 하여금 전쟁 중에 연합국에 끼친 손해와 고통에 대해 가능한 한 최대의 배상을 하도록 했다. 우선 3국은 점령 지역의 산업 시설 철폐와 독일이 해외에 갖고 있는 재산을 통해 배상을 하도록 했다. 소련은 자신의 점령 지역에서 받는 배상 이외에 서방 점령 지역으로부터 독일의 평화 산업에 중요하지 않은 산업 자본 시설의 15%를 식량, 석탄, 석유 제품 등과 같은 가격으로 교환해서 받고, 10%는 일체의 대가를 지불하지 않고 받기로 했다.

이렇게 배상 문제에 관한 내용을 살펴보면 미국이나 영국보다도 소련에게 훨씬 유리하게 되어 있음을 알 수 있다. 그 이유는 전쟁 중에 소련이 입은 인명 피해나 경제적 손실이 프랑스나 영국 등 다른 나라들과 비교할 수 없을 정도로 막대했기 때문이다. 소련은 1941~1945년 동안 전쟁으로 인해 최소한 2,000만 명 이상이 목숨을 잃었고, 2,500만 명이 집을 잃었다. 1,710여 도시와 70,000여 마을이 파괴되었고, 독일군의 침공과 점령으로 인해 농지와 산업 생산 시설이 큰 피해를 입었다.

이에 비해 미국과 영국 두 나라의 인명 피해는 100만 명 미만이었다. 소련은 특히 전쟁에서 파괴된 산업 시설을 가능한 빠른 시일에 복구하여 미국과의 경제적 격차를 줄이기 위하여 배상 문제에 특히 관심을 기울였던 것이다.

　포츠담 협정에서 논의된 중요한 내용의 하나는 독일의 영토 변경에 관한 것이다. 우선 3국은 동프로이센의 쾨닉스베르크 시와 그 주변 지역을 강화 회담에서 영토 문제가 확정될 때까지 소련에게 넘겨주고, 폴란드의 서부 국경선도 그 때 결정하기로 했다. 그러나 폴란드의 서부 국경이 확정될 때까지, 발트 해에서 스비네문데 Swinemunde 서쪽으로, 또 이곳에서 오데르 강을 따라 나이세 강 서쪽 입구를 지나 체코슬로바키아 국경을 잇는 선의 동부 지역과 소련의 관할 아래에 들어가지 않은 동프로이센 지역은, 폴란드가 관할하도록 했다. 즉 오데르 강과 나이세 강 선의 동부 독일 지역을 폴란드에 편입시켰다. 처음에 스탈린은 영국의 애틀리 수상에게 오데르-나이세 강 선을 폴란드의 항구적인 서부 국경선으로 승인하자고 주장했다. 그러나 애틀리는 이 문제를 장래의 강화 회담에서 확정하기로 하고, 우선 오데르-나이세 강 선의 동부 지역만 폴란드가 관할하도록 하자고 주장하여 결정된 것이다.

　국경선에 관한 이러한 명확하지 않은 규정으로 인하여 독일이 통일되기까지 오데르-나이세 강 선의 동부 독일 지역에 관해서는 두 가지 해석이 존재하게 되었다.

　우선 폴란드를 비롯한 동유럽 국가들은 이 지역이 최종적으로 폴란드에게 넘겨진 것으로 받아들였다. 그리하여 폴란드 의회는 1949년 1월 이 지역을 폴란드의 관할 지역으로 인정하는 법을 제정했다. 또한 동독은 건국 직후 오데르-나이세 강 선이 평화와 상호 불가침의 국경선이라며 승인하고, 1950년 7월 6일 폴란드와 체결한 '괴를리츠 조약Görlitzer Vertrag'에서 다시 이를 확인했다.

그러나 서독을 비롯한 서방 진영은 포츠담 협정이 문제의 지역을 폴란드에게 완전히 넘겨준 것은 아니며 최종 결정은 강화 조약에 위임했다고 주장했다. 즉 강화 조약은 협상 능력이 있는 정부와 체결해야 하는데, 그 당시 협상 능력이 있는 독일 정부가 없었기 때문에 포츠담 협정은 강화 조약이 아니라는 주장이다. 따라서 서독은 독일의 동부 국경선과 동부 지역의 분할이 확정된 것이 아니라는 입장이었다.

포츠담 협정으로 폴란드와 소련의 관할로 속하게 된 독일의 영토는 동프로이센, 쉴레지엔, 포메른, 그리고 브란덴부르크 일부 지역이다. 이 지역의 면적은 약 114,300㎢이며 1938년 독일 국경선을 기준으로 할 때 전체 면적의 24%나 차지하는 넓은 면적이었다. 그 면적은 벨기에, 네덜란드, 룩셈부르크와 스위스의 네 나라를 모두 합한 면적과 거의 비슷하여 독일의 영토 손실이 매우 컸다. 이 지역은 지난 수백 년 동안 독일인들이 거주해 온 까닭에 독일 문화의 영향이 강하게 남아 있었다. 주민의 대부분이 농업에 종사하고 있어서 농산물 생산이 풍부하여 다른 지방에 식량을 공급하기도 했다. 또한 1938년 기준으로 쉴레지엔은 독일 전체 석탄 생산량의 17%를 차지하였던 지역이라 전후 경제적으로 어려움에 처한 독일에게는 커다란 손실이었다.

포츠담 협정은 또한 독일인들의 이주移住 문제도 규정했다. 폴란드, 체코슬로바키아와 헝가리에 거주하고 있던 독일인들을 강제로 독일로 이주하도록 했다. 이 협정에는 "이주가 합법적이고도 인도적으로 이루어져야 한다"고 규정하고 있으나 실제로는 전혀 달랐다. 포츠담 협정이 체결되기 전에 이미 동프로이센 등 동부 독일 지역에 거주하던 약 400만 명의 독일인들이 고향을 떠났으며, 포츠담 협정으로 인해 오데르-나이세 강 동부 지역에 거주하던 약 560만 명의 독일인들이 강제로 추방되었다. 이외에도 폴란드, 체코슬로바키아와 헝가리에 거주하던 독일인들도 독일로 이주해야 했다.

갑작스런 이주로 인해 이들이 입은 경제적 손실은 말할 것도 없고, 이주하는 도중에 약 200~250만 명이 굶주림과 추위와 병으로 목숨을 잃었다. 이는 협정에 명시된 합법적이고도 인도적인 이주와는 거리가 먼 것이었다. 결국 전쟁이 끝나고 1950년까지 5년 동안 강제로 이주한 독일인은 약 1,248만 명이며 이중 서독 지역으로는 약 798만 명이, 동독 지역으로는 약 450만 명이 이주했다.

연합국은 포츠담 협정을 통하여 전쟁 기간에 합의된 여러 내용을 다시 확인하고, 독일을 4개 지역으로 나누어 점령하고 통치하기로 했다. 소련은 전쟁 중에 열린 여러 회담과 포츠담 협정으로 독일 일부를 점령함은 물론이고, 통일될 때까지 독일 문제에 깊숙이 관여할 수 있게 되었다. 이후 독일의 역사는 이들 점령 4개국의 정치적 의욕과 다양한 정치적 이해 관계, 그리고 정치적 이념에 따라 정해지게 되었다. 특히 점령국들의 협력과 반목으로 인해 독일은 더욱 어려운 입장에 놓이게 되었다.

1945년 소련군이 들어오기 전에 미지의 지역을 향해 동프로이센의 해안호 위로
이동하는 동프로이센의 농부들.

제2장 독일 연방 공화국의 건국과 발전

전후의 독일

전쟁은 독일의 무조건 항복으로 끝났다. 이 전쟁으로 독일군 165만 명이 목숨을 잃었고, 160만 명이 행방불명되었다. 그리고 동프로이센과 오데르-나이세 강 동부 지역과 폴란드, 체코슬로바키아, 헝가리에 거주하던 독일인들이 독일로 이주하는 도중에 200~250만 명 가까이 목숨을 잃었다. 또한 1,120만 명의 독일군이 포로가 되었다. 소련 점령 지역의 독일군 포로는 전체 포로의 약 1/3인 340만 명으로, 이들 중 1/3은 수용소에서 숨졌고, 일부는 소련으로 강제로 보내져 노동에 동원되었다. 1947년 3월 연합국은 모든 포로를 1948년 말까지 석방하기로 합의했으나, 소련은 1955년에 이르러서야 석방했다.

또한 연합국의 공중 폭격으로 인해 50만 명 이상의 무고한 민간인이 목숨을 잃었다. 함부르크에서는 1943년 7월 24~30일의 폭격으로만 약 5만 명이 목숨을 잃었으며, 드레스덴은 1945년 2월 13일 밤의 폭격으로만 25,000여 명이 목숨을 잃었고 건물 12,000여 채가 파괴되었다. 수도 베를린의 인구는 1943년에 450만 명이었으나, 1945년 전쟁이 끝난 뒤 280만 명으로 줄었다. 그리고 독일은

전쟁으로 독일은 폐허가 되었다. 전쟁이 끝나기도 전에 파괴된 잔해로 뒤덮인 브란덴부르크 문 주변(1945년 3월, 베를린).

동프로이센을 비롯하여 오데르-나이세강 동부 지역 등 많은 영토를 잃었다

주택이나 건물 피해도 심각했다. 베를린, 함부르크, 프랑크푸르트, 뉘른베르크, 드레스덴 등 대도시의 주택이나 건물들은 폭격으로 반 이상이 파괴되었다. 1939년과 비교하여 전국적으로 주택의 1/4, 학교 건물은 1/2, 교통 시설은 2/5가 완전히 파괴되거나 크게 파손되었다. 공장이나 사회 간접 자본의 파괴로 생활필수품이 절대 부족했기 때문에 연료와 옷까지 배급해야만 했다. 전쟁이 끝난 독일에서는 빵 한 조각이나 따뜻한 식사를 얻기 위한 투쟁이 시작되었으며, 암시장이 성행했다. 수많은 여성들이 파괴된 건물이나 주택의 잔해를 치우는 일에 동원되었다. 이러한 가운데 동프로이센과 동유럽으로부터 피난민과 이주자들이 몰려들어 경제적으로나 사회적으로 어려움은 더해갔다.

이제 독일에 남은 것이라고는 파괴된 잔해, 굶주림과 빈곤, 혼란뿐이었다. 히틀러는 그의 저서 『나의 투쟁』에서 독일인들의 생존 영역Lebensraum을 넓혀야 한다고 주장했는데, 그가 일으킨 전쟁으로 인해 수많은 인명 피해는 물론 생존 영역마저도 크게 줄어들었다. 전쟁이 독일에 남긴 이 모든 유산은 결국에는 히틀러의 무모한 야망이 초래한 결과였다.

미국, 영국, 소련, 프랑스 4국은 이미 합의한 대로 폐허가 된 독일을 4개 지역으로 나누어 점령하고 군사 통치를 실시했다. 독일의 행정권은 물론 사법권과 경제권 등 모든 권한이 이들 연합국으로 넘어갔다. 그리고 독일이 다시는 전쟁을 일으키지 못하도록 하기 위해 전쟁에 이용될 수 있는 산업 시설이나 공장 시설을 철거

하기 시작했다. 폐허가 된 독일은 또한 배상 문제로 더욱 어려움에 처했다.

연합국은 전쟁 범죄자들을 처벌하기 위해 1945년 10월 18일 베를린에 군사 재판소를 설치했다. 본격적인 재판은 11월 20일 뉘른베르크로 재판소를 옮긴 후 진행되었다. 이들에 대한 죄는 세 가지로 분류되었다. 즉 평화에 대한 죄, 전쟁 범죄, 그리고 인권 위반죄였다. 오랜 재판 끝에 1946년 9월 30일과 10월 1일에 확정된 22명의 전쟁 범죄자들에 대한 판결에서 12명은 사형에, 7명은 징역형에, 그리고 3명에 대해서는 무죄가 각각 내려졌다. 이들 가운데 되니츠 제독은 10년 복역 후 1956년에 석방되었으나, 나치 부총통을 지낸 루돌프 헤쓰Rudolf Heβ는 종신형을 선고받고 베를린의 쉬판다우 군형무소에서 41년 동안 복역하다 1987년 8월 17일에 숨졌다. 뉘른베르크의 군사 재판은 1949년 4월까지 계속되었다.

또한 연합국은 나치당의 해산, 나치 관련 법률의 철폐와 행정 기관 및 공공 기관에서 나치주의자들의 축출 작업을 1950년까지 계속했다. 나치주의자들은 국가나 지방 기관에서는 물론 경제계 등 모든 기관이나 단체에서 추방되어 발붙일 곳이 없게 되었다.

연합국의 분열 – 냉전

연합국은 1945년 7월 30일 베를린에 '연합국 통제 위원회'를 설치했다. '연합국 통제 위원회'는 점령지 독일 전체와 관련된 사안을 다루는 최고의 통치 기구로 이 위원회는 4국 점령군 사령관으로 구성되었다. 점령군 사령관은 또한 각 점령지에서 독자적으로 최고의 권한을 행사했다.

포츠담 협정은 민주적 토대 위에 새로운 독일 국가를 수립하는 내용을 규정했다. 그러나 새로운 국가를 세우는 문제를 비롯하여 전후의 점령지 정책에 관하여 연합국 사이에 의견이 크게 대립했다. 미국과 영국은 연합국 통제 위원회 아래에 재정, 교통 및 외국과의 무역 업무 등을 담당할 중앙 행정 기구를 설치하려고 했다. 그러나 영국과 미국의 배려로 독일의 한 지역을 점령하게 된 프랑스는 루르 지역(노르트라인-베스트팔렌주의 석탄·철광 공업 지대로 독일의 주요 산업 지역)은 국제 기구에 의해 관리되어야 하고, 자르 지역(프랑스와 경계하고 있는 독일 서부 지역)에 대한 자국의 관리가 보장되지 않는 한 중앙 행정 기구 설치에 찬성할 수 없다며 반대했다.

그리고 소련은 점령 지역 전체를 공동으로 통치하기를 거부하고, 소련 점령 지역인 동부 지역에 소련식 국가를 세우기 위한 준비를 은밀히 추진했다. 소련은 제2차 대전으로 민간인 1,100만 명을 포함하여 약 2,000만 명 이상이 목숨을 잃었으며, 국토의 많은 부분이 폐허가 되는 등 가장 큰 피해를 입었다. 소련은 폐허가 된 경제를 재건하는 것이 시급했기 때문에 독일에 대해 철저한 배상을 요구하며, 프랑스와 마찬가지로 독일 영토에 다시 큰 나라가 세워지는 것을 반대했다. 또한 소련은 이미 동유럽에 세력을 확장한 데 이어 서방 연합국 점령 지역으로도 세력을 넓히려고 했다.

연합국 4국은 포츠담 협정에서 독일을 4개의 지역으로 나누어 점령하지만, 경제 문제와 관련해서는 독일 전지역을 하나의 단일체로 묶어 통치하기로 합의했다. 그러나 소련은 포츠담 회담이 시작되기 전부터 점령 지역에 대한 공산화 작업을 추진했기 때문에, 점령지 전체에 대해 공동의 경제 정책을 실시하기는 처음부터 어려웠다.

포츠담 협정에 따라 전후의 독일 문제 처리를 협의하기 위한 미국, 영국, 소련, 프랑스의 4국 외무장관이 참석한 제1, 2차 회담이 런던(1945. 9. 10~10. 2)과 파리(1946. 4. 25~7. 12)에서 각각 열렸다. 이 회담에서 미국의 번즈James F. Byrnes 국무장관은 독일의 무장을 25년간 금지시키고, 4개의 점령지를 하나로 통합하여 독일과 강화 조약을 체결하자고 제의했다. 이에 반해 소련의 몰로토프 장관은 서방 측의 점령 정책을 비난하며 루르 지역을 4개국이 공동 관리할 것과 독일에 100억 불의 전쟁 배상금(그중 50%는 소련에 지불)을 부과할 것을 제의했다. 프랑스는 루르 지역을 독일에서 분리시키자고 주장했다. 이와 같이 4국의 입장이 달라 1, 2차 회담에서는 어떠한 합의도 이루어지지 않았다.

특히 서방 3국과 소련의 대립은 시간이 갈수록 뚜렷해졌다. 소련과 의견이 대립하자 미국과 영국의 대독일 정책이 서서히 변하기 시작했다. 소련이 점령 지역을 공산화한 데 이어 서방 연합국의 점령 지역까지 공산화를 시도하자, 미국은 독일 전체가 공산화되는 것을 막기 위해 서방 연합국 점령 지역만이라도 별도의 국가를 세우는 문제를 고려하기 시작했다. 미국 국무장관 번즈는 1946년 9월 6일 슈투트가르트에서 행한 연설에서 독일 점령지 정책의 변화를 천명했다. 그는 독일을 약화시키기보다는 경제를 회복시키는 등 지금까지의 통제 위주의 점령지 정책에서 보호 정책으로 전환하겠다고 밝혔다. 이를 바탕으로 미국과 영국은 1946년 12월 2일 두 나라 점령 지역에 공동의 경제 정책을 실시하기로 합의했다. 이 합의에 의해 1947년 1월 1일 미·영 경제 통합 지역Bi-Zone이 결성되었다. 여기에 1949년 4월 8일 프랑스 점령 지역도 포함하여 미·영·

불 경제 통합 지역Tri-Zone으로 확대되었다.

독일 점령지 정책을 협의할 4국 외무장관 회담이 런던과 파리에서 열리고 이어 제3, 4차 회담이 뉴욕(1946. 11. 4~12. 11)과 모스크바(1947. 3. 10~4. 24)에서 열렸다. 미국 대표로 신임 마샬George C. Marshall 국무장관이 참석했다. 4차 회담에서 소련은 독일과 폴란드 사이의 국경선을 오데르-나이세 강 선으로 승인할 것과, 루르 지역에 대한 관리 참여, 자르 지역의 독일 복귀와 미·영 경제 통합 지역Bi-Zone의 해체를 요구했다. 프랑스는 루르 지역과 자르 지역을 독일에서 분리시키자는 과거의 주장을 되풀이했다. 이에 대해 영국과 미국은 미·영 경제 통합 지역이 매우 중요하기 때문에 해체할 수 없으며, 독일에 연방 국가가 수립되고 오데르-나이세 강 선이 재조정되어야 한다고 주장했다. 이와 같이 모두가 서로 다른 주장으로 일관했기 때문에 제4차 회담도 성과 없이 끝났다.

트루먼 독트린과 마샬 계획

소련이 동유럽 국가를 공산화하며 세력 범위를 넓혀가자 소련 주재 미 외교관 케넌George F. Kennan은 이의 심각성을 우려하며 공산주의의 팽창을 봉쇄하여야 한다고 주장했다. 캐넌은 1947년 2월 미 국무부에 보낸 장문의 전문 보고서에서 공산주의 팽창 정책과 침략 정책은 소련 체제의 불가피한 요소라고 분석했다. 이어 그는 소련은 공산 진영을 확장하거나 자본주의 국가를 약화시키고, 또 서로를 반목시키기 위해서는 무엇이든 할 수 있는 나라이기 때문에 소련의 이러한 정책을 저지하기 위해서는 서방 국가들이 단결하여 강력하게 대응하여야 한다고 주장했다.

캐넌이 소련의 팽창 정책에 적극 대처해야 한다고 주장한 데 이어, 1947년 3월 12일 트루먼 대통령은 미 의회에서 행한 연설에서 모든 나라가 강제에 의하지 않고 자유로이 일할 수 있는 여건을 조성하는 것이 미국 외교 정책의 주요 목표라고 밝혔다. 또한 많은 나라들이 자유 의사에 반하여 공산주의로부터 위협을 받고 있는데, 미국은 이러한 나라들을 지원해야 한다고 역설했다(트루먼 독트린). 트루먼 독트린의 목적은 소련의 세력 확대를 봉쇄하는 것이었다. 특히 그는 공산 세력의 무장 활동으로 인해 어려움을 겪고 있는 그리스에 3억 불, 터키에 1억 불 등 총 4억 불의 경제 원조와 군사 원조 계획을 밝혔다. 그리스는 미국의 이러한 지원에 힘입어 2년의 치열한 싸움 끝에 공산주의의 영향에서 벗어날 수 있었다. 트루먼 독트린은 미국의 외교 정책에 일대 전환점을 가져왔다.

트루먼 독트린은 유럽으로 확대되어 마샬 계획으로 이어졌다. 제2차 대전으로 인해 독일은 물론이고, 프랑스나 이탈리아 등 유럽 국가들의 경제 복구가 시급했다. 이들 나라들은 광범위한 경제 지원이 이루어지지 않을 경우, 정치·경제·사회적으로 붕괴될 위험에 처해 있었다. 이를 염두에 두고 미국 국무장관 마샬George C. Marshall은 1947년 6월 5일 하버드 대학교에서 행한 연설에서 유럽 국가들이 경제적으로 매우 어려운 상태임을 강조하면서 전쟁으로 폐허가 된 유럽을 재건하기 위한 '유럽 재건 계획European Recovery Program'을 발표했다. 이 계획은 유럽의 경제 재건을 통해 공산 세력의 확대를 억제하기 위해 마련된 것이었다. 그럼에도 경제 재건 대상에는 소련과 동유럽 국가들도 포함되었다. 이 계획이 '마샬 계획Marshall Plan'으로 구체적인 실시에 관한 회담이 1947년 7~9월 파리에서 열렸다.

그런데 소련은 '마샬 계획'이 소련을 겨냥한 것이라면서 반대하고 나섰다. 동유럽 국가들은 이 회담에 참가하려 했으나 소련의 압력으로 참가하지 못했다. 따라서 마샬 계획에는 영국, 프랑스 등 서유럽 16개국만이 참여했다. 16개국은 1948년 4월 16일 마샬 계획을 추진하기 위한 '유럽 경제 협력 기구(Organization for European Economic Cooperation, OEEC)'를 설립했다.

독일의 서방 연합국 점령 지역도 이 기구에 참여하였으며, 서독은 정부 수립 후인 1949년 10월 25일 정식으로 가입했다. 미국은 마샬 계획에 따라 1948년부터 1951년까지 약 134억 달러 상당의 재정 지원을 했다. 서독은 이 계획에 의해 1948년 5억 980만 달러, 1949년에 3억 4,820만 달러 상당의 원조를 받았다. 마샬 계획은 서유럽의 경제 재건에 크게 기여했을 뿐만 아니라 전후 서독 경제 성장의 밑거름이 되었다. 그러나 마샬 계획으로 인해 미국과 소련의 관계가 더욱 악화되어 하나의 독일 국가를 세우는 것은 점점 더 어렵게 되었다.

이러한 상황에서도 독일인들은 단일 국가를 세우기 위한 시도를 했다. 독일의 경제 문제를 협의하기 위한 전독일全獨逸 주수상 회담이, 에하르트Hans Ehard 바이에른 주수상의 주선으로 1947년 6월 6~8일 뮌헨에서 열리게 되었다. 그런데 6월 5일 뮌헨에 도착한 소련 점령 지역의 5개 주수상들은 논의가 금지된 통일 문제를 협의할 것과 회담 장소를 베를린으로 옮기자고 요구했다. 이 요구가 거부되자 그들은 회의 참가를 거부하고 다음날 뮌헨을 떠났다. 이에 서부 지역 주수상들만이 회의를 열고, 6월 7일 인간의 기본권이 보장되는 진정한 민주주의를 토대로 하여 새로운 민주 국가를 세우기로 결의했다. 그러나 자르 지역의 대표는 프랑스의 반대로 참석하지 못했다. 처음이자 마지막으로 열린 전독일 주수상 회담이 이렇게 실패로 끝나자, 독일인들도 이제 하나의 독일 국가를 세우는 일이 어렵다는 것을 점차 인식하기 시작했다.

제5차 4국 외무장관 회담은 1947년 11월 25일 런던에서 열렸다. 이 회담에서 소련의 몰로토프 외무장관은 미·영 경제 통합 지역 Bi-Zone의 설립이 포츠담 협정에 위반된다고 항의했다. 이에 미국의 마샬 장관은 경제 통합 지역에 소련이나 프랑스의 참여가 항시 개방되어 있다며 가입을 권유했다. 이와 같은 의견 대립으로 제5차 회담은 12월 15일에 또다시 결렬되었다.

서방 연합국과 소련의 견해 차이는 이제 대립으로 격화되고 점차 냉전冷戰으로 돌입하기 시작했다. 이런 냉전 상태에서 독일을 점령하고 있던 4국의 협력 관계는 1947년에서 1948년으로 해가 바뀌는 전환점에서 사실상 끝이 났다. 이제 미국이나 영국은 소련과 대화를 계속할 필요가 없다는 결론을 내렸다. 이로써 독일에 대해 공동 정책을 추진하기로 했던 4국의 합의는 수포로 돌아가고 독일의 분단은 점차 굳어갔다.

소련과 공동으로 독일 문제를 해결하는 것이 불가능하다고 판단한 서방 3국은 1948년 2월 23일부터 3월 6일까지 런던에서 벨기에, 네덜란드, 그리고 룩셈부르크(베네룩스 3국)와 회담을 갖고 독일 문제에 관해 의견을 교환했다. 이 회담에서 6국은 서부 독일 지역에 장래의 통일을 대비하여 연방 형태의 국가를 수립하고, 서방 점령 지역을 마샬 계획에 포함시켜 화폐 개혁을 실시하기로 합의했다.

동유럽에 대한 소련의 세력 확대가 계속되는 가운데 1948년 2월 25일 체코슬로바키아에서는 소련의 지원을 받고 있는 공산당이 쿠데타를 일으켜 선거에 의해 수립된 정부를 무너뜨리고 공산 정권을 수립했다. 이 사건으로 서유럽 국가들은 소련의 침략 근성을 심각하게 받아들이고 서유럽을 공격할 가능성을 우려했다. 이와 같이 소련의 세력 확장이 계속되자 미국의 주선으로 베네룩스 3국은 3월 17일 영국과 프랑스의 방위 동맹에 가입하여 공동 방위 조약(브뤼셀 조약)을 체결했다. '브뤼셀 조약'은 회원국의 한 나라가 무력에 의한 공격을 받으면 다른 회원국이 자동으로 지원하도록 규정했다. 명분상으로는 독일의 공격을 대비하기 위한 것이나, 사실은 소련의 공격을 대비하여 만들어졌다. 이 조약은 후에 미국의 지원으로 북대서양 조약기구(NATO)로 발전하였다.

　브뤼셀 조약이 체결된 뒤인 1948년 3월 20일 제82차 연합국 통제 위원회 회의가 열렸다. 여기에서 소련 소콜로프스키Sokolowski 사령관은 서방 연합국에게 지난 2월 말에 열린 런던 6개국 회담의 내용을 요구했다. 서방 연합국이 소련의 요구를 거절하자 소련은 이에 항의하며 연합국 통제 위원회를 탈퇴했다. 소련의 탈퇴는 서방 연합국과 소련의 대립이 심각하다는 것을 드러낸 것이었다. 마샬 계획에 이은 브뤼셀 조약으로 인해 4국의 독일에 대한 공동 통치 시도는 완전히 끝났다.

　서방 3국은 베네룩스 3국과 함께 1948년 3월 20일부터 6월 2일까지 런던에서 2차 회담을 열고, 독일에 새로운 민주 국가를 세우는 문제를 협의했다. 6개국은 런던 회담에서 현재의 여건에서 우선 서부 독일 지역에 민주주의 형태의 정부를 수립한 후 장차 통일을 이루기로 합의했다. 그리고 이들 6국은 런던 회담을 토대로 독일인들에게 민주 국가를 세우도록 하는 '런던 코뮈니케'를 채택했다.

화폐 개혁과 베를린 봉쇄

서방 연합국은 독일 경제 재건을 위한 마샬 계획이 효과적으로 실시되기 위해서는 무엇보다도 화폐 개혁이 시급하다고 여겼다. 이들은 독일 전지역에 대해 화폐 개혁을 실시하고자 했다. 그러나 소련은 그동안 점령 지역에 독자적으로 사회주의식 경제 정책을 실시하며 화폐 개혁을 준비해 왔기 때문에 반대했다.

서방 연합국은 화폐 개혁에 관하여 소련과 합의가 이루어지지 않자, 1948년 6월 20일 우선 서부 독일 지역에만 화폐 개혁을 실시했다. 라힉스 마르크(RM) 대신에 공식 지불 수단으로 도이치 마르크(DM)가 도입되었다. 옛 화폐와 새 화폐는 10 : 1로 교환되었으나, 임금·연금과 임차료는 1 : 1로 교환되었다. 화폐 개혁으로 시장 경제가 도입되면서 그동안 경제 구조를 왜곡시켰던 물품교환권, 상품 가격 및 임금에 대한 동결, 인플레, 매점매석과 암시장 등이 점차 사라지기 시작했다. 화폐 개혁 조치는 서부 독일 지역의 경제 번영을 위해 불가피한 조치였으나, 소련 점령 지역이 제외되어 독일 분단을 더욱 가속시키는 조치가 되었다.

6월 23일 서방 연합국이 화폐 개혁 조치를 서베를린까지 확대하자 소련은 자체적인 화폐 개혁과 함께 베를린 봉쇄封鎖로 맞섰다. 화폐 개혁을 오랫동안 준비해 온 소련은 서방 연합국의 화폐 개혁 조치에 맞서 6월 24~28일에 동부 독일 지역과 베를린 전체를 대상으로 화폐 개혁을 단행했다. 라힉스 마르크(RM) 대신에 동독 마르크(DM-Ost)가 도입되었다. 이에 대해 서방 연합국은 즉각 그들 점령 지역인 서베를린에는 소련의 이 조치가 효력이 없음을 선언했다.

그러나 베를린 전지역을 자신의 영향력 아래에 두고자 하는 소련의 야욕은 계속되었다. 소련은 화폐 개혁 조치와 함께 6월 24일 서베를린을 봉쇄했다. 소련은 서베를린을 봉쇄하기 전날인 6월 23일 밤에 서베를린 지역에 전력과 석탄 공급을 중단한 데 이어 6월 24일에는 서베를린과 동베를린 사이의 전철 운행도 중단시켰다. 육로는 물론 수로도 봉쇄되어 외부와의 모든 통행이 차단된 서베를린은 서부 독일과의 연결도 끊어졌다. 교통편과 생활필수품을 비롯한 모든 물자 공급이 끊어져 서베를린의 운명은 암담하기만 했다.

소련의 베를린 봉쇄는 궁극적으로 서베를린에 생활필수품을 비롯한 모든 물자가 공급되지 못하도록 하여 서방 연합국이 서베를린을 포기하도록 하기 위한 조치였다. 또한 베를린에 위기를 조성하여 서방 연합국으로 하여금 협상에 응하도록 하여 서부 독일 지역에 민주 국가의 수립을 저지하기 위한 목적도 있었다. 소련은 비록 민주 국가 수립을 저지할 수 없다 하더라도 서베를린에서 서방 연합군을 철수시킬 수는 있다고 생각했다. 그리고 서베를린 방위에 대한 미국과 영국의 의지를 시험하는 목적도 있었다.

당시 베를린은 동·서 진영의 세력 대결의 시험장이었기 때문에 서베를린의 포기는 바로 서방 연합국의 패배를 의미하는 것이었다. 따라서 미국은 이러한 소련의 공세를 막아내고, 서방 세계의 최전선인 서베를린이 소련의 지배에 들어가지 않도록 하기 위한 대응 조치를 취했다. 미국은 어떠한 경우에도 서베를린을 포기하지 않겠다는 의사를 분명히 하면서 베를린 봉쇄에 대해 무력으로 대응하지 않고 다른 방법을 모색했다. 즉 육로 교통의 완전한 차단으로 고립된 서베를린에 항공기를 이용하여 식량, 식료품, 의약품 등 생활필수품을 비롯하여 석탄 등 연료를 공급하는 계획을 추진했다. 이 계획은 미군정의 클레이Lucius D. Clay 사령관에 의해 추진되었다. 그는 오래전부터 베를린 전체가 소련의 지배에 들어가면 다음 차례는 서부 독일이라며 서베를린을 반드시 지켜야 한다고 주장한 사람이었다.

미국은 6월 26일 비행기로 서베를린에 생활필수품과 석탄 등 물자를 공급하기 시작했다. 6월 28일에는 영국도 물자 공급에 참여했다. 소련은 항로 차단을 고려했으나, 이 경우 미국과의 전쟁 가능성도 있어 항로를 차단하지 않았다. 소련은 이러한 물자 공급이 그리 오래가지 못하고, 서방 연합국이 곧 서베를린을 포기할 것으로 생각했다. 그러나 항공기를 이용한 생활필수품과 물자 공급은 계속되었다. 서베를린이 봉쇄된 지 300일째에는 서방 연합국이 1~2분 간격으로 무려 927회의 항공기를 운항하며 6,394톤의 생활필수품과 물자를 공급했다.

항공기를 이용한 물자 공급은 하늘에 다리를 놓았다고 하여 공중가교die Luftbrücke라고 한다. 그러나 항공기를 이용한 물자 공급은 생활에 필요한 최소한에 그쳐 서베를린 주민들은 많은 어려움을 겪어야 했다. 이러한 가운데 11월 30일 공산당이 동베를린 지역에 또 다른 베를린 시청을 세워 베를린은 행정적으로 둘로 나누어졌다.

소련은 서방 연합국이 1948년에서 49년으로 넘어가는 겨울쯤에 서베를린을 포기할 것으로 기대했다. 그러나 서방 연합국의 강경한

1948년 6월 24일 소련이 베를린을 봉쇄하자 미국은 비행기로 생활필수품을 수송하였다 (공중 가교). 생활필수품을 실은 수송기가 베를린 템펠호프 공항에 도착하자 환호하는 서베를린 어린이들.

대응이 계속되자 소련은 체면을 크게 손상하지 않고 서방 연합국과의 대치 관계에서 벗어나고자 했다. 이리하여 1949년 2월 소련과 서방 연합국은 베를린 봉쇄 해제에 관한 회담을 시작하여 5월 5일 협정을 체결했다. 소련은 5월 12일 서베를린에 대한 봉쇄를 해제했다. 이로써 서베를린을 점령 지역으로 편입시키려던 소련의 시도는 결국 실패로 돌아갔다. 서방 연합국의 강력한 의지로 추진된 공중 가교가 서베를린을 구한 것이다. 봉쇄는 해제되었으나, 항공기를 이용한 물자 공급은 9월 30일까지 계속되었다.

15개월의 봉쇄 기간 중 미국과 영국은 무려 277,728회의 항공기를 운항하며 약 211만 톤의 물품을 실어 날랐다. 무게를 줄이기 위해 과일이며 우유와 감자 등을 건조시켜 수송하였으며, 생활필수품 이외에도 석탄과 건축 자재 등도 날랐다. 전체 수송 물품 가운데 67%는 석탄이고, 24%는 식품이었다. 그리고 이 작업 도중에 78명이 목숨을 잃었다. 봉쇄가 해제되어 베를린 위기는 일단 넘겼으나, 생필품 공급이나 서부 독일 지역과의 통행은 여전히 어려운 상태였다.

베를린 봉쇄의 해제는 특히 미국의 지원에 힘입은 바 컸으며, 서베를린이나 서부 독일 지역의 안보에 미국의 지원이 필요하다는 인식을 심었다. 베를린 봉쇄 이후 서베를린은 서방 연합국에게 더욱 중요한 전략적 위치가 되었으며, 이후 서방 연합국이나 서독 정부의 정책에도 커다란 영향을 끼쳤다.

기본법 제정

서방 연합국 사령관들은 1948년 6월 2일 런던 6개국 회담에서 채택된 '런던 코뮈니케'를 토대로 7월 1일 프랑크푸르트에서 서부 독일 지역 11명의 주수상들에게 3개의 문서로 된 '프랑크푸르트 문서Frankfurter Dokumente'를 전달했다. 그들은 이 문서에서 주수상들에게 1948년 9월 1일까지 제헌의회의 소집을 위임하면서, 제헌의회에서 연방제 정부 형태의 민주 헌법 제정을 요청했다. 군사령관들은 제헌의회가 만든 헌법안이 헌법의 일반 원칙에 어긋나지 않는다면, 서부 독일 주州의 비준을 거쳐 헌법으로 확정하겠다는 입장을 밝혔다. 헌법안에 대한 비준은 2/3 이상의 주가 찬성해야 이루어진다.

또한 '프랑크푸르트 문서'는 몇몇 주의 경계선 검토 요청과 새로 수립될 독일 정부와 서방 연합국의 관계도 담고 있었다. 즉 연합국 사령관들은 비록 헌법이 제정되고 새로운 독일 국가가 수립되더라도 외교 관계, 대외 무역 관계, 루르 지역에 대한 국제 기구의 권한, 배상 문제, 점령군의 보호와 안전 문제 등의 분야에서는 독일 정부의 주권 행사가 당분간 제한된다고 밝혔다.

이러한 제의에 대해 주수상들은 1948년 7월 8~10일 라인 강변의 도시 코블렌츠의 리터스트루츠Ritterstruz에서 회의를 열고 '프랑크푸르트 문서'에 관해 협의했다. 그들은 이 회의에서 통일이 되고 독일의 주권이 충분히 회복될 때까지 제헌의회의 소집과 독일 헌법의 제정을 보류하겠다는 의사를 밝혔다. 왜냐하면 주수상들은 연합국 점령 지역과 소련 점령 지역의 정치·경제·사회 체제의 차이가 너무 커서 단일 국가를 세우는 것이 어렵다는 것을 알았으나 별도의 국가를 세움으로써 분단을 초래했다는 비난과 책임을 피하고자 했다.

그러나 서방 군사령관들이 이러한 제의를 받아들이지 않자 주수상들은 7월 15~16일과 21~22일에 프랑크푸르트 근교 뤼데스하임의 니더발트Niederwald 사냥 별장에서 다시 회의를 열고 협의했다. 로이터Ernst Reuter 베를린 시장은 서베를린이 포함된 서부 독일 국가를 조속히 세워야 한다며 주수상들을 설득했다. 이 회의에서도 비록 의견 대립은 있었으나 새로운 국가 수립과 관련한 중요한 결정이 이루어졌다.

주수상들은 새로 세워질 국가는 헌법die Verfassung이 아닌 '기본법das Grundgesetz'을 토대로 수립하기로 했다. 이 기본법은 통일이 될 때까지의 과도기에만 효력이 있으며, 향후 통일이 되면 전독일 국민의 자유로운 의사에 의해 제정된 헌법으로 대체하기로 했다. 그리고 기본법 제정은 제헌의회가 아닌 '의회 위원회der parlamentarische Rat'를 구성하여 제정하고, 기본법 확정은 국민 투표에 의하지 않고 주의회der Landtag를 통해 하기로 했다. 의회 위원회 위원은 주의회에서 인구 /5만 명당 1명의 비율로 선출하고 의회 위원회는 1948년 9월 1일 발족하기로 했다.

이 회의 결과를 토대로 7월 23일 주수상들은 연합국 사령관들과 협의를 하고 동의를 받았다. 이어 주수상들은 기본법 제정을 위한 기초 작업을 시작했다. 주수상에 의해 임명된 헌법 위원회는 1948년 8월 10~23일까지 남부 독일 바이에른 주의 헤렌킴제 섬 Herrenchiemsee에서 회의를 열고 기본법 제정에 참고가 될 문서를 만들었다.

기본법 제정을 비롯하여 새로운 독일 국가의 수립을 위해 중요한 일을 할 의회 위원회가 1948년 9월 1일 본Bonn에서 발족했다. 위원회는 총 65명의 위원으로 구성되었다. 각 정당별 분포를 보면, 기독교 민주당(CDU, 원래 이름은 '연맹'이지만 정당이기 때문에 '당'으로 표기, 이하 기민당)과 기독교 사회주의당(CSU, 이하 기사당) 소속 위원이 27명, 사회 민주당(SPD, 이하 사민당) 위원이 27명, 자유 민주당(FDP, 이하 자민당)이 5명, 그리고 독일당(DP) 및 독일 공산당(KPD)과 중앙당(Zentrum)위원이 각각 2명씩이었다. 여기에 야콥 카이저Jakob Kaiser와 에른스트 로이터Ernst Reuter 등 서베를린 대표 5명이 참석했으나, 그들에게는 의사 결정을 위한 투표권이 인정되지 않았다.

의회 위원회의 의장으로 쾰른Köln 시장을 지낸 바 있는 기독교 민주당 대표 콘라트 아데나워Konrad Adenauer가 선출되었다. 그는 65명의 위원 가운데 나이가 가장 많았는데, 기민당과 기사당 이외에 자민당(15명)과 독일당(2명)의 지지를 얻었다. 그리고 의회 위원회에 실질적으로 주요 업무를 맡아볼 상임 위원회가 설치되었는데, 이 위원회 위원장으로는 사민당의 슈미트Carlo Schmid가 선출되었다. 의회 위원회는 기본법 제정에 착수했다.

의회 위원회가 기본법을 제정하는 과정에서 연합국 사령관들은 몇 차례에 걸쳐 그들의 의견을 제시했다. 때로는 국가 권력을 연방과 각 주에 어떻게 배분하느냐 하는 문제로 사령관들과 의회 위원회 위원들 사이에 심각한 의견 대립이 있었다. 1949년 3월 2일 연합국 사령관들은 연방 관련 조항과 재정 관련 조항을 문제 삼아 의회 위원회가 확정한 기본 법안을 거부했다. 결국 이 문제는 의회 위원회 대표와 연합국 사령관들과의 협의를 통해 1949년 4월 25일 해결되었다.

기본법 제정 작업이 거의 끝나갈 무렵인 1949년 4월 5~8일 미국의 에치슨 등 서방 3국 외무장관들은 워싱턴에서 회담을 열고 서독 정부 출범에 따른 문제를 협의했다. 이 회담에서 그들은 서독 정부 출범과 동시에 점령지에 대한 군사 통치를 끝내고, 군사령관을 고등 판무관으로 대체하기로 했다. 그리고 서독의 주권 행사가 일부 제한되는 '점령 규약Besatzungsstatut'을 제정했다. '점령 규약'에 의해 군비 축소, 비군사화, 루르 지역에 대한 관할권, 공장 시설의 해체, 외교 관계 및 대외 무역 관계 등의 분야에서 서독의 주권 행사가 제한되고 연합국 군대도 계속 주둔할 수 있었다. 더 나아가 점령국은 필요할 경우, 점령지에 대한 완전한 권리를 다시 행사할 수 있으며, 서독 의회에서 통과된 모든 법은 고등 판무관의 승인을 받도록 했다. 따라서 서독 정부가 출범하더라도 '점령 규약'으로 인해 서독의 주권 행사는 크게 제한받게 되었다.

마침내 의회 위원회는 오랜 작업 끝에 기본 법안을 마련했다. 군사령관들은 1949년 4월 22일 기본 법안을 승인하겠다는 서한을 아데나워 의장에게 전달했다. 그러나 베를린이 독일 연방 공화국의 주州가 되는 데는 동의하지 않았다. 의회 위원회는 5월 8일 전체 회의를 열고 기본 법안을 표결에 부쳐 53대 12로 채택했다. 반대를 한 12명은 기사당(6명), 독일당, 공산당과 중앙당 소속 위원들이었다. 이어 5월 12일 서방 연합국 군사령관들은 점령 규약에 따라 연합국의 일부 권한을 유보하고 기본 법안을 승인했다.

서방 연합국에 의해 승인된 기본 법안은 비준을 위해 다시 독일 각 주의회에 회부되었다. 이 기본 법안은 바이에른 주를 제외한 모든 주의 비준으로 확정되었다. 바이에른 주는 기본 법안이 지방 자

기본법 공포식
이 날은 전쟁에 패한 후 장래가 암담했던 독일 국민에게 새로운 독일의 탄생을
예고하는 날이었다(1949. 5. 23. 본).

치제 요소보다는 중앙 집권제 요소를 더 많이 채택했다는 이유로 반대했다. 바이에른 주는 비록 기본법에는 반대하였으나 새로운 국가 건설에는 참여하기로 결정했다.

기본법 제정자들은 소련 점령 지역의 독일인들을 염두에 두고 전문前文에 "전독일 국민은 자유로운 자결권으로 독일의 통일과 자유를 달성해야 한다"고 언급했다. 이후 서독은 통일 문제가 거론될 때마다 '자유로운 자결권freie Selbstbestimmung'을 통일을 위한 기본 조건으로 강조했다. 또한 앞으로의 통일에 대비하여 두 가지 조항을 마련했다. 우선 기본법 제23조에 "다른 독일 주가 독일 연방 공화국에 가입하면 가입한 주에도 기본법이 그 효력을 발효한다"고 규정했다. 또 제146조에 "이 기본법은 독일 민족의 자유로운 결정으로 제정된 헌법이 발효하는 날에 그 효력을 잃는다"고 했다. 이 두 조항은 먼 앞날을 내다보는 독일인들의 용의주도함을 나타내는 것으로, 독일은 결국 1990년 10월 3일 기본법 제23조에 의해 그들의 염원인 통일을 이루었다

새로 수립될 국가의 정치 체제로 연방 하원에서 선출된 연방 수상이 국정을 이끌어 가는 내각 책임제를 채택했다. 연방 대통령은 대외적으로 국가를 대표하고, 연방 수상과 각료를 형식적으로 임명하는 권한을 갖도록 했다(기본법상의 주요 기관에 관해서는 제9장 '정치 조직' 편 참고).

1949년 5월 23일 본에서 의회 위원회 위원과 주수상, 주의회 의장, 그리고 군사령관들이 모인 가운데 기본법이 공포되었다. 이로써 독일 연방 공화국Die Bundesrepublik Deutschland(BRD)이 수립되었다. 독일이 항복한 지 4년 만에, 그리고 두 번이나 전쟁에 패배하여 미래가 암담했던 독일 국민에게 새로운 독일의 탄생을 알리는 날이었

다. 이렇게 해서 독일 연방 공화국(이하 서독이라 함)이 수립되기는 했지만 완전한 주권 국가의 위상을 갖춘 것은 아니었다.

기본법은 비록 점령하고 있는 서방 연합국의 위임으로 만들어졌지만, 자유 민주주의의 이념을 구현하였을 뿐만 아니라 나치 시대의 뼈아픈 경험과 바이마르 공화국의 헌법을 바탕으로 제정된 그야말로 완전한 독일식 헌법이라고 할 수 있다.

수도 본

1949년 새로운 국가의 수립을 앞두고 수도를 정해야 했다. 수도후보지로는 프랑크푸르트Frankfurt/M와 본Bonn이 거론되었다. 이 당시 대부분의 독일인들은 새로운 국가의 수도로 프랑크푸르트가 적합하다고 생각했다. 왜냐하면 프랑크푸르트가 경제, 금융 및 교통의 중심지로서 어느 면에서 보더라도 본보다 수도로서 훨씬 유리한 조건을 갖추고 있었기 때문이었다.

그러나 기민당 대표 콘라트 아데나워를 비롯한 일부 인사들은 본을 수도로 정하고자 했다. 그들이 본을 수도로 정하고자 한 데는 두 가지 이유가 있었다. 첫째로 프랑크푸르트에는 무엇보다도 미국 군정청이 자리잡고 있어 한 나라의 수도가 되기에는 부적합하다는 것이었다. 둘째로는 언젠가 독일이 통일되면 어차피 수도를 베를린으로 옮겨야 하는데, 그럴 바에는 큰 도시보다는 작은 도시를 수도로 정하는 것이 나중에 옮기기가 쉽다고 생각했다.

그러나 프랑크푸르트가 속해 있는 헤센 주 기민당원들은 프랑크푸르트가 수도가 되어야 한다는 생각을 갖고 있었다. 그리고 기사당(CSU)도 뮌헨에서 멀리 떨어진 본을 수도로 정하는 데 대해 탐탁하지 않게 생각했다.

수도 결정을 위한 투표가 1949년 5월 10일 의회 위원회에서 실시되었다. 투표가 실시되기 직전 기민당 대표 아데나워는 독일 통신사(dpa)의 보도 기사를 기민/기사당 위원들에게 전달했다. 기사에 따르면 사민당 대표 쿠르트 슈마커가 쾰른에서 다음과 같이 말했다는 것이다. "프랑크푸르트가 수도가 되면 앞으로 실시될 연방 하원 선거에서 기민/기사당이 패배할 것이다." 이로 인해 아데나워는 몇몇 위원의 지지를 더 얻게 되었다. 투표 결과 33대 29라는 4표의 근소한 차이로 프랑크푸르트를 제치고 본이 수도로 결정되었다. 불과 1년 전만 해도 누구도 상상하지 못했던 본이 수도로 결정된 것이다. 이어 1949년 9월 30일과 11월 3일 연방 하원에서 본이 수도로 최종 확정되었다.

본이 수도로 결정된 데에는 앞에 언급한 이유도 있었지만, 다음과 같은 이유도 많이 작용했다. 우선 프랑크푸르트가 속해 있는 헤센 주는 사민당(SPD)이 정권을 잡고 있는 주였기 때문에, 기민당(CDU)은 프랑크푸르트가 수도로 결정되면 앞으로 실시될 첫 총선에서 사민당이 유리할 것으로 생각했다. 다른 한편으로는 기민당 대표 아데나워는 그의 거주지가 본 근교의 뢴도르프Rhöndorf였기 때문에 본이 수도가 되기를 원했다.

이렇게 하여 2,000여 년의 오랜 역사를 간직하고 있는 라인 강변의 조그만 도시 본은 새로 세워질 독일의 수도로 결정되어 정치와 행정의 중심 도시가 되었다.

최초의 총선

　기본법이 제정되고 임시 수도가 결정되는 등 나라를 수립하기 위한 준비가 한 단계 한 단계씩 진행되어 갔다. 이제 연방 하원 선거가 실시되어야 했다.

　연방 하원der Bundestag 의원 선출을 위한 총선일이 1949년 8월 14일로 공고되었다. 총선에는 사민당(SPD), 기민당(CDU)과 기사당(CSU)을 비롯하여 자민당(FDP), 바이에른 당, 그리고 독일당(DP) 등 16개 정당이 후보자를 내고 참여했다. 제1당을 차지하기 위해 특히 사민당과 기민당 사이에 선거전이 치열하게 전개되었다.

　기민당은 의회 위원회 의장을 지낸 노정치가 아데나워가 속해 있어 많은 지지를 받고 있었다. 그러나 대부분의 독일인들은 최초의 총선에서 사민당이 근소한 차이로 기민당을 누르고 제1당이 되리라 예상했다. 왜냐하면 사민당은 오랜 전통에 기반을 두고 있을 뿐 아니라, 쿠르트 슈마커Kurt Schumacher가 당 대표였기 때문이다. 전후 1945~1946년의 독일 정치 지도자 하면 모두가 슈마커를 꼽을 정도로 그에 대한 국민들의 지지와 기대는 대단했다.

　슈마커는 전쟁의 후유증으로 독일 국민의 정치적 감각은 아직 미숙하다고 주장하며, 서부 독일 지역에서 공산주의가 태동하려고 할 때 이를 반대하고 민주주의를 적극 옹호했다. 그는 이러한 기반 위에 히틀러 집권 이후 12년 동안 정치 활동이 금지된 사민당을 1946년에 새로 창당한 인물이었다.

　슈마커는 1895년 10월 13일 지금은 폴란드의 영토가 된 탄치히의 남부 쿨름Kulm에서 태어났다. 그는 바이마르 공화국(1919~1933년)의 제국의회der Reichstag 의원이던 1930~1933년 의회에서 나치를 비난하는 발언을 많이 했다. 이 때문에 히틀러가 집권한 12년 (1933~1945년) 동안 거의 감옥이나 수용소에서 지냈다. 그는 수감중에 지병인 순환기 계통의 병으로 많은 어려움을 겪었고, 석방될 당시에는 건강이 극도로 악화되어 있었다. 그러나 감옥이나 수용소에서 병고를 이겨내며 후일 새로운 독일을 세우겠다는 각오를 더욱 굳건히 했다.

전쟁이 끝난 뒤 슈마커는 점령국의 통치 정책을 날카롭게 비판하면서, 독일이 더 많은 자결권을 행사해야 한다고 주장했다. 그가 점령국에 대해 이러한 주장을 할 수 있었던 배경에는 그의 오랜 수용소 생활이 큰 힘이 되었다. 또한 그는 헌법인 기본법 제정 과정에서도 사민당 소속 위원들에게 독일의 권익이 충분히 보장되지 않으면 기본법을 거부하라고 했다 이와 같은 슈마커의 지나친 주장으로 인해 독일이 정치적 주권을 되찾는 것이 자칫 수포가 될 위험에 직면하기도 했다.

슈마커가 연합국을 줄기차게 비난했기 때문에 서방 연합국이나 소련은 그를 싫어했다. 소련은 그가 반공주의자란 이유로, 프랑스는 그가 너무 오만하고 지나치게 독일적이란 이유로, 미국은 그가 사회주의자란 이유로 꺼려했다. 그런 가운데에도 영국의 노동당 정권은 다소 그를 옹호했다. 그의 동료 에른스트 로이터는 슈마커의 다른 좋은 면을 부각시켜 그에 대한 서방 연합국의 우려를 다소 완화시켰다.

슈마커의 또 다른 큰 업적은 소련 점령 지역의 공산주의자들과 좌익 사회주의자들이 서방 연합국 점령 지역으로 세력을 확장하려는 시도를 저지한 것이었다. 그는 특히 공산당에 대해서는 철저히 반대했다. 왜냐하면 1932년 공산당이 나치에 동조하여 베를린에서 교통 파업을 일으켰으며, 1933년 히틀러가 정권을 장악한 데는 공산당의 책임이 크다고 생각했기 때문이다.

소련 점령 지역에서는 옛 사민당 좌파인 오토 그로테볼Otto Grotewohl이 1946년 4월 22일 공산주의자들과 함께 독일 사회주의 통일당(SED)을 창당했다. 이어 그로테볼은 서베를린의 옛 사민당 인사들에게 접근하며 세력을 확장하려고 했다. 그러나 슈마커는 좌익 사회주의자들과 공산주의자들이 서베를린이나 서부 독일 지역으로 세력을 확장하는 것을 막기 위해 전력을 다했다. 그는 서베를린으로 건너가 절대로 공산주의자들에게 동조하지 말고 진정한 사회민주주의 정당을 창당하자고 사회주의자들을 강력히 설득했다. 이에 따라 서베를린 사회주의자들은 독일 사회주의 통일당에 가입하지 않고 사민당(SPD)에 참여했다. 사민당은 독일 사회주의 통일당이 창당된 지 한 달 후인 1946년 5월 9일 하노버Hannover에서 전당대회를 개최하여 슈마커를 대표로 선출했다.

슈마커는 총선 유세에서 유럽의 재건을 위한 미국의 마샬 계획을 위장된 미 제국주의에 불과하다고 맹렬히 비난했다. 그는 또한 중공업을 국유화하고 계획 경제를 채택해야 한다고 주장했다. 슈마커는 선거 유세에서 카톨릭 단체를 점령 4국에 이은 '제5의 점령 단체'라고 비난하였는데, 이 비난은 슈마커의 큰 실수로 결국에는 아데나워와 기민당을 도와주는 결과가 되었다. 사민당의 정책과 그의 이러한 선거 유세로 인해 일부 국민들은 불안해졌다.

한편 기민당은 사민당의 이러한 선거 유세와는 달리 전후 국민들의 분위기를 파악하여 바이에른 주의 기사당(CSU)과 공동으로 선거전을 펼쳐 나갔다. 기민당 대표이며 수상 후보인 아데나워는 의회 위원회 의장을 지낸 덕분에 국민에게 많이 알려져 있었다. 그는 선거 유세에서 추상적인 내용보다는 1949년 당시 국민으로부터 지지를 얻을 수 있는 현실적이며 실현 가능한 문제를 주로 다루었다.

특히 아데나워는 에르하르트Ludwig Erhard의 사회적 시장 경제 정책을 지지하며 사민당이 내세우고 있는 계획 경제에 맞섰다. 그는 국민 대다수가 관심을 갖고 있는 식량 확보와 주택 건설, 그리고 고용 증대 문제를 중점으로 삼아 우선 이러한 문제들이 해결되어야 한다고 강조했다. 이와 같이 최초의 선거에서는 정치나 경제 문제가 주로 대두되었다.

1949년 8월 14일 선거가 실시되었다. 투표 결과 어느 정당도 과반수를 얻지 못했다. 예상과 달리 기민/기사당이 31%의 지지율로 139석을 얻어 제1당이 되었다. 이에 비해 사민당은 29.2%의 지지로 131석을 얻는 데 그쳤고, 자민당은 11.9%의 지지로 52석을 얻었다. 바이에른 당과 독일당은 각각 17석을, 공산당은 15석을, 중앙당은 10석을, 그리고 여타 정당이 21석을 얻어 총 402명의 의원이 선출되었다. 최초의 총선에서 독일 국민은 사회주의를 거부한 것이다.

아데나워가 이끄는 기민/기사당이 제1당이 된 데에는 전후의 어려운 여건에서 경제 성장의 토대를 마련한 루드비히 에르하르트의 공이 컸다.

독일 연방 공화국의 출범

총선에서 어느 정당도 과반수를 얻지 못해 연립 정부 구성이 불가피했다. 일부에서 기민/기사당과 사민당이 연정을 구성해야 한다고 주장했으나, 아데나워는 사민당보다는 자민당 및 독일당과 연정을 구성하기로 했다. 또한 사민당의 슈마커도 기민/기사당과의 연정 구성을 반대했다.

1949년 9월 7일 연방 하원der Bundestag과 연방 상원der Bundesrat이 구성되는 첫 회의가 열렸다. 이어 9월 12일에는 연방 대통령 선출이 있었다. 연방 대통령은 연방 하원 의원 전원과 주의회에서 선출된 대표들로 구성된 연방 회의die Bundesversammlung라는 기구에서 선출된다. 초대 연방 대통령으로는 기본법 제정에서 자유주의자들의 입장을 대변한 자민당(FDP) 대표 테오도르 호이쓰Prof. Theodor Heuss가 기민/기사당의 지지로 사민당의 후보 쿠르트 슈마커를 누르고 당선되었다.

지난 바이마르 공화국에서는 대통령의 강력한 권한이 오히려 의회 민주주의의 붕괴를 초래했다. 그 경험을 바탕으로 연방 대통령에게는 형식적인 권한이 부여되었다. 즉 연방 대통령은 독일 연방 공화국을 국제법적으로 대표하고, 외국과 조약을 체결하며, 외교 사절을 접수한다. 연방 대통령은 또한 연방 판사와 연방 공무원을 임명하고 해임하는 권한과 사면권을 가진다. 임기는 5년으로 1회에 한해 연임할 수 있도록 했다.

초대 연방 대통령으로 선출된 호이쓰는 1884년 1월 31일 브라켄하임에서 태어났다. 그는 1909년부터 독일 제국의 자유당에서 활동하다가 바이마르 공화국이 수립되자 독일 민주당에서 활동했다. 1912~1918년에는 하일브론에서 간행되는「네카 차이퉁」(이 신문은 오늘날「라인 네카 차이퉁」이라는 이름으로 하이델베르크에서 발행되고 있음)의 편집장으로 일했다. 이어 1920년부터 1933년까지 서베를린에서 정치학을 강의하기도 했다. 1924~1928년, 그리고 1930~1933년에는 제국 의회 의원으로 활동하였으며, 히틀러 집권기에는 나치에 대항하여 투쟁하기도 했다. 전쟁이 끝난 후 그는 뷔르템베르크-바덴 주(후에 뷔르템베르크-호헨촐레른 주와 쥬드-바덴 주와 함께 1951년 5월 바덴-뷔르템베르크 주로 통합되었음)의 교육장관으로 잠시 재직하다가, 1946년에 자민당 창당에 참여하여 당 대표가 되었다. 1947년에는 슈투트가르트의 공과 대학 교수로 재직하였으며, 1948년에는 의회 위원회 위원으로 기본법 제정 활동에도 참여했다.

연방 대통령을 선출한 3일 후인 1949년 9월 15일 연방 하원에서 연방 수상 선출이 있었다. 투표에서 기민당의 콘라트 아데나워가 수상 선출에 필요한 202표를 겨우 얻어 연방 수상으로 선출되었다. 자민당 소속 의원 2명이 투표에 불참하고, 기민/기사당에서 5명의 의원이 그에게 반대하였거나 기권한 것으로 나타났다.

아데나워 수상은 9월 20일 연방 하원에서 새로운 정부의 주요 정책을 밝혔다. 그는 국내적으로 사회적 시장 경제 정책의 확대 실시, 실업자 축소, 주택 건설 촉진, 그리고 연합국의 산업 시설 철거 정책의 완화 등에 중점을 두겠다고 했다. 대외적으로는 서독이 전 독일 국민의 유일한 합법 국가임을 선언하면서, 오데르-나이세 강선의 불인정, 통일에 앞서 친서방 정책의 추진, 프랑스와의 관계 개선, 그리고 자르 문제의 해결 등에 중점을 두겠다고 했다. 이러한 내용은 전후 서독 정부가 해결할 주요 과제가 되었다.

서독 정부는 기본법에 의해 입법과 행정, 그리고 사법에 관한 권한을 행사하지만 완전한 주권을 행사하지는 못했다. 왜냐하면 1949년 4월 10일 체결한 '점령 규약'이 9월 21일 발효되었기 때문이다. '점령 규약'에 의해 서독은 군대를 보유하거나 무장이 금지되었고, 군과 관련된 산업도 규제되거나 제한되었다. 또한 루르 지역의 관리, 배상 문제 및 조약 체결 등 대외 관계가 제한되고, 대외 무역과 외환 관리도 규제되었다. 서독은 외국과 외교 관계 수립은 물론 영사 관계도 맺을 수 없었다. 헌법인 기본법 개정도 연합국의 승인을 받아야 했기 때문에 '점령 규약'이 국내법보다 훨씬 우위에 있었다.

서독 정부가 출범함으로써 서방 연합국의 군사 통치가 막을 내리고, 연합국 군사령관들은 민간인으로 구성된 고등 판무관들로 대체되었다. 그러나 서방 연합국은 '점령 규약'을 통해 서독의 주요 권한 행사에 여전히 간섭할 수 있어서 서독의 주권 행사는 여전히 제한되었다.

기적의 경제 성장

앞서 언급하였지만, 최초의 연방 하원 선거에서 기민당이 승리하게 된 데에는 루드비히 에르하르트의 공이 컸다. 에르하르트는 독일이 전쟁의 폐허로부터 오늘날과 같은 경제 강국으로 성장하는 기틀을 다져 놓았다.

그는 1897년 2월 4일 바이에른 주의 퓌르트Fürth에서 태어나 제1차 대전에 참전했다가 부상을 당하여 1919년에 제대했다. 이어 프랑크푸르트 대학에서 경영학과 사회학을 공부하고 경제 연구소에 재직하면서 경제학자로서 명성을 높이 쌓았다. 그러나 그는 히틀러의 나치 정권에 협력하기를 거절하여 많은 고초를 겪었다.

에르하르트는 제2차 대전이 한창이던 1943~1944년에 이미 독일이 전쟁에 이길 수 없다고 판단하고, 전쟁이 끝난 후 어떠한 경제 정책이 독일에 적합할 것인가를 미리 구상했다. 전쟁이 끝나자 에르하르트는 바이에른 주를 통치하고 있는 미 점령국의 발탁으로 1945년 10월 바이에른 주의 경제장관이 되었다. 그러나 그 자리에서 곧 물러나 뮌헨 대학에서 교수로 재직하다가 1947년에 미·영 경제 통합 지역Bi-Zone이 발족하자 통화와 크레디트 분과 위원장으로 일했다.

제2차 대전이 끝난 직후 연합국은 독일에 평화 산업에 필요한 일부 산업 시설만 남겨 놓고 농업을 육성할 계획이었다. 그러나 서방 연합국은 점령국 통치 문제와 관련하여 소련과 대립이 생기자 서부 독일 지역의 경제를 육성하는 정책으로 전환했다. 이러한 정책에서 서방 연합국은 나날이 치솟는 물가를 억제하고, 마셜 계획을 효과적으로 추진하기 위해 화폐 개혁을 단행하였는데, 에르하르트는 이 준비 작업에도 참여했다. 그러면서 그는 독일 경제의 기반이 견고해지기 위해서는 화폐 개혁만으로 부족하다고 생각했다. 그는 점령국이 실시하고 있는 생필품 배급 제도 및 가격과 임금에 대한 통제를 모두 철폐해야 한다고 주장했다.

에르하르트의 이러한 생각은 뮐러-아르막Alfred Müller-Armack의 이론을 바탕으로 한 '사회적 시장 경제Soziale Marktwirtschaft'로 요약된다. 그가 지향하는 '사회적 시장 경제'란 다음과 같다.

첫째, 자유 경쟁 질서의 확립을 통한 최대한의 경제 발전, 시장 원리에 입각한 성장 정책, 국가 간섭의 제한, 그리고 시장 원리에 입각한 완전 고용 달성.

둘째, 금융 질서의 확립, 특히 독립적인 중앙 은행에 의한 물가의 안정 유지.

셋째, 경제 성장을 통해서 사회 보장을 실시하고, 사회 정의와 사회 발전 이룩하기.

'사회적 시장 경제'의 핵심은 무엇보다도 자유 경쟁에 있으며, 그 목표는 경제가 국가에 예속되지 않고 독점도 용납되지 않는 진정한 경쟁이 이루어지는 시장을 조성하는 데 있다.

에르하르트의 끊임없는 노력으로 1948년 7월 7일 미·영 경제 통합 지역에 적용될 비상 조치법이 공포되었다. 이 법에 따라 주택 분야, 자본 시장, 기초 산업 자재와 기본 식량의 가격을 제외하고는 기존의 통제가 해제되었다. 에르하르트는 이 법을 공포하면서 다음과 같은 점을 강조했다.

> "모든 독일인들이 자기 직장을 자유로이 선택할 수 있고, 사고자 하는 상품을 자유롭게 살 수 있게 되면, 그때서야 정치 활동에서도 적극적인 역할을 인계받을 수 있을 것입니다. 독일인들 스스로가 오랫동안 습관에 젖어온 국가로부터의 경제적 의존을 벗어날 때만이 정치적 책임을 지는 자유를 요구할 수 있을 것입니다."

그러나 대부부의 독일인들은 상품 가격에 대한 통제를 해제하는 것이 꼭 필요한 조치인지를 확신하지 못했다. 왜냐하면 가격 통제를 해제한 후 생활필수품과 여러 소비재의 가격이 올랐으며, 화폐 개혁으로 실업자가 늘어났기 때문이다. 주위에서 그의 경제 정책이 잘못된 것이 아니냐 하는 비난이 분분했다.

그러나 에르하르트는 주위의 거센 반대 압력에도 불구하고, 오로지 이 정책만이 잿더미의 독일 경제를 다시 일으킬 수 있다고 믿고 정책 기조를 꾸준히 밀고 나갔다. 한 걸음 더 나아가 물가 오름세를 억제하고 생산업자들에게 경쟁력을 길러 주기 위해 수입 관세를 인하하는 조치를 취했다.

에르하르트의 이러한 노력의 결과로 1949년 여름에 벌써 경제가 상승 국면임을 알리는 징후가 나타나기 시작했다. 즉 화폐 개혁으로 1년 만에 순 국민 생산액이 2배로 증가한 것이다. 이러한 경제 성장은 또한 기민/기사당이 1949년 8월에 실시된 연방 하원 선거에서 승리하게 된 직접적인 원인이 되었다. 에르하르트는 경제 정책에 대한 탁월한 능력을 인정받아 1949년 9월 출범한 연방 정부에서 경제장관으로 임명되었다.

서독은 1950년대 초반까지도 수출보다는 수입을 많이 해야 했다. 따라서 마샬 계획에 의해 들어오는 원조의 대부분은 원자재와 생활필수품을 수입하는 데 사용되었다. 기초가 다져진 서독 경제는 그해 6월에 일어난 한국 전쟁으로 확고한 기반을 구축하여 성장 속도를 가속화하기 시작했다. 이 당시 서독은 유럽 어느 나라보다도 숙련되고 임금이 낮은 노동자를 많이 보유하고 있어서 기계와 차량 등 중공업 제품을 다른 나라보다 앞서 공급할 수 있었다. 한국 전쟁은 서독인들 사이에 소련이 동독을 앞세워 공격해올지 모른다는 불안감을 불러일으켰다. 그러나 다른 한편으로는 한국 전쟁 발발 후 1분기 안에 20%의 산업 생산이 증가되어 한국 붐 Korea-Boom을 가져올 정도로 한국 전쟁은 서독 경제 발전에 큰 도움이 되었다.

마침내 1952년부터는 수출이 수입을 초과하기 시작했다. 1950년

만 해도 수입이 114억 마르크, 수출이 84억 마르크로 수입액이 30억 마르크 많았다. 그러나 1952년에는 수출이 수입보다 7억 6백만 마르크를 초과했다. 이후 국민 소득은 계속 증가하였으나 물가는 소득세를 통해 균형을 유지했다.

1950년대 중반에 접어들어 독일 경제는 탄탄한 성장의 발판을 마련하며 에르하르트의 시장 경제는 이제 시험기를 극복하고 견고한 뿌리를 내리기 시작했다. 경제 성장으로 국민들의 복지가 증진되고, 고용 증대가 이루어졌다. 이와 함께 의료 보험과 실업 보험, 그리고 연금 보험 등 폭 넓은 사회 보장 제도가 이루어지기 시작했다. 모두 이러한 경제 성장을 '기적의 경제 성장Wirtschaftswunder' 이라고 했다. 계획 경제를 주장했던 사민당도 에르하르트의 경제 정책을 인정하기에 이르렀다.

독일이 폐허의 잿더미 위에서 기적의 경제 성장을 이룩할 수 있었던 이유는 여러 가지를 들 수 있다. 우선 독일이 숙련된 노동자를 보유하고 있었고, 마샬 계획에 의한 경제 원조와 화폐 개혁이 이루어지고 에르하르트와 같은 유능한 장관이 경제 정책을 잘 수립한 데 있다. 그러나 가장 큰 이유는 모든 국민들이 한결같이 노력한 결과라고 할 수 있다. 에르하르트는 남들이 독일의 경제 성장을 기적이라고 말할 때 다음과 같이 강조했다.

"모든 일에 기적이란 없습니다. 그러나 올바른 정책과 전 국민의 노력에 의해 기적에 가까운 결과는 얻을 수 있습니다."

경제 성장은 서독이 전쟁으로 인한 피해를 빠르게 복구할 수 있는 바탕이 된 한편, 전후 동프로이센이나 동유럽 등지로부터 건너온 이주자들과 동독에서 넘어온 피난민들이 정착하는 데 큰 도움이 되었다. 1950년의 인구 조사에 의하면 동프로이센이나 쉴레지엔 등 고향을 떠나 서독으로 몰려든 이주자들이 약 798만 명이었다. 그리고 소련 점령 지역에서 1945년에서 1961년 베를린 장벽이 세워지기까지 서독으로 넘어온 피난민들은 약 360만 명이었다. 이렇게 많은 이주민과 피난민의 정착은 경제 성장 때문에 가능했다. 독일은 이러한 경제 성장을 바탕으로 빠르게 정치적 안정을 되찾고, 주권도 회복할 수 있었다.

아데나워의 친서방 정책

초대 연방 수상 콘라트 아데나워는 1876년 1월 5일 쾰른에서 법원 서기의 아들로 태어났다. 그는 법학 공부를 마치고 쾰른 검찰청에서 잠시 일했다. 1906년부터 정치 활동을 시작했으며 1917~1933년 동안 쾰른 시장을 역임했다. 그러나 히틀러가 정권을 잡은 1933~1945년의 12년 동안은 정치 일선에서 물러나 있었다. 1945년 전쟁이 끝나고 미국에 의해 그는 다시 쾰른 시장이 되었으나, 그해 10월에 영국 점령 당국에 의해 해임되었다. 그 이유는 1945년 7월 영국에 노동당 정부가 들어서면서 점령 지역의 관청에 가급적이면 사민당 인사를 기용하려고 했기 때문이었다. 이후 정치 활동이 허용되자 기민당(CDU) 창당에 앞장섰다. 1948~1949년에는 의회 위원회 의장으로 활동하며 기본법 제정과 본으로의 수도결정 과정에서 큰 역할을 했다.

아데나워가 1949년 9월 수상이 되었을 때 이미 73살의 고령이었다. 그러나 폐허가 된 독일을 다시 일으켜 세워야겠다는 그의 집넘은 어느 누구도 따를 수 없을 정도로 강했다. 아데나워 수상은 서독에게 가장 시급하고 중요한 문제는 잿더미가 된 경제를 재건하는 일과 완전한 주권을 회복하는 것이라 생각하고 이를 위해 모든 힘을 다했다. 그는 수상이 되고 나서 독일 국민이 정치적 자신감을 되찾고, 완전한 주권을 회복하는 일에 전념하기 위해 경제 문제와 국내 문제의 대부분을 경제장관 에르하르트와 다른 장관들에게 위임했다. 이제 독일인들은 독일 제국이라는 과거의 환상에서 깨어나야 하며, 독일의 미래는 다른 서유럽 나라들과 어떻게 잘 협력하느냐에 달려 있다고 그는 강조했다.

아데나워 수상은 친서방 정책 및 서독의 서유럽 통합에 외교 정책의 기조를 두었다. 그는 이러한 정책을 추진함으로써 통일이 더욱 어렵게 되고, 소련 점령 지역(동독)에 거주하고 있는 1천 7백만 명의 독일인이 희생될 수도 있다는 것을 잘 알고 있었다. 그럼에도 불구하고 아데나워가 친서방 정책을 추진한 이유의 하나는 소련이 독일 통일이라는 사안에 대해서 눈꼽만큼도 동의할 리가 없었기 때문이다. 또 다른 면으로는 친서방 정책만이 서독의 안보를 확고히 보장하고, 베를린 봉쇄가 막 해제된 당시의 냉전 분위기에서 빠른 시일에 완전한 주권 국가로 가는 길이라고 생각했기 때문이다.

전후 독일의 또 다른 심각한 문제는 연합국의 독일 산업 시설이나 공장 시설의 철거 정책Demontage이었다. 전쟁으로 많은 공장이 파괴되었음에도, 연합국은 독일이 다시는 전쟁을 일으키지 못하도록 하기 위해 중요한 산업 시설의 해체를 추진했다. 또한 일부 공장 시설은 배상에 이용되었다. 연합국의 산업 시설 철거는 독일 경제의 발전을 가로막고 있었기 때문에 조속히 중지되어야 했다. 아데나워 수상은 3명의 고등 판무관들과 협상을 벌여 1949년 11월 22일 산업 시설의 철거를 중지하는 '페터스베르크 협정Petersberger Abkommen'을 체결했다. '페터스베르크 협정'은 서독이 주권을 회복하는 첫 단계였다. 이 협정으로 연합국의 서독 산업 시설(19개의 화학 및 철강 공장)에 대한 철거 작업이 중지됨은 물론, 서독이 국제 기구에 가입하거나 다른 나라와 영사 관계를 수립하고 무역 거래도 할 수 있게 되었다. 또한 마샬 계획 참여가 가능하게 되었고, 각종 선박 건조 제한도 완화되었다. 대신 서독은 이 협정에서 '루르 기구 Ruhrbehörde'에 가입하고, 재무장을 하지 않기로 약속했다.

'루르 기구'란 루르 지방에서 생산되는 석탄과 철강을 관리하기 위해 1948년 12월 서방 연합국 3국과 베네룩스 3국이 체결한 '루르 규약Ruhrstatut'에 의해 만들어진 국제 기구이다. '루르 규약'은 루르 지역을 독일에서 분리해 국제 기구가 관리해야 한다는 프랑스의 요구를 완화시킨 타협안에서 나온 것이다. '루르 기구'는 루르 지방의 석탄과 철강의 생산량뿐만 아니라, 서독의 국내 소비량과 수출량, 그리고 가격까지도 일일이 통제하여 서독으로서는 감당하기 어려운 기구였다.

한편 '페터스베르크 협정'에 대해 연방 하원에서는 열띤 논쟁이 벌어졌다. 슈마커를 비롯한 야당의 반대파들은 '루르 기구' 가입을 성토하면서, 아데나워를 가리켜 서독의 수상이 아니라 '연합국의 수상der Bundeskanzler der Allierten'이라고 공격했다. 이러한 비난에 대해 아데나워 수상은 '루르 기구' 가입이 산업 시설의 철거를 중지하는 데서 얻는 경제적 이득과 비교할 때 결코 강제적이거나 무리한 요구가 아니라고 반박했다. 또한 '루르 규약'이야말로 그 동안 여러 번 거론되던 유럽 협력을 위한 시작에 불과하다고 강조했다.

아데나워 수상은 또한 유럽 국가의 경제 발전과 사회 발전을 목적으로 영국, 프랑스 등 10개국에 의해 1949년 5월에 설립된 '유럽 위원회Council of Europe' 가입을 추진했다. '유럽 위원회' 가입이 독일에서 또 다른 전쟁을 일으킨다며 사민당이 반대했으나, 아데나워는 유럽의 결속은 이 지역의 평화 유지에 필수적이며 독일의 통일을 위해서도 가입이 필요하다고 강조했다.

'페터스베르크 협정'에 의해 서독은 1949년 11월 30일 '루르 기구'에 가입했다. 1950년 6월에는 런던에 최초의 서독 총영사관이 개설되었고, 이후 뉴욕과 파리에도 세워졌다. 서독은 다른 나라 도시에도 총영사관을 개설하려 했으나 서방 연합국의 반대로 무산되었다. 마침내 서독은 1950년 7월 8일 '유럽 위원회'에 준회원으로 가입했다. 이로써 1945년 패전 이후 서유럽 국가들과 연대하려는 서독의 희망 가운데 하나가 이루어졌다. 1951년 3월 6일 점령 규약이 일부 완화되어 3월 15일에는 외무부가 창설되고 아데나워 수상이 외무장관을 겸임했다.

슈망 계획

유럽을 통합시키려는 시도는 경제 분야에서도 이루어졌다. 프랑스의 로베르 슈망Robert Schuman 외무장관은 1950년 5월 9일 독일과 화해하고 유럽 통합을 향해 나아가자는 제안을 했다. 그는 지난 수백 년에 걸친 프랑스와 독일의 적대감이 해소되어야 한다며 프랑스와 독일에서 생산되는 모든 석탄과 철강에 대한 관리를 하나의 공동 기구에 두자고 제의했다. 그는 이 기구에 다른 유럽 국가의 가입도 가능하다고 했다.

프랑스가 이러한 제안을 한 데는 세 가지 이유가 있었다. 첫째, 서독에 의한 전쟁 방지였다. 석탄과 철강은 무기를 생산할 수 있는 중요한 자원으로, 이 자원을 공동으로 관리하면 서독은 독자적인 무기 생산이 어렵게 되어 서독과 프랑스 사이의 전쟁을 막을 수 있다고 생각했다(서독의 석탄과 철강 생산량은 프랑스보다 훨씬 많았다). 둘째, 경제적인 이유로 프랑스는 산업 시설을 가동하기 위해 필수 불가결한 석탄과 철강을 이 기구를 통해 안정적으로 확보하고자 했다. 셋째, 프랑스는 이 기구를 통해 유럽 국가들의 경제 협력을 추진하고자 했다.

이 계획이 바로 '슈망 계획Schmann Plan'이며 실제 입안자는 경제 기획청장인 장 모네Jean Monnet였다. 아데나워 수상은 증오로 가득 찬 독일과 프랑스 두 나라의 관계가 이 계획으로 건설적인 협력이 가능하게 되며, 또한 1945년 패전 이후 서독이 프랑스와 동등하게 공동의 기구에 참여할 수 있게 되었다고 생각했다. '슈망 계획'에 서독은 물론 이탈리아와 베네룩스 3국 등 5개국이 동의했다. 미국도 이 계획을 지지했으나 영국은 프랑스의 설득에도 불구하고 프랑스가 서독과 협력하여 유럽 대륙에서 우위를 차지할 것을 우려하여 참여하지 않았다.

슈망 계획에 참여한 6국은 더욱 상세한 협의를 거쳐서 1951년 4월 18일 파리에서 '유럽 석탄 및 철강 공동체European Coal & Steel Community'(ECSC, 몬탄 유니온 이라고도 함) 설립에 관한 조약을 체결하였다. 이듬해인 1952년 7월 25일 공동체가 발족했다. 이로써 석탄과 철강에 대한 공동 시장이 만들어졌다. 이와 함께 '루르 규약'이 폐지되고 '루르 기구'는 해체되었다. 이 공동체는 '유럽 위원회'보다 더욱 발전한 것으로 유럽 통합의 첫 시도였다. 그리고 이 공동체는 유럽의 다른 나라와 동등권을 추구하는 서독에게도 중요한 기구였다.

과거 독일 국민이면 대부분 가졌던 국수주의 사상에 비하면 아데나워 수상은 유럽 협력에 매우 적극적이었다. 그는 '유럽 석탄 및 철강 공동체'가 제 기능을 발휘하게 되면 유럽의 경제뿐만 아니라 온 유럽인의 사고와 정치적인 감각을 바꾸어 놓으리라고 확신했다.

유럽 방위 공동체 설립 계획

서독이 서방 연합국과 밀접한 관계를 맺게 된 데는 안보 문제도 밀접한 관계가 있었다. 1950년 6월 25일 북한 공산군의 남한 기습 공격에 전세계가 놀랐다. 아데나워 수상은 수도 서울이 공산군에 의해 순식간에 함락되고, 한국군이 남쪽으로 힘없이 밀려났다는 소식에 커다란 충격을 받았다. 그는 유럽에서도 소련이 동독을 앞세워 쳐들어오면 서독도 같은 처지에 놓일 것이라며 서독의 안보를 우려했다. 미국과 영국도 한국 전쟁으로 자극을 받고 유럽에서 소련과 공산주의의 침투를 저지하기 위한 군사 동맹체 설립에 적극적이었다. 양국은 이 기구에 서독도 가입해야 한다고 주장했다. 1950년 8월 11일 처칠은 프랑스 스트라스부르에서 열린 유럽 의회에서 서독군도 포함하는 유럽군의 창설을 제의했다.

아데나워 수상도 서독의 안보 강화가 시급하다고 여겼다. 그는 내각이나 의회와 상의도 없이 8월 29일 유럽군이 창설될 경우 서독도 자체의 군대로 참여하고, 또한 새로운 조약을 체결하여 서독과 점령국의 관계도 발전시키고 싶다는 내용의 서한을 서방 3국 고등 판무관들에게 전달했다. 아데나워가 이러한 제의를 한 이유는 유럽의 방위에 서독도 기여함으로써 점령 규약을 완화시켜 가능한 빨리 주권을 회복하기 위해서였다.

서독이 자체 군대로 유럽의 방위에 참여하겠다는 아데나워 수상의 제의는 사민당과 언론뿐만 아니라 연방 정부에서도 열띤 논쟁을 불러일으켰다. 내무장관 구스타프 하이네만Gustav Heinemann은 1950년 10월 11일 서독의 재무장이 또 다른 전쟁을 일으킨다며 재무장 정책에 항의하여 사임했다. 언론과 야당은 1, 2차 대전의 처참하고도 끔직한 경험 때문에 서독의 재무장 계획을 혹독하게 비판하며 반대했다.

한편 서방 3국 외무장관들은 1950년 9월 12~18일 뉴욕에서 회담을 갖고 유사시 서독의 방위를 다짐하면서 유럽 방위체 설립과 서독이 이에 참여하는 문제를 협의했다. 한국 전쟁으로 서독의 재무장이 시급하다고 여긴 미국은 서독의 군대 창설과 재무장을 허용하자고 제의했으나, 영국과 프랑스는 반대했다. 그러나 서독의 재무장에 대한 미국의 의지가 확고하고, 미국이 유럽 대륙에 군대를 계속 주둔시키겠다고 약속하자 두 나라는 더 이상 반대할 수 없었다. 이제 서독의 군대 창설은 시간 문제였다.

그러나 서독의 재무장은 이를 계속 반대해 온 프랑스에게는 곤욕스러운 일이었다. 따라서 프랑스는 서독의 재무장을 막고, 다른 한편으로는 서유럽에 대한 소련의 무력 공격에 대비하는 방안을 모색했다. 이 두 가지 문제를 해결하기 위해 프랑스의 플르방René Pleven 수상은 10월 25일 의회에서 유럽군 창설을 제의했다. 플르방 수상이 제의한 유럽군은 서독군의 독자적인 활동을 방지하고 서독에 대한 통제를 확고히 하는 데 목적이 있었다.

플르방 수상이 제의한 유럽 방위체 설립 문제를 협의하기 위한 회담이 1951년 2월 15일 파리에서 열렸다. 한편 영국과 프랑스는 1951년 7월에, 미국은 10월에 서독과 전쟁 상태가 끝났음을 각각 선언했다. 9월 14일 서방 연합국 외무장관들은 워싱턴에서 '점령 규약'을 일반 조약으로 대체하는 문제를 협의했다. 오랜 협의 끝에 1952년 5월 27일 미국의 협조로 군사 동맹 기구인 '유럽 방위 공동체die Europäische Verteidigungsgemeinschaft'(EVG) 설립에 관한 조약이 파리에서 서명되었다. 이 조약에는 프랑스, 이탈리아, 베네룩스 3국과 서독 등 6국이 참여했다. 영국은 '유럽 석탄 및 철강 공동체' 기구에 가입하지 않은 데 이어 '유럽 방위 공동체'에도 참가를 거부했다.

이제 서독은 이 조약에 의해 독자적인 군대로 다른 나라와 동등하게 '유럽 방위 공동체'에 가입할 수 있게 되었다. 6국은 또한 군사 방위 동맹체에서 한걸음 더 나아가 정치 문제를 협의할 '유럽 정치 공동체'도 설립하기로 합의했다.

아데나워 수상은 '유럽 석탄 및 철강 공동체'와 '유럽 방위 공동체' 라는 두 개의 기둥을 축으로 한 유럽의 새로운 질서를 구상했다. 그는 '유럽 석탄 및 철강 공동체'로 경제 협력을 도모하고, '유럽 방위 공동체'로 군사 협력과 정치 협력을 추구하고자 했다. 아데나워의 이러한 생각은 서방 여러 나라의 신뢰를 얻어 서독의 주권 회복을 빠른 속도로 진전시켰다.

1951년 3월에 '점령 규약'이 일부 완화된 데 이어 1952년 5월 26일 본에서 서방 연합국과 서독 사이에 '독일 연방 공화국과 3국의 관계에 관한 조약'(독일 조약 또는 일반 조약이라고 함)이 서명되었다. 이 조약 제1조에서 서방 연합국은 이 조약 발효와 함께 점령 지배를 종료하고 점령 규약을 철폐하여 서독이 주권 국가가 됨을 인정했다. 그러나 제2조에서 독일 통일이 이루어지지 않고 강화조약도 체결되지 않은 국제적인 상황을 고려하여, 서방 연합국은 계속해서 서독에 군대 주둔권을 갖고, 베를린과 독일 전체에 대한 책임을 지고 독일 통일과 강화 조약 체결을 위해 노력하기로 했다.

이 조약이 발효되면 서독은 다른 서유럽 국가들과 동등하게 권리를 가질 수 있었다. 그러나 이 조약은 프랑스의 주장으로 '유럽 방위 공동체' 조약이 발효되는 경우에 한해 발효되도록 제한되었다. 하지만 아데나워 수상은 이 조약으로 통일을 위한 첫걸음을 내디뎠다며 그 의미를 강조했다.

아데나워 수상의 이러한 친서방 정책은 사민당의 반대에도 불구하고 국민들로부터 많은 지지를 받았다. 1953년 9월 6일 실시된 제2대 연방 하원 선거에서 기민/기사당은 45.2%의 득표율로 1949년의 총선보다 14.2%나 더 많은 지지를 얻었다. 이에 비해 사민당은 28.8%의 득표율로 1949년 총선보다 지지율이 떨어졌다. 기민/기사당의 승리는 아데나워가 추진한 대외 정책과 경제 정책에 대한 국민의 지지를 나타내는 것이었다. 이리하여 아데나워 수상의 집권 2기는 더욱 안정된 상태에서 1953년 10월 20일 출범했다.

'유럽 방위 공동체' 설립 문제가 논의되던 1954년 독일 통일 문제를 협의하기 위한 4개 연합국 외무장관 회담이 1월 25일~2월 18일 베를린에서 열렸다. 이 회담에서 영국의 이든 장관은 통일을 위한 5단계 계획(이든 계획 Eden-Plan)을 제의했다. 첫째 연합국 감시 아래 전독일에서 자유 총선거 실시, 둘째 전독일 의회 소집, 셋째 강화 조약과 헌법안 준비, 넷째 헌법을 채택하고 단일 정부 수립, 다섯째 강화 조약 체결이었다.

그러나 소련 몰로토프 장관은 첫째 통일 독일이 중립을 유지하도록 하는 강화 조약안을 두 독일 대표와 함께 마련하고, 통일된 독일에 중립 국가 수립, 둘째 동·서독 의회를 통해 전독일 임시 정부 수립, 셋째 점령군의 철수와 총선 실시, 넷째 전독일 단일 정부의 수립을 제의했다. 그러나 서방 연합국이 소련의 제의를 거부하고 소련도 연합국의 제의를 거부하여 회담은 성과 없이 끝났다.

처음에 순조롭게 시작된 '유럽 방위 공동체' 설립 계획은 1954년 8월 30일 프랑스 의회의 비준 반대로 무산되었다. 프랑스 의회는 서독의 재무장은 물론이고 서독군이 포함된 유럽 방위군 창설도 원하지 않았다. 서독의 독자적인 군대 창설을 막고, 한편으로는 소련의 침략에 대항하기 위해 프랑스의 제의로 추진된 '유럽 방위 공동체' 설립 계획은 제안국인 프랑스 의회의 반대로 물거품이 된 것이다. 이로 인해 자체 군대로 유럽의 방위에 참여하여 주권을 회복하고자 했던 서독의 구상은 좌절되었다. 또한 '유럽 방위 공동체' 조약의 무산으로 1952년 5월 26일 서명된 '독일 조약'은 발효되지 않았다.

파리 조약과 주권 회복

'유럽 방위 공동체' 설립이 무산된 뒤 이 계획에 참여하였던 나라들은 동·서 진영의 냉전이 지속되는 가운데 재빠르게 서독의 주권 회복과 재무장에 관해 협의를 재개했다. 영국과 프랑스 외무장관은 아데나워 수상의 독려로 1954년 9월 초 서독과 이탈리아의 브뤼셀 조약 가입과 서독의 북대서양 조약 기구(나토) 가입 문제를 협의했다. 나토는 서유럽의 방위를 목적으로 미국, 영국, 프랑스, 베네룩스 3국, 캐나다 등 12개국에 의해 1949년 4월 4일 설립된 기구이다.

1954년 9월 28일~10월 3일 런던에서 서방 연합국, 캐나다, 베네룩스 3국, 서독, 이탈리아의 9국은 서독의 주권 회복과 나토 가입 문제 등에 관해 협의했다. 이 협의를 토대로 10월 19~23일 파리에서 열린 회의에서 연합국의 점령 통치를 종료하고 서독의 주권 회복과 나토 가입을 허용하는 조약(파리 조약)이 서명되었다. 파리 조약은 4개 조약으로 구성되었다.

첫째, 서독과 서방 연합국이 1952년 5월에 체결한 독일 조약의 일부를 수정하여 새로이 체결했다. 서방 3국은 점령 규약을 철폐하여 서독의 주권을 회복시키고, 독일 통일을 위한 의무 및 서독과 서베를린의 안전에 대해 책임을 지기로 했다. 그리고 독일 국경선의 최종 확정은 강화 조약이 체결될 때까지 미루기로 했다. 연합국 군대는 서독에 계속 주둔하기로 했다.

둘째, 9개국(1954년 9월 런던 회의 참가국) 회담에서 브뤼셀 조약(1948월 3월에 체결된 방위 조약)에 서독과 이탈리아를 포함시켜 '서유럽 동맹'Westeuropäische Union(WEU)을 창설하기로 했다. 서독은 군대를 창설하되 '서유럽 동맹'의 관리와 감독을 받기로 했다. 또한 서독은 향후 ABC무기(핵무기, 세균 및 화학 무기)는 물론 대전함과 폭격기의 제조도 포기하겠다고 약속했다.

셋째, 서독은 15개국(NATO 14개국과 서독) 회담에서 북대서양 조약 기구(NATO)에 가입하기로 했다. 나토는 서독 정부가 독일의 유일한 합법 정부임을 인정하고, 서독은 향후 통일과 국경선 조정 과정에서 무력 사용을 포기하고 유엔 헌장을 따르기로 했다.

넷째, 서독과 프랑스는 자르 지역에 적용할 '자르 규약'에 서명했다. '자르 규약'은 자르란트의 관리를 서유럽 동맹(WEU)에 위임하고, 자르란트와 프랑스의 기존 경제 및 관세 동맹을 유지하되, 향후 '자르 규약'에 대해 자르란트 주민의 의사를 묻기로 했다. 이러한 일련의 합의로 '파리 조약'이 서명되었다.

'파리 조약'이 서명되었으나 특히 나토(NATO) 가입 문제에 관해 서독에서 많은 논란이 있었다. 아데나워 수상의 친서방 정책이 통일을 더 어렵게 만든다고 비난하던 사람들은 나토 가입에 관한 토론에서도 비판의 소리를 너욱 크게 높였다. 사민당이 '파리 조약' 반대를 선언한 데 이어 의회 밖에서는 독일 노동조합 연맹(DGB)이 1955년 1월 프랑크푸르트에서 대규모 시위를 열어 서독의 재무장과 친서방 정책을 반대했다.

그러나 아데나워 수상은 서독의 재무장과 친서방 정책에 기초를 두고 있는 '힘의 정책die Politik der Stärke'만이 통일을 가능케 한다고 주장했다. 그는 '힘의 정책'이 궁극적으로 소련으로 하여금 통일을 허용하는 데 크게 기여할 것이라며 의회의 반대자들을 설득하여 많은 의원들과 여론을 자기 편으로 끌어들였다. 결국 '파리 조약'은 1955년 2월 27일 연방 하원에서 야당인 사민당의 반대 속에 비준되었다. 프랑스 하원은 1954년 12월에, 상원은 1955년 3월에 각각 파리 조약을 비준하여 승인했다. 1955년 5월 5일 '파리 조약'이 발효되어 '점령 규약'이 폐지되고 서독은 주권 국가가 되었다. 서독은 5월 7일 서유럽 동맹에 가입한 데 이어, 5월 9일에는 나토에 가입했다. 이로써 주권 국가가 되고자 하는 서독의 오랜 목표가 실현되었다.

서독이 주권 국가의 면모는 갖추었으나 아직도 서방 연합국은 통일 문제와 강화 조약 문제를 포함하여 베를린과 독일 전체에 대한 권한과 책임을 계속 갖고 있었다. 또한 서방 연합국 군대는 점령군이 아닌 동맹군으로 계속 주둔하게 되었다. 이러한 점에서 서독은 완전한 주권 국가가 아니었다. 그럼에도 유럽 방위 공동체 설립이 무산된 위기 속에서 서방 진영의 단결 아래 서독은 서방 진영으로의 편입 노력을 더욱 가속하여 주권 국가가 된 것이다.

루드비히 에르하르트가 전후 폐허 위에서 서독의 경제를 부흥시킨 토대를 마련했다면, 전후 패배 의식에 사로잡힌 독일 국민에게 자신감과 정치적 용기를 심어준 지도자는 콘라트 아데나워 수상이라고 할 수 있다.

할슈타인 독트린

서독이 주권을 되찾았으나 대외적으로 해결해야 할 문제는 여전히 많이 남아 있었다. 특히 소련과의 관계 개선이 필요했다. 소련은 독일 분단의 한 당사국이었기 때문에, 독일 문제를 해결하기 위해서는 소련과의 관계를 멀리할 수 없는 형편이었다.

스탈린은 1952년 3월 10일 서방 연합국에게 공한(스탈린 노트)을 보냈다. 그는 동독과 폴란드의 잠정적 국경선인 오데르-나이세 강선을 인정할 것과 독일을 중립 국가로 만들 것을 제안했다. 또한 어떠한 군사 동맹에도 가입하지 않도록 하며, 강화 조약을 체결한 후 1년 내에 모든 외국 군대를 철수시키자고 제의했다. 스탈린의 이 제의는 한창 논의 중인 '유럽 방위 공동체' 설립과 '독일 조약'이 체결되지 않도록 함으로써, 서유럽의 결속을 저지하기 위한 목적에서 나온 것이었다. 즉 소련은 서독이 서유럽에 통합되지 않도록 함으로써 중립화된 독일에 영향력을 계속 행사하려고 했다.

서방 연합국은 소련에게 보낸 3월 25일자 공한에서 하나의 독일 정부 수립은 유엔의 관리 아래 자유로운 총선이 실시되어야 가능하고, 독일의 중립화 요구도 받아들일 수 없다며 소련의 제의를 거절했다. 서독도 자국의 안보를 위해 '유럽 방위 공동체' 가입에 대한 의지가 확고하였기 때문에 소련의 제의를 받아들일 수 없었다.

그러나 스탈린은 4월 9일 공한을 다시 보내 독일 총선을 유엔이 아닌 서독과 동독이 준비하여 4개 점령국의 감독 아래 실시하자고 제의했다. 소련은 또한 5월 24일과 8월 23일의 공한에서도 비슷한 제의를 했다. 그러나 서방 연합국은 소련의 이러한 제의를 모두 거절했다.

소련은 1954년까지도 표면상으로는 독일 통일을 주장했다. 통일 문제를 협의하기 위한 4국 정상 회담이 1955년 7월 17~23일 제네바에서 열렸으나 어떠한 합의도 이루어지지 않았다. 서방 연합국은 우선 독일 전역에서 자유 총선거를 실시하여 의회를 구성하고, 헌법과 강화 조약안을 준비한 후 정부를 구성하여 강화 조약을 체결하자고 제의했다. 그러나 소련은 이와는 달리 4국이 우선 두 독일 정부와 따로 강화 조약을 체결한 후 공산당이 참여한 임시 정부를 구성하고, 총선을 실시하여 독일 정부를 구성하되 통일된 독일의 중립화를 요구했다. 양측의 주장은 1954년 베를린 외무장관 회담에서 주장하였던 내용과 같은 것이다.

제네바 정상 회담 이후 귀로에 동베를린에 들린 흐루시초프는 1955년 7월 26일에 '2국가 이론Zwei-Staaten Theorie'을 제시했다. 그는 독일 통일은 어디까지나 독일인들의 일이지만, 통일은 동독이 이룩한 사회주의의 성과가 유지되는 조건에서만 가능하다며 사실상 독일 통일을 반대했다. 즉 소련은 동독이 주도하는 통일은 가능하나 동독이 소멸되는 통일은 받아들일 수 없다는 입장이었다.

제네바 정상 회담 이후 소련과 서방 연합국의 독일 정책은 변화했다. 우선 소련은 종전의 통일 독일의 중립화 요구에서 독일에 2개의 주권 국가(2국가 이론)를 인정하는 방향으로 전환했다. 그리고 서방 연합국은 제2차 대전 이후 형성된 지정학적인 관계의 현상 유지를 도모하기 시작했다.

소련은 1955년 1월 25일 독일과 전쟁 상태가 끝났음을 선언하면서 서독과 관계를 개선하겠다는 의사를 밝혔다. 이는 다분히 서독 의회에서 논의하던 파리 조약 비준을 저지하기 하기 위한 것이었다. 그러나 파리 조약이 발효되어 서독이 주권을 회복하자 소련은 1955년 6월 7일 서독에 아무런 전제 조건 없이 외교 관계를 수립하자고 제의했다. 소련은 한편으로는 독일 문제에 계속 관여하고, 또 한편으로는 국력에서 동독보다 월등한 서독을 언제까지나 멀리할 수 없기 때문에 서독과 외교 관계를 수립하고자 했던 것이다.

아데나워 수상은 소련의 초청으로 1955년 9월 8일~14일 모스크바를 방문하여 외교 관계 수립과 독일군 포로 석방 문제를 협의했다. 소련은 독일 문제에 여전히 강경한 태도를 취했으며, 동독을 비롯한 동유럽에 대한 영향력을 포기하지 않으려 했다. 그러나 아데나워 수상은 아직도 소련에 남아 있는 전쟁 포로를 석방시켜야 할 처지였다. 1950년까지 약 194만 명의 전쟁 포로가 돌아왔으나, 소련에는 아직도 1만여 명의 전쟁 포로와 2만여 명의 민간인이 억류되어 있었다.

9월 12일 아데나워 수상과 불가닌 소련 수상은 외교 관계를 수립하기로 합의했다. 서독은 소련을 승인하고, 소련은 포로와 민간인들을 석방하기로 합의했다. 소련의 승인이란 서독이 소련과 외교 관계를 수립하는 것을 의미했다. 소련과 외교 관계를 수립하는 것에 대해 서방측이 다소 불안해했지만, 서독은 소련이 독일 문제 해결을 위한 책임 당사국의 한 나라이기 때문에 통일을 위한 필연적인 과정으로, 또한 인도적인 사유로 외교 관계를 수립하기로 했다. 이와 함께 소련은 서독 정부의 공한公翰을 접수했다. 이 공한에는 서독 정부가 단독으로 모든 독일인의 자유를 대변하고, 독일 국경의 최종적인 결정은 강화 조약에서 확정되기 전까지 유보한다는 내용이 담겨 있었다. 소련과의 외교 관계 수립으로 한 나라에 최초로 두 명의 독일 대사大使가 있게 되었다.

소련에서 돌아온 아데나워 수상은 1955년 9월 16일 기자 회견에서 소련과의 외교 관계 수립에도 불구하고 서독의 친서방 정책에는 어떠한 변화도 없다고 강조했다. 그러나 아데나워 수상은 이것이 몰고올 파장을 우려했다. 서독과 소련의 수교가 독일 분단을 서독이 용인하는 것으로 받아들여, 다른 나라들이 동독과 외교 관계를 맺지 않을까 걱정했던 것이다. 이 때문에 아데나워 수상은 9

월 22일 연방 하원에서 소련 방문 결과에 대해 보고하며, 전독일 민족에 대한 단독 대표권der Alleinvertretungsanspruch을 서독이 가지고 있다는 점을 더욱 강조했다. 그는 "서독과 외교 관계를 맺고 있는 나라가 동독과도 외교 관계를 맺는다면 이는 독일 분단을 더욱 고착화시키는 결과를 낳기 때문에, 이를 비우호적인 행위로 간주하여 서독은 이 나라와 외교 관계를 자동적으로 단절하겠다"고 선언했다.

아데나워의 이 정책은 1955년 12월 8,9일 본에서 열린 공관장 회의에서 브렌타노Heinrich von Brentano 외무장관에 의해 다시 강조되었다. 이후 이 정책은 입안자인 외무부 차관 할슈타인Walter Hallstein의 이름을 따 '할슈타인 독트린Hallstein Doktrin'이라고 불리게 되었다. 이 독트린으로 인해 서독은 유고슬라비아(1957년 10월)와 쿠바(1963년 1월)가 동독과 외교 관계를 수립하자 이들 나라와 외교 관계를 단절했다. '할슈타인 독트린'은 1969년 사민당 정권이 들어설 때까지 서독의 주요 외교 정책이었다. '할슈타인 독트린'으로 인해 동독은 다른 나라들과의 외교 관계 수립은 물론이고, 국제적인 지위 향상도 어렵게 되었다. 반면에 이 정책은 1960년대에 들어서 서독이 동유럽 국가들과 관계를 개선하려는 활동을 제한하는 걸림돌이 되기도 했다.

자르 지역 문제의 해결

소련과의 외교 관계 수립에도 불구하고 서유럽 국가들과 유대를 강화하려는 서독의 기조는 조금도 흔들리지 않았다. 아데나워 수상은 특히 프랑스와 관계를 개선하는 데 많은 노력을 기울였다. 아데나워는 1949년 수상에 취임할 때 "지난 수백 년 동안 유럽의 정치를 지배해 왔고, 수많은 전쟁과 파괴를 일으킨 독일과 프랑스의 반목과 대립은 이제 사라져야 한다"고 강조했다. 이러한 생각에서 아데나워 수상은 프랑스와 긴밀한 관계를 맺는 데 많은 노력을 기울였다. 서독은 1950년 5월 슈망 프랑스 외무장관이 제안한 '유럽 석탄 및 철강 공동체' 설립에 적극 협력하였고, 비록 무산되기는 했지만 프랑스가 제의한 '유럽 방위 공동체' 설립 계획에도 적극적으로 참여했다.

그러나 서독과 프랑스의 관계 발전에 걸림돌이 되는 요인이 하나 있었다. 이는 독일 연방 공화국 수립에서 제외되어 프랑스 경제 체제에 편입된 자르 지역Saargebiet의 문제였다. 자르 지역은 제1차 대전이 끝난 뒤 국제 기구의 관리 아래 있다가, 1935년 1월 자르 주민의 투표에서 90.8%가 독일로의 복귀를 원하여 독일에 복귀된 바 있다. 제2차 대전이 끝난 뒤 프랑스는 자르 지역을 다시 점령하고, 연합국 점령 지역에서 분리시켜 '연합국 통제 위원회'의 관리 대상에서도 제외시켰다. 프랑스는 1948년 이 지역을 경제적으로 프랑스에 편입시켰다. 전후 프랑스의 최대 관심은 독일에 대한 안전 보장을 튼튼히 하는 것이었다. 따라서 프랑스는 독일이 다시는 강대국이 되지 않도록 하기 위한 조치의 하나로 자르 지역을 독일에서 분리시켰다. 프랑스는 1952년 1월 자르란트에 대사를 파견하였는데, 이는 자르란트를 독립 국가로 인정하겠다는 의도였다.

이에 대해 서독 의회는 같은 해 4월 자르란트가 서독에 속한다고 결의하고, 자르란트의 자결권을 요구했다. 이와 같이 자르란트로 인해 프랑스와 서독의 대립이 심했다. 이와는 대조적으로 영국은 독일 영토 헬고란트Helgoland를 자국 공군의 사격 훈련장으로 사용하다가 1952년에 서독에 되돌려 주었다.

이제 서독과 프랑스의 관계가 개선되면서 자르 지역 문제가 해결될 분위기가 조성되었다. 1954년 아데나워 수상은 스트라스부르크에서 프랑스와 자르 지역 문제에 관해 협의했다. 서독과 프랑스는 1954년 10월 23일 서독에게 더 많은 주권을 허용하는 '파리 조약'과 자르 지역을 '유럽화'하는 '자르 규약Saarstatut'에 합의했다. '자르 규약'은 자르 지역에 자유로이 정당이나 단체를 설립하도록 하고, 프랑스와 자르 지역의 통화 및 관세 동맹을 유지하며 프랑스와 맺고 있는 비슷한 경제 관계를 서독과도 맺도록 했다. 또한 '자르 규약'은 자르 지역을 '유럽화'하여 '서유럽 동맹'(WEU)에 의해 임명된 자르 위원회가 관리하도록 했다. 또한 '자르 규약'은 주민 투표를 실시하도록 하여 자르 주민들이 반대하면 이 규약을 실시하지 않기로 했다.

이 규약에 따라 1955년 10월 23일 실시된 투표에 자르 주민 유권자의 96.6%가 참여하여 투표자의 67.7%가 '자르 규약'에 반대하여 '자르 규약'은 무산되었다. 서독과 프랑스는 1956년 10월 27일 '룩셈부르크 조약'을 체결하여 자르 지역을 서독에 편입시키기로 합의했다. 이 조약에 따라 자르란트는 1957년 1월 1일 서독에 편입되었다. 자르란트가 10번째 주州로 편입되자 서독은 동독과 통일이 될 수 없는 여건에서 작은 통일을 이루었다며 크게 환영했다. 자르란트는 경제적으로 1959년 7월 6일 서독에 편입되었다.

서유럽 국가들은 경제 공동체 설립도 추진했다. '유럽 석탄 및 철강 공동체' 6개 회원국은 1955년 6월 이탈리아 시실리 섬의 메시나에서 유럽 통합을 위한 공동 시장을 설립하기로 결의했다. 이어 1957년 3월 25일 로마에서 '유럽 경제 공동체 설립에 관한 조약'과 '유럽 원자력 공동체 설립에 관한 조약'(이 두 조약을 '로마 조약'이라 함)을 체결했다. 이 조약에 따라 1958년 1월 1일 '유럽 경제 공동체(EEC)'와 '유럽 원자력 공동체(EURATOM)'가 설립되었다. 경제 공동체는 관세 동맹과 화폐 동맹을 결성하여 회원국의 완전한 경제 통합 추진을 목표로 했다. 이를 위해 경제·통상·농업·교통 및 사회 정책에서도 공동의 정책을 실시하기로 했다. 원자력 공동체는 공동 에너지 시장 창설과 원자력의 평화적인 연구 및 이용을 추진하는 기구이다.

　서독의 주권 회복과 자르 지역의 서독 편입 등 국내외에서 이룩한 성공적인 정책에 힘입어 아데나워는 국민들로부터 큰 지지를 얻었다. 1957년 9월 15일에 실시될 제3대 연방 하원 선거를 앞두고 기민/기사당은 아데나워 수상을 부각시켜 선거전을 벌였다. 특히 기민/기사당은 1953년 동독 봉기의 실패와 1956년의 헝가리 봉기의 실패를 거론하며 안보의 중요성을 강조하고 경제 성장의 성과도 집중 홍보했다. 이에 대해 사민당은 아데나워가 추진하는 동독에 대한 힘의 우위 정책으로 인해 독일 통일이 점점 더 어렵게 되었다며 아데나워를 비난하는 선거전을 펼쳤다. 선거 결과 기민/기사당은 50.2%의 지지를 얻었고, 사민당은 31.8%를 얻는 데 그쳤다. 기민/기사당은 처음으로 단독으로 과반수 의석을 확보하게 되었고 아데나워는 더욱 굳건한 지지 기반을 확보하게 되었다. 10월 29일 기민/기사당은 단독으로 정부를 구성했다.

　이리하여 서독은 전쟁의 폐허 위에서 경제 성장을 이룩하였으며, 이어 연합국의 점령 통치에서 벗어나 주권 국가가 되었다. 또 서독은 서방 국가들과 더욱 긴밀히 협력하여 국제 사회에서도 다른 나라와 동등한 협력자로 부상하게 되었다.

제3장 또 다른 독일, 독일 민주 공화국

동부 독일의 공산화

전쟁이 끝난 후 독일인들은 하나의 독일을 세우고자 했으나, 점령지 정책에 대한 연합국의 입장 차이로 인해 불가능했다. 특히 소련은 서방 연합국이 서부 독일 지역에 새로운 국가를 세우기 위한 준비를 하기 이전부터 점령 지역에 사회주의 국가를 세우기 위한 준비를 했다.

소련 점령 지역인 동부 독일 지역에서는 1945년 여름부터 공공 기관이 설립되고, 경제 구조나 사회 조직이 소련식으로 바뀌기 시작했다. 생산 수단의 사유 재산제가 폐지되고 마르크스-레닌주의가 사회의 기본 이념이 되었다. 제2차 대전 동안 소련에 피신해 있던 발터 울브리히트Walter Ulbricht를 비롯한 10명의 독일 공산당 지도자들die Gruppe Ulbricht은 독일이 항복하기 직전인 1945년 5월 1일에 베를린으로 돌아와 소련식 정치 질서를 구축하며, 새로운 권력 기관을 지도해 나갔다. 소련은 이들을 앞세워 동부 독일 지역의 공산화를 빠르게 추진했다.

독일이 항복한 다음 달인 1945년 6월 9일, 소련은 베를린에 소련 군사 행정 기구(SMAD)를 설립하고는 곧바로 점령 지역의 공산화에 착수했다. 이 기구는 6월 10일 베를린 전지역과 소련 점령 지역에 포고령 2호를 발표하여 반파시스트 정당의 설립과 조합의 결성을 허용했다. 이 포고령이 발표된 다음 날인 6월 11일에는 공산당(KPD)이, 6월 15일에는 사민당(SPD)이, 6월 26일에는 기민당(CDU)이, 그리고 7월 5일에는 자민당(LDPD)이 각각 창당되었다. 이처럼 신속한 정당 설립은 점령 지역에 소련식 사회주의 국가를 세우겠다는 소련의 강한 의도를 드러내는 것이었다.

소련 군사 행정 기구는 또한 7월 27일 포고령 17호를 발표하여 중앙 행정 기구를 설립했다. 이 기구는 산업, 교통, 농업, 무역, 우편·통신, 재정, 보건, 교육, 법률, 고용 및 사회 보장 등 모든 업무를 관장했다. 전후의 독일 문제 처리에 관한 포츠담 협정이 1945년 8월 2일 체결되었는데, 소련은 포츠담 협정이 체결되기 전부터 이와 같이 점령 지역에서 독자적인 정책을 실시했다. 이 중앙 행정 기구는 1947년 6월 4일에 독일 경제 위원회Deutsche Wirtschafts-Kommission(DWK)로 명칭이 바뀌면서, 점차 모든 권한을 위임받았으며 1948년 2월부터는 정부와 비슷한 기능을 수행했다.

소련은 주요 산업을 국유화하고 토지 개혁도 실시했다. 즉 1945년 7월 23일 은행과 보험회사 등 주요 기간 사업을 국유화한 데 이어 1945년 9월부터 1947년에 걸쳐 점령 지역에 토지 개혁을 실시했다. 토지 개혁에 의해 100헥타르 이상을 소유하고 있는 대지주의 토지와 나치주의자나 전쟁 범죄자의 토지는 보상 없이 몰수되었다. 그러나 100헥타르 미만 소유자의 토지가 몰수된 사례도 4,000건 이상 있었다.

이 토지 개혁 조치로 소련 점령 지역의 1/3인 약 330만 헥타르의 토지가 몰수되었다. 1939년에 100헥타르 이상의 토지를 소유한 개인이나 기업체의 수가 6,307이었으나, 토지 개혁 후 그 숫자가 683으로 크게 줄었다. 그 대신에 5~10헥타르의 토지를 소유한 개인이나 기업체의 수는 1939년에 93,935에서 256,000으로 크게 늘어났다. 몰수된 토지 중 2/3는 가난한 농민들이나 동프로이센에서 이주해 온 피난민들에게 분배되었다.

이러한 토지 개혁으로 동부 독일 지역의 대지주가 완전히 몰락했으며, 자연히 소련 점령 당국에 대항할 세력이 제거되었다. 소련의 토지 개혁 조치는 점령 지역을 사회주의 체제로 바꾸기 위한 가장 중요한 수단이었다. 공산당은 몰수한 토지의 일부를 농민들과 피난민들에게 나눠주어 농민과 노동자를 위하는 정당처럼 행동했으나, 내면적으로는 이들을 이용하여 공산당 일당 지배 체제를 확고히 하고자 했다.

그리고 학교 체제도 사회주의식으로 바뀌었다. 또한 법률도 사회주의식으로 개정되고 중공업체를 무상으로 몰수하는 산업 개혁도 이루어졌다. 소련은 이와 같이 일찍부터 점령 지역에 소련이 영향력을 행사할 수 있는 국가를 세우기 위한 준비를 했다.

독일 사회주의 통일당 창당

1945년 6월과 7월 소련 점령 지역에 여러 정당이 설립되는 가운데, 공산당과 사민당이 주요 정당으로 부상했다. 공산당은 점령국인 소련의 절대적인 지지를 받고 있었고, 사민당은 오랜 전통에 기반을 두고 있어 지지자들이 많았기 때문이다.

소련이나 동부 독일 지역의 공산당 지도자들은 장차 총선거가 실시되면 공산당이 사민당보다 더 많은 지지를 얻으리라고 생각했다. 따라서 공산당은 노동자 계급의 단일 정치 체제를 주장한 사민당에 대해 냉담한 반응을 보였다. 그러나 공산당은 점차 여러 면에서 사민당이 발전 가능성이 더 많은 정당임을 인식하기 시작했다. 공산당 지도자 울브리히트는 1945년 10월에 독일 노동자 계급의 단일 정당이 조직되어야 한다며 공산당과 사민당의 통합 가능성을 암시했다.

1945년 11월에 실시된 오스트리아의 총선 결과는 소련 점령 지역의 공산당과 사민당의 결합을 더욱 촉진시켰다. 제2차 대전 이후 유럽에서 처음 실시된 오스트리아 총선에서 공산당은 1석밖에 얻지 못하는 부진을 보이고 지지율에서도 사민당보다 저조했다. 오스트리아 총선 결과에 놀란 스탈린은 소련 점령 지역의 선거 결과에 대해 우려하기 시작했다. 스탈린은 점령 지역에 소련식 사회주의 체제를 확고히 하기 위해서는 공산당과 사민당의 통합이 불가피하다고 생각했다. 이러한 이유로 스탈린은 두 정당의 강제 통합을 추진했다.

소련의 의도대로 1946년 2월 26일 공산당(KPD)과 소련 점령 지역의 사민당(SPD)은 하나의 정당으로 합치기로 합의했다. 이 합의에 따라 4월 21~22일 독일 사회주의 통일당Sozialistische Einheitspartei Deutschlands(SED)이 결성되었다. 독일 사회주의 통일당은 이름만 사회주의를 사용했을 뿐 사실상 공산당이었다. 새로 결성된 사회주의 통일당은 공산당 출신의 빌헤름 피크Wilhelm Pieck와 사민당 출신의 오토 그로테볼Otto Grotewohl 2인을 공동 대표로 선출했다. 서방 연합국 점령 지역의 정당들은 사회주의 통일당을 소련의 위성 정당이라며 비난했다.

그러나 공산당과 사민당의 통합이 전적으로 소련의 강제에 의해서만 이루어졌다고는 할 수 없고, 일면 사민당 일부 인사에 의해 자발적으로 이루어진 점도 있다. 사민당 지도자 쿠르트 슈마커는 소련 점령 지역의 사민당이 공산당과 통합하려는 움직임을 보이자 그 지도자 그로테볼을 만나 통합을 만류했다. 그러나 그로테볼은 슈마커의 만류를 뿌리치고 공산당과의 통합을 단행했다. 다행히 서방 연합국이 점령하고 있는 서베를린의 사민당 지지자들은 슈마커의 노력으로 통합에 참여하지 않았다(제2장 참조).

이러한 합당과 소련의 전폭적인 지지에도 불구하고 사회주의 통일당은 1946년 10월 20일 소련 점령 지역의 5개 주에서 실시된 주 의회 선거에서 평균 47.6%의 지지를 얻는 데 그쳤다. 베를린에서의 지지율은 겨우 19.8%에 불과했다. 지지율이 낮은 데 자극을 받은 사회주의 통일당은 지지율을 높이기 위해 창당 당시 130만 명이었던 당원을 1948년에는 약 200만 명으로 증가시키며 세력을 확대했다. 이에 따라 사회주의 통일당은 소련 점령 지역에서 지도적 정당으로 부상했다.

사회주의 통일당은 서부 독일 지역에서 결성된 정당들을 독일 통일에 대한 방해자로 간주하며 사회주의 방식의 통일을 주장했다. 또한 소련의 지시로 단일 국가 수립을 위한 국민 대표나 기구의 구성을 반대하면서 독자적으로 국가를 세우기 위한 준비를 했다. 사회주의 통일당은 사회주의 국가 건설, 즉 공산주의 국가와 사회 질서의 변화를 공공연하게 빠른 속도로 추진했다.

1948년 6월 서방 연합국이 통화 개혁을 실시하자 소련은 이에 대응하여 소련 점령 지역에 통화 개혁을 실시했다. 그러나 서방 연합국 점령 지역과는 달리 소련 점령 지역에서는 통화 개혁 조치에도 불구하고 경제 발전이 이루어지지 않았다. 왜냐하면 생활필수품 배급이 계속되고 암시장도 사라지지 않았기 때문이다. 또한 통화 개혁의 목적이 경제 발전이 아닌 점령 지역의 경제 체제를 사회주의식으로 확고히하기 위한 목적에서 이루어졌기 때문이었다.

또 다른 독일 – 동독

소련은 점령 지역의 사회 체제를 공산주의식으로 바꾼 데 이어 사회주의 통일당(이하 공산당이라고 함)을 앞세워 공산주의 국가를 세우기 위한 준비를 해나갔다. 이를 위해 공산당은 단일 국가 수립 문제를 협의하기 위해 1947년 6월 뮌헨에서 열린 전독일 주수상 회의를 결렬시키고, 12월 6~7일 베를린에서 '제1차 독일 인민 회의der Deutsche Volkskongreβ'를 소집했다. 이어 공산당의 주도로 1948년 3월 18일에 소집된 '제2차 독일 인민 회의'에서 장차 국회 기능을 담당할 '독일 인민 위원회der Deutsche Volksrat'가 구성되었다.

1948년 10월 '독일 인민 위원회'는 공산당이 만든 독일 민주 공화국의 헌법 초안을 승인하고, 1949년 3월 19일 이를 헌법안으로 의결했다. 그리고 5월 15~16일에 발족된 '제3차 독일 인민 회의'는 5월 30일 이를 승인했다. 이로써 동부 독일에 적용될 헌법이 확정되었다. 1949년 10월 7일 '독일 인민 위원회'가 임시 인민 의회로 바뀌고 헌법이 발효되어 독일 민주 공화국Die Deutsche Demokratische Republik(DDR)이 세워졌다.

이날 회의에서 빌헬름 피크 공산당 대표는 대의원들에게 '민주

독일 민족 전선' 강령을 발표했다. 공산당은 이 강령에서 정치·경제적으로 하나의 독일 국가를 수립하기 위해 서독만의 단일 국가 수립 저지, 루르 규약과 자르 규약의 철폐, 그리고 독일 민주 공화국에 의한 전독일 단일 정부의 수립을 주장했다.

독일 민주 공화국(이하 동독이라 함)이 수립되자 소련은 10월 10일 지금까지 군사 행정 기구가 맡아왔던 주요 행정 업무를 동독 정부에 위임하겠다고 선언했다. 그러나 소련은 포츠담 협정에 규정된 내용과 전독일에 관한 4국 결의에 따른 통제나 권한은 계속해서 행사하기로 했다.

10월 11일에 열린 임시 인민 의회와 임시 주의회 회의에서 초대 대통령으로 공산당 출신의 빌헬름 피크가 선출되었으며 10월 12일에 오토 그로테볼을 총리로 하는 정부가 출범했다. 이날 그로테볼 총리는 동독을 수립한 이유는 민족의 어려움을 극복하고 민족의 운명을 스스로 극복하려는 민주 세력의 확고한 의지 때문이라며 동독 수립에 대한 정당성을 부여했다. 10월 15일에 의회 기능을 담당할 인민 의회die Volkskammer가 구성된 데 이어 각 주州에는 주의회가 구성되었다.

동독이 수립되자 소련은 10월 15일 동독을 승인했다. 이어 불가리아(10. 17), 폴란드, 체코슬로바키아(10. 18), 헝가리(10. 19), 루마니아(10. 22), 중국(10. 25), 그리고 북한(11. 6) 등 공산 국가들도 동독을 승인했다. 그러나 서독 정부는 동독 정부가 자유로운 선거에 의해 세워진 정부가 아니라는 이유로 동독을 인정하지 않았다.

서독은 기본법에 독일의 분단을 인정하고 통일을 위한 독일 민족의 노력을 강조했다. 이와는 달리 동독 헌법에는 독일 분단에 관해 언급이 없고, "독일은 나눌 수 없는 민주 공화국"이라고 했다. 동독 헌법은 수도로 베를린을 명시했다. 국기는 서독과 같이 바이마르 공화국이 사용하던 검정, 빨강, 노랑의 3색 깃발을 채택했다. 그러나 동독 국기는 1955년 9월 나라 문장이 만들어지면서 변경되었다. 나라 문장은 보리이삭의 관 안에 망치와 낫을 사용하였는데, 이는 노동자와 농민, 그리고 지식인을 상징했다. 이 나라 문장이 1959년 10월 1일 검정, 빨강, 노랑 바탕의 국기 중간에 삽입되어 국기가 변경되었다. 이렇게 함으로써 동독은 두 독일 국가가 똑같은 국기를 사용하는 데 따른 혼란과 불편을 제거하고, 다른 일면으로 동독의 성격을 더욱 명확히 하고자 했다.

동독의 헌법 규정에 의하면 "모든 국가 권력은 국민으로부터 나온다"라고 되어 있어, 의회 민주주의 국가처럼 보였다. 그러나 다른 공산국가들과 마찬가지로 공산당이 행정·입법·사법 기관을 비롯한 주요 기관이나 사회 단체를 모두 장악하고 있었다. 공산당은 또한 교육 기관이나 언론 기관도 통제함으로써 동독 내 모든 기관을 장악했다. 특히 공산당 정치국이 주요 정책을 결정하면 당이 형식적으로 인정했는데, 이러한 이유로 당 정치국이 사실상 동독 최고의 권력 기구였으며 동독을 지배했다. 따라서 대통령이나 총리에게는 주로 이름뿐인 권한이 주어졌고, 실제적인 권력자는 당 정치국 의장인 제1서기 발터 울브리히트였다.

동독의 제1인자인 울브리히트는 1893년 6월 30일 라이프치히에서 재단사의 아들로 태어났다. 그는 15세 때 사회주의 청소년 단체에 가입하고 19세에는 사민당원이 되었다. 군복무 중에 두 번이나 탈영한 울브리히트는 1919년에 공산당의 라이프치히 지구당을 창당했다. 그러다가 공산당의 내부 세력 다툼에서 밀려난 뒤 소련으로 건너가 레닌 학교를 다녔으며, 한때 코민테른에서도 일했다. 그는 1926년 독일로 돌아와 작센 주의회 의원이 되었고, 1928~33년에는 제국 의회에서 공산당 소속 의원으로 활동했다. 1933년 히틀러가 정권을 잡자 프랑스로 피신했다가 스페인 내전에도 참여했다. 1940년 파리가 독일에 의해 함락되자 울브리히트는 소련으로 다시 피신해 머물면서 소련 공산당 지도부의 신임을 받았다. 이어 전쟁이 끝나기 직전인 1945년 5월 1일 독일로 돌아와 소련 점령 지역에 소련식 국가를 세우는 데 앞장서서 일했다. 권력자 울브리히트는 1949년 공산당을 소련식 정당 형태로 바꾸고, 1950년에는 초대 서기장(1954년에 다시 제1서기가 됨)으로 취임했다.

이렇게 하여 독일 연방 공화국에 이어 또 다른 독일 국가인 독일 민주 공화국이 세워졌다. 동부 독일 지역에 공산 국가가 수립됨으로써 이 지역에 거주하던 독일인들은 히틀러 나치 지배를 벗어난 지 얼마 지나지 않아 또다시 공산 체제에서 지내야했다.

전쟁이 끝난 후 미국, 영국, 프랑스, 소련의 4국에 의해 분할 점령되었던 독일은 서독과 동독이 수립됨으로써 분단되었다.

주민 탄압 정치

공산당은 권력을 장악하여 동독의 지배 체제를 차차 확립해 나갔다. 이 과정에서 동독 주민들의 정치적 자유와 민주적인 선거권 등이 박탈되었다. 또한 공산당과 동독 정부는 경제 발전을 위한 5개년 계획을 실시하여 경제를 발전시키겠다고 거듭 약속했다. 그러나 동독 주민들의 생활 수준은 크게 나아지지 않았다. 많은 상품이 부족한 가운데 고기나 설탕 등 주요 생활필수품은 근근이 배급되었으며, 배급되는 상품의 품질 또한 낮았다.

이러한 어려운 경제 여건에서 공산당은 사회주의 토대를 구축하는 주요 기구는 국가 권력이라는 이유를 내세워 권력을 더욱 강화하고 집중시켰다. 특히 1950년 2월에 설립된 국가 안전부는 공산 독재 정권을 유지하기 위해 앞장서서 국민의 기본권을 탄압하고 자유를 억압했다. 공산당이 권력을 강화하는 과정에서 일반 주민들은 물론 장관과 당 간부들도 정치적 박해를 받았다. 첫 희생자는 생활필수품이 제대로 공급되지 않는다는 혐의로 1952년 12월에 하만Karl Hamann 무역·공급 장관이 숙청되었다. 1953년 1월에는 데팅거Georg Dertinger 외무장관이 간첩죄와 반역죄로 체포된 데 이어 5월에는 프란츠 달렘 당 정치국원도 물러났다.

경제적인 어려움이 더해가고 정치적 박해가 계속되자 서독이나 서베를린으로 탈출하는 주민이 늘어났다. 탈출자는 1951년에 197,800명, 1951년에 166,000명, 그리고 1952년에는 182,300명이었는데 탈출자의 약 절반이 25세 미만의 청년층이었다. 이러한 대규모 탈출로 인한 노동력 손실은 동독의 경제 사정을 더욱 어렵게 했다.

동독 공산당은 또한 국내 지배 체제를 더욱 강화하기 위해 1952년 7월 23일 지방 행정 체제를 변경하여 주州Land 제도를 폐지하고 구역Bezirk 제도를 도입했다. 이로 인해 동베를린을 제외한 작센, 작센-안할트, 튀링겐, 브란덴부르크, 메클렌부르크의 5개 주가 폐지되고 14개의 구역으로 바뀌었다. 이로써 동독에는 연방제 성격의 행정 기관은 모두 폐지되었다.

6·17 국민 봉기

동독의 국내 정치 상황과 경제 사정이 악화되어 가는 가운데 1953년 3월 5일 소련의 독재자 스탈린이 사망했다. 그 동안 스탈린의 노선을 맹목적으로 추종하던 동독 공산당 지도층은 그의 죽음에 충격을 받았다. 동독 공산당 지도부는 어려운 경제 사정을 타개하기 위해 소련에 경제 원조를 요청했다. 그러나 소련 지도층은 원조를 하는 대신 동독 공산당에게 주민들에 대한 강경한 경제 정책을 완화하도록 촉구했다. 이러한 촉구에도 불구하고 동독 공산당 지도층은 스탈린 노선을 더욱 충실히 따르기로 결의했다.

공산당은 1953년 들어 체제에 대항하는 자는 물론 일반 주민들에 대해서도 더욱 강경한 정책을 실시했다. 공산당은 아직까지 개인이 소유하고 있던 기업의 국유화를 추진하면서 자영업자들과 동베를린, 프랑크푸르트/오데르, 포츠담 등지에 거주하며 시베를린에 직장을 가지고 있던 주민들의 생활필수품 카드를 압수했다. 이로써 약 2백만 명의 주민들이 생활필수품을 공급받지 못해 일반 가계에서 비싸게 구입해야 했으며, 공산당에 대한 이들의 불만이 커져갔다.

생활필수품 카드 압수 조치에 이어 공산당은 1953년 5월 13~14일에 개최된 제13차 전당 대회에서 6월 30일부터 노동량을 최소한 10% 더 늘리는 노동 규칙을 채택했다. 이것은 노동 시간을 늘려, 노동자들의 임금을 줄이는 조치로서 정치 위기와 경제 위기를 스탈린이 취하던 방식으로 해결하려는 공산당의 무능력을 드러낸 것이었다. 공산당의 결정에 따라 동독 정부는 5월 29일 노동량 증가 조치를 실시하기로 했다. 6월 들어 새로운 노동 규칙이 실시되자 노동자들의 실질 임금이 줄어들었다. 어려운 경제 상황에서 임금마저 줄어들자 동독 주민들의 불만은 깊어만 갔다. 이로 인해 서독으로 탈출하는 주민들이 늘어나고 동베를린, 고타, 드레스덴, 그리고 칼 마르크스-쉬타트 등 도시의 공장에서 단기 파업이 빈번하게 발생하기 시작했다.

날이 갈수록 노동자들의 파업이 증가하자, 공산당은 6월 9일 '신노선 정책die Politik des Neuen Kurses'을 발표했다. 이에 따라 6월 11일 동독 정부는 전국민에게 과거와 같이 생활필수품 배급 카드를 지급하고 상품 가격 인상 조치를 철회하겠다고 했다. 공산당은 지난날의 잘못된 정책으로 많은 사람들이 동독을 떠났음을 인정하고, 노동자와 농민들을 포함한 전국민의 생활 수준을 개선할 것을 약속했다. 이것은 소련의 압력으로 이루어진 것으로 스탈린 사망이후 울브리히트의 실각이 우려되어 나온 것이기도 했다. 그러나 정작 중요한 노동량 증가 규칙의 철회에 관해서는 언급이 없어 노동자들의 불만이 해소되지 않았다. 공산당 정치국은 6월 16일 노동량을 늘리는 노동 규칙의 시행을 재확인하고, 노동조합 신문에 공표했다. 노동자들의 불만은 점차 시위로 이어졌다.

동독의 국민 봉기는 동베를린 건축 공사장의 노동자들로부터 시작되었다. 건축 공사장 노동자들은 자신들의 파업이 대규모 봉기로 발전할 줄은 전혀 예상하지 못했다. 이들은 6월 16일 동베를린 도심지로 몰려들며 시위를 했는데, 처음에는 노동량 증가 조치의 철회와 생활 조건의 개선을 요구하는 항의로 시작했다. 그러나 점차 시위에 참가하는 노동자들이 늘어나자 독립적인 노동조합의 설립, 자유·평등·비밀 선거의 실시, 그리고 정부의 총사퇴를 요구하는 대규모 반정부 시위로 발전되었다. 그들은 정부 청사로 몰려가 울브리히트 당서기장과 그로테볼 총리와의 대화를 요구했으나 이루어

검정·빨강·노랑의 독일 3색기를 들고 시위하는 동베를린 시민들(1953. 6. 17).

6·17 국민 봉기
동독의 국민 봉기에 소련군이 탱크를 동원하여 개입하자 소련군 탱크에 돌을
던지며 저항하는 동베를린 시민들(1953. 6. 17).

지지 않았다. 이 시위 소식은 삽시간에 전국으로 번져나가 막데부르크, 할레와 라이프치히 등 지방 도시의 산업체에서도 시위가 발생했다.

시위는 다음날인 6월 17일에 절정에 이르렀다. 노동자들뿐만 아니라 수십만의 일반 시민들도 가담하여 시위 규모는 점차 커졌으며 동베를린의 교통은 마비되었다. 시위대는 정부의 퇴진과 자유선거를 요구하며 시가지로 몰려들었다. 브란덴부르크 문 위에 나부끼던 공산당의 붉은 기가 내려져 찢겨졌고 그 대신에 독일 국기인 검정·빨강·노랑의 3색기가 걸렸다. 일부 공공건물과 공산당 사무실이 시위대에 의해 점거되고 건물들이 불타기 시작했다. 시위는 동독 자체의 힘만으로는 진압할 수 없는 상태에 이르렀다. 시위는 지방의 수많은 도시에서도 일어났다.

사태가 점점 심각하게 전개되자 소련군은 탱크를 비롯하여 장갑차와 전투 차량을 시내 곳곳에 배치했다. 소련군은 6월 17일 오후 1시에 비상사태와 함께 통행금지를 선포하고 무력으로 시위를 진압하기 시작했다. 소련이 동원한 탱크와 무장 군인에 의해 시위가 가까스로 진압되었다. 그러나 진압 과정에서 많은 사람들이 피를 흘리며 쓰러졌고, 또한 수백 명이 체포되는 등 큰 희생이 뒤따랐다. 일부 도시에서는 6월 21일까지도 노동자들의 작업 거부가 계속되었다.

공산당의 공식 발표에 따르면 6월 17일에 동독의 272개 도시와 지방에서 파업과 시위가 있었던 것으로 나타났다. 소련군은 167개의 도시와 지방에 비상사태를 선포하여, 모든 시위와 집회를 금지했다. 동베를린과 라이프치히에서는 비상사태가 7월 9일까지 계속되었다. 6월 17일의 봉기는 처음에 동베를린 건축 공사장 노동자들의 시위로 시작되었다가 전국민의 봉기로 확대된 것이다. 이 봉기는 비록 실패로 끝났으나 동유럽에서 처음으로 공산당 지배에 대항한 대규모 시위였다.

이를 기념하기 위해 1953년 8월 4일 서독 연방 하원은 동독 국민 봉기일인 6월 17일을 '독일 통일의 날Tag der Deutschen Einheit'로 지정했다. 그러나 1990년 독일이 통일된 후에는 독일 통일의 날이 10월 3일로 바뀌었다.

6월 17일의 국민 봉기는 동독과 소련 지도층에게 큰 충격을 주었다. 울브리히트는 봉기를 구실로 반대파를 더욱 탄압하며 지배 체제를 강화해 나갔다. 이어 7월 말 열린 공산당 중앙위원회 회의를 통해 권력을 확고히 했다. 울브리히트의 권력이 확고해지자 소련은 울브리히트를 통해 동독이 안정될 수 있다는 것을 인식했다.

동베를린에 일어난 대규모 봉기에 대해 서방 연합국은 정치적으로나 군사적으로 관여하지 않았다. 소련에서는 스탈린이 죽고 난 뒤에 흐루시초프Nikita S. Chruschtschow, 말렌코프, 그리고 베리아 3인 지도 체제가 구성되었다. 그러나 1953년 9월 후르시초프가 말렌코프와 베리아를 물리치고 권력 부쟁에서 승리하여 소련의 1인자가 되었다.

국민 봉기의 위기 속에서 지배 체제를 강화한 울브리히트는 1954년 들어 주민들을 더욱 탄압하며 6·17 봉기 전에 발표했던 '신노선 정책'을 폐지하고 국가 경제와 사회 전반에 걸쳐 강력한 조직 변화를 추구하는 정책을 실시했다. 울브리히트는 지배 체제를 강화하기 위해 빌헤름 피크와 오토 피크의 공산당 공동 대표 체제를 폐지하고 자신이 제1서기가 되었다. 그는 공산당 정관을 개정하여 당의 제1인자 지위를 확고히 했다.

동독의 주권 회복

동독이 1949년 10월에 수립되었으나 포츠담 협정에 규정된 내용과 독일 전체에 관한 권한 등 주요 권한은 여전히 소련이 갖고 있었다. 따라서 동독은 주권 국가가 되기 위한 노력을 꾸준히 했다. 동독은 우선 1950년 7월 6일 폴란드와 '괴를리츠 조약'을 체결하여 오데르-나이세 강 선이 동독과 폴란드의 평화적 국경선임을 인정했다. 그러나 서독은 '괴를리츠조약'은 무효이며, 동독과 폴란드의 국경선은 장래 전독일을 대표하는 독일 정부가 체결할 강화조약에서 결정될 수 있다고 선언했다.

동독은 같은 해 9월 29일에는 동유럽 국가 상호 경제 원조 기구(COMECON)에 가입했다. 코메콘은 동유럽 국가들의 마샬 계획 불참과 서방측의 수출 금지로 인한 어려운 경제 여건을 보완하고, 사회주의 국가들 사이의 시장을 조성하기 위해 소련의 주도로 1949년 1월 18일 설립된 기구다. 회원국은 소련, 체코슬로바키아, 폴란드, 루마니아, 헝가리, 불가리아, 동독 등이다.

1953년 6월에 일어난 국민 봉기로 인해 동독 공산당은 위기에 처하였으나, 소련의 지원으로 위기를 극복하고 주민에 대한 지배 체제를 강화했다. 1954년 10월 17일 실시된 인민의회 선거에서 선거권자의 98.4%가 투표에 참여하고, 투표자의 99.5%가 찬성하는 등 동독은 공산당 1당 체제의 나라가 되었다. 1955년 1월 25일 소련은 독일과 전쟁 상태가 종료되었다고 선언했다. 이어 2월에서 3월 사이에 체코슬로바키아, 폴란드, 헝가리, 루마니아 등 동유럽 국가들도 독일과의 전쟁 상태가 종료되었음을 선언했다. 이로써 동독의 동유럽 군사 동맹 체제로의 편입을 가로막던 장애 요소가 제거되었다.

1955년 5월 9일 서독이 나토에 가입하자 이에 대한 대응 조치로 동독은 5월 14일 동유럽 국가의 군사 동맹 기구인 바르샤바 조약 기구에 가입했다. 바르샤바 조약 기구는 소련이 동유럽 위성 국가들에 대한 정치적 지배권을 강화하고, 나토에 대항하기 위해 조직한 기구이다. 회원국들은 중요한 국제 문제에서 공동의 이익을 위해 협력하고, 어느 회원국에 대한 무력 침공이 있을 경우 공동으로 이에 대응할 의무가 있었다. 서독이 나토에 가입하고, 동독이 바르샤바 조약 기구에 가입함으로써 서독과 동독은 서로 다른 군사 동맹 체제에 가입하여 독일의 분단은 더욱 굳어지고 통일 가능성은 멀어져갔다.

동독은 1955년 9월 20일 소련과 우호 조약을 체결하여 소련으로부터 국내외 문제에서 거의 완전한 주권을 돌려받아 주권 국가가 되었다. 그러나 별도의 협정 체결로 소련군 주둔은 지속되었다. 그러나 동독은 표면상 주권 국가일 뿐 완전한 주권 행사는 다른 동유럽 위성 국가들과 마찬가지로 불가능했으며, 제한된 범위에서만 가능했다. 1956년 3월 1일 동독은 군대를 보유하게 되었다.

동독은 정통성을 확보하고 국제적 지위를 높이기 위해 다른 나라와 외교 관계를 맺고 국제기구에 가입하고자 많은 노력을 기울였다. 그러나 서독이 단독 대표권을 주장하며 할슈타인 독트린을 내세웠기 때문에 1960년대까지 동독의 국제적 행동 범위는 주로 동유럽 국가들에 한정되었다.

제4장 아데나워 시대 말기

사민당의 탈바꿈 - 고데스베르크 강령

1863년에 창당한 사민당(SPD)은 독일에서 역사가 가장 오래된 정당으로 1933~1945년의 히틀러 지배 기간에는 나치에 의해 활동이 중단되기도 했다. 사민당은 제2차 대전이 끝나고 쿠르트 슈마커의 지도 아래 1946년 5월 새로이 창당되었다. 사민당은 민주주의가 사회주의적이어야 한다는 이념을 바탕으로 재산 분배와 주요 기간산업의 국유화 등을 주요 정책으로 내세웠다. 또한 아데나워 수상이 추진한 서독의 재무장 정책이나 친서방 정책이 독일 분단을 영구화시켜 통일을 어렵게 한다는 이유로 이러한 정책들을 반대했다.

사민당은 오랜 전통에 뿌리를 내리고 있었기 때문에 총선에서 국민으로부터 절대적인 지지를 받으리라고 생각했다. 그러나 기대와는 달리 1949년 이래 1960년대 중반까지 계속 야당으로 머물렀다. 우선 1949년에 실시된 첫 연방 하원 선거에서 사민당은 29.2%밖에 얻지 못해 기민/기사당(CDU/CSU)에 패배했다. 1953년의 제2대 연방 하원 선거에서는 기민/기사당이 45.2%를 얻은 반면에, 사민당은 지지율이 더 떨어져 28.8%를 얻는 데 그쳤다. 그리고 4년 뒤인 1957년의 제3대 연방 하원 선거에서는 기민/기사당이 50.2%의 과반수가 넘는 높은 지지를 얻었으나, 사민당은 31.8%에 머물렀다. 이와 같이 사민당은 전후 세 번의 총선에서 내리 패배했다.

사민당은 진정한 국민의 정당으로 발전하고, 또 집권하기 위해서는 과거의 낡은 이념만으로는 불가능하다는 것을 인식하기 시작했다. 사민당은 이제 새로운 지지층의 확보가 절실하고 이를 위해서는 변화가 불가피하다는 것을 깨달았다. 이러한 인식 아래 사민당은 1959년 11월 13~15일 본의 바드 고데스베르크Bad Godesberg에서 특별 전당대회를 개최하여 '고데스베르크 강령Godesberger Programm'을 채택했다. '고데스베르크 강령'은 1925년의 '하이델베르크 강령'을 대체한 것이다. 사민당은 이 강령에서 전면적인 사회주의화를 거부하고 자유 경쟁을 토대로 한 시장 경제가 사회 민주주의 경제 정책의 기본 요소임을 인정했다. 그리고 핵무기 등 대량 살상 무기의 제조나 사용은 반대하였으나, 국방을 위한 재무장은 인정했다.

사민당은 또한 과거의 낡은 이념을 버리고 "자유(착취와 부당한 지배로부터, 그리고 정치와 조합 형성에 적극 참여하기 위한)와 정의(모든 사람의 동등한 자유를 위한 기본 조건으로), 그리고 연대(사회가 모든 사람을 책임지는 의미에서)가 민주적 사회주의의 기본 가치임"을 천명하며 새로운 모습으로 태어나고자 했다. 또한 국가에 의한 최소한의 주택 임차료 지원과 여성에 대한 차별 완화를 주요 사회 정책으로 추진했다.

사민당은 그동안 노동자 계급의 정당die Arbeiterpartei이라고 자처해 왔으나, '고데스베르크 강령'을 채택하며 혁명적·마르크스주의적 강령을 버리고 민주적 사회주의의 기본 가치를 충실히 이행하는 국민의 정당die Volkspartei으로의 탈바꿈을 선언했다. 사민당의 베너Herbert Wehner 부대표와 쉬미트Carlo Schmid가 '고데스베르크 강령'의 기본 계획을 작성하는 데 주도적으로 참여했다.

'고데스베르크 강령'을 바탕으로 사민당 부대표인 베너 의원은 1960년 6월 30일 연방 하원에서 외교 안보에 관한 새로운 정책 노선을 밝혔다. 즉 사민당은 그동안 북대서양 조약기구(NATO)를 인정하지 않았으나, 이제 나토를 축으로 한 유럽 동맹과 대서양 동맹이 외교 안보 정책의 기본임을 선언하면서, 동맹국과의 관계가 중요함을 인정했다. 이로써 지난 1949년 이래 계속되었던 기민/기사당과 사민당의 외교 안보 정책에 관한 이념 대립이 완화되었다.

사민당은 이와 같은 탈바꿈을 통하여 국민에 뿌리내리고, 또 변화하는 국제 정세에 대응하는 새로운 정당으로 태어나고자 했다. 1963년 4월 21일 사민당은 창당 100주년을 기념했다.

제2의 베를린 위기

소련이 동유럽에 대한 지배 체제를 강화하는 가운데 1956년 10월 헝가리에서는 계속되던 대학생 시위가 소련에 대항하는 국민 봉기로 발전했다. 1953년 6월 동독에서 국민 봉기가 일어난 지 3년 만이다.

1956년 10월 24일 수상으로 취임한 나지Imre Nagy는 헝가리식 사회주의 건설을 목표로 바르샤바 조약 기구에서 탈퇴하여 독자 노선을 걷고자 했다. 즉 헝가리가 중립국이 되기를 원했다. 그러나 소련은 헝가리가 중립국이 될 경우 다른 동유럽 국가에도 영향을 주고 결국에는 모든 동유럽 국가에 대한 소련의 지배 체제가 무너질 것을 우려하여 무력으로 봉기를 저지했다. 11월 4일 나지 수상과 그에 협조하던 사람들이 소련군에 의해 체포되어 처형됨으로써 소련 지배 체제에서 벗어나 중립국이 되고자 했던 헝가리 국민의 시도는 실패했다. 이 사건을 계기로 소련은 동유럽에 대한 지배 체제를 더욱 강화했다.

1949년 독일 연방 공화국(서독)과 독일 민주 공화국(동독)이 세워진 후 두 독일 국가 체제가 굳어져 갔다. 그러나 동독의 한가운데 있는 도시 서베를린은 소련이나 동독에게는 목의 가시 같은 존재였다. 서베를린을 지배하기 위해 1948년에 베를린을 봉쇄(제2장 참조)하려다 실패한 소련과 동독은 1958년 서베를린을 지배하기 위한 계획을 다시 추진했다.

서베를린을 지배하기 위한 두 번째 시도는 1958년 10월 27일 동독 울브리히트 서기장이 서베를린을 포함한 베를린 전체가 동독에 속한다고 주장하면서부터 시작되었다. 이에 대해 브란트Willy Brandt 서베를린 시장은 11월 5일 베를린과 동독이 독일의 일부분이고, 베를린이 독일의 수도였기 때문에 베를린 전체에 대한 동독의 영유권 주장을 인정할 수 없다고 반박했다.

소련의 흐루시초프 서기장은 11월 10일 모스크바에서 행한 연설에서 서베를린을 6개월 이내에 자치적인 자유 도시로 전환시켜 두 독일을 포함한 어떠한 나라도 이 도시를 간섭하지 않고, 군대도 주둔하지 않도록 하자고 제의했다. 이어 소련은 미국, 영국, 프랑스의 서방 3국을 비롯하여 서독과 동독에 보낸 11월 27일자의 공한에서, 독일 점령지와 베를린에 관한 1944년 9월 12일의 런던 의정서와 통치 기구에 관한 1945년 5월 1일의 협정을 무효로 선언했다. 또한 소련은 6개월 이내에 서베를린에 주둔하고 있는 서방 연합군을 철수시켜 서베를린을 비무장 자유 도시로 하자고 요구했다. 소련은 이에 관한 합의가 6개월 이내에 이루어지지 않을 경우, 독자적으로 동독과 강화 조약을 체결하여 서베를린을 오가는 통행권 등 모든 권한을 동독에게 넘겨주겠다고 위협했다. 소련은 이 공한에 대해 서방측이 6개월 이내에 회신해 주도록 요구했다.

이러한 소련의 최후 통첩은 서베를린을 '비무장 자유 도시'로 만든 다음에 궁극적으로는 동독에 편입하려는 의도에서 나온 것이었다. 이것은 1948년의 베를린 봉쇄 후 서베를린에 대한 소련의 두 번째 위협이며 이로 인해 서방 3국과 소련 사이에 냉전의 골이 더욱 깊어졌다.

서방 3국은 1948년의 소련의 베를린 봉쇄 조치에 대항하여 공중 보급을 통해 서베를린의 자유를 지킨 데 이어, 이번에도 소련의 최후통첩을 단호히 거부했다. 특히 미국은 1958년 12월 31일 소련에게 보낸 답신에서, "소련이 1949년 6월 20일의 4국 협정에서 상품 수송의 정상적인 기능과 베를린과 서부 독일의 연결을 보장하는 책임을 수락하였음"을 강조하면서, "1944년과 1945년의 협정에 대한 소련의 일방적인 무효 선언을 받아들일 수 없다"고 맞섰다. 또한 미국은 1945년 전쟁 막바지에 동부 독일 지역의 메클렌부르크 주, 작센 주 일부, 튀링겐 주, 그리고 안할트 주 전체를 탈환했으나, 베를린 전체(소련군이 먼저 베를린을 점령하여 관리하고 있었음)를 공동으로 관리하는 조건으로 이들 지역을 소련에게 위탁하였음을 강조했다. 즉 미국은 서베를린에 대한 영유권이 있음을 분명히 했다.

한편 서독의 아데나워 수상은 흐루시초프의 최후통첩이 서독을 고립시키기 위한 것으로 받아들였다. 왜냐하면 소련과의 협상에서 서독으로서는 더 이상 얻을 것이 없고, 잘해야 지금까지와 마찬가지로 서베를린을 오가는 통행에 대한 양해를 얻을 뿐이었다. 그 대신에 동독의 입지는 강화되어 독일 통일은 더욱 어렵게 될 것이기 때문이었다. 따라서 서독은 소련에게 보낸 1959년 1월 5일자 공한에서 군비 축소와 통일 문제에 관해서는 협의할 수 있으나, 서베를린을 비무장 자유 도시로 하는 문제와 동독의 승인에 관한 협의는 반대한다고 했다.

흐루시초프는 서방 연합국과 서독이 최후통첩을 받아들이지 않자 1959년 1월 10일 서방 연합국 등 대독일 전쟁에 참전했던 국가와 서독과 동독 등 28개국에 공한을 보내 독일과의 강화 조약 체결과 이를 위한 정상 회담 개최를 제의했다. 그는 강화 조약을 체결한 다음에 서베를린을 비무장 자유 도시로 전환시켜야 한다고 주장했다. 이어서 1959년 3월 흐루시초프는 서방 연합국이 이 제의를 거부한다면 동독과 개별 조약을 체결하겠다고 위협했다.

그러나 서방 3국과 서독은 소련의 정상 회담 제의를 거부했다. 서방 3국은 정상 회담 대신에 베를린과 독일 문제를 협의하기 위한 4국 외무장관 회담을 제의했다. 서방 3국은 소련과의 회담에서 성과를 기대하지 않았으나, 회담 자체까지 반대할 필요가 없기 때문이었다. 그러나 서독의 아데나워 수상은 이러한 회담이 베를린의 지위를 개선하는 데 아무런 도움이 되지 않는다며 외무장관 회담을 반대했다. 아데나워의 반대에도 불구하고 4국 외무장관 회담은 1959년 5월 11일 제네바에서 열렸다. 서독과 동독은 자문 자격으로 참가했다. 개막식은 함마슐트 유엔 사무총장이 주재했다.

이 회담에서 서방 3국은 베를린의 지위는 독일이 통일될 때까지 유지되어야 하고, 전독일과의 강화 조약 체결은 자유선거가 실시되어 단일 정부가 수립된 다음에야 가능하다고 주장했다. 또한 서방 3국은 베를린과 독일 문제의 해결을 위해 미국 국무장관 허터 Christian A. Herter가 구상한 4단계 평화안인 '허터 안Herter Plan'을 제의했다. 이 '허터 안'은 자유선거를 통해 동·서 베를린이 통합하고(1단계), 전독일 위원회를 구성하여 선거법안을 준비한 다음 국민투표를 통해 선거법을 확정하고(2단계), 헌법을 제정할 독일의회 구성을 위한 총선거를 실시한 후에(3단계), 4국이 독일 정부와 강화 조약을 체결한다(4단계)는 내용이었다. 그러나 소련은 베를린에 관한 지금까지의 주장을 되풀이했다. 양측의 입장이 달라 제네바 회담은 독일 문제에 관하여 별다른 합의를 이끌어내지 못하고 8월 5일 끝났다.

이와 같이 베를린을 둘러싸고 긴장이 고조되자 서베를린 시장 빌리 브란트는 1959년 9월 8일 베를린 정책에 관한 4대 기본 원칙을 세시했다. 이 4내 기본 원칙은 서베를린이 자유로운 독일에 속하고, 베를린의 완전한 자결권 보장, 베를린에 대한 4개 연합국의 책임 이행, 그리고 베를린으로의 자유로운 통행권 보장이었다.

이러한 가운데 소련의 흐루시초프 서기장은 1959년 9월 25~27일 미국 캠프 데이비드에서 아이젠하워 대통령과 회담을 갖고, 앞으로 독일 문제와 베를린 문제에 관해 계속해서 협의하고 1960년에 4국 정상 회담을 열기로 합의했다. 두 정상의 회담은 '캠프 데이비드 정신'으로 불리며 미국과 소련 사이의 긴장을 다소 완화시켰다. 이 합의에 따라 1960년 5월 16~17일 파리에서 4국 정상 회담이 열리기로 예정되었다.

그러나 정상 회담이 열리기 2주전인 5월 1일에 U-2 미군 정찰기가 소련 상공에서 격추되는 사건이 일어났다. 흐루시초프는 베를린 문제가 소련이 의도하는 대로 해결되기 어렵다고 보고, 이 사건을 구실로 미국에게 미군 정찰기의 소련 영공 침입에 대해 사과할 것과 파리 정상 회담을 6~8개월 연기하자고 제의했다. 서방 3국은 정상 회담을 성사시키려고 노력했으나 소련의 반대로 열리지 못했다. 이로써 독일 문제의 해결을 위한 정상 회담은 토의도 하지 못하고 실패로 끝났다.

소련의 공세는 1961년에도 계속되어 2월 17일 서방 3국에게 공한을 보내 두 독일 국가와 강화 조약 체결을 제의했다. 그러나 서방 3국은 독일 문제의 해결은 독일 민족의 자결권이 인정되는 토대 위에서 가능하다며, 소련이 주장하는 방식에 의한 강화 조약 체결을 반대했다.

1961년 1월 미국에서는 존 에프 케네디John F. Kennedy가 대통령에 취임했다. 새로운 변화를 추구하는 케네디 대통령은 1961년 6월 3~4일 이틀간 오스트리아의 수도 빈Wien에서 흐루시초프와 정상 회담을 가졌다. 흐루시초프는 이 회담에서 독일 문제에 관한 공한을 전하면서 그동안 소련이 요구했던 사항들이 6개월 이내에 이행되어야 하고 서베를린이 어떠한 형태로든 국제적으로 보장된 자유 도시가 되어야 한다고 요구했다. 그러나 케네디는 흐루시초프의 이러한 제의가 서방 연합국의 군대를 서베를린에서 철수시켜 서베를린을 소련의 영향력 아래에 두기 위한 것임을 알고 받아들이지 않았다. 빈 회담에서 미국과 소련은 각자의 입장을 확인하는 데 그쳤다.

빈 회담 이후에도 흐루시초프는 케네디 대통령에게 독일 문제와 베를린 문제를 해결하자고 끈질기게 요구했다. 노련한 흐루시초프는 갓 취임한 젊은 케네디를 상대로 더욱 유리한 해결을 할 수 있으리라 생각했다. 서방 3국은 7월 17일 소련에게 공한을 보내 소련의 요구를 거절했다.

서베를린에 대한 소련의 위협이 줄어들지 않자, 케네디 대통령은 1961년 7월 25일 텔레비전과 라디오를 통해 서베를린을 방위하겠다는 미국의 의지와 베를린에 관한 '3대 기본 요소three essentials'를 발표했다.

첫째, 서방 연합군의 서베를린 주둔권 보장.

둘째, 서베를린을 오가는 교통편에 대한 자유로운 통행 보장.

셋째, 베를린의 장래에 관해 스스로 결정하고 그 생활 방식을 자유로이 선택할 수 있는 서베를린 주민의 권리 보장.

이어 케네디 대통령은 미국은 전쟁을 원하지 않지만, 이를 지키기 위해 필요하다면 군사적 대결도 불사하겠다고 선언했다.

여기서 한 가지 중요한 점은 케네디 대통령은 베를린 전체보다는 서베를린을 강조한 점이다. 이에 대해 서독은 다소 불안해했다. 그 이유는 케네디 행정부가 들어선 이후 미국에 대한 아데나워의 영향력이 크게 줄어든 데다, 미국이 독일의 통일보다는 서베를린의 안정에 더 중점을 두고 있다고 생각했기 때문이었다.

소련이 서베를린을 지배하기 위해 여러 방법을 시도했으나 서베를린을 지키려는 미국의 태도는 확고부동했다. 이제 소련은 서베를린 방위에 대한 미국의 입장이 확고부동하며, 영국과 프랑스도 미국의 이러한 입장을 지지하고 있다는 것을 인식했다. 이렇게 되자 소련은 서베를린을 동독에 편입시키려는 계획을 포기할 수밖에 없었다. 흐루시초프는 베를린 위기를 조성하여 서베를린을 동독의 지배 아래에 두거나 비무장 자유 도시로 만들고자 했으나, 뜻을 이루지 못했다.

베를린 장벽 설치

1949년 동독이 세워진 이래 동독이 당면하고 있는 어려움 중의 하나는 수많은 주민들이 끊임없이 서베를린으로 탈출하는 문제였다. 국민 봉기가 있었던 1953년 한 해 동안에만 331,390명의 동독인들이 탈출했다. 탈출자는 1954년에는 184,198명으로 크게 줄었으나 1955년에는 252,870명으로, 그리고 1956년에는 279,189명으로 다시 늘어났다. 이와 같은 동독인들의 탈출은 경제 발전에 장애 요인이 되었을 뿐만 아니라 사회 혼란까지도 초래했다.

동독의 경제 사정이 어렵게 된 데에는 공산주의의 이론에 의한 계획 경제를 실시한 이유도 있지만, 더 큰 원인은 젊은이와 지식층들이 계속 탈출하여 고급 노동 인력이 줄어든 데 있었다. 동독인들의 탈출 동기는 다양하나 대부분 공산당(SED)의 독재 정치와 박해로 자유로운 활동이 어렵기 때문이었다. 그리고 1953년의 6·17 국민 봉기나 1958년의 베를린 위기는 동독인들을 불안하게 하여 탈출을 더욱 촉진시켰다. 여기에다가 서베를린 시민들이 누리는 경제적 윤택함은 동독인들을 끌어들이기에 충분했다.

이리하여 1949년부터 1961년까지 12년 동안 약 273만 명이 동독을 탈출하여 연평균 약 23만 명이 동독을 떠났다. 1950년 8월 1,838만 명이었던 인구는 출생 등으로 인한 인구 증가에도 불구하고 1961년 12월 1,708만 명으로 줄어들었다. 동독을 탈출한 자들을 연령별로 구분하면 74%가 45세 미만이고, 50%가 25세 미만이었다. 직업적으로는 의사, 교사와 기술자들이 많았다. 탈출자가 앞으로도 계속 늘어난다면, 동독 경제에 심각한 타격은 물론 정권 유지마저 어렵게 될 것이 확실했다.

늘어만 가는 탈출을 방지하기 위해 동독 정부는 우선 감시 초소를 증가시켜 서베를린과의 경계선 감시를 더욱 강화했다. 이러한 조치로 탈출자가 다소 줄어들었으나 완전히 차단하기는 어려웠다. 동독 정부는 경찰의 힘만으로는 늘어나는 탈주자들을 근절시킬 수 없다고 판단하고 더욱 근본적인 대책을 강구하기에 이르렀다. 결국 동독 정부는 탈출자들을 근절시키는 최선의 방안은 서베를린과의 경계선에 장벽을 쌓아 완전히 차단하는 방법밖에 없다고 판단했다.

동독의 최고 권력자 울브리히트 서기장은 1961년 6월 15일의 기자 회견에서, "서독에는 우리가 동베를린 건축 노동자를 동원하여 장벽을 세울 것이라고 생각하는 자들이 있는데, 누구도 장벽을 세우려는 계획을 갖고 있지 않다"라며 장벽 설치를 부인했으나 일면 장벽 설치를 암시했다. 그는 7월에 장벽을 세우는 계획에 대해 소련의 허락을 받아냈다. 이어 8월 3~5일 모스크바에서 열린 바르샤바 조약 기구 정상 회의에서 울브리히트는 서베를린 및 서독과의 경계선 차단에 관해 회원국 정상들로부터 양해를 받았다.

8월 7일 흐루시초프는 라디오 연설에서 베를린을 제1차 대전이 일어났던 유고슬라비아의 사라예보와 비교하면서 바르샤바 조약기구 회원국의 서방 국경선에 대한 군사 증강을 지시하며 예비군을 소집했다. 이에 대해 다음날 미국은 사태가 악화될 경우 미군 6개 사단을 유럽에 공수하겠다고 대응했다.

베를린 장벽 설치 계획은 울브리히트의 지시로 철저한 보안이 지켜지는 가운데 안보 담당 서기인 호네커Erich Honocker에 의해 세워졌다. 1961년 8월 13일 일요일 새벽에 동베를린과 동독에서 서베를린을 오가는 통행로가 차단되었다. 이어 동독 무장 군인과 경찰의 보호 아래 서베를린과 동베를린의 경계선을 따라 철조망이 설치되고 경계선을 차단하는 작업이 시작되었다. 8월 23일까지 동베를린과 서베를린을 연결하는 80여개의 통행로 중 73개가 폐쇄되었다. 동베를린과 서베를린 경계선에는 점차 블록과 콘크리트로 만든 견고한 장벽이 세워졌다. 동독 정부는 이러한 조치가 철저한 감시와 효과적인 통제를 위해 불가피한 조치라고 주장했다.

베를린 장벽 설치는 서독뿐만 아니라 전세계에 큰 충격을 주었다. 8월 16일 서방 3국은 소련에게 공한을 보내 장벽 설치가 베를린에 관한 4국 협정의 위반이라며 항의했다. 같은 날 서베를린 시청 앞 광장에서 25만 명의 서베를린 시민들은 집회를 갖고 소련을 규탄하며 서방측의 강력한 대응 조치를 요구했다.

아데나워 수상은 여름 휴가 중임에도 8월 18일 긴급히 소집된 연방 하원에서 발표한 정부 성명을 통해 베를린 장벽의 설치는 동독 정권의 파산 선언이나 다름없다며 동독 정권을 신랄히 비난했다. 아데나워 수상은 8월 22일 장벽 설치 이후 처음으로 서베를린을 방문했으나, 시민들의 환영 열기는 전만 못했다. 서방 국가들과 유대를 강화하는 것이 통일의 지름길이라던 아데나워의 정책은 베를린 장벽의 설치로 국민들 사이에서 신뢰를 잃게 되었다.

미국은 소련과 동독의 베를린 장벽 설치에 대해 강력히 대처하지 못했다. 대신에 8월 19일 존슨Lyndon B.Johnson 부통령을 서베

동독군의 감시 아래 임시로 설치한 차단벽을 허물고 콘크리트 장벽을 쌓고 있는 동독 노동자들(1963. 8. 23. 베를린).

베를린 장벽
건물이 보이는 뒷부분이 동베를린이고, 앞부분이 서베를린이다
(1986. 1. 30. 베를린 포츠담 광장 부근).

를린에 보내 미국의 서베를린 방위를 다짐한 데 이어 8월 20일에는 1,500명의 미군을 파견하여 서베를린 주둔 미군을 증강했다. 베를린 장벽 설치에 강력히 대응하지 못했던 케네디 대통령은 1963년 6월 23~26일 서독 방문 기간 중에 6월 26일 서베를린을 방문했다. 베를린 자유 대학에서 행한 연설에서 그는 대서양 동맹 체제 안에서 독일인들의 통일을 향한 노력을 지지하면서 서베를린의 방위를 다짐했다.

베를린 장벽 설치로 동독은 공산권을 제외한 전세계로부터 비난을 받았다. 그럼에도 불구하고, 베를린 장벽은 두 가지 면에서 동독을 안정시키는 데 도움이 되었다. 우선 동독인들로 하여금 탈출을 포기하고 경제 활동에만 전념하도록 하여 동독을 정치적으로나 경제적으로 안정시키는 데 큰 도움이 되었다. 이는 베를린 장벽 설치 이후 1962년부터 1970년까지 동독을 탈출하거나 떠난 자가 약 23만 명으로, 1949년에서 장벽 설치 전까지의 총인원인 273만 명의 1/12에 불과한 것으로도 알 수 있다. 또한 다른 나라들로 하여금 대독일 정책이나 베를린 정책에 대한 전환을 가져오게 했다. 이는 자연히 국제적으로 동독을 인정하는 방향으로 나가게 했다.

1958년 11월 흐루시초프의 최후통첩으로 시작된 베를린 위기는 1961년 8월 베를린 장벽 설치로 일단락되었다. 그러나 이로 인해 독일의 분단은 더욱 고착화되었으며 독일 통일도 더욱 어려워졌다.

서베를린을 방문하여 베를린 방위를 다짐하는 케네디 미국 대통령과 아데나워
수상 및 브란트 서베를린 시장(1963. 6 .26, 서베를린 시청 앞).

독·불 우호 조약(엘리제 조약)

쿠바에 미사일을 배치하려는 소련의 계획 때문에 1962년 10월 미국과 소련은 첨예하게 대립했다. 케네디 대통령이 쿠바에 미사일이 배치될 경우 쿠바에 대한 공격 가능성을 언급하며 강력하게 대응하자 소련은 미사일 배치 계획을 포기했다. 이 사건 이후 두 나라는 긴장을 완화하는 방향으로 나갔다. 이러한 상황에서 미국이 독일 통일에 관심을 덜 기울이게 되자 아데나워 수상은 서독이 국제적으로 점차 고립되는 것을 느꼈다. 이와 함께 서독에서는 동유럽 국가들과 관계를 개선해야 한다는 분위기가 조성되기 시작했다.

이러한 가운데 서독의 외교 정책에 변화가 일기 시작했다. 1961년 11월에 외무장관으로 취임한 슈뢰더Gerhard Schröder는 미국과 소련 사이에서 조성된 서독의 고립을 탈피하여 동유럽 국가들과 관계를 개선하려는 정책을 추진했다. 슈뢰더 장관은 서독의 활동 범위를 동유럽까지 넓히고자 했던 것이다. 슈뢰더는 동유럽 국가와 당장 외교 관계 수립이 어려운 여건에서 우선 무역 대표부를 설치하고, 광범위한 문화 교류와 관광 교류를 추진하고 통상 관계도 강화하고자 했다. 그러나 동독은 그 대상에서 제외되었다. 슈뢰더가 추진한 정책은 지난날의 경직된 상태에서 융통성과 새로운 방법을 찾는 것을 뜻하기 때문에 '움직임의 정책die Politik der Bewegung'이라고 한다.

동유럽 국가들도 서독과 외교 관계를 바로 수립하기보다는 우선 무역 대표부 설치를 원했다. 서독은 동유럽 국가들과 오랜 교섭 끝에 1963년 3월 7일 폴란드와, 10월 17일에는 루마니아와, 그리고 11월 9일에는 헝가리와 무역 대표부를 설치하기로 각각 합의했다.

이 결과 1963년 9월 폴란드에 서독의 무역 대표부가 세워졌다. 그러나 서독은 '할슈타인 독트린'을 유지했기 때문에 이들 나라와 외교 관계는 수립하지 않았다. 쿠바가 1963년 1월 12일 동독과 외교 관계를 수립하자 서독은 1월 14일 쿠바와의 외교 관계를 단절했다.

서독과 프랑스는 60년대에 들어서도 관계 개선을 위한 노력을 계속했다. 두 나라는 1958년 1월에 설립된 유럽 경제 공동체(EEC) 회원국으로 함께 활동하고 있었지만, 전쟁으로 인한 두 나라의 적대감을 해소하고 앞날의 발전을 위해 좀더 가깝게 지낼 필요가 있었다.

아데나워 수상과 프랑스 드골Charles de Gaulle 수상은 1958년 9월 프랑스 로트링겐에서 처음으로 만나 상호 신뢰를 쌓아갔다. 아데나워와 드골은 1962년 2월 15일 독일 바덴바덴에서 다시 만나 두 민족의 적대 관계를 완전히 종식시키고, 공동의 유럽 정책을 추진하기 위한 조약을 체결하기로 합의했다. 7월 초 아데나워 수상의 프랑스 방문으로 만난 두 정상은 이러한 조약 체결의 역사적 의미를 강조했다. 드골 대통령은 9월 초 서독을 방문하여 두 민족이 공동의 길을 가야한다고 강조했다. 두 정상의 상호 방문은 두 나라 관계를 더욱 가깝게 만들었다.

1963년 1월 22일 아데나워 수상과 드골 대통령은 파리에서 독·불 우호 조약(이를 '엘리제 조약'이라고 함)을 체결했다. 독일과 프랑스 두 나라는 이 조약에서 외교, 국방, 교육 및 청소년 정책 분야에서 긴밀히 협력하고, 특히 청소년 교류에 역점을 두기로 합의했다. 이 조약은 7월 2일 발효되었다. 서독과 프랑스는 '엘리제 조약'으로 고위 정치가들의 정례적인 회담을 통해 폭 넓은 협의 체제를 갖게 되었다. 즉 국가 원수나 수상은 적어도 1년에 두 차례, 외무장관과 국방장관은 3개월마다 만나 협의하도록 했다. 또한 두 나라의 청소년들이 서로를 올바로 이해하도록 하기 위해 교류를 확대하고 청소년들에 대해 공동으로 교육을 실시하기로 합의했다. 이 조약은 두 나라의 관계뿐만 아니라, 통합된 서유럽 안에서 서독과 프랑스 협력의 시초였다. 이 조약으로 서독과 프랑스의 관계는 새로운 우호 협력 관계로 접어들었다. 엘리제 조약은 아데나워가 이룩한 마지막 큰 업적이라 할 수 있다.

아데나워 시대 말기

1961년 8월 베를린 장벽이 세워진 후 아데나워 수상이 물러날 때까지의 2년간은 절대적이라 할 만한 아데나워의 권위가 퇴색한 기간이라 할 수 있다. 아데나워 수상의 권위 퇴색은 그가 동독의 베를린 장벽 설치에 적극적으로 대처하지 못하고, 연정을 이루고 있는 자민당과의 의견 충돌과 당내의 목소리에 귀를 기울이려 하지 않은 데에도 원인이 있었다. 또한 50년대와 같은 외교적 성과가 없자 국내 정치에서도 지지 기반이 무너지기 시작했다.

1959년에 있었던 기민당의 연방 대통령 후보 교체 사건은 아데나워의 권위를 크게 실추시켰다. 1959년 2월 24일 루드비히 에르하르트 경제장관은 아데나워 수상과 기민당 지도부의 요구로 그해 7월에 있을 연방 대통령 선거에 후보로 출마하겠다고 선언했다. 그러나 아데나워 수상은 4월 7일 갑자기 자신이 연방 대통령 선거에 출마하겠다며 에르하르트에게 후보 사퇴를 종용했다. 아데나워가 연방 대통령이 될 경우 에르하르트는 수상이 될 가능성이 많았다.

그러나 에르하르트가 소련에 대해 강력하게 대처하지 못할 것이라며 수상으로 적합하지 않다고 생각한 아데나워는 어려운 국제 정치 상황에서 자신이 계속해서 수상으로 활동하겠다며 6월 4일 대통령 후보를 사퇴했다. 이 일로 아데나워의 지도력과 이미지가 크게 손상되었다.

연방 대통령 후보로 6월 15일 식량·농업 및 산림 장관인 하인리히 뤼프케Heinrich Lübke가 갑작스럽게 선정되었다. 뤼프케는 1959년 7월 1일에 실시된 선거에서 연방 대통령으로 선출되었다.

베를린 장벽이 세워지고 난 한 달 뒤인 1961년 9월 17일에 제4대 연방 하원 선거가 실시되었다. 아데나워는 85살의 고령임에도 불구하고 수상 후보로 다시 나섰으며, 사민당에서는 서베를린 시장 빌리 브란트가 수상 후보로 나섰다. 이 선거에서 기민/기사당은 지난 선거보다 4.9%가 떨어진 45.3%의 지지를 얻어 비록 과반수 획득에는 실패하였으나 여전히 제1당의 위치를 지켰다. 이에 비해 사민당은 36.2%의 지지를 얻어 지지율이 지난 선거보다 4.4% 늘어났다. 사민당에 대한 지지율이 늘어난 데에는 아데나워에 대한 지지가 감소하고, 사민당이 고데스베르크 강령을 채택하며 당의 모습을 새롭게 바꾼 데 있었다. 비록 사민당은 집권에 실패하였으나 지지율 상승으로 고무되었다. 한편 자민당은 역대 선거에서 가장 높은 12.8%의 지지를 얻었다.

아데나워의 통일 정책이 국민으로부터 신뢰를 잃었으나, 베를린 장벽이 세워진 긴장 상태에서 전쟁이 일어날지도 모른다는 두려움과 경제 성장으로 인한 안정된 생활로 인해 기민/기사당과 자민당이 선거에서 높은 지지를 받았다. 자민당은 선거 유세에서 루드비히 에르하르트가 연방 수상이 되는 조건에서만 기민/기사당과의 연정에 참여하겠다고 공약했다. 자민당은 1949년 이후부터 1957년까지 아데나워를 지지하면서 기민/기사당과 함께 연정을 구성했다. 그러나 1957년의 제3대 연방 하원 선거에서 기민/기사당이 50% 이상을 얻자 단독으로 정부를 구성하여 자민당은 소외되었다.

1961년 선거에서 지지율이 높아진 자민당은 선거 유세에서 주장한 대로 기민/기사당과의 연정 협상에서 아데나워를 더 이상 수상으로 받아들일 수 없다고 주장했다. 자민당의 강력한 반대에 부딪힌 아데나워는 다음 총선 전에 물러나겠다고 약속했다. 이에 자민당은 연정 구성에 동의하여 11월 14일 아데나워의 제4차 내각이 출범했다. 11월 29일 병석에 있는 아데나워 수상을 대신하여 에르하르트 장관은 나토의 테두리 안에서 군사력 증강과 세제 개혁 추진 등의 정부 주요 정책을 밝혔다.

그런데 어렵게 수상에 취임한 아데나워를 더욱 곤경에 빠뜨린 사건이 발생했다. 이 사건은 슈피겔 사건Spiegel-Affäre으로 불린다. 1962년 10월 26일 독일 시사 주간지인 『슈피겔Der Spiegel』 발행인 아우그쉬타인Rudolf Augstein과 주요 편집인들이 국가 반역죄 혐의로 체포되고, 함부르크와 본에 있는 편집국과 편집인의 주택들이 수색당한 사건을 말한다. 편집인들 가운데 군사 문제 전문가인 알러스Conrad Ahlers 편집 부국장은 휴가지인 스페인에서 체포되어 독일로 압송되었다. 슈피겔 사건은 북대서양 조약 기구의 가을 기동 훈련(Fallex 62)에 관한 1962년 10월 10일자 『슈피겔』지의 보도가 발단이 되었는데, 이 기사 작성을 위해 알러스 부국장이 뇌물을 주고 국가의 비밀 정보를 빼냈다는 것이다. 그러나 실제 발단은 한 건설 회사가 3억 마르크 규모의 독일 주둔 미군 주택 공사 수주에 국방장관 슈트라우스Franz Josep Strauß가 관여했다고 『슈피겔』지(1962년 1월 29일자)가 보도한 것에서 시작했다. 서독 국민들은 '슈피겔 사건'이 슈트라우스 장관의 보복 조치라고 생각했다.

『슈피겔』지가 국가 반역죄와 뇌물 공여죄로 기소되자 전국적으로 정부의 조치에 항의하는 데모가 계속되고, 언론들은 언론 자유에 대한 중대한 탄압이라며 정부를 비난했다. 슈트라우스 장관은 연방 하원에서 처음에는 슈피겔 사건과 무관하다고 주장하다가 1962년 11월 9일에는 알러스 편집 부국장 체포에 관여했다고 시인했다. 자민당 멘데Erich Mende 대표는 11월 16일 슈트라우스가 국방장관으로 있는 한 기민/기사당과 연정을 계속할 수 없다고 선언했다. 11월 19일 자민당 소속 의원들은 사민당이 제출한 슈트라우스 장관 해임안에 동조하고, 당 소속 5명의 장관들은 사퇴했다. 이에 기민/기사당 소속 장관들은 슈트라우스의 단독 사퇴를 막고, 아데나워 수상에게 신정부를 구성할 시간을 주기 위해 11월 27일 전원 사퇴했다. 이로써 연정이 파기되고 국내 정치는 위기에 처했다.

12월 4일 아데나워는 사민당과 연정 구성 문제를 협의했으나, 사민당이 아데나워를 수상으로 받아들일 수 없다고 주장하여 합의에 실패했다. 이후 자민당이 12월 11일 기민/기사당과의 연정에 복귀하자 위기가 일단 진정되었다. 자민당의 연정 복귀 조건은 슈트라우스 장관이 물러나고, 아데나워 수상이 1963년 가을에 조기 퇴진한다는 내용이었다. 기민/기사당과 자민당의 연정 합의로 12월 14일 아데나워의 제5차 내각이 출범했다.

한편 슈피겔 사건과 관련하여, 1965년 5월 13일 연방 대법원은 아우그쉬타인과 알러스에 대한 심리를 증거 불충분 이유로 거부했다. 그리고 연방 헌법 재판소는 1966년 8월 5일 연방 정부의 체포 및 수사 명령이 기본법에 위배되는지에 관한 『슈피겔』지의 헌법소원을 받아들이지 않았다. 이리하여 슈피겔 사건은 일단락되었으나, 언론 자유에 관해 열띤 논쟁을 불러 일으켰다. 즉 국가의 비밀 보호가 헌법에 보장된 언론의 자유나 출판의 자유보다 더 중요한가, 아니면 그 반대냐 하는 문제, 그리고 어느 선까지가 국가 반역죄에 속하느냐 하는 문제 등이었다. 슈피겔 사건으로 독일 민주주의는 중요하고도 어려운 고비를 넘겼다. 그러나 슈피겔 사건은 아데나워의 지도력을 더욱 실추시켰다.

아데나워는 이미 1961년 자민당과의 연정 협상에서 1963년 가을에 퇴진한다고 약속한 바 있다. 그러나 그는 차기 수상 후보자를 선출하기 위해 1963년 4월 22일에 열린 기민/기사당 집행 위원회에서 후임자 선출을 연기하고자 하였으나 실패했다. 또한 에르하르트가 후임자가 되는 것을 막기 위해 브렌타노Heinrich von Brentano 원내 대표나 쉬뢰더 외무장관이 후임자가 되기를 원했다. 그러나 아데나워의 이러한 노력은 역부족이었다. 4월 23일 기민/기사당은 자민당과 합의한 대로 경제장관 루드비히 에르하르트를 수상 후보로 지명했다.

아데나워는 1963년 10월 15일 연방 수상에서 물러났으며 연방 하원은 10월 16일 에르하르트를 연방 수상으로 선출했다. 이리하여 아데나워 시대Adenauer-Ära는 막을 내렸다. 아데나워는 1949년 9월부터 1963년 10월까지 14년 1개월 동안 연방 수상으로 재임했다. 아데나워는 에르하르트 경제장관과 함께 전후 폐허의 잿더미 위에서 경제 성장의 터전을 닦았다. 아데나워는 신생국 서독의 주권 회복이 시급함을 고려하여, 친서방 정책과 나토를 축으로 한 안보 정책을 추진했다. 이로 인해 서독은 예상보다 빨리 주권 국가가 될 수 있었다. 그러나 그는 독일을 중립국으로 하는 통일 방안에는 반대하면서, 소련의 끈질긴 요구에도 불구하고 동독을 승인하지 않았다.

연방 수상에서 물러난 아데나워는 1967년 5월 19일 91세의 일기로 본 근교 뢴도르프에서 숨을 거두었다.

제5장 과도기: 1963~1969

에르하르트 정부

아데나워가 사퇴한 후 연방 하원은 1963년 10월 16일 경제장관 루드비히 에르하르트를 연방 수상으로 선출했다. 그는 1949년 이래 14년 동안 경제장관으로 재임하면서 전후 독일이 경제 성장을 이룩하는 데 크게 기여했다(제2장 참조). 수상에 취임한 에르하르트는 10월 17일 정부 성명을 통해 동·서 진영의 관계 개신을 위한 노력이 통일을 향한 출발점이라며, 미국과의 협력과 유럽 통합을 강조했다. 또한 동유럽 국가들과는 경제 교류와 문화 교류를 통해 관계를 개선해 나가고, 국내적으로는 교육과 연구 분야에 대한 지원을 더욱 확대하겠다고 밝혔다.

에르하르트는 어렵게 수상이 되었으나, 여러 면에서 정치력을 발휘하기 어려웠다. 그는 1959년에 연방 대통령 후보 문제로 아데나워 수상과 마찰을 빚어 이미 아데나워와 사이가 멀어져 있었다. 아데나워는 에르하르트가 수상이 되는 데에도 지지하지 않았다. 그리고 그는 아데나워만큼의 지도력이 없었고, 정치적 감각도 부족하여 정치를 효율적으로 관리하지 못했다. 무엇보다도 그는 스스로의 힘으로 수상에 오르지 못한 약점이 있었다. 또한 아데나워가 수상에서 물러났으나, 기민당 대표로 계속 남아 있어서 에르하르트가 당을 이끌어 나가는 데에 어려움이 있었다.

1964년 들어 60년대 초부터 거론되던 교육 시설 부족 문제가 국내 정치의 주요 관심사가 되었다. 산업체에는 능력 있는 신진 인력이 필요한데 각급 학교의 교사진이 부족하고, 또한 대학에 진학할 인문계 고등학교 졸업자나 직업학교 졸업자가 부족했다. 현재의 상황이 계속된다면 고교 졸업생의 8%만이 대학에 갈 수 있을 정도로 대학 시설이 크게 부족하여 능력 있는 신진 인력의 배출이 줄어들 것으로 예상되었다. 이로 인해 서독인들은 지금까지 이루어왔던 경제 성장을 계속 유지하는 데 어려움이 있을까 우려하여 서독의 장래를 걱정했다. 대학 총장들도 교육 시설의 부족을 우려했다.

이러한 교육 시설의 부족을 일부나마 해결하기 위해 주수상들은 1964년 3월 19일 보쿰, 브레멘, 콘스탄츠, 레겐스부르크와 도르트문트의 5개 도시에 대학을 연차적으로 설립하기로 결정했다. 1965년 9월 연방 정부와 주정부는 교육 문제를 해결하고 교육 개혁을 담당할 교육 위원회를 설립하기로 결정했다.

에르하르트 수상 취임 이후 국내 정치 상황이 다소 불안정했으나, 경제 여건은 좋은 편이었다. 1964년 8월 실업자가 102,800명으로 실업률이 전후 최저 수준인 0.8%였으며, 약 68만 개의 여유 일자리가 있을 정도로 노동력이 부족한 상태였다. 이러한 노동력 부족을 해소하기 위해 1964년에 이탈리아, 스페인, 그리스, 터키, 그리고 유고슬라비아 등으로부터 약 100만 명의 노동자가 서독에 들어왔다. 이 당시 한국인들도 서독에 광산 근로자나 간호사로 취업했다. 서독에 취업한 외국인 근로자는 1965년에 122만 명, 그리고 1966년에는 131만 명으로 증가했다.

에르하르트가 수상으로 취임하고 2년 후인 1965년 9월 19일에 제5대 연방 하원 선거가 실시되었다. 이번 선거에서 기민/기사당은 에르하르트를, 사민당은 빌리 브란트를 각각 수상 후보로 내세웠다. 브란트는 에릭히 올렌아우어Erich Ollenhauer의 뒤를 이어 1964년 2월 사민당 대표가 되었다. 선거전에서 기민/기사당과 사민당 어느 정당도 과반수 득표가 어렵기 때문에 두 정당의 대연정 수립 문제가 주요 쟁점이었다. 에르하르트는 대연정 수립을 반대했으나, 전수상이며 당대표인 아데나워는 지지했다. 자민당 대표 에리히 멘데는 슈트라우스 기사당 대표가 연방 정부의 각료로 임명되지 않는다는 조건 아래 기민/기사당과 연정을 수립할 용의가 있다고 밝혔다.

사민당은 '새로운 동방 정책die neue Ostpolitik'을 주요 정책으로 내세웠다. 브란트는 사민당이 승리할 경우, 인간적인 고통을 완화하기 위해 동독을 포함한 동유럽 국가들과 관계를 개선하겠다고 밝혔다. 또한 그는 국내 문제와 관련하여 교육 체계의 개선과 저소득층 자녀의 교육 기회 확대에 역점을 두겠다고 했다.

선거 결과 기민/기사당은 47.6%의 높은 지지를 얻었다. 이 선거 결과는 1961년 선거보다도 더 높은 지지였다. 이 결과는 에르하르트의 정치 지도력에 비해 다소 의외였으나, 국민들로서는 경제 여건이 좋은 상황에서 기민당에 대한 지지를 철회할 필요가 없었다. 사민당은 이번에도 제1당이 되는 데 실패하였으나, 39.3%의 비교적 높은 지지를 얻는 데 만족하여야 했다. 그러나 에르하르트는 선거에서 얻은 승리를 자신의 정치 활동의 폭을 넓히는 쪽으로 활용하지 못했다.

1965년 10월 18일 기민/기사당은 9.5%의 지지를 얻은 자민당과 연정을 계속하기로 합의했다. 이틀 후인 10월 20일 에르하르트가 수상으로 선출되어 10월 26일 그의 두 번째 내각이 출범했다. 슈트라우스 기사당 대표는 자민당의 강력한 반대로 각료에서 제외되었다. 에르하르트 수상은 11월 10일 정부 성명을 통해 경제에 중점을 두고, 많은 예산이 소요되는 국방비와 개발도상국 원조비로 인해 긴축 재정을 실시해야 한다고 강조했다. 또한 그는 노동력 부족이 심각함을 거론하며 근로 시간 연장을 제의했다.

에르하르트 정부는 서방과의 유대를 강화하면서도 한편으로는 동유럽 국가들과의 관계 개선도 계속 추구했다. 에르하르트는 원칙적으로 슈뢰더 외무장관이 추진하는 외교 정책을 지지했다. 그러나 에르하르트의 우유부단함으로 인해 동유럽 국가들과의 관계 개선은 지체되었다. 서독은 1964~66년 사이에 루마니아와 외교 관계를 수립할 수 있었으나 에르하르트 수상은 이를 승인하지 않았다. 왜냐하면 그는 루마니아와 외교 관계를 수립할 경우에 자신에게 퍼부어질지도 모를 비난, 즉 할슈타인 독트린을 포기하여 서독의 국제적 입장을 어렵게 했다는 비난을 우려하였기 때문이었다.

에르하르트 정부는 1966년 3월 25일 외교 관계를 맺고 있는 모든 국가들에게 '평화 공한Friedensnote'을 보냈다. 이 공한에서 서독은 동유럽 국가, 특히 체코슬로바키아 및 폴란드와 관계 개선을 희망하며 무력 포기, 긴장 완화, 그리고 군비 통제도 제의했다. 그러면서 이 공한에서 "자유로운 선거에 의해 구성될 독일 정부가 다른 국경을 승인하지 않는 한 독일은 국제법적으로 1937년 12월 31일의 국경선 안에 존재한다"고 강조했다. 즉 에르하르트 정부는 동독과 폴란드가 국경선으로 규정한 오데르-나이세 강 선을 승인 하

전후 독일 경제 성장에 큰 기여를 하고 아데나워의 뒤를 이어 수상이 된 에르하르트(1963~66년 수상 재임).

지 않는다는 입장을 분명히 했다.

 '평화 공한'에 대해 서방 국가들은 전반적으로 긍정적이었다. 그러나 동유럽 국가들은 서독이 동독과 폴란드의 경계선인 오데르-나이세 강 선과 동독을 승인하지 않다는 이유로 '평화 공한'에 대해 부정적이었다. 서독이 할슈타인 원칙을 유지하고 동독과 오데르-나이세 강 선을 승인하지 않는다는 기본 원칙 때문에 에르하르트 정부는 동유럽 국가들과의 관계 개선에 제한적일 수밖에 없었다.

연립 정부의 붕괴

 국내적으로 1966년에 들어 에르하르트 정부에 위기가 닥쳐왔다. 오랜 경제 호황이 끝나고 불경기가 엄습해 왔으며 실업자도 증가하기 시작했다. 서독은 1964년에 6.6%, 1965년에는 5.2%의 비교적 높은 경제 성장을 이룩했으나, 1966년에는 2.8%에 그칠 정도로 경제 사정이 악화되었다. 또한 실업자도 증가하기 시작하여 1966년 12월에 이미 30만 명이 넘었다. 경제 여건이 나빠지자 국가 세입은 줄어들었으나 세출은 줄어들지 않아서 연방 정부와 주정부의 재정 적자가 늘어났다. 자민당 소속 달그륀Rolf Dahlgrün 재무장관은 1966년 6월 재정 적자를 줄이고, 경제 전반의 어려운 여건도 극복하기 위한 조치를 취해야 한다고 에르하르트 수상에게 촉구했다. 그러나 에르하르트 수상은 기민/기사당의 내분으로 인하여 효과적인 경제 정책을 취하기 어려웠다.

 경제와 재정 상태의 악화, 그리고 집권 정당인 기민/기사당과 자민당 사이의 의견 대립은 에르하르트를 곤경에 빠뜨렸다. 1966년

7월에 실시된 노르트라인-베스트팔렌Nordrhein-Westfalen 주의회 선거에서 사민당이 49.5%의 지지로 기민당을 누르고 제1당이 되었다. 경기 불황에 이어 노르트라인-베스트팔렌 주의회 선거 결과는 에르하르트 수상을 더욱 어렵게 만들었다.

이러한 가운데 연정을 이루고 있는 기민/기사당(CDU/CSU)과 자민당(FDP)은 1967년도 예산안에 대해 의견이 대립되었다. 1966년 9월 연방 정부가 제출한 1967년도 예산안은 긴축 재정에도 불구하고 세수 부족 등이 고려되지 않아 70억 마르크의 세입 예산이 부족한 것으로 드러났다. 그럼에도 연방 정부가 이 예산안을 정부안으로 확정하자, 자민당은 10월 9일 예산안에 대해 반대한다는 입장을 밝히면서 전면 수정을 요구했다.

10월 23일 자민당이 국방비, 사회 보장비와 개발도상국 원조비의 축소를 요구하자, 기민당은 예산 축소보다는 조세 인상을 통해 예산 부족을 해결하려고 했다. 이러한 상황에서 자민당 소속 4명의 장관들은 10월 26일 기존의 입장을 바꾸어 갑자기 국방비와 개발도상국 원조비를 일부 삭감하고, 자민당이 반대했던 세금 인상안에 동조하여 예산안에 찬성했다. 자민당 장관들의 갑작스런 입장 변화에 대해 여론과 당내의 반대 압력이 거세었다. 이에 자민당 소속 4명의 장관들은 10월 27일 사퇴를 선언했다. 또한 예산안은 여전히 40억 마르크의 세입 예산이 부족한 것으로 드러나 10월 28일 연방 상원에서 부결되었다.

이 결과 에르하르트 수상의 권위는 당내에서 크게 떨어지고, 여론도 좋지 않았다. 여기에다가 에르하르트는 기민당 원내 대표인 바젤Rainer Barzel과 기사당 대표 슈트라우스와도 대립이 심각하고, 지도력에 대한 신임도 잃어 더 이상 수상직에 남아 있을 수 없게 되었다. 그는 1966년 3월에 아데나워의 뒤를 이어 기민당의 대표가 되었음에도 불구하고 당을 효율적으로 이끌지 못했다. 주변의 어려움보다도 당내의 불화가 더 심각했다. 11월 2일 에르하르트는 기민/기사당의 압력으로 연방 수상직 사퇴를 선언했다.

기민/기사당은 후임자 선정으로 어려움을 겪다가 11월 10일 바덴-뷔르템베르크Baden-Württemberg 주수상인 쿠르트 게오르크 키징거Kurt Georg Kiesinger를 연방 수상 후보로 가까스로 선출했다. 에르하르트는 11월 30일 수상직에서 물러났다. 처음부터 정치적 기반과 지도력이 약했던 에르하르트는 끝내 그에게 닥친 위기를 극복하지 못하고 중도에서 물러났다.

대연정 수립

키징거가 수상 후보로 지명된 후 기민/기사당은 자민당과 연립정부 수립 문제를 협의했다. 그러나 11월 24일 자민당과의 연정 협상은 실패했다. 11월 25일 자민당이 사민당과 연정을 구성할 용의가 있다고 선언하자, 두 정당은 연정 협상에 들어갔다. 두 정당은 특히 사민당이 추진하는 동방 정책에 관해 많은 부분에서 의견일치를 보았으나, 사민당은 브란트가 수상 후보로 나설 경우 수상 선출 시 자민당 전체 의원으로부터 전폭적인 지지를 기대하기 어렵다고 보았다. 자민당의 전폭적인 지지 없이는 브란트가 수상이 되기는 어려웠고, 두 정당이 연정을 수립한다고 해도 기민/기사당보다 겨우 6석이 많을 뿐이어서 정책 수행에도 어려움이 예상되었다. 한편 자민당은 사민당과 연립하면 경제계로부터 재정 지원이 끊어질 것을 우려했다. 결국 사민당과 자민당의 연정은 이루어지지 않았다.

사민당은 자민당과의 연정 수립이 어렵게 되자 11월 26일 기민/기사당에게 연정을 제의했다. 사민당은 그동안 집권당이 되기 위해 고데스베르크 강령을 채택하는 등 많은 노력을 했으나, 1949년 이후 17년 동안이나 야당으로만 머무르자 새로운 시도를 한 것이다. 또한 기민/기사당은 어려운 경제 여건과 자민당이 연정을 구성할 의사가 없자, 큰 방향 전환을 하여 사민당과 연정을 구성하기로 합의했다.

기민/기사당과 사민당의 연정 수립 합의로 11월 30일 에르하르트가 수상에서 물러나고, 12월 1일 기민/기사당과 사민당의 대연정 Große Koalition이 출범했다. 이로써 사민당은 비록 단독은 아니지만 처음으로 집권당이 되었다. 연방 수상에는 기민당의 쿠르트 게오르크 키징거가, 사민당 대표이며 베를린 시장인 빌리 브란트가 외무장관 겸 부수상이 되었다. 경제장관에는 사민당의 쉴러Karl Schiller가, 재무장관에는 1962년 '슈피겔 사건'으로 국방장관직에 물러났던 기사당 대표 슈트라우스가 임명되있다. 키징거 수상은 12월 13일 정부 성명을 통해 국가의 재무 구조와 경제를 튼튼히 하고, 비상조치법을 제정하며, 동독과의 경직된 관계를 완화해 나가면서 동유럽 국가들과의 관계를 개선하는 일이 대연정의 주요 과제임을 밝혔다.

서독의 세 번째 수상으로 취임한 키징거는 1904년 4월 6일 오늘날의 바덴-뷔르템베르크 주 에빙겐Ebingen에서 상인의 아들로 태어났다. 그는 튀빙겐에서 철학과 역사를 공부하고, 베를린에서는 법학을 공부했다. 그는 1933년에 나치(NSDAP)에 가입했으며 전쟁기간(1940~1945년)에는 외무부 방송국 부국장으로 일했다. 1954

~1958년 연방 하원 외무위원회 위원장을 역임하였고, 1958년에는 바덴-뷔르템베르크 주수상이 되었다. 키징거는 나치 가입 전력과 외무부 방송국 부국장으로 활동한 경력으로 인해 수상 후보로 지명되었을 때 서독에서는 물론 외국에서도 거센 비난이 있었다.

경제장관으로 임명된 쉴러는 1911년 쉴레지엔의 브레스라우 Breslau에서 태어나 킬Kiel에서 성장했으며 시장 경제를 신봉하는 경제학자로서 킬 대학교와 함부르크 대학교에서 교수로 활동했다. 그는 1959년 사민당이 고데스베르크 강령을 제정하고 시장 경제 제도를 채택하는 데에도 크게 기여했다.

1966년 들어 서독의 경제 여건은 점점 어려워져 갔다. 경제가 어려워지자 하반기부터 실업자가 늘어나기 시작하여 1966년 12월에 이미 30만 명이 넘었다. 실업자는 두 달 후인 1967년 2월에 67만 명으로 늘어났다. 1966년 2.8%였던 경제 성장률은 1967년에 −0.3%로 크게 떨어졌다. 서독의 경제 성장률이 마이너스를 기록한 것은 전후 처음이었다.

경제 위기에다가 극우 정당인 국민 민주당(NPD)의 출현으로 국내 정치는 더욱 불안정했다. 극단적인 민족주의와 신나치주의를 내세우며 극우 세력을 대변하는 국민 민주당은 경제 침체기를 틈타 에르하르트 정부 말기인 1966년 11월에 실시된 헤센 주와 바이에른 주의회에 처음으로 진출했다. 국민 민주당은 1968년까지 7개의 주의회에 진출하는 데 성공했다.

이러한 위기는 자연히 연정을 이루고 있는 기민/기사당과 사민당을 협조 체제로 나아가게 했다. 대연정이 당면한 큰 문제는 우선 국내적으로 경제를 회복시키는 일이었다. 오랫동안 적대적이었던 기민/기사당과 사민당의 협조 체제는 놀랄 정도로 원만히 이루어 졌다. 특히 경제 문제를 책임지고 있는 쉴러 경제장관(SPD)과 슈트 라우스 재무장관(CSU)은 침체된 경제를 회복시키고 재정을 견고하게 하기 위해 당을 초월해 긴밀히 협력했다. 예산 개혁과 재정 개혁으로 경기가 차츰 회복되어 갔다. 1967년 2월에 3.2%(672,000명)까지 올라갔던 실업률(1967년의 평균 실업자는 459,000명, 실업률은 2.1%)은 1968년 9월에는 0.8%(174,500명)로 크게 낮아져 거의 완전 고용에 가깝게 되었다. 이와 같이 실업자가 감소한데는 연방 정부의 효율적인 경제 및 고용 정책과 연방 하원의 지원, 고용주와 노동조합의 노력으로 가능했다. 경제 성장률은 1967년의 마이너스 성장에서 1968년에는 5.7%로 다시 높아졌다. 서독은 불황을 극복했다. 경기가 회복되면서 국민 민주당은 다시 쇠퇴하기 시작했다.

기민/기사당과 사민당의 이념과 정책의 차이로 인해 협조 체제가 오래 지속되기는 어려웠다. 이러한 가운데 1969년 3월 5일 서 베를린에서 연방 대통령 선거가 실시되었다. 대연정을 이루고 있는 기민/기사당과 사민당은 후보 단일화를 시도했으나 실패하고 각각 후보자를 냈다. 선거 결과 사민당 후보 구스타프 하이네만Gustav Heinemann 법무장관이 기민/기사당의 후보를 누르고 연방 대통령으로 선출되었다. 하이네만은 초대 내무장관으로 재임하던 1950년 10월, 아데나워 수상의 재무장 정책에 항의하여 사임했었다(제2장 참조). 이후 그는 1952년에 기민당을 탈당하고 전독일 국민당을 창당하여 활동하다가 1957년에 사민당에 입당하여 1966년 12월부터 법무장관으로 재직했다.

동독 정부는 연방 대통령 선거가 서베를린에서 실시되지 않도록 온갖 방해를 했으나, 서독 정부의 강행으로 뜻을 이루지 못했다. 하이네만이 연방 대통령으로 선출된 데에는 자민당의 지지가 결정적이었다. 이는 앞으로 사민당과 자민당의 새로운 협력 가능성을 암시하는 것이었다. 하이네만 대통령은 취임사에서 그가 연방 대통령으로 선출된 것은 일종의 정권 교체라며 그 의미를 강조했다.

학생 운동 - 대학가의 시위

1960년대 후반 독일 사회의 한 특징은 대학생의 시위였다. 미흡한 학업 시설에 대한 개선 요구와 대학의 경직된 조직 구조에 대한 항의로 시작된 학생들의 시위는 1966년 대연정이 수립된 이후에는 정치 운동으로 이어졌다. 대학생들은 교육 개혁, 베트남 전쟁에 대한 반대와 제3세계 반식민 해방 운동을 외쳤으며, 이러한 학생 운동의 중심지는 서베를린이었다.

1960년대 후반 전국적으로 일어난 대학생 시위는 1965년 5월 베를린 자유 대학 학생들의 시위가 발단이 되었다. 베트남 전쟁에서 미국의 역할에 관한 한 언론인의 강연 계획이 대학 당국에 의해 불허되자 약 800여 명의 학생들이 이에 항의하며 시위했다. 1966년 들어서 서베를린에서는 미국의 베트남 전쟁에 반대하는 대학생들의 시위가 빈번해졌다. 이듬해인 1967년 4월 미국 험프리부통령의 서독 방문과 그해 6월 팔레비 이란 왕의 방문에 항의하는 대학생들의 시위가 격렬했다. 특히 6월 2일 팔레비 왕의 서베를린 방문에서 그를 지지하는 이란인들과 반대하는 대학생들 사이에 큰 충돌이 있었다. 이 과정에서 대학생 1명이 시위를 진압하는 경찰 책임자의 총에 맞아 목숨을 잃은 사건이 발생했다. 11월에 경찰 책임자에 대해 법정이 무죄를 선고하자 대학생들의 시위는 더욱 과격해졌으며 서독의 모든 대학으로 급속히 확산되었다. 서베를린 에는 정치적 불안이 고조되고 여러 대학 도시에서도 데모와 항의 시위가 계속되었다.

이러한 가운데 1967년에 여러 재야 단체가 힘을 모아 '의회 밖 재야 단체(APO)'를 결성하기에 이르렀다. '의회 밖 재야 단체'가 결 성된 이유는 다음과 같다. 첫째 기민/기사당과 사민당의 대연정 구 성으로 의회에 큰 야당이 없고, 둘째 교육 개혁의 지연, 특히 대학 생들이 계속 증가하는데도 불구하고 소수를 위한 대학 교육 제도 를 고수하고 있고, 셋째 대학생들이 마르크스, 실존주의 및 무정부 주의 등의 사상에 젖어 있었고, 넷째 대학뿐만 아니라 기존의 정치 질서까지도 변화시키고자 하였던 사회주의 독일 학생 동맹(SDS)등 좌익 학생 단체의 활동 때문이었다. 마지막으로 미국과 프랑스 등 외국에서 일어나고 있는 베트남 전쟁에 반대하는 학생 운동의 영 향을 받았다.

1968년에 들어서도 연초부터 정부의 교육 정책과 베트남 전쟁뿐 만 아니라 비상조치법 제정을 반대하는 대학생 시위가 계속되었다. 특히 사회주의 독일 학생 동맹(SDS)은 1968년 2월 서베를린에서 베 트남 전쟁을 반대하는 대규모 국제 집회를 개최했다. 4월 11일에는 시위 도중 사회주의 독일 학생 동맹의 대표 루돌프 두츠케가 총을 맞고 중상을 입는 사건이 발생했다. 이 사건으로 인해 부활절 기간 대도시에서 항의 시위가 계속되어 불안한 부활절이 되었다.

이러한 시위가 계속되자 키징거 수상은 1968년 4월 13일 텔레비전과 라디오 방송을 통해 최근의 시위는 과격한 자의 선동에 의해 소수 학생들이 주동한 것으로 자유 민주주의의 기본 질서를 파괴하려는 행동이라고 비난했다. 벤다Erich Benda 내무장관은 11월 30일 연방 하원에서 사회주의 독일 학생 동맹을 반反헌법적 단체로 규정했다. 이와 같은 대연정 시기의 사회 불안과 관련하여 발터 쉘 자민당 대표는 의회에 이렇다 할 야당 세력이 없어 연방 하원이 국민의 믿음을 잃었기 때문이라고 분석했다.

대학생 시위로 사회가 불안한 가운데 테러 사건도 일어났다. 1968년 4월 프랑크푸르트에 있는 2개의 백화점에 방화가 있었다. 방화를 주도한 안드레아스 바더Andreas Baader와 구드룬 엔쓰린 Gudrun Ensslin은 사회의 소비 풍조에 경종을 울리고 베트남 전쟁에 항의하기 위해 방화했다고 했다. 이들은 나중에 적군파의 주도적 인물이 되었다. 이어 방화와 폭발물 투척 등 사건이 빈번히 일어나자 '의회 밖 재야 단체(APO)'는 폭력과 결별을 선언했다.

그동안 논의되어 오던 비상조치법die Notstandverfassung이 학계, 노동조합 및 교회 등의 반대에도 불구하고 1968년 5월 30일 제정되어 6월 28일 발효되었다. 비상조치법은 헌법인 기본법상의 국방의 범위를 보완한 것으로 예외적인 긴급 상태, 위기 상태와 국방뿐만 아니라 자연 재앙이나 예외적인 대형 사건, 그리고 자유 민주주의의 기본 질서가 위협을 받는 경우 등 비상사태 시에도 경찰, 국경수비대와 군을 동원할 수 있도록 한 법이다. 이 법은 에르하르트 수상 집권 시기인 1965년 6월에 사민당의 반대로 통과되지 못했으나, 1966년 대연정의 수립으로 통과가 가능했다. 비상조치법 제정에 항의하는 데모가 전국 각지에서 있었다.

학생 운동에 대해 제도권 정당과 일부 언론들이 강하게 비판하자 학생 운동은 더욱 과격해졌다. 특히 1967년 한 시위 학생의 사망, 1968년 학생대표 두츠케에 대한 총격 사건, 그리고 비상조치법 제정 등의 영향으로 학생 운동은 부분적으로 국가와 사회에 대한 투쟁으로 전환되었다. 이러한 학생 운동은 1969년 10월 사민당과 자민당의 연정이 들어서면서 다소 약화되었다. 학생 운동은 장기적으로 환경 운동과 여성 운동으로 발전되고 녹색당이 창당되는 정치 환경의 변화도 가져왔다. 그러나 학생 운동은 70년대 들어 폭력으로 발전하는 도화선이 되었다.

동·서독 관계

대연정을 이루고 있는 기민/기사당과 사민당은 독일 정책에서 긴장 완화를 우위에 두어 동독의 자유화를 도모하고, 이를 토대로 통일을 이룩하는 정책을 추진했다. 특히 사민당은 오데르-나이세 강 선의 승인, 할슈타인 독트린의 완화, 그리고 동독을 사실상 승인하는 문제에서 기민/기사당보다 훨씬 진보적이었다. 그리고 사민당은 동독과 화해를 도모하고 무력 포기 선언에 동독이 포함되어야 한다고 주장했다.

키징거 수상은 1966년 12월 13일의 정부 성명을 통해 동독을 국가로 승인하지는 않지만 관계 증진 의사를 밝히면서, 1966년 3월 에르하르트 수상이 평화 공한에서 제의한 무력행사 포기를 다시 제의했다. 이어 그는 1967년 4월 12일 연방 하원에서 동독에 대해 관계를 개선하기 위해 인적·물적·경제적 관계를 증진하고, 분단으로 인한 고통 완화와 독일 안의 긴장을 완화하는 방안을 협의하자고 제의했다. 이 방안에는 여행의 개선, 서적·잡지·신문의 자유로운 구독, 청소년 단체와 학생들의 상호 방문, 그리고 문화 단체와 연구소의 자유로운 교환과 왕래가 포함되었으나 동독을 국가로 승인하는 문제는 포함되지 않았다.

서독의 이러한 제의에 대해 동독 빌리 슈토프Willi Stoph 총리는 1967년 5월 10일 키징거 수상에게 답신을 보냈다. 슈토프 총리는 이 답신에서 두 독일 국가의 정상적인 관계의 정립(서독의 동독 승인), 무력행사의 포기와 유럽, 특히 두 독일 국가 사이에 존재하는 국경선의 승인, 군비의 50% 축소와 동·서독 수상 회담을 제의했다. 슈토프 총리는 두 독일 국가의 관계를 개선하기 위해 경제·무역·교통·체신 분야에서의 협정을 체결할 용의가 있다면서, 서독만이 전 독일 국민을 대표한다는 비우호적인 단독 대표권을 포기하라고 요구했다. 또한 그는 서독에게 대규모 재정 원조와 다른 의무의 이행을 요구하며, 독일의 분단 사실과 제2차 대전으로 인한 현실을 인정하라고 요구했다. 즉 동독의 존재에 대한 승인을 요구했다.

동독의 이러한 제의에 대해 키징거 수상은 6월 13일자 서한에서 동독의 전제 조건을 거절했다. 그는 독일인이 원하는 것은 하나의 민족이 되는 것으로, 정치적인 전제 조건 없이 관계 개선을 위한 구체적인 사안에 관해 협의하기 위한 회담을 요구했다.

이처럼 서독의 입장에 변화가 없자 슈토프 총리는 9월 18일 키징거 수상에게 서한을 다시 보냈다. 이 서한에서 그는 서독만이 전 독일 국민을 대표한다는 단독 대표권을 비난하며, 동독 국민은 동독 국가 기관만이 대표한다고 강조했다. 더 나아가 그는 그동안 동독이 서독에게 요구했던 서독과 동독의 상호 승인 내용이 담긴 조약안을 제시하며 키징거 수상의 동독 방문을 요청했다.

이에 키징거 수상은 9월 28일자 답신에서 조약 체결 제의를 거절하고 독일 문제의 평화적이고도 정당한 해결이 모든 독일인의 의무라며, 4월 12일자의 성명과 6월 13일자의 서한에 언급된 내용에 관하여 협의하자고 제의했다. 이와 같이 서독과 동독은 각자의 입장만을 되풀이하여 주장할 뿐, 더 이상의 관계 진전은 없었다. 비록 관계 진전이 없었으나, 서독 정부는 동독 정부의 서한에 처음으로 회신을 하였다.

이러한 가운데 키징거-브란트 정부는 소련과 관계를 강화하면서 동유럽 국가들과 외교 관계를 수립하고자 했다. 서독이 동독을 국가로 승인하지 않는다는 기본 입장에는 변함이 없기 때문에 소련이나 다른 나라와는 협상이 잘 되지 않았으나 루마니아는 예외였다. 서독은 1967년 1월 31일 루마니아 외무장관의 방문을 기해 루마니아와 외교 관계를 수립했다.

서독이 동유럽 국가에 무역 대표부를 설치한 데 이어 루마니아와 외교 관계를 수립하자, 소련은 동독의 고립을 우려하여 헝가리나 불가리아 등 다른 동유럽 국가들이 루마니아의 뒤를 따르지 않도록 하기 위해 전력을 다했다. 1967년 2월 바르샤바에서 열린 바르샤바 조약 기구 외무장관 회의에서 외무장관들은 동독의 요청으로 '울브리히트 독트린Ulbricht Doktrin'을 채택했다. '울브리히트 독트린'이란 동독이 서독과 관계를 정상화하지 않는 한, 모든 사회주의 국가들은 서독과 관계를 정상화하지 않는다는 것이다. 4월 체코슬로바키아의 칼스바드에서 열린 사회주의 국가의 공산당 및 노동당 회의에 참가한 대표들도 '울브리히트 독트린'의 준수를 다짐했다.

그럼에도 서독은 1967년 8월 3일 체코슬로바키아와 무역 협정을 체결한 데 이어 1968년 1월 31일에는 유고슬라비아와도 외교 관계를 재개했다. 서독은 지난 1957년에 유고슬라비아가 동독과 외교 관계를 맺자 할슈타인 독트린에 의해 관계를 단절한 바 있었다. 서독이 동독과 외교 관계를 맺고 있는 루마니아 및 유고슬라비아와 수교함으로써 할슈타인 독트린은 그 본래의 의미가 퇴색되었다. 그러나 서독은 여전히 다른 나라가 동독을 승인하지 않도록 노력했다.

1968년 3월 11일 키징거 수상은 동독에게 무력 포기에 관한 선언을 제의하며 회담을 제의했다. 그러나 울브리히트는 이제 독일에 두 국가가 있다며 회담을 거절했다. 한편 브란트 외무장관은 1968년 3월 21일 뉘른베르크에서 열린 사민당 전당대회에서 독일의 국경 문제가 해결될 때까지 우선 오데르-나이세 강 선을 승인내지는 인정해야 한다고 주장했다. 브란트의 주장은 서독이 오랫동안 유지해온 기본 정책과 크게 다른 것으로, 이로 인해 브란트는 키징거 수상을 비롯한 많은 사람들로부터 거센 항의를 받았다.

그러나 브란트는 같은 해 6월 아일랜드의 레이캬비크에서 개최된 북대서양 조약 기구(NATO) 외무장관 회의에서 서독은 동독을 주권 국가로 여기지 않으며, 베를린과 독일 전체에 대한 4국의 권한과 책임은 계속 유효하다는 입장을 밝혔다. 이는 서독이 비록 동독과의 관계 개선을 추구하지만 동독을 국제법상의 주권 국가로는 인정하지 않겠다는 입장을 밝힌 것이었다.

체코슬로바키아에서는 1968년 들어 민주화 바람이 불기 시작했다. 1월 5일 체코슬로바키아의 제1서기로 취임한 두브체크Alexander Dubček는 '인도적인 사회주의'와 민주화를 내세우며 독자적인 개혁을 추진했다(프라하의 봄). 소련 브레주네프 서기장의 경고와 동유럽 공산당 지도자들의 만류에도 불구하고 두브체크는 개혁 운동을 계속했다. 두브체크의 개혁 운동이 계속되자 8월 21일 새벽 소련군을 주축으로 한 바르샤바 조약 기구 군대가 프라하를 침공하여 민주화 운동을 무력으로 진압했다.

체코슬로바키아의 민주화 운동이 동독으로 번질 것을 우려했던 동독 지도부는 진압이 불가피했다는 입장을 표명했다. 이후 동유럽 국가들은 소련의 지도적 역할이 제한받지 않는 범위 안에서 주권을 행사하게 되었다(브레주네프 독트린). 서독이 추진하는 동유럽과의 관계 개선 노력은 체코슬로바키아 민주화 운동의 진압이 큰 걸림돌이 되어 사실상 중단되었다. 그렇지만 대연정 시대의 다소 완화된 독일 정책과 동유럽 국가와의 관계 개선 정책은 앞으로 더욱 폭넓게 발전할 수 있는 토대가 형성되었다.

1965년 10월 동독이 국제 올림픽 위원회(IOC)에 회원국으로 가입한 후, 서독과 동독은 분단 이후 처음으로 1968년 메시코 올림픽에 나란히 참가했다. 1969년 7월 22일 서독 정부는 동독의 국기 게양이나 국가 연주를 스포츠 행사에 한해 허용하기로 결정했다. 이는 1972년에 열릴 뮌헨 올림픽을 염두에 둔 것이다.

1969년 들어 할슈타인 독트린에 변화가 있었다. 1969년 5월 8일 캄보디아가 동독을 승인하자 대연정을 이루고 있는 기민/기사당과 사민당 사이에 할슈타인 독트린에 관해 격렬한 논쟁이 있었다. 키징거 수상은 제3국이나 서방 국가들이 캄보디아의 동독 승인을 뒤따를 것을 우려했다. 이를 대비하여 브란트 외무장관은 5월 30일 할슈타인 독트린을 수정했다. 즉 서독은 제3국의 동독 승인을 여전히 비우호적인 행위로 간주하나, 동독을 승인한 국가와 자동적으로 외교 관계를 단절하지 않겠다고 했다. 서독은 캄보디아에 대해 외교 관계를 동결하여 캄보디아 주재 서독 대사를 소환했다. 그러나 캄보디아는 서독과의 외교 관계를 단절했다. 서독은 6월 30일 변화된 할슈타인 독트린을 공식화했다.

동독의 변화

1950년대 후반 동독의 변화는 국기 변경으로부터 시작되었다. 동독은 정부 수립 때부터 서독과 같은 국기를 사용하여 왔는데, 1959년 10월에 이를 변경했다. 즉, 검정, 빨강, 그리고 노랑 바탕에 노동자와 농민의 상징인 보리이삭의 관과 망치와 낫을 넣었다. 이렇게 함으로써 동독은 노동자와 농민의 나라임을 부각시켜 서독과 확연히 구분하려 했다.

1949년 이래 대통령이었던 빌헤름 픽크가 1960년에 세상을 떠나자, 공산당(SED) 제1서기인 울브리히트가 국가 위원회 의장으로 선출되었다. 국가 위원회der Staatsrat는 1960년 9월 헌법 개정에 의해 대통령 직제를 폐지하고 새로 신설된 기구이며, 이 위원회 의장이 국가 원수가 되었다. 이로써 울브리히트는 실질적인 권한과 함께 국가 원수가 되어 동독의 제1인자가 되었다. 또한 1949년 이래 총리로 활동하던 오토 그로테볼이 1964년에 세상을 떠나자 빌리 슈토프가 총리가 되었다. 그는 내무장관과 국방장관을 거쳐 부총리를 역임했다.

1964년 6월 12일 소련과 동독은 상호 원조 조약을 체결했다. 소련과 동독은 이 조약에서 두 독일 국가가 존재하고 있고, 서베를린을 자치적인 정치 단일체로 인정했다. 이 조약에 대해 서독의 모든 정당들은 강하게 비난했다. 또한 미국, 영국, 프랑스의 서방 3국도 독일 성명을 발표하여 전독일에 대한 4국의 권한과 책임을 강조하며 전독일에 대한 서독의 단독 대표권을 지지했다.

1966년 들어 공산당(SED)은 갑자기 서독 사민당(SPD)에게 대화를 제의했다. 즉 공산당은 1966년 2월 사민당에게 공개서한을 보낸 데 이어 3월 26일 서한을 다시 보내 서로 번갈아가며 상대 지역에서 연설하자고 제의했다(Redneraustausch). 동독은 연설 교환을 통해 서독으로부터 동등한 협상 상대자로의 인정을 기대했다. 5월 26일 두 정당은 이에 합의했다. 즉 사민당은 7월 14일 동독의 칼 마르크스 쉬타트에서, 공산당은 7월 21일 서독의 하노버에서 연설하기로 한 것이다. 그러나 공산당은 6월 29일 이를 취소했다. 공산당은 사민당 대표 브란트가 서독과 동독의 상호 승인을 반대하고 장기적으로 독일의 통일을 기대하고 있기 때문에 연설 교환에서 얻는 것이 없다고 생각했기 때문이었다.

울브리히트는 두 독일 국가 체제가 굳어짐에 따라 헌법을 완전히 새롭게 제정하고자 했다. 그는 1967년 4월에 열린 공산당 전당대회에서, 현재의 헌법은 반파시스트 분위기에서 제정되었기 때문에 새로운 사회주의 질서와 역사 발전에 따른 현재 상황과 맞지 않는다면서 새로운 헌법 제정의 필요성을 강조했다. 1967년 12월 1일 인민 의회die Volkskammer에 의해 소집된 헌법 위원회는 2개월의 작업을 거쳐 1968년 1월 31일 새로운 사회주의 헌법안을 마련했다. 이 헌법안은 4월 6일에 실시된 국민 투표에서 94.5%의 찬성으로 확정되어 4월 9일 발효되었다. 이 헌법은 동독 역사상 최초의 사회주의식 헌법이다.

헌법 제1조에 "독일 민주 공화국은 노동자와 농민의 사회주의 국가다. 이 나라는 노동자 계급과 마르크스-레닌주의 당의 지도 아래 도시와 지방 근로자들의 정치적 단체"로 규정하여, 1949년의 헌법보다도 더 강하게 동독의 사회주의적 성격을 반영했다. 이 헌법은 1974년 10월에 다시 개정되었다.

1960년대 초반 동독의 대외 활동 범위는 서독의 할슈타인 독트린으로 인해 주로 동유럽 국가로 제한되었다. 그러나 1969년 동독은 소련의 도움으로 7개 북아프리카 및 아시아 지역 국가와 외교 관계를 수립하여 대외 활동 범위를 동유럽 밖으로 넓혔다.

제6장 브란트와 새로운 동방 정책

사민당의 집권

기민/기사당(CDU/CSU)과 사민당(SPD)의 대연정이 수립된 지 2년 10개월 후인 1969년 9월 28일 제6대 연방 하원 선거가 실시되었다. 6개월 전인 3월 5일 사민당 소속 구스타프 하이네만Gustav Heinemann이 연방 대통령으로 당선된 상황에서, 또한 대연정이 지속될 수 없는 여건에서 어느 정당이 집권하느냐 하는 문제가 이번 선거의 주요 관심사가 되었다.

총선 결과 기민/기사당은 지난 1965년 선거보다 1.5% 줄어든 46.1%의 지지를 얻어 과반수는 얻지 못했으나, 여전히 제1당이 되었다. 반면에 사민당은 지난 총선 때의 39.3%보다 3.4% 더 많은 42.7%를 얻었다. 그리고 자민당(FDP)은 지난 총선 때의 9.5%의 지지율에서 3.7% 떨어진 5.8%를 얻어서 의회 진출에 필요한 5%를 간신히 넘어섰다. 극우 정당인 국민 민주당(NPD)은 4.3%를 얻는 데 그쳐 의회 진출이 좌절되었다.

사민당은 1959년에 고데스베르크 강령을 채택하여 국민의 정당으로 탈바꿈한 데 이어, 1966년에는 대연정에 참여하여 국민들로부터 좋은 반응을 얻었다. 특히 1966~1967년의 경제 불황을 극복한 쉴러 경제장관의 경제 정책과 당 대표 빌리 브란트의 이미지는 사민당이 지지를 얻는 데 큰 도움이 되었다.

선거 결과 기민/기사당이나 사민당 중 어느 정당도 과반수를 얻지 못해 독자적으로 정부를 구성하기는 어렵게 되었다. 이러한 상황에서 사민당 대표 브란트와 자민당 대표 발터 쉘Walter Scheel은 선거 결과가 나온 선거 당일 밤 두 정당의 연정 구성 문제를 협의했다. 기민당 대표 키징거도 9월 30일 자민당에게 연정을 제의했다. 따라서 어느 정당이 집권할 것인가는 자민당에 달려 있었다. 사민당 일부에서는 기민/기사당과 대연정을 계속해야 한다는 의견도 있었다. 그러나 사민당은 9월 29일 자민당과 연정을 수립하기로 결정한 데 이어, 자민당도 10월 1일 사민당과 연정을 하기로 결정했다. 특히 자민당 대표 쉘은 사민당과의 연정 수립에 적극적이었다. 이로써 1949년 이래 지난 20년 동안 집권당이었던 기민/기사당은 야당이 되었다. 여당 의원이 254명이고 야당 의원은 242명으로 여당이 과반수를 조금 넘었다.

이와 같은 연립 정부 구성이 가능하게 된 데에는 기민/기사당이 과반수를 얻지 못하고, 극우 정당인 국민 민주당이 5%를 넘지 못해 의회에 진출하지 못하였기 때문이다. 그러나 무엇보다도 자민당이 기민/기사당 대신에 사민당과 손을 잡은 데 있었다. 자민당의 이러한 변화는 지난 1966년 10월 기민/기사당과의 연정을 탈퇴한 데 이어, 1969년 3월에는 연방 대통령 선거에서 사민당 후보 하이네만을 지지할 때부터 어느 정도 예상되었던 일이다.

1969년 10월 21일 연방 하원은 사민당 대표 빌리 브란트를 수상으로 선출했다. 브란트는 수상 선출에 필요한 249표보다 2표가 많은 251표를 얻었다. 사민당과 자민당의 연립 정부가 출범하여 사민당이 최초로 집권하게 되었다. 자민당 대표 발터 셸이 외무장관 겸 부수상이 되었다.

사민당 출신으로 최초로 수상이 된 빌리 브란트는 1913년 12월 18일 북부 독일의 뤼벡에서 여점원의 아들로 태어났다. 태어날 때 그의 이름은 헤베르트 에른스트 칼 프람Herbert Ernst Karl Frahm이었으며, 아버지가 누구인지 모른 채 어머니 아래서 자라났다. 그는 학생 시절 사회주의 청소년 운동에 열성적이었으며 1930년에 사민당에 입당했다. 그는 1932년에 뤼벡 지방 신문에 빌리 브란트라는 이름으로 기고했는데, 지하 운동을 하면서 이 이름을 쓰기 시작했다. 브란트는 1933년 히틀러가 정권을 잡자 나치를 피해 덴마크를 거쳐 노르웨이로 도피했다. 그곳에서 역사를 공부하고 신문 기자로도 활동하면서 1936년에는 베를린과 파리를 몰래 드나들며 지하 조직을 이끌기도 했다.

그는 스페인 내란이 일어나자 스페인에서도 잠시 활동했다. 1938년에 나치가 그의 독일 국적을 박탈하자 노르웨이 국적을 취득했다. 1940년 나치가 노르웨이를 점령하자 그는 스웨덴으로 건너가 제2차 대전이 끝날 때까지 그곳에서 머물렀다. 제2차 대전이 끝나고 독일로 돌아와 스칸디나비아 신문의 특파원으로 활동하다가, 1947년에는 베를린에 있는 연합국 통제 위원회의 노르웨이 대표부 공보관으로 활동했다. 이어 그는 1948년에 빌리 브란트라는 이름으로 다시 독일 국적을 되찾고, 사민당의 지도자 쿠르트 슈마커를 통해 사민당에 복귀했다. 1949년에 서베를린 시의회 의원이 되었으며, 1955년에는 서베를린 시의회 의장이 되었다.

브란트는 서베를린을 둘러싸고 동·서 진영이 냉전 상태에 있었던 1957년부터 1966년 외무장관이 되기까지 9년간 베를린 시장으로 재임하면서 정치가로서 국제적인 명성을 쌓기 시작했다. 그는 시장으로 재임하는 동안 흐루시초프의 최후통첩으로 발생한 베를린 위기를 경험하고 베를린 장벽이 세워지는 것을 지켜보았다. 그는 1961년 사민당의 수상 후보로 총선에 나섰으나 실패했다. 그럼에도 1962년에 사민당의 부대표가 되었고, 1964년 2월에는 대표 올렌하우어Erich Ollenhauer가 세상을 떠나자 새 대표가 되었다. 그는 1965년 총선에 다시 수상 후보로 나섰으나, 뜻을 이루지 못했다.

두 번이나 수상 후보로 나섰으나 뜻을 이루지 못한 그는 더 이상 수상 후보로 나서지 않기로 결심했다. 그럼에도 그는 1966년에 다시 사민당 대표로 선출되었다. 1966년 마침내 브란트에게 기회가 왔다. 자민당이 기민/기사당과의 연정을 탈퇴하고, 에르하르트 수상이 조기에 사임했다. 이어 사민당이 기민/기사당과 대연정을 구성하게 되자 브란트는 외무장관이 되었으며, 1969년 9월 총선으로 수상이 되었다.

오랫동안 야당으로 있던 사민당이 집권하고, 또한 브란트가 수상이 되자 정치, 경제, 사회 전반에 걸쳐 광범위한 변화가 예상되었다.

브란트의 동방 정책 구상

브란트는 베를린 장벽이 세워지기 전부터 분단으로 인한 고통을 완화하고자 했다. 브란트는 베를린 시장 재임시 베를린 장벽이 세워지는 것을 경험하고 동·서 진영의 무모한 대결 정책은 독일 문제 해결에 아무런 도움이 되지 않는다는 것을 깨달았다. 그는 독일 문제를 단시일에 해결하기는 어렵기 때문에 동독과 대결하기보다는 점진적인 변화를 통해 작은 것부터 하나씩 해결해야 한다고 생각했다. 또한 분단으로 인한 고통의 완화가 통일과 대체될 수는 없지만, 분단의 어려움은 완화해 줄 수 있다고 여겼다. 브란트의 이러한 생각은 '작은 걸음의 정책die Politik der kleinen Schritte'으로 표현된다.

브란트의 핵심 측근인 에곤 바르Egon Bahr는 1963년 7월에 이미 튀칭Tützing에서 브란트와 그가 생각하는 새로운 독일 정책(대동독 정책)에 관하여 다음과 같이 밝혔다.

> "… 공산 정권은 몰락될 수 없고 단지 변화될 뿐이다. 동독과의 관계는 가능한 한 폭 넓은 무역을 통해 동독인의 생활수준을 향상시키도록 해야 한다. 이는 동독 정권을 안정시키겠지만, 긴장 완화와 느슨함이 가능하게 된다. 존립에 대한 동독 정권의 두려움이 줄어들면, 국경과 베를린 장벽을 넘어 더 큰 침투가 가능할 것이다. 통일을 위한 전제 조건은 소련의 동의 없이 이루기 어렵다. 동독은 소련의 동의로 변화되어야 한다. …"

즉 바르는 동독이 소련의 영향권에서 벗어나기 어렵기 때문에 동독 정권의 직접적인 붕괴를 위한 어떠한 정책도 소용이 없다고 생각했다. 따라서 소련을 배제하기 보다는 소련과 협상을 통하여 동독을 자유화시키고 이를 토대로 통일을 이룩해야 한다는 것이다. 이러한 사고는 '접근을 통한 변화der Wandel durch Annährung'로 요약된다.

지난 날 아데나워는 '힘의 정책die Politik der Stärke'으로 단독 대표권을 주장하며 동독을 고립시켜 통일을 이룩하려고 했다. 그러나 브란트의 '작은 걸음의 정책'이나 바르의 '접근을 통한 변화'는 힘에 의해서가 아니라, 대화와 상호 접근을 통해서 관계를 개선한 다음에 통일을 이룩하려는 정책이다.

연방 수상에 취임한 브란트는 미국 및 서유럽과 결속을 강화하고, 북대서양 조약 기구(NATO)를 토대로 한 안보 정책을 지속시키면서 동독 및 동유럽 국가들과도 관계를 개선하고자 했다. 브란트는 동독과 관계를 개선하는 일이 시급했으나, 그것은 먼저 소련과의 관계 개선과 조약 체결이 이루어지고 난 뒤에야 가능하다고 생각했다. 그는 이를 위해 소련과 상호 무력 포기 선언에 관한 조약 체결, 오데르-나이세 강 선의 승인, 동독의 사실상의 승인, 그리고 핵 확산 금지 조약(NPT) 서명 등을 적극 추진할 용의가 있었다. 특히 브란트는 동독을 법률상法律上de jure 승인이 아닌 사실상事實上 de facto 승인하는 데 대해 소련의 이해를 얻고자 했다.

마침내 브란트가 '새로운 동방 정책'을 추진하기에 유리한 국제 환경이 조성되었다. 1969년 1월 린든 존슨의 뒤를 이어 미 대통령에 취임한 리처드 닉슨은 베트남 전쟁을 조속히 끝내고, 군비 축소와 함께 긴장 완화를 추구했다. 소련에서는 1964년에 흐루시초프가 실각하고 나서 브레주네프를 중심으로 한 보수적인 지도부가 들어섰다. 그리고 소련과 중국의 관계는 1969년 3월 우수리 강에서 일어난 두 나라 국경 경비대의 충돌로 더욱 악화되어 있었다. 소련과 중국의 관계 악화는 미국으로 하여금 소련과 중국의 중간에 서게 하여 미국과 중국의 관계를 더욱 긴밀하게 했다. 미국과 중국의 접근은 또한 소련으로 하여금 긴장 완화와 미국 및 서독과의 관계를 개선하는 방향으로 나가게 했다. 소련은 또한 동유럽과 동독을 안정시키고 이들 나라에 대한 서독 영향력의 확대를 제한하고자 했다. 아울러 소련은 긴장 완화를 이용하여 서방에서 기술 원조와 차관을 얻고자 했다.

이제 냉전 시대는 지나갔으며 세계정세는 바뀌기 시작했다. 그리고 서독에서는 통일을 포기하지 않는 조건 아래 동독이나 동유럽 국가들과의 관계 개선을 지지하는 분위기가 조성되기 시작했다.

브란트의 새로운 동방 정책

브란트 수상은 취임 이후 처음으로 1969년 10월 28일 연방 하원에서 신정부의 독일 정책과 '새로운 동방 정책'의 방향을 밝혔다.

"…… 이 정부 성명은 제2차 대전과 히틀러 정권의 민족 반역 행위로 인해 독일 민족에게 파생된 문제들이 궁극적으로 유럽의 평화 질서 안에서만 해결될 수 있다는 데 근거하고 있습니다. 어느 누구도 우리에게 독일 민족이 다른 민족과 마찬가지로 자결권을 가지고 있다고 말할 수 없습니다.

장래 우리의 실질적인 정치 과제는 분단된 독일 관계가 현재의 경직된 상태에서 완화되도록 함으로써 민족의 단일성을 유지해 나가는 것입니다. 독일인들은 언어뿐만 아니라 영광과 불행한 역사로도 결합되어 있으며, 우리 모두는 독일에 생활 터전이 있습니다. 우리에게는 우리들의 평화와 유럽의 평화를 위한 공동의 과제와 공동의 책임이 있습니다. 독일 연방 공화국과 독일 민주 공화국이 수립된 지 20년이 지난 오늘날 우리는 독일 민족이 계속해서 서로 다른 방향으로 생활해 나가는 것을 막고, 이웃을 넘어 서로가 하나가 되도록 노력해야 합니다. 이렇게 하는 것은 독일의 관심사일 뿐 아니라 유럽의 평화와 동·서 관계를 위해서도 의미 있는 일입니다.

동독의 국제 관계에 대한 우리와 우리 우방국의 입장은 동베를린의 행동에 달려있습니다. 우리들은 국제 무역과 문화 교류에서 얻는 우리 동포들의 이익이 줄어들게 하고 싶지 않습니다. 연방 정부는 1966년 12월 키징거 수상과 그의 정부가 추진했던 정책을 계속 추진하고자 하며, 조약상으로 합의된 협력이 될 수 있도록 동독 정부에게 양측 정부간 지위의 구별 없이 새로이 협상을 진행하기를 제의합니다. 연방 정부는 독일 민주 공화국을 국제법적으로 승인하는 문제를 고려하고 있지 않습니다. 비록 독일에 두 개의 국가가 존재하더라도 서로에게는 외국이 아닙니다. 그 상호 관계는 오로지 특별한 성격의 관계일 수 있습니다(Ihre Beziehungen zueinander können nur von besonderer Art sein).

연방 정부는 전임 정부의 정책을 이어받아 무력의 사용, 또는 위협의 상호 포기에 관한 조약을 체결할 용의가 독일 민주 공화국에도 적용됨을 선언합니다.

연방 정부는 미국과 영국, 그리고 프랑스에게 베를린 정세의 완화와 개선을 위해 소련과 시작한 협상을 계속해 줄 것을 요청합니다. 네 나라의 특별한 책임 아래에 있는 베를린의 지위는 손상되지 않아야 합니다. 베를린을 오가는 통행의 완화를 위한 노력을 방해하지 말아야 합니다. 우리들은 앞으로도 베를린의 생명력을 확고하게 할 것입니다. 서베를린은 분단된 두 독일의 정치·경제·문화 관계의 개선에 기여할 수 있는 가능성이 있어야 합니다.

우리는 독일 사이의 무역이 다시 증대되기를 희망합니다. ……"

브란트 수상은 독일에 두 개의 국가가 존재한다는 사실을 인정하고, 동독과 '특별한 관계besondere Beziehungen'를 수립하여 관계를 개선할 용의가 있음을 분명히 밝혔다. 브란트의 '새로운 동방 정책'에 대해 많은 이들이 놀랐다. 특히 기민/기사당은 동독을 인정하는 것은 지금까지 서독의 모든 정당들이 공동으로 지켜온 전독일에 대한 서독의 단독 대표권을 포기하는 것이라며 브란트를 비난했다.

소련은 서독 정부가 동유럽 국가와의 관계 정상화와 유럽의 긴장 완화를 위해 노력해 주기를 요청하며, 브란트 수상의 동방 정책에 호의적인 반응을 보였다. 앞으로 브란트와 쉘 정부가 추진하는 '새로운 동방 정책'의 방향은 소련과 무력 행사 포기에 관한 조약 체결, 폴란드와 관계 개선, 서베를린 지위에 관한 4국의 협정 체결이었다. 그리고 서독과 서베를린의 관계 강화, 동·서독의 협정 체결, 동·서독의 유엔 가입, 그리고 체코슬로바키아와의 관계 개선도 포함되었다. 그러나 브란트 수상은 이러한 정책들을, 동독을 법률상法律上으로 승인하지 않고, 단지 '특별한 관계'를 맺는 조건에서 추진하고자 했다.

동·서독 정상 회담

브란트 수상이 연방 하원에서 동독과 관계를 개선할 의사를 밝히자, 동독은 서독 정부의 현실 인정을 환영했다. 그러나 동독은 서독이 동독을 '특별한 관계'라는 전제 아래 동등한 자격을 가진 또 다른 국가로 취급하는 것을 비난했다. 1969년 10월에 열린 바르샤바 조약 기구 회의는 서독이 동독을 법적으로 승인하는 것이 대화의 전제 조건임을 선언했다.

동독의 제1인자 울브리히트는 1969년 12월 17일 동독 국가 원수로서 서독 하이네만 대통령에게 서한을 보내 정상 회담을 제의했다. 그리고 그는 서독이 동독을 법적으로 승인하고, 동·서독의 동등한 외교 관계 수립과 유엔 가입 등의 내용이 포함된 조약 초안을 제시했다. 동독은 먼저 서독과 외교 관계가 수립된 후 구체적인 문제에 관한 협상이 개별적으로 처리되어야 한다는 입장이었다. 동독은 대연정 시대인 지난 1967년에도 서독에게 관계 정상화를 위한 조약 초안을 제시하며 정상 회담을 제의한 적이 있었기 때문에 이번 제의는 전혀 새로운 것이 아니었다.

동독은 서독이 이 조약안을 수락하지 않으리라는 것을 잘 알고 있었다. 그러나 이렇게 함으로써 동독은 서독과의 관계에서 주도권을 잡고, 소련에게는 서독과 대화를 할 수 있다는 것을 보여 주고자 한 것이다. 하이네만 대통령은 12월 19일 울브리히트에게 서한을 보내 민족의 단일성을 유지하는 것이 공동의 관심사임을 언급하고, 기본법 규정에 따라 서한과 조약안을 연방 정부에 이첩했다고 회신했다. 동독과의 협상은 연방 대통령이 아닌 연방 수상의 업무이기 때문이었다.

브란트 수상은 1970년 1월 14일 연방 하원 연설에서 울브리히트가 1969년 12월 17일자 서한에서 제의한 조약 체결은 거부하지만, 민족의 단일성은 유지하여야 한다며 분단으로 인한 고통 완화와 무력행사 포기에 관한 회담을 열자고 제의했다. 그러나 울브리히트는 1월 19일 민족의 단일성을 유지해야 한다는 서독의 견해에 반대하면서 서독이 동독을 국제법적으로 승인해야 한다고 요구했다. 이와 함께 그는 동독이 '사회주의적 독일 민족 국가'임을 선언했다.

브란트는 동독과의 대화나 회담이 전제 조건 때문에 지장을 받아서는 안 된다는 생각에서 1월 22일 슈토프Willi Stoph 동독 총리에게 서한을 보냈다. 그는 이 서한에서 전제 조건 없이 분단된 독일 국민의 어려운 생활을 완화할 수 있는 실질적인 문제와 무력행사 포기, 그리고 경제·문화 협력에 관한 회담을 갖자고 제의했다. 그러면서도 그는 두 독일 국가는 하나의 독일 민족임을 강조하는 것을 잊지 않았다.

슈토프 총리는 브란트 수상에게 보낸 2월 11일자 답신에서 연방수상이 동독이 제시한 조약 초안에 대해 아무런 언급을 하지 않은데 유감을 표시했다. 그리고 그는 동독과 서독이 국제법상으로 동등한 주권자임을 상호 승인하고 존중해야 한다고 하면서도, 2월 19일이나 26일 동독의 수도 베를린에서 정상 회담을 갖자고 제의했다.

이 제의에 대해 브란트 수상은 2월 18일 슈토프 총리에게 서한을 보내 관계를 개선하고 협상을 진전시키기 위해 만날 용의가 있음을 밝혔다. 그는 두 독일 국가의 관계 정상화는 유럽의 긴장 완화와 안전 보장에 기여할 것이며, 이것이 잘 진행된다면 조약을 체결하는 회담도 가능할 것이라고 했다. 브란트는 이어 2월 19일이나 26일에 회담을 갖자는 슈토프 총리의 제의에 대해 회담 시기를 3월 둘째 주나 셋째 주로 하고, 두 번째 정상 회담은 서독의 수도 본에서 열자고 제의했다.

그러나 서독과 동독의 정상 회담은 생각보다 훨씬 열리기 어려웠다. 왜냐하면 동독은 브란트 수상이 비행기로 직접 동베를린을 방문해야 하며, 동베를린 방문 전후로 서베를린을 경유하지 않아야 한다고 요구했기 때문이었다. 브란트 수상은 동독의 이러한 요구가 "서독과 서베를린은 아무런 관계가 없다"라는 것을 인정하라는 것이기 때문에 서베를린에서 전철로 가고자 했다.

이와 같이 회담 장소 문제로 정상 회담 개최가 교착 상태에 빠졌다. 이즈음에 모스크바에서 서독과 소련의 관계 개선을 위한 1차 회담이 에곤 바르 수상실 차관과 그로미코 외무장관 사이에 있었다. 바르와 1차 회담을 끝낸 그로미코 장관은 1970년 2월 23~27일간 동베를린을 방문하여 교착 상태에 빠진 정상 회담 장소로 동독의 에어푸르트Erfurt를 제의했다. 이어 서독과 동독은 3월 2일 예비회담을 시작하여 3월 12일에 합의했다. 즉 1차 회담을 3월 19일 동독의 에어푸르트에서 열기로 했다.

1차 회담 브란트 수상은 3월 19일 특별 열차를 이용하여 에어푸르트에 도착했다. 브란트 수상은 역에서 슈토프 총리의 영접을 받고 회담장 겸 숙소인 '에어푸르트 호프'로 갔다. 수많은 동독인들은 비밀경찰들이 지켜보고 있는 것도 아랑곳하지 않고 새로운 희망을 갖고 브란트의 숙소 앞에 모여 "빌리 브란트 창가로 나오라"고 외치며 환호했다.

분단 이후 처음 열리는 역사적인 정상 회담을 위해 서독에서는 브란트 수상을 비롯하여 에곤 프랑케Egon Franke 내독 관계 장관 등 6명이, 동독에서는 슈토프 총리와 오토 빈쩌Otto Winzer 외무장관 등 6명이 참석했다. 이러한 서로 다른 직책을 가진 장관의 참석은 이 회담에 임하는 서독과 동독의 입장을 잘 반영해 주고 있다. 즉 서독은 동독과 정식 외교 관계가 아닌 '특별한 관계'를 염두에 두고 있었기 때문에 외무장관이 아닌 내독 관계 장관을 참석시켰다. 반면에 동독은 장차 서독과 국제법에 의한 외교 관계 수립을 염두에 두고 있었기 때문에 외무장관을 참석시킨 것이다.

에어푸르트 회담에서 슈토프 총리는 앞으로의 회담 의제에 관하여 7개항을 제의했다. 서독과 동독 사이의 국제법에 의한 외교 관계의 수립, 상대방 국가의 외교 정책에 대한 불간섭과 할슈타인 독트린의 포기, 유엔 헌장에 의한 무력행사 포기와 국제법 주체로서의 상호 승인, 동·서독의 유엔 가입, 무력 포기와 군사비 삭감, 그리고 동독에 대한 서독의 1천억 마르크 지불 이행 등이다. 1천억 마르크 지불은 1961년 8월 베를린 장벽이 세워지기 전까지 서독이 동독의 내정에 간섭했다며 이에 대한 대가로 요구한 것이다. 슈토프는 서독의 국제법적인 승인에만 관심이 있고, 브란트가 원하는 '특별한 관계' 수립에는 관심이 없었다.

그러나 브란트 수상은 슈토프의 제의를 거부하면서, 지난 1월 22일자 서한에서 제의했던 기본 입장을 다시 강조했다. 이 기본 입장은 서독과 동독은 서로 외국이 아니며 독일 민족의 단일성 유지 의무, 모든 분쟁의 평화적 해결과 서독과 동독의 국경선 존중, 상대방 영역의 사회 구조를 강제적으로 변형시키지 않을 의무, 상호 선린적 협력을 위한 노력, 베를린과 두 독일에 대한 4국의 권한과 책임의 존중, 그리고 베를린 지위의 개선에 관해 합의하려는 4국 노력의 지지 등이다.

그러나 슈토프 총리는 내독 관계나 4국의 권리와 책임 문제는 동독과 관련이 없다고 주장했다. 3월 19일 밤늦게 브란트와 슈토프는 다시 만나 다음 회담 장소와 날짜에 합의했다. 에어푸르트 회담은 어렵게 열렸으나 양측의 입장 차이가 너무 커서 2차 회담을 5월 21일 서독의 카셀Kassel에서 열기로 한 이외에 별다른 성과 없

에어푸르트에서 만난 브란트 수상(오른쪽)과 슈토프 총리(1970. 3. 20).

이 끝났다.

브란트 수상은 3월 20일 연방 하원에서 "에어푸르트의 방문은 옳았고, 필요하였으며, 유익했다"고 했다. 그러나 야당인 기민/기사당은 독일인의 자결권을 보장하지 않은 동독과의 어떠한 합의도 반대한다며 브란트가 추진하는 독일 정책에 대해 강하게 비판했다. 슈토프 총리는 인민 의회에서 브란트와의 만남은 유익했지만, 브란트 정부의 정책이 이전 정부의 정책 방향과 마찬가지로 전혀 바뀌지 않았다고 했다.

2차 회담 제2차 회담은 1970년 5월 21일 서독의 카셀에서 열렸다. 지난 1차 회담 때와 마찬가지로 카셀 회담에 대해서도 서독 곳곳에서 우익계와 좌익계의 시위가 계속되었다. 우익계는 "민족 반역자 빌리 슈토프와 빌리 브란트, 손에 손 잡고" 또는 "브란트를 벽으로"(브란트를 처형하라는 의미)라는 깃발을 들며 회담을 반대했다. 이에 반해 좌익계는 하루 빨리 동독을 승인하라고 외쳤다. 일부 과격한 청년들이 슈토프 총리의 숙소에 걸린 동독 국기를 끌어내리는 등 회담에 대한 서독의 여론은 아직 냉담한 분위기였다.

이번 회담에서도 슈토프 총리는 여전히 종래의 입장을 계속 주장했다. 반면 브란트 수상은 동독과 관계를 개선하기 위한 20개의 항목을 제의했다. 이 20개 항목은 두 독일의 조약 체결, 무력의 위협이나 행사의 포기, 두 독일의 독립, 주권의 상호 존중과 내정 불간섭, 전쟁 재발 방지, 군비 축소 및 통제, 1민족 2국가의 존재, 베를린과 전독일에 관한 4국 합의의 존중, 양국 국민의 여행 확대, 이산가족 문제의 해결, 교통·우편·체신·정보·학문·교육·문화·환경 및 체육 분야에서의 협력, 무역의 확대, 장관급 전권 대표의 임명과 상주 대표의 교환, 그리고 유엔 동시 가입 등이다.

또한 브란트 수상은 "두 독일 국가 가운데 어느 나라도 상대편을 대신하여 교섭하거나 대표할 수 없다"고 했다. 이는 서독이 지금까지 줄기차게 주장해 온 단독 대표권의 포기를 뜻하는 것이었다.

그러나 슈토프 총리는 서독이 동독을 법적으로 승인하기 전에는 다른 문제의 해결이 불가능하다며 브란트의 제의를 거부하고 서로 생각할 시간(Denkpause)을 갖자고 제의했다. 이리 하여 2차 회담도 이렇다 할 합의 없이 끝났다. 이는 서독과 동독이 서로 다른 입장에서 회담에 임했기 때문이다. 즉 서독은 분단의 고통을 완화하기 위한 문제를 먼저 해결하고자 했던 반면에, 동독은 우선 서독과의 관계에서 국제법에 의한 주권 국가가 되기를 원했다.

비록 두 차례에 걸친 회담에서 큰 성과는 없었지만, 서독이 독일에 또 다른 국가가 있음을 인정했으며, 지난날의 동독을 고립시키는 정책에서 탈피하여 서로의 입장을 공식적으로 교환하는 대화를 시작한 것은 큰 진전이었다.

서독은 동독의 입장이 완강하여 회담을 계속하기 어렵다고 판단했다. 따라서 서독은 먼저 소련 및 폴란드와 관계 개선을 위한 조약을 체결한 다음에 동독과 회담을 계속하려 했다.

모스크바 조약

서독은 브란트 정부가 들어서기 전에 이미 소련에게 무력행사 포기에 관한 회담을 제의하여 관계를 개선하고자 했다. 서독은 에르하르트 수상 재임 때인 1966년 3월에 이미 평화 공한을 통해 소련과 동유럽 국가들에게 무력 포기를 제의했고, 1968년 4월에도 이에 관한 제의를 한 바 있다. 소련은 서독에게 무력 포기 협정 체결의 전제 조건으로 제2차 대전 이후 형성된 현재의 국경선을 인정하고, 동독을 국제법적으로 승인할 것을 요구했다. 이후 두 나라의 의견 교환이 있었으나 1968년 8월 바르샤바 조약 기구 군대의 체코슬로바키아 침공으로 중단되었다. 소련은 1969년 9월에 무력 행사 포기에 관한 협상을 하자고 서독에게 제의했다. 이때는 브란트 정부가 들어서기 전이었다.

소련은 브란트의 총선 승리와 그의 첫 정부 시책 연설에 호의적인 반응을 보였다. 브란트 수상은 1969년 10월 말 소련에게 무력행사 포기에 관한 의견 교환을 계속할 뜻이 있음을 알렸다. 이어 브란트 정부는 11월 28일 핵 확산 금지 조약(NPT)에 서명했다. 브란트는 외무장관 재직 때인 1969년 3월 19일 서독이 핵 비확산 조약에 서명할 의사가 있음을 표명했는데, 수상이 된 후 서명한 것이다. 조약 서명에는 유럽에서 긴장 완화 정책을 추진하고자 하는 미국의 압력도 일부 작용했다. 소련은 서독이 핵무기를 보유하는 것을 원하지 않았기 때문에 이 조약의 서명은 서독이 소련과 동독, 그리고 동유럽 국가들과의 관계를 개선하기 위한 하나의 전제 조건이었다.

1969년 12월 북대서양 조약 기구는 서독과 소련간에 조약이 체결되고, 베를린의 지위가 개선되어야 서방측이 유럽 안보 협력 회의(CSCE)에 참여할 수 있다고 선언했다. 그러나 바르샤바 조약 기구는 서독이 동유럽 국가들과 관계를 정상화하기에 앞서, 동독을 승인하고 폴란드의 서부 국경선인 오데르-나이세 강 선을 인정할 것을 요구했다.

서독과 소련은 1969년 12월 8일 모스크바에서 무력행사 포기와 관계 개선을 위한 예비회담을 시작했다. 이 회담은 그로미코 외무 장관과 소련 주재 서독 대사 사이에 이루어졌다. 그러나 서독과 소련의 입장이 전혀 달라 회담은 이렇다 할 진전이 없었다. 소련은 서독에게 동독을 법률상으로 승인하라고 요구했으나, 서독은 법률상 승인보다는 단지 '특별한 관계'를 바탕으로 동독과 관계를 개선하고자 했기 때문이다.

브란트 정부는 의회에서 가까스로 과반수(사민당과 자민당 254명, 기민/기사당 242명)를 유지하고 있었다. 따라서 브란트는 국내 지지 기반을 튼튼히 하기 위해 외교에서 가급적 빨리 좋은 결과를 얻고 새로운 동방 정책을 조속히 본 궤도에 올려놓고자 했다. 브란트 수상은 원점에서 맴돌고 있는 회담을 진전시키기 위해 핵심 참모인 에곤 바르 수상실 차관을 모스크바에 파견했다. 바르는 그로미코 장관과 1970년 1월 30일 회담을 시작하여 2월, 3월, 그리고 5월까지 총 14차례에 걸쳐 회담했다. 바르는 이 회담에서 서독이 동독을 법적으로 승인하거나 동·서독 국경선의 인정과 오데르-나이세 강 선을 폴란드의 서부 국경선으로 승인하는 문제는 4국의 독일에 대한 책임과 일치할 수 없음을 그로미코에게 인식시키고자 했다. 바르는 그로미코에게 무엇보다도 이러한 내용이 담긴 조약은 집권당이 가까스로 과반수를 유지하고 있는 서독 의회에서 비준되기 어렵다고 설명했다. 또한 모스크바 조약이 서명된 이후에 베를린에 관한 4국 협정이 체결되어야 하며, 베를린 협정이 체결되기 전에는 모스크바 조약이 서독 의회에서 비준될 수 없음을 강조했다. 마침내 이러한 문제들이 합의되었다.

주요 문제들을 합의하고 바르와 그로미코는 1970년 5월 22일 예비회담을 마무리했다. 회담 결과는 10개항으로 요약되었으며 일반적으로 '바르 문서Bahr-Papier'로 불린다. 이 문서는 쉘 외무장관과 그로미코 장관의 공식 회담의 기초가 될 것이었다. 그러나 '바르 문서'는 공식 회담이 열리기 전인 6월 12일에 일부가, 7월 1일에는 내용 전체가 서독 언론에 공개되어 서독에서 큰 논란이 일어났다. 야당인 기민/기사당은 브란트 수상이 지나치게 동독과의 관계 개선을 추구한다고 비난했다.

최종 회담을 위해 쉘 장관이 소련을 방문해야 했다. 그런데 그는 자민당 대표로서 6월 14일에 실시되는 주의회 선거를 지원해야 하기 때문에 소련 방문이 연기되어서, 회담은 7월 27일에야 이루어졌다. 7월 27일 시작된 두 나라 외무장관 회담에서 서독은 자결권에 의한 독일 통일 조항을 조약문에 넣자고 주장했다. 그러나 소련은 독일 통일이니 자결권이니 하는 용어를 조약문에 넣기보다는 별도로 이에 관한 서독의 입장을 밝히는 공한을 접수할 용의가 있다고 제의했다. 마침내 8월 7일 '바르 문서'가 약간 수정되어 모스크바 조약에 관한 합의가 이루어져 8월 12일 서명되었다. 서독측에서는 브란트 수상과 쉘 장관이, 소련측에서는 코시킨 수상과 그로미코 장관이 각각 서명했다.

서독과 소련은 모스크바 조약 서문에서 두 나라의 관계는 유엔 헌장의 목적과 원칙에 바탕을 두고 있으며, 국가간의 평화적인 협력이 여러 민족들의 열망과 이익에 합치되는 것을 확신한다고 했다. 또한 두 나라는 1955년 9월의 외교 관계 수립에 관한 조약 체결이 두 나라의 관계를 더욱 발전시켰다고 언급했다. 제1조에서 두 나라는 국제 평화와 긴장 완화를 위해 노력하기로 했다. 제2조에서

모스크바 조약에 서명하는 쉘 외무장관, 브란트 수상, 코시킨 소련 수상,
그로미코 소련 외무장관(왼쪽부터, 1972. 8. 12, 모스크바 크렘린 궁전에서).

유엔 헌장의 목적과 원칙에 따라 당사자의 분쟁을 오로지 평화적으로 해결하며, 무력의 위협이나 행사의 포기 의무를 규정했다. 또한 제3조에서 어느 나라도 현재의 국경선을 침해하지 않는 경우에만 평화가 유지될 수 있으며, 두 나라는 어떤 나라에도 영토권을 청구하지 않기로 했다.

그리고 폴란드의 서부 국경을 이루는 오데르-나이세 강 선과 서독과 동독의 국경선도 포함하여 모든 유럽 국가의 국경선을 불가침으로 규정했다. 이러한 내용은 지리적으로 현상 유지(Status quo)를 뜻하는 것으로 서독이 1949년 이래 지난 20년 동안 일관되게 취해 온 정책에서 크게 벗어나는 것이었다.

그럼에도 서독은 통일 의지를 분명히 하기 위해 조약 체결과 함께 소련에게 '독일 통일에 관한 공한Brief zur deutschen Einheit'을 전달했다. 서독은 이 공한에서 "이 조약은 독일 국민이 자유로운 자결권으로 다시 통일을 이룩하려는 것으로, 이는 유럽의 평화를 추구하는 독일 연방 공화국의 정치적 목적과 모순되지 않는다"고 하여 자결권에 의한 독일 통일의 목적을 분명히 밝혔다. 서독은 비록 모스크바 조약에서 독일에 2개의 국가가 있음을 인정하였지만, 별도의 공한에서 독일 통일의 의지를 강하게 나타낸 것이다.

모스크바 조약 서명 후 브레주네프 소련 공산당 서기장은 브란트 수상에게 이 조약이 가능한 한 빨리 서독 의회에서 비준되기를 희망했다. 이에 대해 브란트 수상은 베를린 정세가 개선되지 않고는 유럽의 평화가 있을 수 없음을 강조했다. 이어 그는 서독과 서베를린은 긴밀한 관계가 있으며, 서베를린을 오가는 자유로운 통행을 보장하는 내용이 담긴 베를린 협정이 체결되고, 서독과 동독 사이의 긴장이 완화되어야 모스크바 조약이 비준될 수 있다고 했다. 즉 브란트 수상은 베를린 협정이 체결되어야만 모스크바 조약이 비준될 수 있음을 강조했다.

브란트 수상과 브레주네프 서기장은 이 밖에도 경제 협력 문제, 유럽 안보 협력 회의(CSCE), 그리고 서독-폴란드와 서독-체코슬로바키아의 관계 등에 관해서도 폭 넓은 의견을 교환했다. 브란트는 국경 불가침에 관한 모스크바 조약의 규정은 동독에도 적용되고, 동독과 구속력 있는 조약을 체결하는 데는 무엇보다도 동독과의 진정한 대화 재개가 중요하다고 강조했다. 이를 위해 브란트 수상은 동독과의 관계 개선을 위해 소련이 동독에게 긍정적인 영향력을 행사해 주도록 브레주네프 서기장에게 요청했다. 한편 브란트 수상은 8월 12일 모스크바에서 독일 국민에게 보낸 성명에서 모스크바 조약이 서방측과의 동맹 관계에 아무런 영향을 주지 않으며, 유럽과 독일 모두에게 유익할 것이라며 조약 체결의 중요성을 강조했다.

모스크바 조약은 서독과 소련의 관계에 새로운 시대를 열었다. 모스크바 조약은 서독이 동독이나 여타 동유럽 국가들과의 관계를 개선하기 위한 중요한 조약으로 브란트가 추진하는 새로운 동방 정책의 출발점이었다. 서독은 소련에게 동독을 법적으로 승인할 수 없음을 분명히 했으며, 모스크바 조약이 비준되기 위한 전제 조건으로 베를린 협정의 체결과 서독과 동독의 관계 개선을 연계시킨 것은 큰 성과였다.

바르샤바 조약

1945년 8월에 체결된 포츠담 협정에서 오데르-나이세 강 선은 폴란드의 서부 국경선으로 정해졌다. 이로 인해 포메른과 쉴레지엔 등의 독일 영토가 폴란드의 관할 아래 들어갔다. 동독은 1950년 7월 폴란드와 괴를리츠 조약을 체결하여 오데르-나이세 강 선이 동독과 폴란드의 국경선임을 승인했다. 그러나 서독은 오데르-나이세 강 선을 인정하는 것은 통일을 포기하는 것이라며 이를 줄곧 인정하지 않았다. 1960년대 후반으로 접어들자 서독 일부에서는 이 국경선을 인정하여 폴란드와 관계를 개선해야 한다는 분위기가 조금씩 조성되기 시작했다.

이러한 가운데 1969년 10월 출범한 사민당과 자민당 정부는 기민/기사당의 반대에도 불구하고 오데르-나이세 강 선이 폴란드의 서부 국경선임을 승인하기로 했다. 왜냐하면 이 국경선을 승인하지 않고는 소련이나 다른 동유럽 국가들과 관계 개선이 이루어질 수 없기 때문이었다. 이러한 전제 아래 서독은 1970년 2월 4일 바르샤바에서 폴란드와 관계 정상화를 위한 회담을 시작했다. 서독은 회담 초기에 오데르-나이세 강 선 문제를 무력 포기 조약의 한 부분으로 취급하고자 했으나, 폴란드는 이 국경선의 승인을 강하게 주장했다.

서독은 4월 들어서 폴란드의 이러한 요구를 들어주기로 했다. 왜냐하면 이 문제는 모스크바 조약 체결을 위한 바르 수상실 차관과 그로미코 외무장관의 협상에서 이미 합의되었기 때문이다. 그리고 폴란드에 거주하는 독일 국민이 서독으로 이주하는 문제도 논의되었다. 서독은 이주를 중요하게 여긴 반면에, 폴란드는 숙련된 독일 노동자를 잃지 않기 위해 이를 제한하고자 했다. 두 나라는 11월 외무장관 회담에서 이러한 문제를 양국 적십자사가 협의하도록 했다. 2월에 시작된 회담이 오래 걸린 이유는 소련이 모스크바 조약을 먼저 체결해야 한다고 주장하여 서독과 폴란드의 회담이 잠시 중단되었기 때문이었다.

바르샤바 조약은 1970년 12월 7일 바르샤바에서 두 나라 수상과 외무장관에 의해 서명되었다. 두 나라는 조약 전문에서 폴란드가 최초의 희생자였던 제2차 대전이 끝난 지 25년이 지났다는 사실을 고려하여, 평화적인 공존과 우호적인 관계 발전을 위한 항구적인 토대를 구축하기 위한 희망에서 이 조약을 체결한다고 조약 체결 목적을 밝혔다. 제1조에서 두 나라는 1945년 8월 2일의 포츠담 회담에서 결정된 대로 오데르-나이세 강 선이 폴란드의 서부 국경선임을 인정했다. 또한 두 나라는 현재와 미래에도 기존 국경의 신성불가침을 강조하면서, 현재는 물론 장래에도 영토에 대한 어떠한 요구도 제기하지 않을 것임을 선언했다. 제2조에서 두 나라는 상호관계와 유럽과 세계 평화 유지 문제를 유엔 헌장의 목적과 원칙에 따라 처리하며, 양국의 분쟁을 평화적으로만 해결하고, 무력의 위협이나 사용을 포기한다고 밝혔다.

브란트 수상의 주장으로 바르샤바 조약의 비준은 모스크바 조약과 마찬가지로 베를린 협정이 체결된 후에 이루어지게 되었다. 이렇게 해서 서독은 비록 오데르-나이세 강 선이 폴란드의 서부 국경선임을 인정했지만, 이는 서독이 존재하는 동안에만 효력이 있다는 입장이었다. 즉 미국, 영국, 소련, 그리고 프랑스의 4국이 전독일에 대해 권한과 책임을 갖고 있기 때문에 서독은 국제법적으로 오데르-나이세 강 선이 폴란드의 서부 국경선임을 승인할 수 없다는 것이다. 서독은 독일 국경선은 통일이 된 후에 독일 전체를 대표하는 신정부가 폴란드와 다시 협상하여 결정되어야 한다는 입장이었다. 또한 브란트 수상은 조약을 서명하기 위해 폴란드를 방문하던 중 제2차 대전 중에 희생된 유태인을 추모하기 위한 기념비에 헌화를 하고, 무릎을 꿇어 과거를 반성하는 서독의 새로운 의지를 보여 주기도 했다.

브란트 수상은 1971년 1월 28일 연방 하원에서 평화 유지를 위한 연방 정부의 정책에는 동독과 조약을 체결하는 것도 포함된다고 언급했다. 이에 대해 야당인 기민/기사당은 기존의 통일 정책이 유지되어야 한다며 브란트의 동방 정책을 신랄하게 비난했다.

베를린 협정

동독의 한가운데 위치하고 있는 서베를린은 1945년 이래 서방측과 소련 사이에 끊임없는 분쟁의 대상이었다. 소련과 동독은 1948년의 베를린 봉쇄와 1958년의 최후통첩으로 서베를린을 동독에 편입시키려 했다. 그러나 서방 연합국과 서독은 이에 대항하여 어떠한 경우에도 서베를린을 포기할 수 없음을 분명히 했다. 따라서 불안정한 서베를린의 지위가 확고히 보장되어야 하고, 이에 관한 4국의 협정이 필요했다.

브란트는 외무장관으로 재직하고 있을 때인 1969년 4월 워싱턴에서 열린 나토 외무장관 회의에서 베를린의 지위를 개선하기 위해 소련과 협의해 주기를 미국, 영국, 프랑스의 서방 3국에게 요청한 바 있었다. 물론 서방 3국 외무장관들은 이 요청을 기꺼이 받아들였다. 이에 따라 모스크바 주재 서방 3국 대사들은 1969년 8월 6,7일 소련 측에게 의견 교환을 제의하며, 서독이 서베를린의 지위를 개선하기 위해 동독과 대화할 준비가 되어 있음을 알렸다. 또 소련 그로미코 장관도 이미 7월 10일 최고회의에서 베를린에 관하여 서방측과 의견을 교환할 용의가 있다고 밝혔다. 소련은 이어 9월 12일에도 이를 다시 확인했다. 이때는 아직 브란트 정부가 들어서기 전이었다.

소련의 반응이 긍정적이고 브란트 정부가 출범하자, 서방 3국은 1969년 12월 16일 다음 3개 항에 관해 회담을 하자고 소련에 제의했다.

- 서베를린을 오가는 통행 문제의 개선.
- 동·서베를린 사이의 교통, 우편과 전화 연결의 재개.
- 소련과 동유럽 국가의 서베를린에 대한 경제적 차별의 중지.

이 제의를 소련이 받아들여 1970년 3월 26일 서베를린에서 서독과 동독에 주재하고 있는 4국 대사大使 회담이 시작되었다. 이 회담에서 소련은 서독이 서베를린에서 연방 대통령 선출과 같은 헌법 또는 행정 활동을 하지 않도록 요구했다. 이에 대해 서방측은 서독이 서베를린의 대외 대표권을 행사해야 한다고 주장했다. 이와 같이 양측의 입장이 크게 달라 회담은 별다른 진전이 없었다. 사실 이 회담의 성사는 같은 시기에 모스크바에서 진행되고 있는 서독과 소련의 회담 결과에 달려 있었다.

1970년 8월 모스크바 조약이 체결되자 베를린 회담도 진전이 있었다. 같은 해 9월 25일 처음으로 협정 초안이 교환되었으나 양측 입장은 여전히 크게 달랐다. 이어 10월 초에는 회담에 참여하고 있는 4국 대사관의 참사관급 전문가 그룹이 구성되어 대사 회담을 준비하며 앞으로의 의사일정과 협정에 규정될 주요 내용에 관해 협의했다.

우선 서독과 서방 3국은 서독과 서베를린을 오가는 통행이 방해받지 않기 위해 통행 문제에 관해 소련으로부터 가능한 한 확고한 보장을 받고자 했다. 그러나 소련은 서베를린을 오가는 통행 보장의 당사자는 소련이 아니고 동독이라며 책임지려 하지 않았다.

이 당시 서독은 이 회담에 직접 당사자가 아니기 때문에 참여할 수 없었으나, 서방 3국 대사들과는 긴밀히 협의했다. 브란트 수상과 바르는 서방측 대사들과 수많은 대화를 나누며 서독의 입장을 전달했다. 그리고 키신저Henry A. Kissinger 미대통령 보좌관과도 협의했다.

이와는 달리 동독과 소련의 협조 관계는 잘 이루어지지 않았다. 두 나라는 서베를린을 고립시켜 서독과 서베를린의 관계를 단절시기고, 서독에서 서베를린을 경유하여 동베를린이나 동독을 방문하지 못하도록 하고자 했다. 그러나 이 당시 소련은 중국과의 관계가 좋지 않은 데다가, 미국과 함께 긴장을 완화하는 차원에서 베를린 문제를 다루어야 할 입장이었다. 그리고 소련은 모스크바 조약이 베를린 문제를 해결하지 않고는 효력이 발효될 수 없다는 점을 염두에 두고 있었다. 이러한 상황에서도 동독은 서독으로부터 법률상 승인을 받기위해 완고하기만 했다.

마침내 1971년 2월 5일 베를린 협정에 관한 서방측 안이 제시되고, 이어 3월 26일에는 소련측 안이 제시되어 본격적인 회담에 들어갔다. 그러나 동독의 울브리히트 제1서기는 모스크바 조약과 바르샤바 조약에서 동독의 핵심 요구가 반영되지 않았다는 이유로

베를린 회담에 대해 내내 반대 입장을 취했다. 동독의 핵심 요구란 서독이 동독을 법적으로 승인하는 것이다. 소련은 동독과 견해 차이가 여전히 해소되지 않자 동독의 요구를 더 이상 대변하지 않기로 했다.

이러한 가운데 울브리히트는 1971년 5월 3일 건강상의 이유로 당 제1서기에서 물러나고 실권이 없는 국가위원회 의장(국가원수)직만 유지했다. 울브리히트의 퇴진은 갑작스러운 것이 아니고 전부터 예고된 일이었다. 울브리히트가 추진한 경제 정책의 실패로 동독 주민들의 불만이 높아가자 에릭히 호네커Erich Honecker는 1970년 12월부터 그의 퇴진을 추진했다. 소련 브레주네프 서기장도 1971년 4월 11일 모스크바를 방문한 울브리히트에게 퇴진을 요구했다. 이에 울브리히트는 더 이상 버티지 못하고 5월 3일 퇴진을 선언했다. 울브리히트의 뒤를 이어 호네커가 당 제1서기가 되었다. 호네커가 집권하자 동독의 노선은 소련의 서방 정책 방향으로 기울었으며, 자연히 베를린 회담도 진전되었다.

바르는 베를린 회담에서 서독의 입장을 반영하기 위해 1971년 4월 말 미국을 방문하여 키신저 미대통령 보좌관과 협의했다. 5월 들어 미국과 소련은 서독 주재 러시Kenneth Rush 미국 대사와 팔린 Valentin Falin 소련 대사를 통해 서로의 입장을 마지막으로 정리했다. 보안을 유지하기 위해 소련은 미국과의 회담에서 동독 주재 대사 대신에 서독 주재 대사를 참여시켰다. 또한 영국 대사와 프랑스 대사도 배제되었다.

미국과 소련의 협상이 잘 이루어져 4국 대사들은 5월 말 최종 회담을 위한 기본 원칙에 합의했다. 소련은 서베를린을 오가는 통행을 보장하기로 하고, 그 대신에 서베를린에 총영사관을 세우는 양해를 얻었다. 그리고 소련은 서베를린 사람들이 서독 여권으로 동유럽을 여행하는 데 동의했다. 그러나 미묘한 문제인 베를린의 지위와 국적 문제에 관해서는 합의하지 않기로 했다.

베를린 협정이라 불리는 4개국 협정은 1971년 9월 3일 미국 러시 대사, 소련 아브라시모프Pjotr Abrassimow 대사, 영국 재클링R. W. Jackling 대사, 그리고 프랑스 소바냐르그Jean Sauvagnargues 대사에 의해 서명되었다.

베를린 협정은 5개항으로 구분할 수 있다. 베를린과 전독일에 대한 4국의 권한과 책임의 확인, 서독과 서베를린을 오가는 통행 문제, 서독과 서베를린의 관계, 서베를린에서의 동베를린과 동독 방문, 서독의 서베를린에 대한 대외 대표권 행사, 그리고 서베를린에서 소련의 영사 대표권 획득이다. 4국은 베를린 협정 전문에서 "이 협정은 4국의 권한과 책임, 그리고 전시와 전후에 4국이 체결한 합의와 결의에 저촉되지 않는다는 것을 토대로 한다"고 밝혔다. 이 협정의 중요한 합의는 서방 3국 정부와 소련 정부가 서로 통고하는 형식으로 이루어졌다.

베를린 협정으로 서독과 서베를린을 오가는 통행이 크게 개선되었다. 이 협정에서 소련은 동독의 육로, 철도, 수로를 이용한 서독과 서베를린 사이의 통행은 "방해받지 아니하며, 가장 간단하고 신속하게 편리한 방법으로 이루어져야한다"고 규정했다. 이에 관한 상세한 이행 규정은 서독과 동독이 합의하도록 했다.

서독과 서베를린의 관계에 관해서 프랑스, 영국, 미국의 3국은 "이 결속 관계가 유지, 발전될 것"이라고 하였지만, 서베를린이 "지금까지와 마찬가지로 독일 연방공화국의 일부가 아니며, 독일 연방 공화국에 의해서도 통치되지 않는다"고 선언했다. 그리고 연방 대통령, 연방 정부, 연방 회의, 연방 하원과 연방 상원, 원내 교섭 단체, 그리고 독일 연방 공화국의 기타 국가 기관은 서베를린에서 "헌법 또는 행정 활동"을 할 수 없게 되었다. 이는 서방측의 양보로 이루어진 것이다. 이로 인해 그 동안 서베를린에서 실시되었던 연방 대통령 선거는 더 이상 할 수 없게 되었다.

방문 교류 문제와 관련해서는 서베를린과 동베를린, 그리고 서베를린과 동독 사이의 방문이 개선될 것이라고 하였다. 서베를린에 주소를 둔 자들은 인도적·가족적·종교적·문화적 또는 상업적인 목적이나 관광 목적으로 동독을 방문할 수 있게 되었다. 상세한 내용은 서독과 동독이 합의하도록 했다.

서베를린의 이익을 대외적으로 대표하는 문제와 관련해서, 서독은 서베를린에 주소를 둔 자들에 대한 영사 보호권 행사와 국제기구나 국제회의에서 서베를린의 이익을 대표할 수 있게 되었다. 그 대신 서방측은 소련이 서베를린에 총영사관을 설치하도록 양보했다.

베를린 협정은 4국 최종 의정서가 서명된 후에 발효되도록 했다. 베를린 협정으로 서독 정부가 서베를린에서 헌법적 또는 행정적 행위를 할 수 없게 되어 서독의 존재가 감소된 점이 있다. 그러나 베를린 협정으로 인해 베를린 위기의 재발이 방지되었으며, 서베를린의 안전은 물론 서독과 서베를린을 오가는 통행이 보장되었다.

동·서독 통과 협정

베를린 협정이 어렵게 체결되었지만 이 협정에 규정된 서독과 동독간 이행 조약도 체결되어야 했다. 1970년 5월 카셀 정상 회담 이후 서독과의 대화를 일시 중단했던 동독은 같은 해 10월 29일 서독에게 회담을 재개하자고 제의했다. 이에 11월 27일 에곤 바르 수상실 차관과 동독의 미카엘 콜Michael Kohl 총리실 차관은 교통 문제, 통과 협정, 그리고 기본 조약 체결을 위한 공식적인 의견 교환을 시작했다. 동독에 대한 서독의 입장이 변하지 않았는데도 동독이 대화를 하기로 한 것은 소련이 영향력을 행사했기 때문이다. 같은 해 12월에는 서독과 폴란드 사이에 바르샤바 조약이 체결되어 회담에 좋은 여건이 조성되었다.

그러나 동독과 서독의 의견 대립은 여전했다. 동독의 울브리히 트는 서독과 조약을 체결하기 전에 서독으로부터 법적인 승인을 받고 국제기구에도 가입하여 국제적 지위를 높이고자 하는 종래의 입장을 계속 주장했다. 울브리히트는 또한 서독과 서베를린으로부 터 방문자들을 제한하여 정권을 안정시키고자 했다. 그러나 서독은 동독과 더 많은 방문 교류가 있기를 원했다.

회담이 시작되자 동독은 서베를린도 정치적 단일체라고 주장하며 서독과는 서독에서 서베를린으로의 통행 문제를, 서베를린과는 서베를린에서 서독으로 가는 통행 문제를 각각 협의하고자 했다. 그러나 서방 3국은 이전부터 이 문제의 당사자는 오로지 서독뿐이라는 점을 분명히 밝혀왔기 때문에 동독의 요구를 거절했다.

이러한 상황에서 미국은 서독과 동독의 합의가 이루어지지 않는다면, 베를린 협정 최종 의정서에 서명하지 않겠다고 했다. 그리고 브란트 수상은 브레주네프 서기장에게 모스크바 조약과 바르샤바 조약이 서독 의회에서 조속히 비준될 수 있으나, 동독의 완강한 태도로 인해 지체되고 있다고 했다. 소련의 압력이 커지자 동독은 서독과 협의할 용의가 있음을 밝혔다. 동독의 이러한 변화는 울브리히트가 퇴진한 뒤에 일어난 것이다.

서독과 동독은 회담을 계속하여 1971년 9월 30일 동베를린에서 우편과 통신에 관한 의정서를 체결했다. 동·서베를린 사이에는 이미 1971년 1월 31일에 1952년 5월 이래 끊겼던 전화가 다시 개통되었다. 서독과 동독은 이 의정서를 통해 더 많은 전화선을 개통하기로 했다. 12월 17일에는 서독과 동독은 통과 협정에 서명했다. 이 협정은 민간인과 일반 화물의 동독 내의 육로, 철도, 수로를 이용한 통행 문제를 다루고 있다. 서독과 동독은 이 협정에서 "통과 여행은 방해받지 않고 국제관례대로 가장 간단하고, 가장 신속하며, 가장 편리한 방법으로 이루어져야 하고, 통과 여행자에게는 동독 국경 통과 지점에서 비자를 교부하도록" 했다. 이 협정으로 인해 앞으로 서독과 서베를린을 오가는 여행자들은 동독 도로상에서 체포되거나 추방되지 않게 되었다. 또한 자동차나 화물의 수색도 충분한 사유가 있을 경우에만 하도록 하여 서베를린을 오가는 통행이 한층 안전하게 되었다. 다만, 서독은 통과 여행으로 인해 발생하는 비용, 수수료, 그리고 기타 비용을 동독에게 매년 지불하기로 했다.

이어 12월 20일에는 동베를린에서 '동독과 서베를린 시의회간 여행 및 방문 교류의 완화와 개선에 관한 합의서'가 서명되었다. 양측은 이 합의서 전문에서 1971년 9월 3일의 베를린 협정에 따라 서베를린에 거주하는 자들의 여행 및 방문 교류의 완화와 개선에 관해 합의했다고 밝혔다. 이 합의서에서 양측은 서베를린에 거주하는 자는 연간 1회 또는 여러 번에 걸쳐 30일 한도에서 동베를린 또는 동독을 방문할 수 있도록 했다. 또한 방문은 "인도적·가족적·종교적·문화적 목적과 관광 목적으로" 허가할 수 있도록 했다.

동독은 이 합의서의 발효를 염두에 두고 1972년 3월 부활절을 기해 서베를린 시민들의 동베를린 방문을 허용했다. 이 조치로 약 120만 명의 서베를린 시민이 동베를린을 방문했다. 통과 협정과 이 합의서는 베를린 협정과 동시에 발효되었다. 그리고 1972년 5월 26일에 서독과 동독은 교통 조약에 서명했다. 이 조약은 1971년 12월에 체결된 통과 협정을 보완한 것으로 서독인들은 동독에 살고 있는 친척이나 친지 방문이 가능해졌다. 또한 동독인들도 긴급한 가사일로 서독 친척을 방문할 수 있게 되었으나, 연금을 수령하는 노년층만이 가능했다. 이로써 서독과 동독간 통과와 교류에 관한 실질적인 문제가 해결되었다. 이 조약은 10월 17일 발효되었다.

브란트의 불신임 위기와 동방 조약 비준

브란트 수상은 유럽에서의 긴장 완화와 평화 유지, 그리고 동독과의 관계 개선에 기여한 공로를 인정받아 1971년 12월 노벨 평화상을 받았다. 이로 인해 그의 '새로운 동방 정책'은 국제적으로 찬사를 받았다. 국내에서도 브란트의 동방 정책에 대한 지지가 점차 커졌으나, 모스크바 조약과 바르샤바 조약의 비준이 남아 있어 동방 정책이 성공이라고 단정하기에는 일렀다.

브란트 수상과 쉘 외무장관이 추진하는 새로운 동방 정책에 대해 처음부터 반대해 온 기민/기사당은 두 조약이 독일 민족의 자결권을 명시적으로 규정하지 않았고, 또한 국경 문제를 강화조약 체결시까지 유보하지 않았다는 이유로 비준을 반대했다. 특히 슈트라우스를 중심으로 하는 기사당(CSU)이 강력하게 반대했다. 여기에 새로운 동방 정책으로 인해 자민당 전대표 멘데Erich Mende 등 일부 여당의원들이 이탈하여 비준이 더욱 어려워졌다. 기민당(CDU)은 전체적으로는 반대 입장이었으나, 비준에 찬성하는 일부 소수 의원들도 있었다.

이때에 소련은 모스크바 조약이 서독 의회에서 비준되지 않으면 베를린 협정도 발효될 수 없다며 두 조약이 비준되도록 측면 지원했다. 그리고 동독도 소련의 압력으로 두 조약이 비준되면 관계 정상화를 위한 실질적인 문제에 관해 협의하자고 서독에게 제의했다.

1972년 들어 브란트 수상의 정치 생명을 위협하고 새로운 동방 정책 추진을 위태롭게 하는 조짐이 발생했다. 3월 초 동방 정책을 반대해 온 2명의 사민당 의원이 기민당으로 당적을 변경한 데 이어, 이탈하는 의원이 계속 늘어나 4월 23일에는 여당 의원의 과반수가 무너졌다. 여기에다가 자민당 의원 2명은 기민/기사당이 브란트 수상에 대해 '건설적 불신임Konstruktives Mißtrauensvotum'안을 제출할 경우, 기민/기사당 후보를 지지하겠다고 선언했다. 이러한 상황에서 4월 23일에 실시된 바덴-뷔르템베르크 주의회 선거에서 기민당이 53.0%를 얻어 과반수를 넘는 압도적인 승리를 거두어 브란트의 입지가 더욱 좁아졌다.

기민/기사당은 이 여세를 몰아 연방 정부에서도 변화를 시도했다. 기민/기사당은 브란트 수상에 대한 건설적 불신임안을 제출하면서, 기민당 대표 라이너 바젤Rainer Barzel을 후임 수상으로 선출하고자 했다. '건설적 불신임'이란 연방 하원이 재적 의원 과반수 이상의 찬성으로 후임 수상을 선출하면, 곧바로 현 수상에 대한 불신임이 통과되는 제도이다. 야당은 불신임안이 무난히 통과되리라고 생각했다. 그러나 4월 27일 실시된 투표 결과 바젤은 수상이 되는 데 필요한 249표보다 2표가 적은 247표를 얻는 데 그쳐, 기민/기사당의 정권 교체 시도는 실패했다. 최소한 2명의 기민/기사당 의원이 이탈한 것으로 나타났다. 이렇게 해서 브란트는 일단 위기를 넘겼다.

그러나 브란트 수상에 대한 불신임안이 부결된 다음날인 4월 28일에 연방 수상실 예산안이 247대 247로 찬·반 동수가 되어 부결되는 일이 발생했다. 이러한 상황에서 모스크바 조약이나 바르샤바 조약이 비준된다고는 아무도 장담할 수 없게 되었다. 4월 28일 밤 브란트 수상은 여당(사민당,자민당)과 야당(기민/기사당) 지도자들과 함께 오랫동안 회동(약 2주간)하며 협조를 구했다. 기민/기사당은 베를린 협정이 체결되어 국민들의 지지가 높아가고 있는 점을 고려할 때, 두 조약이 부결되면 연방 하원이 해산될 것이고 다시 선거를 실시해도 승리할 전망이 없다는 것을 염두에 두었다. 따라서 기민/기사당은 연방 정부와 협의를 갖고 모스크바 조약 및 바르샤바 조약의 비준과 공동 결의문 채택을 연계하기로 합의했다. 소련은 공동 결의문을 받아들일 수 있음을 밝혔다.

사민당과 자민당, 그리고 기민/기사당은 두 조약의 비준과 관련하여 1972년 5월 10일에 공동 결의문을 채택했다. 이들은 공동 결의문에서 "베를린과 전독일에 대한 4국의 권한과 책임은 변함이 없으며, 모스크바 조약과 바르샤바 조약은 평화 통일을 달성하려는 서독의 노력과 어긋나지 않는다"고 선언했다. 이러한 합의에도 불구하고 5월 17일 실시된 표결에서 기민당은 기권하고, 기사당은 반대했다. 그러나 모스크바 조약과 바르샤바 조약은 연방 하원에서 비준된 데 이어 5월 19일에는 연방 상원에서도 비준되었다. 서독 의회가 비준하자 폴란드 의회는 5월 26일 바르샤바 조약을 비준한 데 이어, 소련 최고회의는 5월 31일 모스크바 조약을 비준했다.

이로써 베를린 협정 최종 의정서 서명을 위한 모든 준비가 마무리되었다. 1972년 6월 3일 베를린 협정 최종 의정서에 4국 외무장관들이 서명함으로써 베를린 협정은 발효되었다. 베를린 협정과 함께 모스크바 조약과 바르샤바 조약도 발효되었다. 그리고 서독과 동독 사이의 통과 협정(1971년 12월 17일 서명)과 동독과 서베를린 시 의회의 합의서(1971년 12월 20일 서명)도 발효되었다. 이후 서독과 소련, 서독과 폴란드의 관계도 발전하였다. 서독은 7월 5일 소련과 무역 협정을 체결한 데 이어, 7월 6일에는 가스관 협정도 체결했다. 또한 9월 14일 서독은 폴란드와 외교 관계를 수립했다.

동방 조약이 어렵게 연방 하원에서 비준되자 일부 여당 의원들이 추가로 이탈했다. 브란트 수상은 비록 불신임안이 부결되었으나 더 이상 정국을 안정적으로 끌고 나가기 어렵다고 보고, 연방 하원을 조기에 해산하여 선거를 실시하고자 했다. 조기 선거 실시에 대해 기민/기사당도 동의했다. 브란트 수상이 1972년 9월 20일 연방 하원에 신임을 묻자, 연방 하원은 찬성 233, 반대 248로 브란트를 불신임을 했다. 이에 대해 연방 대통령은 브란트의 제의로 9월 23일 연방 하원을 해산했다.

11월 19일 제7대 연방 하원 선거가 실시되었다. 선거전은 사민당과 기민/기사당 사이에 독일 정책과 동방 정책에 관한 열띤 논쟁이 주를 이루었다. 선거 결과 사민당은 지난 선거보다 3.8%가 더

베를린 협정으로 동독과 동베를린 방문이 수월해졌다. 외국인들이 동베를린
방문시 이용하던 찰리 검문소(1987년 9월 현재). 그러나 1990년 '2+4회담' 중
철거되었다.

베를린 협정 최종 의정서에 서명하는 4국 외무장관
왼쪽부터 슈망 프랑스 외무장관, 더글라스 영국 외무장관, 그로미코 소련
외무장관, 로저스 미 국무장관(1972. 6. 3, 베를린).

많은 45.8%를 얻어 제1당이 되었다. 사민당은 역대 선거 중에서 최고의 지지를 얻었다. 사민당의 지지율 상승에는 특히 이번 선거부터 적용된 21세에서 18세로 선거 연령을 낮춘 것이 큰 도움이 되었다. 기민/기사당은 44.9%를, 그리고 자민당은 8.4%의 지지를 얻었다. 과반수에서 46석이 더 많은 사민당과 자민당은 연정을 계속하기로 합의하여 브란트는 12월 14일 연방 수상으로 다시 선출되어 그의 두 번째 내각이 출범했다.

동·서독 기본 조약

베를린 협정으로 서베를린은 안정되었다. 그러나 서독과 동독 사이에는 해결해야 할 문제가 여전히 많이 남아 있었다. 즉 서독과 동독의 관계가 정립되어야 하고, 서베를린의 지위도 더욱 안정시킬 필요가 있었다. 이제 브란트 수상은 동독과 직접 협상하여 이러한 문제를 해결하고자 했다. 물론 이 조약은 독일 문제가 해결되기까지의 잠정 협정Modus Vivendi 형태인 것이다.

서독은 '1민족 2국가론'에 따라 동독과 '특별한 관계'를 맺고, 대사大使가 아닌 상주 대표常駐代表를 교환하고자 했다. 그러나 동독은 '2민족 2국가론'을 내세우면서 서독이 동독을 법적으로 승인해야 하고, 서독과 동독의 관계가 두 독립 국가의 관계와 같아야 한다고 주장했다. 동독이 주장하는 '2민족 2국가론'은 "민족은 혈통, 종교와 문화, 그리고 언어의 동질성에 의해서뿐만 아니라 사회의 발전과 계급 구조의 상태에 의해서도 결정된다"라는 논리이다. 따라서 동독은 서독 민족과 동독 민족이 사회 체제나 계급 구조가 전혀 다르기 때문에 별개의 민족으로 동독과 서독이 통일될 수 없다고 주장했다. 그러나 서독은 동독을 법률상으로 승인할 수 없다는 확고한 입장이었다.

기본 조약을 체결하기 위한 회담이 에곤 바르 수상실 차관과 미카엘 콜 동독 총리실 차관 사이에 1972년 7월 시작되었다. 모스크바 조약이 비준된 상태에서 서독은 과거처럼 소련으로 하여금 동독에게 영향력을 행사하도록 할 수 없었다. 그러나 서독은 아직도 동독이 유엔이나 주요 국제기구에 가입하거나 다른 나라가 동독을 승인하는 것을 저지할 수 있었다. 서독이 주장하는 '특별한 관계'로 인해 동·서독 회담은 진전이 없었다.

이 시기에 헨리 키신저 미대통령 보좌관은 1972년 8월 모스크바를 방문했다. 그는 유럽 안보 협력 회의(CSCE)에 관해 브레주네프 서기장과 회담하면서 동·서독 회담의 신속하고 성공적인 타결을 위해 지원했다. 바르는 9월 동베를린에서 회담을 하고, 10월 8~10일에는 모스크바에서 그로미코 장관과 기본 조약에 포함될 여러 사항에 관해 협의했다. 이어 소련과 서방 3국은 서독과 동독의 유엔 가입 문제에 관해 협의했다.

1972년 10월 말 동독은 지금까지의 강경한 주장에서 후퇴하여 법적 승인이나 대사 교환에 대한 문제를 더 이상 거론하지 않기로 했다. 11월 초 서독과 동독은 협상 과정에서 의견이 가장 대립되었던 민족 문제에 관해 견해 차이가 있음을 인정하고 이에 관해서는 협의하지 않기로 합의했다. 중요한 문제가 해결되자 11월 8일 동베를린에서 '독일 연방 공화국과 독일 민주 공화국의 관계의 기본에 관한 조약'(기본조약)이 바르와 콜에 의해 가서명되었다. 이 가서명은 11월 19일에 실시될 제7대 연방 하원 선거를 다분히 염두에 둔 것이다. 기본 조약은 12월 21일 동베를린에서 바르와 콜 사이에 서명되었다. 이 조약으로 서독과 동독은 분단된 지 23년 만에 동등권을 바탕으로 하여 새로운 관계로 접어들게 되었다.

　서독과 동독은 기본 조약 전문에서 유럽 모든 국가들의 국경선의 불가침과 영토 보존, 그리고 주권의 존중이 평화를 위한 기본 조건임을 인식하고, 무력의 위협이나 사용의 포기를 규정했다. 그리고 국민의 복지를 위해 서독과 동독의 협력을 위한 전제 조건을 마련한다는 희망에서 이 조약을 체결한다고 밝혔다. 서독과 동독은 기본 조약 제1조에서 동등권의 토대 위에서 정상적인 선린 관계를 증진하기로 하고, 제2조에서 유엔 헌장의 목적 및 원칙과 모든 국가의 주권 동등에 따르기로 했다. 제3조에서 두 독일은 무력의 위협이나 사용을 포기하고, 동·서독의 현 경계선에 대해 신성불가침을 강조하며 영토 보전에 대해 제한받지 않고 상호 존중할 것을 다짐했다. 제4조에서 서독과 동독은 어느 나라도 다른 나라를 국제적으로 대표하거나 그의 이름으로 행동할 수 없다고 했다. 이외에도 서독과 동독은 유럽 안보 협력에 기여 및 군비 축소 노력 지지(제5조), 국내외 문제의 독립과 주권 존중(제6조), 경제·과학 및 기술·교통·법적 교류와 우편 및 통신·보건·문화·체육·환경보호 분야와 기타 분야에서의 협력 관계 증진(제7조)에 합의했다. 또한 상주 대표부stä ndige Vertretung 교환(제8조)도 합의했다. 동독은 대사관 교환을 끈질기게 주장했으나, 서독의 완강한 반대로 이루어지지 않았다.

　동·서독 기본 조약은 국적 문제, 가족 결합, 여행 완화와 비상업적 지불 교류, 국경 통과 지점의 추가 개통 및 4국의 권한과 책임 등에 관한 성명서, 공한, 공한 교환과 부가 의정서로 보완되었다. 국적 문제와 관련하여 서독은 "국적 문제는 조약을 통해 규정될 수 없다"는 입장을 표명한 반면, 동독은 "조약이 국적 문제 규정을 완화할 것"이라는 입장을 표명했다. 그리고 두 독일의 유엔 가입도 합의했다.

서독은 기본 조약을 체결하면서 1972년 12월 21일 동독에게 '독일 통일에 관한 공한'을 보냈다. 서독은 이 공한에서 "이 조약은 독일 국민이 자유로운 자결권으로 다시 통일을 이룩하려는 것으로, 이는 유럽의 평화를 추구하는 독일 연방 공화국의 정치적 목적과 모순되지 않는다"고 하여 통일의 의지를 분명히 했다. 이 공한은 1970년 모스크바 조약을 체결할 때 서독이 소련에게 보낸 공한과 같은 내용이다. 그러나 동독은 소련과 달리 이 공한의 접수를 확인하지 않았다.

기본 조약 비준에 관한 토의가 1973년 5월 9~11일간 연방 하원에서 있었다. 기민/기사당은 연방 정부가 동독의 불법 정권을 정당화하고 있으며, 통일에 대한 국제법적인 요구를 무력화하고 있고, 강화 조약이나 베를린에 관해서도 전독일에 관한 4국의 권한과 책임을 약화시켰다고 비난했다. 이러한 비난에 대해 연방 정부는 기본 조약을 체결했다고 해서 독일 분단을 인정하는 것이 아니라며 기민/기사당의 주장을 반박했다.

기본 조약은 5월 11일 연방 하원에서 기민/기사당의 반대에도 불구하고 비준된 데 이어, 5월 25일에는 연방 상원에서도 비준되었다. 그러나 바이에른 주정부는 기본 조약이 기본법das Grundgesetz의 정신과 일치하지 않는다는 이유로 무효라며 연방 헌법 재판소에 효력 정지 가처분을 신청했다. 바이에른 주정부는 이 제소에서 기본 조약이 기본법의 통일을 위한 사명과 베를린에 관한 기본법, 그리고 동독 주민의 보호 의무에 위배된다는 이유를 달았다. 그러나 연방 헌법 재판소는 6월 5일 효력 정지 가처분 신청을 기각하여 기본 조약은 6월 21일 발효되었다.

연방 헌법재판소는 1973년 7월 31일 기본 조약이 기본법의 통일에 대한 사명에 위배되지 않는다고 판결하면서 구속력 있는 몇 가지 주해를 달았다. 즉 여전히 하나의 독일 국적만이 있고, 서독과 동독의 경계선은 서독의 주州 경계선에 상응하는 특수한 형태이며, 연방 정부는 독일 민족의 단일성을 대외적으로 평화적인 방법으로 대표해야 하며, 서독의 보호 영역에 들어온 동독인은 서독인과 동등한 기본권을 갖고 있으며, 전독일이 국제법 주체라고 했다. 따라서 동독은 독일의 일부이며 외국이 아니라고 했다. 이후 이 내용은 기본법과 함께 서독이 추진하는 통일 정책의 기본 원칙이 되었다.

기본 조약이 발효되어 1973년 9월 12일 서독 통신사(dpa) 특파원이 동베를린에 처음으로 파견되어 업무를 시작했다. 그리고 9월 18일에는 서독과 동독은 나란히 유엔에 가입했다. 그러나 상주 대표부 설치는 1974년 3월 14일에야 타결되어 5월 2일에 본과 동베를린에 상주 대표부가 세워졌다. 상주 대표는 행정 수반에 의해 임명되어 파견되지만, 동독 주재 서독 대표부는 동독 외무부와 업무 협의를 하며, 서독 주재 동독 대표부는 연방 수상실과 업무 협의를 했다. 이는 동·서독 관계에 대한 두 나라의 입장을 나타낸 것이었다. 즉 동독은 서독 대표부를 독립 국가의 대사관으로 간주하여 외무부가 상대했다. 그러나 서독에서는 동독이 외국이 아니기 때문에 외무부가 아닌 수상실이 동독 대표부와 업무 협의를 했다.

서독은 동독을 법률상으로 승인하지 않음으로써 독일 통일의 가능성을 남겨 놓았다. 또한 분단으로 인한 모든 문제를 한꺼번에 해결할 수 없는 여건에서, 민족의 단일성을 유지하며 상호 방문 등 폭넓은 교류를 통해 서독과 동독이 더욱 가까워질 수 있는 토대를 마련했다.

프라하 조약

서독은 소련 및 폴란드와 조약을 체결하여 두 나라와 관계 개선은 물론 전유럽의 긴장 완화에 크게 기여했다. 이제 브란트 수상은 체코슬로바키아와도 관계를 개선하고자 했다. 서독과 체코슬로바키아의 관계 개선의 걸림돌은 1938년의 '뮌헨 협정'으로 인한 체코슬로바키아 쪽에 있었다.

체코슬로바키아의 쥬데텐 지방은 원래 독일인의 거주지였는데 제1차 대전 후 1919년에 체결된 베르사이유 조약에서 민족 자결주의의 원칙이 무시되고 체코슬로바키아에 편입되었다. 세계 경제 공황으로 인한 불경기 때문에 쥬데텐 지방의 독일인들이 민주 자결 운동을 일으키자, 나치가 이들을 이용하여 쥬데텐을 병합하기로 결정했다. 이에 대해 독일, 이탈리아, 영국, 프랑스 등 4국이 1938년 9월 29일 뮌헨에서 회담을 열고, 쥬데텐이 독일에 귀속됨을 인정한 협정이 '뮌헨 협정'이다.

체코슬로바키아는 서독에게 뮌헨 협정과 이에 의해 초래된 모든 결과에 대해 '처음부터(ex tunc)' 효력이 없음을 인정하도록 요구했다. 서독은 1964년에 이미 히틀러가 뮌헨 협정을 파기했으며, 영토와 관련해서 일체 의미가 없다고 선언했다. 그리고 1966년에 키징

거 수상도 뮌헨 협정이 더 이상 유효하지 않다고 밝혔다. 1967년
에는 프라하에 서독의 무역 대표부가 설치되었다.

서독은 체코슬로바키아와의 관계 개선을 위한 회담을 1971년 3
월부터 시작했다. 체코슬로바키아는 뮌헨 협정과 이에 의해 초래된
모든 결과가 '처음부터' 무효라고 계속 주장했다. 체코슬로바키아
는 뮌헨 협정 이외에도 앞으로 체결될 조약의 적용 범위에 서베를
린이 포함되는 것을 반대했다. 그러나 서독은 뮌헨 협정이 '처음부
터' 무효라는 표현에 동의할 수 없기 때문에 회담은 진전이 없었
다. 서독과 동독이 '기본 조약'에 합의 할 즈음에 소련은 서독에게
체코슬로바키아가 문제가 된 부분에 대해 타협할 뜻이 있음을 비
쳤다. 그러나 서독은 동독과 회담을 진행해야 하기 때문에 체코슬
로바키아와의 회담을 미룰 수밖에 없었다.

동·서독 기본 조약이 체결된 후 1973년 5월 7일 서독과 체코슬
로바키아의 회담이 다시 시작되었다. 두 나라 사이의 상세한 회담
을 거친 후 독일과 체코슬로바키아간의 상호 관계에 관한 조약(프
라하 조약)이 6월 20일 본에서 양국 외무장관에 의해 가서명되었다.
이어 프라하 조약은 12월 11일 프라하에서 브란트 수상과 체코 스
트루갈Lubomir Strougal 수상에 의해 서명되었다.

서독과 체코슬로바키아는 프라하 조약 전문에서 "두 나라 관계
에서 불행했던 과거를 확실히 종식시키려는 확고한 의지에서,
1938년 9월 29일에 체결된 뮌헨 협정은 나치 정권이 체코슬로바키
아 정부를 무력으로 위협하여 강제로 체결하였음을 인정하여"라며
관계 개선의 의지를 나타냈다. 제1조에서 두 나라는 뮌헨 협정을
무효로 간주했으며, 제2조에서 이 조약은 1938년 9월 30일에서

1945년 5월 9일 사이에 적용된 법률에 의해 발생된 법적 효과에 저촉되지 않는다고 했다. 제4조에서 두 나라는 상호간 어떠한 영토적 청구권도 제기하지 않겠다고 선언했다. 별도 문서에서는 1971년 9월 3일의 베를린 협정에 따라서 베를린도 이 조약의 적용 범위에 포함하기로 했다. 그리고 체코슬로바키아에 거주하는 독일인의 서독 이주 문제와 서독에 거주하는 체코슬로바키아인의 가족 결합 문제는 두 나라 적십자사에 의해 추진하기로 합의했다. 또한 협상 과정에서 뮌헨 협정 이외에 미묘한 문제였던 쥬데텐 거주 독일인의 추방에 대한 정당성 문제는 제외하기로 했다.

뮌헨 협정이 무효로 선언되었으나, '처음부터(ex tunc)' 무효냐 '지금부터(ex nunc)' 무효냐 하는 문제는 남아 있었다. 그러나 서독은 이 조약으로 체코슬로바키아와 관계를 개선함은 물론이고, 같은 해 12월에는 헝가리 및 불가리아와도 외교 관계를 수립할 수 있었다. 이로써 서독은 알바니아를 제외한 모든 동유럽 국가들과 외교 관계를 수립했다.

브란트 수상은 모스크바 조약, 바르샤바 조약, 그리고 프라하 조약을 체결하여 소련과 관계를 개선하고, 폴란드 및 체코슬로바키아와는 외교 관계를 수립했다. 또한 베를린 협정, 동·서독 기본 조약을 체결하여 서베를린의 안전을 보장하고, 서독과 서베를린 사이의 통행도 보장하였다. 이렇게 하여 브란트는 그가 추진한 '새로운 동방 정책'의 주요 목표를 달성했다. 이제 서독은 소련 및 동유럽 국가들과의 관계 증진은 물론이고, 동독과의 교류도 더욱 활성화하여 동·서독 관계가 새로운 관계로 접어들게 되었다.

제7장 1970~1980년대의 독일

사민당 정부의 개혁 정치

브란트 수상은 대외적으로 새로운 동방 정책을 추진하면서 국내적으로 여러 개혁 정책을 추진했다. 브란트는 수상 취임 후 1969년 10월 28일 연방 하원에서 행한 시정 연설에서 "우리는 더 많은 자유를 허용하고, 더 많은 책임을 요구하는 사회를 원한다"며 사회의 민주화와 조직의 현대화를 위해 광범위한 개혁을 추진하겠다고 선언했다. 이를 위해 브란트는 선거 연령의 인하, 사업 헌장법의 개혁, 교육 제도와 의료 제도의 개혁, 사회 보장 제도의 확대, 그리고 정보 독점을 막기 위한 언론법 개정 등 여러 분야의 개혁을 추진했다.

교육 분야 개혁과 관련하여 독일 교육 위원회는 4년의 준비 작업을 걸쳐 1970년 2월 교육 제도의 구조 개혁을 마련했다. 이 계획에는 초등학교 취학 연령의 1살 인하, 초등학교 졸업생의 김나지움(인문계 중·고교 과정)이나 실업계 상급 학교로의 진학 확대, 그리고 교육 발전을 위해 1980년까지 1,000억 마르크의 재원 확보 등의 내용이 포함되었다. 이어 1972년에는 심각하게 부족한 대학 시설을 대폭 확충하기 위해 1975년까지 대학생 수를 1969년보다 45%

확대하는 계획 등을 마련했다.

1973년 1월에는 전국 대학의 신입생 배정 업무를 담당하는 대학 배정 센터(ZVS)가 도르트문트에 세워졌다. 대학 배정 센터는 의대, 치대 및 일부 법대 등 대학 시설이 부족하거나 지원자가 많이 몰리는 학과에 대학 입학 제한 규정Numerus clausus을 마련했다.

1973년 9월 연방 수상과 주수상들은 연방-주 교육 위원회가 마련한 교육 종합 계획을 채택했다. 이 계획은 교육 제도를 초등 분야, 중등 분야(I, II), 그리고 대학 분야의 3단계로 구분하여 각 분야의 특성을 살려 교육 제도의 전반적인 개혁을 추진하는 내용이다. 이 계획은 1970년에 제정된 교육 제도의 구조 계획과 과학 위원회의 제안을 토대로 만들어졌다. 그러나 1973년 말 밀어닥친 경제 위기로 인해 재원 조달이 어렵게 되어 교육 개혁은 계획대로 추진되지 못했다.

또한 근로자의 권리도 많이 신장되었다. 1971년 11월에 사업 헌장법이 개정된 데 이어, 고용주와 노동조합의 오랜 협의 끝에 1976년 3월에 근로자의 '공동 결정권das Mitbestimmungsrecht'에 관한 법이 개정되어 7월 1일에 발효되었다. 이로 인해 주식회사, 유한회사와 합자회사 등 법인과 근로자가 2,000명 이상인 사업체의 감독 위원회는 근로자 대표와 고용주 대표를 같은 수로 구성하도록 했다. 이로 인해 근로자도 의사 결정에 참여할 수 있게 되었다. 공동 결정권 제도는 1951년 이래 광산업체에서 실시되고 있는 제도를 모델로 삼았다. 그러나 언론, 교육, 종교적 사업체에서는 이 법의 적용이 제외되었으며, 광산업체에는 1951년에 제정된 규정이 계속 적용되었다.

'공동 결정권'에 관한 법이 개정되자 30여개의 고용주 단체는 이 법이 소유권과 임금 자율권에 관한 기본권에 위배된다는 이유로 1977년 6월 연방 헌법 재판소에 제소했다. 이 제소에 대해 연방 헌법 재판소는 1979년 3월 이 법의 모든 조항이 헌법에 일치한다며 고용주 단체의 제소를 받아들이지 않았다.

1970년대 초에는 낙태 처벌 규정인 형법 제218조에 관한 논란이 큰 사회 문제가 되었다. 이는 1971년 6월 일부 유명 인사가 포함된 수백 명 여성들의 불법적인 낙태 실상에 관한 주간지 『쉬테른Der Stern』지의 보도가 발단이 되었다. 이후 낙태를 어느 범위까지 처벌하지 않고 허용해야 할 것인가에 관해 의회에서 많은 토론이 있었다. 사민당(SPD)과 자민당(FDP)은 임신 3개월 이내에 일정 조건하에 행한 낙태를 처벌하지 않는 법안을 선호했다. 이에 반해 야당인 기민/기사당(CDU/CSU)은 낙태를 일정 기간을 기준으로 허용하기보다는 의학적, 우생학적, 또는 윤리적인 사유로만 허용해야 한다는 입장이었다.

형법 제218조 개정안은 연방 하원에서 오랜 협의와 토론 끝에 1974년 4월 26일 야당인 기민/기사당의 반대 속에 통과되었다. 이로 인해 임산부는 임신 12주 이내에 의사의 진찰을 받는 경우에는 처벌을 받지 않고 낙태를 할 수 있게 되었다. 그러나 이 법안은 5월 10일 야당인 기민/기사당이 다수를 차지하는 연방 상원에서 부결되었으나 이 법안은 여당이 다수인 연방 하원에서 재의결되어 통과되었다. 이어 6월 5일에는 연방 대통령이 서명했다.

법안이 확정되었으나 바덴-뷔르템베르크 주정부와 바이에른 주정부는 이 법에 문제가 있다며 연방 헌법 재판소에 제소했다. 이 제소에 대해 1974년 6월 21일 연방 헌법 재판소는 일정 기한 내에 의사의 진단에 따른 낙태를 허용하는 제218조의 시행에 문제가 있다는 이유를 들어 잠정 중지시켰다. 이어 1975년 2월 25일 연방 헌법 재판소는 일정 기한 내의 낙태 허용은 헌법에 위반된다고 판결하면서, 새로운 규정이 제정될 때까지 의사가 허용한 낙태에 한해 예외적으로 처벌하지 않도록 했다. 이와 함께 연방 헌법 재판소는 일정 기한 내 낙태를 허용하기보다는 일정한 조건에 의한 낙태를 허용하도록 하는 절충안을 내놓았다.

연방 헌법 재판소의 이러한 권고에 따라 연방 하원은 1976년 2월 12일 사회적, 의학적, 그리고 윤리적인 사유에 의해서만 낙태를 허용하도록 관련법을 개정했다. 그러나 여성이 경제적으로 어려운 경우에도 낙태를 할 수 있도록 한 사회적 규정에 관해 큰 논란이 있었고, 가톨릭계도 비난하였으나, 새 규정안은 5월 18일 발효되었다.

사민당 정부는 선거 연령과 피선거 연령 인하도 추진했다. 이 결과 1970년 6월 선거권은 종전 21세에서 18세로, 피선거권은 25세에서 21세로 각각 낮아졌다. 피선거 연령은 1975년 1월에 다시 낮아져 선거 연령과 같이 18세가 되었다. 그리고 성년의 나이는 종전 21세에서 1975년 1월 1일부터 18세로 낮아졌다.

그리고 사민당 정부는 군복무 기간 단축도 추진하여 1972년 6월 군복무 기간을 종전 18개월에서 15개월로 줄이고, 1971년 10월 1일 입대자부터 소급 적용했다. 병역 의무 제도는 1956년 7월에 제정되어 18세에서 45세까지의 남자에게 12개월을 복무하도록 했다. 베를린 장벽이 세워지고 서독과 동독이 긴장 상태에 있던 1962년부터는 복무 기간이 6개월 연장되어 18개월로 되었다가, 이번에 3개월이 줄어든 것이다. 또한 1973년 7월 1일부터 병역 대체 복무

법이 공익 복무법으로 바뀌어 공공 기관에서 근무하는 경우에도 군복무와 동등하게 대우하도록 했다.

이밖에도 사민당은 의료 보험 제도 개선 등 여러 개혁 조치를 추진했다. 그러나 1973년 말 시작된 경제 위기로 인한 재정 부족과 연정을 이루고 있는 자민당의 반대, 그리고 브란트 수상의 갑작스런 퇴진으로 인해 사민당이 추진하고자 했던 많은 개혁 정책은 연기되거나 큰 결실을 보지 못했다.

경제 위기

독일 경제는 1968년에 12% 가까운 높은 성장을 했다. 높은 경제 성장으로 물가 상승이 우려되자 독일 정부는 1969년과 1970년 공공 투자 축소아 예산 삭감 조치 등 경기를 진정시키는 긴축 정책을 실시했다. 또한 1969년 초 미 달러화의 약세로 독일 마르크화(DM)의 강세가 계속되었으나, 평가 절상은 총선(1969. 9)이 끝난 뒤로 미루어져 미화 1불당 4.0마르크였던 환율은 1969년 10월에 3.66마르크로 절상되었다. 마르크화는 이후에도 여러 차례 절상되어 1973년 2월에는 1불당 2.9마르크까지 올라갔다. 경제 성장이 계속되자 1973년에 들어서도 2월과 5월 두 차례의 석유세 인상, 세금 감면 조치 철폐, 그리고 할인율 인상 등의 경기 과열 진정 조치가 있었다.

그러나 이러한 경기 과열 진정 조치는 중동 전쟁으로 인한 경제 위기로 몇 달 지나지 않아 폐지되었다. 1973년 10월에 일어난 이스라엘과 아랍 국가들 사이의 제4차 중동 전쟁은 전세계를 경제 위기로 몰아넣었다(오일 쇼크). 아랍 국가들은 10월 17일 이스라엘에 압력을 넣기 위해 미국 등 서방 국가에 석유를 무기 삼아 영향력을 행사하고자 했다. 아랍 국가들은 이스라엘 군이 1967년 이래 점령하고 있는 시나이 반도와 골란 고원에서의 철수를 요구하며, 이 요구가 받아들여질 때까지 미국과 이스라엘을 지원하는 나라들에 석유 공급을 줄이고, 가격도 인상하겠다고 결의했다. 11월 5일 석유 수출국 기구(OPEC)가 석유 공급의 25% 감축을 결의하자, 유가油價가 폭등하여 천연 자원이 빈약한 나라들은 매우 어렵게 되었다.

석유 수입량의 75%를 아랍 국가에서 수입하는 독일도 예외가 아니어서 독일은 전후 처음으로 심각한 경제 위기에 처했다. 석유 공급 부족과 유가 상승에 따른 어려움을 극복하기 위해 1973년 11월 연방 하원은 1974년 말까지 한시적으로 적용할 에너지 안전 공급법을 제정했다. 이 법에 의해 4주간 한시적으로 일요일 차량 운행이 금지되고, 고속도로와 국도에서 차량 속도 제한 조치가 실시되었다. 1973년 12월에는 불과 7개월 전에 실시된 경기 과열 억제 조치가 폐지되고, 경기 회복 조치와 투자 장려 정책이 취해졌다.

이러한 경제 위기에서 실업자도 자연히 늘어났다. 1967년 2월에 67만 명에 이르렀던 실업자는 대연정(1966~1969년)의 성공적인 경제 정책으로 1969년 이래 20~30만 명 수준에 머물렀다. 그러나 1973년 10월에 시작된 오일 쇼크로 경기가 침체되자, 실업자는 다시 늘어나기 시작했다. 1973년에 1.2%였던 실업자는 1974년에 57만 명(2.6%)으로, 1975년에는 107만 명(4.7%)으로 크게 늘어났다.

따라서 실업자 문제 해결 등 경제 위기 극복이 정부가 해결해야 할 주요 과제였다. 실업자 문제를 해결하기 위해 독일은 실업 수당과 실업자 보조금을 인상하고, 유럽 경제 공동체(EC) 회원국 이외의 외국인 근로자의 유입을 금지했다. 실업자가 크게 증가한 데다 실업 수당과 실업자 보조금 인상으로 재정 지출이 늘어나 공공 부문의 재정 적자는 크게 늘어났다. 재정 적자가 늘어나 재원 조달이 어려워지자 자연히 독일 정부가 추진하고자 했던 교육 개혁 등 여러 개혁 조치가 무산되거나 연기되어야 했다. 일부 국민들은 경제 위기에 대한 관리 능력이 부족하다며 정부를 비난했다.

브란트 수상의 퇴진

브란트 수상은 새로운 동방 정책으로 소련, 폴란드 및 체코슬로바키아 등 국가들과 조약 체결을 통해 관계를 개선했다. 또한 그는 두 독일의 유엔 가입, 상주 대표부 교환, 그리고 인적 교류 등을 통해 동독과의 관계도 개선시켜 나갔다. 그러나 브란트는 뜻하지 않은 일로 수상직에서 물러났다.

중동 방문을 마치고 1974년 4월 24일 퀼른-본 공항에 도착한 브란트 수상은 공항에서 한스-디트리히 겐셔Hans-Dietrich Genscher 내무장관으로부터 연방 수상 보좌관인 귄터 귀욤Günter Guillaume이 그의 처와 함께 간첩 혐의로 그날 아침에 체포되었다는 보고를 받았다.

브란트는 동독 간첩이 연방 수상실에 침투하고, 또 그 간첩이 바로 자신의 보좌관이라는 데에 정치적 책임을 지고 사퇴하기로 했다. 그는 5월 6일 다음과 같은 사직서를 하이네만 연방 대통령에게 제출하고 5월 7일 수상직에서 물러났다.

존경하는 연방 대통령께   1974. 5. 6

　본인은 귀욤 간첩 사건과 관련한 부주의에 대해 정치적 책임을 지고 연방 수상직 사퇴를 선언합니다. 이와 동시에 이 사퇴를 즉시 효력 있게 해주시고, 후임자가 선출될 때까지 본인의 대리인 쉘 장관이 연방 수상의 업무를 맡아 보도록 하여 주시기를 요청합니다.

빌리 브란트

　브란트를 물러나게 한 간첩 귀욤은 동독의 한 출판사에서 일하던 중 동독 국가 안전부에서 간첩 교육을 받고 1956년 서독으로 이주했다. 귀욤은 1957년에 사민당에 입당한 데 이어 1968년에는 프랑크푸르트 시의회 사민당 원내 대표로 활동하면서 고위 정치가들과 인연을 맺기 시작했다. 서독 정보기관의 유보 의견이 제시되었음에도 불구하고, 귀욤은 1972년에 연방 수상실 보좌관이 되었다. 귀욤은 서독으로 넘어온 이후 18년 동안 서독의 중요한 정보를 빼내어 동독으로 넘긴 것으로 밝혀졌다. 체포된 귀욤은 1975년 12월 고등 법원에서 국가 반역죄로 13년을, 그의 처는 8년형을 각각 선고받았다. 복역 중이던 귀욤은 1981년 9월 28일 연방 대통령의 특사로 풀려나 10월 1일 동독에 수감되어 있는 서독 간첩들과 교환되어 동독으로 송환되었다.

　비록 브란트가 퇴진하였으나 사민당과 자민당은 5월 9일 연정을 계속하기로 합의했다. 연방 하원은 5월 16일 재무장관 헬무트 슈미트Helmut Schmidt를 연방 수상으로 선출했다.

　브란트 후임으로 연방 수상에 취임한 슈미트는 1918년 12월 23일 함부르크에서 태어났다. 슈미트는 1953년 제2대 연방 하원 선거에 당선되어 의원이 되었으며, 기민/기사당과 사민당의 대연정 (1966~1969년) 시기에는 사민당 원내 대표를 지냈다. 1969년 9월 사민당의 총선 승리로 브란트가 연방 수상이 되자 그는 국방장관 (1969. 10~1972. 7)과 경제·재무장관(1972. 7~1972. 12)을 거쳐 브란트가 사임할 때까지 재무장관(1972. 12~1974. 5)을 역임하면서 풍부한 행정 경험을 쌓았다.

슈미트 수상은 5월 17일 연방 하원에서 발표한 시정 연설에서 '지속持續과 전념專念'을 표방하면서 신정부가 추진하고자 하는 정책 방향을 밝혔다. 그는 지난 1969년 이래 사민당-자민당의 연정이 이룩한 성과를 중간 평가하고, 신정부의 주요 목표로 지금까지 추진해온 경제·재정 정책의 지속적 추진, 실업자 퇴치, 유럽 통합의 촉진, 그리고 확고한 대서양 동맹 등을 내세웠다.

힌핀 슈미트를 연방 수상으로 선출하기 하루 전인 1974년 5월 15일에 연방 대통령 선거가 실시되었다. 사민당 출신인 하이네만 대통령이 1년 전에 이미 고령을 이유로 더 이상 후보로 나서지 않겠다는 입장을 표명했기 때문에, 자민당 대표이며 외무장관인 발터 쉘Walter Scheel이 후보가 되었다. 그는 기민/기사당이 추천한 리하르트 폰 바이체커Richard von Weizsäcker 후보를 누르고 제4대 연방 대통령으로 당선되었다. 그의 연방 대통령 당선에는 사민당의 지지가 절대적이었다. 1954년 이후 서베를린에서 실시되던 연방 대통령 선거는 25년 만에 처음으로 수도 본Bonn에서 실시되었다. 이는 1972년의 베를린 협정에 의해 연방 대통령 선거를 더 이상 서베를린에서 할 수 없게 되었기 때문이다. 쉘 외무장관이 연방 대통령으로 선출되어 신임 외무장관으로는 자민당 소속 내무장관인 겐셔가 임명되었다.

브란트의 퇴진으로 많은 관심과 기대 속에 시작되었던 개혁의 시대Reform-Ära는 지나갔다. 빌리 브란트는 비록 연방 수상 직에서는 물러났지만 사민당 대표직을 계속 유지하며 사민당을 이끌어갔다.

폭력과 테러

1960년대 후반 대학생 시위로 어려움을 겪었던 독일 사회는 70년대 들어 폭력과 테러로 또 다시 어려움을 겪었다. 특히 적군파 Rote Armee Fraktion(RAF)에 의한 무자비한 테러는 독일 사회를 불안하게 했다.

적군파는 "무력 투쟁이 계급 투쟁과 반제국주의 투쟁의 최고의 형태"임을 내세우며 1970년 5월에 마인호프Ulrike Meinhof와 바더 Andreas Baader에 의해 결성된 테러 단체다. 마인호프는 프로레타리아를 조직하고 무력 논쟁을 관철시키기 위해서는 적군파의 결성이 필요하다고 주장했으며, 바더는 1968년의 프랑크푸르트 백화점 방화범으로 체포되어 복역중이던 1970년 5월 마인호프의 도움으로 탈출하여 적군파 결성을 주도했다. 적군파 단원들은 1970년 중동에서 군사 훈련도 받았다.

적군파의 테러는 1972년에 크게 늘어났다. 적군파에 의해 연방 판사가 목숨을 잃고, 함부르크의 스프링거 빌딩과 프랑크푸르트와 하이델베르크의 미군 시설도 공격을 받았다. 적군파의 테러가 늘어나자 독일 정부는 적군파에 대한 대대적인 소탕 작전을 벌여 1972년 6월 책임자 마인호프와 바더를 포함하여 엔쓰린 등 적군파 단원 7명을 체포했다.

이러한 가운데 1972년 9월 뮌헨 올림픽 기간 중 발생한 테러로 독일은 물론 전세계가 놀랐다. 테러 단체 '검은 구월단'에 소속된 팔레스타인 단원들은 9월 5일 이스라엘 선수촌 숙소를 습격했다. 테러범들은 이스라엘 선수 2명을 사살하고 9명을 인질로 삼으며, 이스라엘에 수감되어 있는 팔레스타인 죄수 200명의 석방을 요구했다. 이 사건은 독일 경찰에 의해 테러범 5명이 사살되고 3명이 체포되어 진압되었으나, 이스라엘 선수 9명과 경찰관 1명이 목숨을 잃었다. 올림픽 경기는 1일간의 애도 후에 재개되었다.

이후에도 적군파의 테러는 계속되었다. 1974년 11월 연방 판사의 피살, 1975년 2월 피터 로렌츠 기민당 서베를린 대표의 납치, 4월에는 스웨덴 주재 독일 대사관 습격 등 테러가 있었다. 적군파의 테러 행위는 1977년 절정에 달해 독일 사회를 더욱 불안하게 했다. 그해 4월 7일 부박Siegfried Buback 검찰총장이 운전기사와 함께 피살된 데 이어, 7월 30일에는 폰토Jürgen Ponto드레스덴 은행장이 납치되어 살해되었다. 부박 검찰총장의 살해는 그가 1974년 바더와 마인호프 등 적군파 핵심 단원을 기소한 데 대한 보복이었다.

이어 적군파는 1977년 8월에 연방 대검찰청 청사에 로켓 공격을 하였고, 9월 5일에는 쉴라이어Hanns-Martin Schleyer 고용주 협회 회장을 납치하여 복역 중인 11명의 적군파 단원의 석방을 요구했다. 납치 과정에서 그의 경호원 3명과 운전사가 살해되었다. 그러나 슈미트 수상은 비상 대책 위원회를 구성하며 적군파의 협박에 굴복하지 않겠다고 선언했다.

독일 정부의 입장이 강경한 가운데 1977년 10월 13일 아랍-팔레스타인 테러범들은 스페인 마요르카 공항에서 프랑크푸르트로 향하는 독일 루프트한자 여객기를 납치했다. 납치범들은 82명의 승객과 5명의 승무원을 인질로 삼아, 종신형을 선고받고 복역중인 적군파 단원 11명과 터키 테러범 2명의 석방을 요구했다. 그러나 독일 국경 수비대 특별팀(GSG 9)이 10월 18일 소말리아의 모가디슈 공항에서 인질을 구출하여 납치는 실패했다. 다음날 쉴라이어 회장은 시체로 발견되었다. 독일 형무소에서 복역중이던 적군파 단원 바더와 라스페는 석방될 가망이 없자 권총으로, 에쓰린은 목을 매어 각각 자살했다.

독일 정부는 테러가 늘어나자 테러범에 대한 처벌을 강화하기 위해 1976년 8월 형법에 반테러 조항을 신설하여 테러 단체를 결성하는 경우 중형 처벌이 가능하게 되었다. 1978년에도 법을 개정하여 테러범에 대한 처벌을 신속히 할 수 있도록 한 데 이어, 국경을 넘나드는 테러범을 소탕하기 위해 이탈리아, 오스트리아, 스위스 및 프랑스 등 주변국들과의 협력을 강화했다.

독일 정부의 이러한 조치에도 불구하고 적군파의 테러는 계속되었으나, 1982년 적군파 우두머리인 클라르Christian Klar를 비롯한 다수 단원들이 체포된 이후 다소 약화되었다.

국내외 정세

1975년 8월 1일 핀란드 헬싱키에서 유럽의 안보와 협력 관계를 설정하기 위한 유럽 안보 협력 회의(CSCE) 정상회의가 열렸다. 동·서독을 포함한 유럽 국가들과 미국, 캐나다 등 35개국 정상들이 참석한 이 회의에서 유럽 안보 협력 회의 최종 의정서가 채택되었다. 1973년 7월 3일 헬싱키에서 첫 준비 회의가 열린 이후 2년 만에 최종 의정서가 채택된 것이다.

헬싱키 최종 의정서는 세 부분으로 나뉘어져 있는데, 제1부 유럽 안보, 제2부 경제·과학·기술 및 환경 분야에서의 협력, 제3부 인도적인 문제와 기타 문제에서의 협력이다. 헬싱키 최종 의정서는 동·서 양 진영의 관계를 규정하는 기본 틀이다.

제1부 유럽의 안보와 관련해서 국제 평화를 위한 공동의 정치 원칙과 기본 원칙에 관한 10개항의 원칙이 채택되었다. 이 10개항은 회원국간 주권의 동등, 무력 위협이나 사용의 포기, 국경선의 신성불가침, 영토의 불가침, 분쟁의 평화적 해결, 국내 문제 불간섭, 인권의 존중과 사상·양심·종교·신념의 자유를 포함한 기본 자유에 대한 존중, 민족의 동등권과 자결권, 국가 사이의 협력, 그리고 국제법적인 의무의 성실한 이행이다. 특히 인권 존중을 강조한 점이 특징이다.

헬싱키 최종 의징서는 서독에게 큰 의미가 있다. 제1부에 국경선의 신성불가침과 영토의 불가침을 규정하고 있다. 그러나 민족 자결권의 인정으로 인해 서독은 기본법상의 통일 의무를 유지할 수 있게 되어서 독일 통일 가능성은 유지되게 되었다. 또한 제3부의 인도적 문제를 통해 동독의 인권 침해 행위를 거론하고, 동독과 인적 교류도 추진할 수 있게 되었다. 그러나 동독은 1부에 규정된 국내 문제 불간섭의 원칙이 유지되는 범위에서 인권과 기본 자유를 존중한다는 입장이었다.

1976년 10월 3일 실시된 제8대 연방 하원 선거는 슈미트 수상 취임 이후 첫 선거였다. 선거는 장기 불황으로 인한 경제 위기, 실업자 문제와 연이은 테러 사건으로 인한 치안 문제가 주요 쟁점으로 대두되었다. 야당인 기민/기사당은 기민당(CDU) 대표 헬무트 콜 Helmuth Kohl을 수상 후보로 내세우고, '자유 아니면 사회주의'란 구호 아래 정부의 실정을 공격했다. 실정이란 경제 불황 극복을 위한 대처 능력 부족, 사회 안전망 미비, 테러 근절 미비 등이었다. 자민당(FDP)이 사민당(SPD)과 연정을 계속하기로 결정했기 때문에 기민/기사당은 과반수 의석을 확보하기 위해 많은 노력을 했다.

선거 결과 기민/기사당은 과반수를 얻지 못했지만 지난 1972년 선거보다 3.9% 증가한 48.6%의 높은 지지를 얻었다. 이에 반해 사민당은 3.2%가 줄어든 42.6%를, 자민당은 0.5% 떨어진 7.9%를 각각 얻었다. 비록 사민당이나 자민당 모두 지난 선거보다도 지지율이 떨어졌으나, 두 정당은 계속 집권이 가능했다.

연정 수립을 위한 협상에서 사민당과 자민당은 선거 유세 과정에서 약속했던 연금 인상 문제 등에 의견 대립이 있었으나, 결국 연정 수립에 합의했다. 슈미트는 1976년 12월 15일 수상으로 재선되어 그의 두 번째 내각이 출범했다.

1979년 5월 23일에 제5대 연방 대통령 선거가 실시되었다. 카스텐스Karl Carstens 연방 하원 의장이 기민당(CDU) 후보로 출마를 선언하자, 쉘 대통령은 재선이 어렵다고 판단하고 출마를 포기했다. 사민당(SPD)은 연방 하원 부의장인 렝어Annemarie Renger를 후보로 지명했다. 선거 결과 카스텐스가 당선되었다. 지난 1969년 이래 10년 동안 사민당(하이네만)과 자민당(쉘) 인사가 역임해 온 연방 대통령에 기민당 인사의 당선은 사민당과 자민당의 세력 약화를 반영하는 것이기도 했다.

여기에 자민당(FDP)은 1978년 이후 실시된 일련의 주의회 선거에서 지지율이 떨어졌다. 그 결과 자민당은 함부르크와 니더 작센 주의회 진출이 좌절되고, 일부 진출한 주의 경우에도 지지율이 5%를 간신히 넘을 정도였다. 이러한 주의회 선거 결과는 1980년 실시될 연방 하원 선거를 앞두고 있는 사민당이나 자민당을 다소 불안하게 했다. 자민당이 연방 하원 선거에서 5% 이상의 지지를 얻지 못한다면 연방 하원에 진출하지 못함은 물론이고, 사민당의 집권 또한 어렵기 때문이었다.

이러한 가운데 1980년 10월 5일에 실시된 제9대 연방 하원 선거 결과 자민당의 약진으로 사민당과 자민당의 연정 지속이 가능하게 되었다. 이 선거에 기사당(CSU)의 대표이며 바이에른 주수상 슈트라우스Franz Josep Strauß가 기민/기사당의 연방 수상 후보로 나섰다. 슈트라우스는 기민당(CDU)의 알프렉트Ernst Albrecht 니더 작센 주수상을 힘겹게 물리치고 수상 후보가 되었으나, 집권에 실패했다.

기민/기사당은 1976년 선거보다 4.1%가 떨어진 44.5%를 얻었는데, 이는 1949년 이래 가장 낮은 지지율 이었다. 사민당은 0.3%가 증가한 42.9%를 얻었으며, 자민당은 2.7%가 증가한 10.6%의 지지를 얻어 연방 하원 진출에 대한 우려를 말끔히 씻어냈다. 자민당이 이와 같이 높은 지지를 얻은 데에는 선거전에서 반反슈트라우스 캠페인을 벌인 것이 큰 도움이 되었다. 이번 선거에 녹색당綠色黨이 처음 나섰으나 1.5%의 지지를 얻는 데 그쳐 의회 진출에 실패했다. 녹색당은 1978년 7월 조직되어 1980년 1월 전국 정당으로 발전했다.

자민당이 큰 지지를 얻은 데 힘입어 사민당과 자민당은 전보다 더욱 안정된 가운데 연정을 계속해 나갔다. 11월 5일 슈미트는 수상으로 다시 선출되어 그의 3기 내각이 출범했다. 슈미트 수상은 11월 24일 정부 시정 연설에서 '미래에 대한 용기'를 강조하며 어려운 경제 여건과 예산 사정을 염두에 두고, 예산 절감과 시장 여건에 입각한 경제 정책을 통해 점진적인 개선을 약속했다.

1970년대 후반 들어 독일은 핵무기 배치 문제로 큰 논란에 휩싸였다. 서유럽과 미국은 소련이 중거리 핵 로켓(SS-20) 등 신형 무기를 동독과 체코슬로바키아에 배치하며 군비를 증강하자 안보에 큰 위협을 느꼈다. 이에 북대서양 조약 기구(NATO)는 동유럽의 핵무기 우위에 대항하기 위해 1979년 12월 12일 '이중 결의der Doppelbeschluβ'를 채택했다.

'이중 결의'란 우선 나토가 소련과 군비 축소에 관해 대화를 하되, 그럼에도 소련이 동유럽에 배치한 중거리 핵 로켓(SS-20)을 철거하지 않으면 서독과 일부 서유럽 국가에 핵무기를 배치한다는 계획이다. 즉 나토는 소련이 동유럽에 배치한 핵무기를 철거하지 않으면, 1983년부터 서독에 퍼싱 II(사정거리 1,800km) 108기와 쿠르즈 미사일(사정거리 2,500km) 96기를, 네덜란드, 벨기에 및 이탈리아에는 쿠르즈 미사일 368기를 각각 배치하고자 했다.

'이중 결의' 제의에는 슈미트 수상이 큰 역할을 했다. 슈미트 수상은 1979년 12월 3~7일 서베를린에서 열린 사민당 전당 대회에서 '이중 결의'를 제의하여 지지를 얻은 바 있다. 소련은 나토의 '이중 결의' 채택을 강하게 비난했다. 서독에서도 이 결의에 대한 찬·반 여론이 첨예하게 대립된 가운데 '이중 결의'에 반대하는 시위가 크게 일어났다.

슈미트는 나토가 핵무기 배치를 결의하면 소련이 대화에 응할 것으로 생각했다. 그러나 소련은 대화에 응하기는커녕, 1979년 12월 27일 아프가니스탄을 침공했다. 이는 소련이 무력으로 세력 범위를 확장하려는 것으로 국제적인 긴장 완화 노력에 종지부를 찍었다. 미국과 서유럽 국가들은 소련의 침략 행위를 강하게 비난했으며, 이로 인해 미국과 소련의 관계는 급속히 악화되었다. 미국은 전략 무기 제한 협정(SALT II)비준을 유보하고, 1980년 모스크바 올림픽도 불참했다. 올림픽에는 미국 이외에 캐나다와 서독 등 30여 개국이 불참했다.

이러한 가운데 1980년 폴란드에서 일어난 자유 노조 설립을 요구하는 시위와 파업으로 인해 국제 관계는 긴장 상태가 계속되었다. 8월 말 자유 노조가 설립되고, 자유 노조의 요구가 거세어지자 폴란드 야루젤스키 서기장은 1981년 12월 13일 전쟁을 선포했다.

폴란드 노조의 자유화 운동은 동독의 국내 정세를 불안하게 했다. 동독 공산당 지도부는 폴란드 사태가 1968년에 있었던 체코슬로바키아 자유화 운동인 '프라하의 봄' 사태처럼 동독에 위태롭다고 평가했다. 그리고 노조의 자유화 운동은 서독과의 관계 개선에도 지장을 주었다.

1981년 1월 미국 대통령에 취임한 레이건Ronald Reagan이 소련에 대해 강경 정책을 추진하자 미국과 소련의 관계는 더욱 악화되었다. 이러한 국제 긴장이 지속되는 여건에서 서독이 추진하는 동독이나 동유럽 국가들과의 관계 개선은 어렵게 되었다.

연정의 붕괴

사민당(SPD)과 자민당(FDP)의 연정이 계속되고 있었으나, 1980년 이후 두 정당 사이에 의견 대립이 생기기 시작했다. 두 정당은 실업자 문제, 재정 적자 해소 문제 등과 관련하여 의견이 대립했다. 특히 자민당은 1980년 연방 하원 선거에서 예상외로 높은 지지를 얻자 사민당에 대해 당의 입장을 더욱 강하게 주장했다.

사민당과 자민당은 안보 정책에 관해서는 비교적 같은 의견이었으나, 경제와 재정 정책, 특히 사회 보장 정책에 관해서는 입장이 크게 달랐다. 사민당은 비록 재정 적자가 늘어나도 사회 보장제에 의한 지원을 축소하지 않으려 했다. 이와는 달리 자민당은 이러한 지원을 폐지하거나 축소하여 재정 지출을 줄이고자 했다.

자민당의 이러한 입장을 반영하기 위해 자민당 대표 겐셔는 1981년 8월 29일 당 지도부에 서한을 보내 철저한 긴축 정책을 통한 재정 정책의 전환을 촉구했다. 이 서한은 사민당을 멀리하고 기민당과 정책 공조를 펴려는 자민당의 태도 변화를 암시하는 것이었다.

사민당과 자민당은 1982년도 예산의 재원 조달과 관련하여 의견이 대립했다. 1981년 9월에 1982년도 예산과 밀접한 관련이 있는 예산 절약 법안이 야당인 기민/기사당이 우위를 차지하고 있는 연방 상원에서 부결되자, 연방 정부가 약 66억 마르크를 더 삭감하기로 하고 예산안은 어렵게 통과되었다. 1982년도 예산이 통과되었으나, 늘어나는 재정 적자를 축소하기 위한 방안에 관해 사민당과 자민당의 입장 차이는 계속되었다.

1980년 들어 독일 경제는 침체하기 시작했다. 1979년에 4.1%였던 경제 성장률은 1980년부터 크게 떨어져 1980년 0.9%, 1981년 0%, 1982년에는 −1.1%를 기록했다. 경제 침체로 실업자가 늘어나고 재정 상태가 악화되자 사민당의 입장은 더욱 어렵게 되었다. 경제 정책과 사회 보장 정책에 관해 사민당과 자민당은 물론 사민당 안에서도 의견 대립이 계속되었다. 이러한 상황에서 슈미트 수상은 1982년 2월 3일 고용 촉진 프로그램 법안을 연방 하원에 제출하면서 이 법안의 통과를 자신의 신임과 연계시키겠다고 선언했다. 2월 5일 연방 하원은 찬성 269, 반대 224표로 고용 촉진 프로그램을 채택했다. 결과적으로 슈미트 수상은 재신임되었다.

경제 정책과 사회 보장 정책에 관해 크게 대립하던 사민당과 자민당 두 집권 정당은 1983년도 예산에 관해서도 첨예하게 대립했다. 이러한 정책 대립이 있었으나 사민당과 자민당은 1982년 6월 30일 재정 적자를 확대하고, 예산을 절감하는 방안을 마련하여 1983년도 예산안에 어렵게 합의했다.

경제 침체 속에 실업자가 증가하고, 실업자 증가로 인해 재정 적자가 계속 늘어나자 연방 정부는 또 다시 예산을 삭감해야 했다. 어느 부문에서 재정 지출을 줄이고, 또 어떻게 새로운 재원을 조달하느냐 하는 방안에 사민당과 자민당은 8월 25일 또다시 의견이 대립했다. 재정 지출을 줄이기 위해 의료 보험, 연금 보험, 실업 보험금 인상 등이 추진되었다.

슈미트 수상은 1982년 9월 9일 국정 현안에 관한 시정 연설에서 비록 자민당(FDP)과 경제 정책 방향이 다르지만 자민당과의 연정을 계속 유지하겠다는 입장을 밝혔다. 그는 연정의 지속을 확신하며 야당에 대해 '건설적 불신임'에 의해 연정의 연대성을 시험해 보라고 제의하기도 했다.

슈미트 수상의 지시로 람스도르프Graf Lambsdorff 경제장관(FDP)은 최근의 경제 문제와 재정 적자를 해결할 내용이 담긴 보고서를 작성했다. 람스도르프는 이 문서에서 사회 보장 제도의 대폭 축소를 통한 획기적인 재정 감축과 성장 위주 정책의 수정 등을 제시했는데, 이는 사민당의 정책과 반대되어 사민당이 도저히 수용할 수 없는 정책이었다. 자민당은 사민당과의 연정 파괴 가능성을 염두에 두고 당의 입장을 강하게 주장한 것이다.

람스도르프 보고서를 접한 슈미트 수상은 9월 17일 이 문서가 자민당이 사민당과 결별하려는 의도라 생각하고 람스도르프 장관을 해임하려 했다. 이에 반발하여 겐셔 외무장관과 바움 내무장관 등 자민당 소속 4명의 장관들은 장관직 사퇴를 선언했다.

이런 상황에서 슈미트 수상은 자민당과의 연정이 붕괴되었음을 선언하고, 자신이 외무장관을 겸직하는 등 사민당만의 소수 내각을 구성했다. 이로써 지난 1969년 10월 이래 13년간 지속되었던 사민당과 자민당(SPD-FDP)의 연립 정부는 무너졌다. 이와 함께 슈미트 수상은 연방 하원을 조기에 해산하고 연말에 총선을 실시하여 위기를 넘기려고 했다.

그러나 기민/기사당과 자민당은 9월 28일 슈미트 수상의 조기 총선 계획에 반대하며, 사민당 정부를 붕괴시켜 두 정당이 연정을 수립하기로 합의했다. 두 정당은 연정 합의서에서 특히 사회 보장 비용 지출을 축소하고, 재원 조달을 위해 부가 가치세를 1% 인상하여 14%로 하기로 합의했다. 이러한 연정 수립안에 대해 기민/기사당 지도부는 압도적으로 찬성했다. 그러나 자민당 지도부에서는 반대가 심하여 연정 수립안이 어렵게 통과되었다(찬성 33, 반대 20).

자민당 일부 당원들은 겐셔 대표에게 사민당과의 연정 파괴에 대해 책임을 지고 사퇴를 촉구하였고, 당 사무총장이 사퇴할 정도로 사민당과의 연정 파괴에 대한 거부감이 강하여 자민당은 한동안 큰 내분을 겪었다.

기민/기사당과 자민당은 10월 1일 슈미트 수상에 대한 '건설적 불신임konstruktives Miβtrauensvotum'안을 발의하여 기민당 대표 헬무트 콜Helmut Kohl을 후임 수상으로 선출했다. 총 495명의 연방 하원 의원 가운데 찬성 256, 반대 235, 기권 4로 통과되었다. '건설적 불신임'제란 연방 하원이 재적 의원 과반수 이상의 찬성으로 후임 수상을 선출하면, 현 수상이 불신임되는 제도이다.

이로써 기민/기사당과 자민당이 16년 만에 다시 연정을 구성하여 집권하게 되었다. 기민/기사당과 자민당의 집권은 선거에 의한 정권 교체가 아닌 현 수상을 불신임하여 정권을 교체한 첫 사례가 되었다. 슈미트는 '건실직 불신임'제에 의해 물러난 최초의 수상이 되었다.

신임 연방 수상으로 선출된 헬무트 콜은 1930년 4월 3일 라인 강변의 공업 도시 루드빅스하펜Ludwigshafen에서 태어났다. 그의 아버지는 시청 직원으로 제2차 대전 후에 기민당 창당에 참여하여 열성적으로 활동했다. 부친의 정치 활동에 영향을 받은 콜은 1947년에 이미 기민당의 청소년 지부 결성에 열성이었다. 이후 그는 하이델베르크 대학과 프랑크푸르트 대학에서 역사와 법학을 전공하여 박사 학위를 받았다.

콜은 1953년에 라인란트-팔츠Rheinland-Pfalz주의 당 지도부에 선임된 데 이어 1959년에는 라인란트-팔츠 주의회 의원에 당선되면서 본격적으로 정치 활동을 시작했다. 그리고 그는 1969년 39세에 라인란트-팔츠 주의 수상이 되어 1976년까지 재임했으며, 또한 주수상으로 재임하던 1973년에 43세의 나이로 기민당 대표가 되었다.

콜은 1976년 10월 제8대 연방 하원 선거에서 수상 후보로 나섰으나 기민/기사당이 과반수를 얻지 못하여 그의 첫 번째 수상 도전은 실패했다. 그럼에도 그는 1979년 3월에 기민당 대표로 다시 선출되었으나 그는 1980년 10월에 실시된 제9대 연방 하원 선거에서는 수상 후보가 되지 못했다. 이 선거에서 슈트라우스 기사당 대표가 수상 후보로 나섰으나, 기민/기사당은 정권 교체에 실패했다. 그러나 2년 후인 1982년 9월 자민당이 정책의 차이로 사민당과 결별하고 기민/기사당과 제휴함으로써 콜은 마침내 연방 수상이 되었다.

콜 정부의 출범

연방 수상 취임 후 콜은 1982년 10월 13일 연방 하원에서 발표한 시정 연설에서 '긴급 계획'을 통해 경제 위기를 극복하겠다고 선언했다. 콜 수상은 신정부가 추진할 주요 목표로 첫째 새로운 일자리 창출, 둘째 사회 안전망의 확보, 셋째 외국인 근로자들이 독일 사회에 통합되거나 고국으로 귀국하도록 돕는 정책의 추진, 넷째 독일의 외교와 안보 정책의 토대를 새로이 구축하겠다고 강조했다. 이와 함께 그는 '새로운 정치'와 '역사적인 새로운 시작'을 강조했다.

대외 관계에서 콜 수상은 아데나워 전수상의 친서방 정책을 유지했다. 그는 친서방 정책을 유지하면서 사민당 정부가 체결한 여러 동방 조약들을 기초로 하여 동유럽과의 관계를 계속 발전시키고자 했다. 또한 그는 독일 정책에서 지금까지 체결한 조약이나 협정들을 존중하며 동독과 진행하고 있는 협상을 계속 추진하고, 동독과의 관계도 개선하기 위해 노력하겠다고 선언했다.

콜 수상은 12월 14일 연방 하원에서 발표한 시정 연설에서 "오늘날 독일 영토에 두 개의 독일 국가가 있지만, 우리는 기본법 전문의 역사적 사명을 충실히 이행할 것"을 강조하면서 통일을 위한 노력을 계속하겠다고 밝혔다.

기민/기사당과 자민당의 신정부가 재정 적자를 축소하기 위해 사회 보장 축소와 임금 삭감 정책을 추진하자, 이에 항의하여 수십만 명의 노동자들이 1982년 10월 말 도르트문트 등 여러 도시에서 시위를 했다. 신정부의 정책으로 1983년 1월부터 자녀 수당이 줄어들고, 실업 보험금이 인상된 반면, 실업 수당과 사회 보장 지원은 줄어들었다.

헬무트 콜은 수상이 되었으나 선거에 의하지 않고 집권했다는 정치적 부담을 갖게 되었다. 콜은 이러한 정치적 부담을 덜고 지지 기반을 넓히고자 했다. 그는 1982년 12월 연방 하원을 조기에 해산하여 총선을 실시하기 위해 신임을 물었다. 12월 17일 집권당인 기민/기사당과 자민당 의원은 의도적으로 기권하여 콜 수상을 신임하지 않았다. 신임을 받지 못한 콜 수상이 연방 하원 해산을 제의하자, 카스텐스 연방 대통령은 1983년 1월 6일 기본법에 따라 연방 하원을 해산했다.

연방 하원이 해산되어 제10대 연방 하원 선거일이 3월 6일로 결정되었다. 선거전은 주로 253만 명에 달하는 실업자(실업률 10.4%)로 인한 경제 불황과 재정 문제, 그리고 나토의 '이중 결의' 채택에 따른 핵 로켓 배치를 둘러싼 안보 문제가 주요 관심사였다. 기민/기사당은 기업의 투자 증진을 촉진하고, 재정의 건전화를 위해 공공부분의 예산 절감과 연금 제도의 개선을 내세우며 재집권을 시도했다. 자민당은 기민/기사당과의 연정을 계속할 것이라며 지지를 호소했다.

이에 대해 사민당은 법무장관(1974~81년)과 서베를린 시장(1981년)을 역임한 포겔Hans-Jochen Vogel을 수상 후보로 내세웠다. 포겔은 선거전에서 사민당이 집권하면 고용 촉진 프로그램을 실시하고, 자민당의 요구로 축소 시행했던 사회 보장 분야의 지원을 원래대로 환원하겠다고 공약했다.

선거 결과 기민/기사당은 1980년 선거보다 4.3%가 많은 48.8%를 얻었다. 사민당은 4.7%가 떨어진 38.2%를 얻는 데 그쳐 집권에 실패했다. 자민당은 사민당과의 연정 파기로 인해 당 내부의 갈등이 심하였으나 7.0%를 얻었다. 기민/기사당과 자민당이 과반수 이상을 얻어 콜 수상은 계속 집권할 수 있게 되었다.

이번 선거에서의 주목할 특징은 기민/기사당의 재집권 이외에도 녹색당die Grüne이 5.6%의 지지를 얻어 처음으로 연방 하원에 진출한 점이다. 녹색당이 진출함으로써 연방 하원에는 모두 5개의 정당이 진출하게 되었다.

연방 하원에 처음 진출한 녹색당은 처음에 '미래를 위한 녹색 행동Grüne Aktion Zukunft'이라는 이름으로 1978년 7월 13일 수도 본에서 처음으로 조직되었다. 녹색당은 1979년 10월 브레멘 주의회에 처음으로 진출했으며, 1980년 1월 12, 13일 칼스루에Karlsruhe 에서 녹색당이라는 전국 규모의 정당을 조직했다. 녹색당이 내세우는 주요 이념은 환경 보호, 사회주의, 기초 민주주의, 그리고 비폭력이다. 또한 녹색당은 자연과 환경 보호를 옹호하고, 자연 자원의 파괴나 핵발전소의 건설을 반대했다.

총선에서 승리한 기민/기사당과 자민당은 3월 22일 연정 세부 계획에 합의했다. 3월 29일 콜은 수상으로 선출되어 다음날 그의 두 번째 내각이 출범했다. 콜은 5월 4일 시정 연설을 통해 경제 성장을 위한 제반 여건의 개선, 실업자의 획기적인 축소, 그리고 동유럽 국가와의 관계 개선 노력 등을 신정부의 주요 과제로 내세웠다.

나토가 1979년 12월 '이중 결의'를 채택한 후, 미국과 소련은 1981년 11월 30일 제네바에서 중거리 핵무기 감축에 관한 협상을 시작했다. 미국은 소련이 동유럽에 배치한 SS-20 로켓을 철거하면 군비 증강을 하지 않겠다는 '제로 해결Null-Lösung'을 제의했다. 그러나 회담은 소련의 입장이 완강하여 진전이 없었다.

'이중 결의'에 대한 결정이 다가오자 독일에서는 핵무기 배치를 반대하는 시위가 계속되었다. 1983년 4월 부활절 기간에 전국적으로 약 70만 명이 참가한 시위를 시작으로 연중 내내 시위가 계속되었다. 10월 22일 수도 본에서는 30만 명이 참가한 시위가 있었으며, 같은 날 남부 독일의 울름과 슈투트가르트간 108km의 도로에서 약 20만 명이 인간 사슬을 만들며 핵무기 배치를 반대했다. 바르샤바 조약 기구 외무장관들은 1983년 10월 20일 서유럽에 핵무기가 배치되면 동유럽에 군비를 증강하겠다고 결의하며 나토의 군비 증강을 저지하려고 했다.

동독 호네커 서기장은 나토가 추진하는 '이중 결의'를 무산시키기 위해 1983년 포겔 사민당 원내 대표와 슈트라우스 기사당 대표를 만나 핵무기 배치 포기를 촉구했다. 또한 호네커 서기장은 1983년 2월과 10월 두 차례 콜 수상에게 서한을 보내 핵무기 배치 포기를 요구했다.

그러나 콜 수상은 1983년 11월 21일 연방 하원에서 열린 '이중 결의' 결정에 관한 회의에서 핵무기 배치를 적극 주장했다. 콜은 서방측이 소련에게 여러 차례 군비 축소를 제의했으나, 소련이 동유럽에 배치한 핵무기를 철거할 의사가 없기 때문에 핵무기 배치가 불가피하다고 강조했다. 콜 수상은 이미 1년 전인 1982년 12월에 미국과 소련 사이에 진행되고 있는 군비 축소 회담이 1983년 말 까지 성과가 없으면, 나토가 채택한 '이중 결의'에 따라 중거리 핵 로켓을 서독에 배치하겠다고 선언한 적이 있다.

11월 22일 연방 하원은 기명 투표를 실시하여 찬성 286, 반대 225로 '이중 결의'를 채택했다. 이 결정에 따라 첫 퍼싱-II 로켓이 11월 23일 독일의 미군 기지에 배치되었다. 이로써 지난 1979년 12월 나토가 재택한 '이중 결의'는 서독 등 서유럽에 핵무기 배치로 일단락되었다.

국내 정치에서 콜 수상은 지난 13년 동안 사민당이 집권해 오면서 잘못한 점을 바로 잡고자 했다. 콜 수상이 당면한 문제는 실업자 문제 해결, 국가 재정 결손 축소, 물가 안정, 그리고 경제 성장 촉진 등 경제 위기를 해결하는 일이었다. 1982년의 실업자 수는 전년보다 44% 늘어난 183만 명(7.6%), 1983년 2월에는 253만 명(10.4%)으로 실업률이 전후 최고에 이르렀다. 또한 경제 성장률은

1980년 0.9%, 1981년 0%, 1982년에는 −1.1%로 떨어졌다. 그러나 콜 정부 출범이후 효율적인 경제 정책에 힘입어 경제 성장이 1983년 2.1%, 1984년 3.1%로 올라가며 회복되었다.

1984년 5월 23일 본에서 실시된 제6대 연방 대통령 선거에서 서베를린 시장인 기민당의 리하르트 폰 바이체커Richard von Weizsäcker가 당선되었다. 녹색당은 소설가 루이제 린저Luise Rinser를 추천하였으나, 사민당은 후보를 내지 않았다.

바이체커 연방 대통령은 1985년 5월 8일 제2차 대전 종전 40주년을 맞이하여 연방 하원에서 행한 연설에서, 제2차 대전에서 독일이 항복한 5월 8일을 새로이 평가했다. 그는 5월 8일은 독일인에게 축제의 날이 아니라 해방의 날 이라고 했다. 그는 1945년 5월 8일이 독일 역사에서 잘못된 길의 마지막이며, 더욱 나은 미래를 향한 희망의 싹이라고 했다. 그는 과거에 대해 눈을 감는 자는 현재에 대해서도 눈을 감는다며 과거에 대한 반성을 강조했다.

1987년 1월 25일 제11대 연방 하원 선거가 실시되었다. 기민/기사당은 지난 5년간 성공적인 정책에 힘입어 과반수를 넘는 지지를 얻을 것으로 예상했다. 사민당은 노르트라인-베스트팔렌 주수상인 요하네스 라우Johannes Rau를 수상 후보로 내세우며 집권을 시도했다.

선거 결과 기민/기사당이나 사민당 모두 만족할 만한 성과를 얻지 못했다. 기민/기사당은 44.3%의 지지를 얻었는데, 이는 지난 1949년 선거 이래 가장 낮은 지지율 이었다. 사민당은 지난 선거보다도 1.2% 낮은 37.0%의 지지를 얻는 데 그쳤다. 이와는 달리 자민당과 녹색당은 지지율이 증가했다. 자민당은 2.1%가 늘어난 9.1%를 얻었으며, 1983년 선거에서 연방 하원에 처음 진출한 녹색당은 2.7%가 늘어난 8.3%의 지지를 얻어 당세를 크게 신장시켰다.

총선 승리로 콜 수상은 3월 11일 연방 수상으로 다시 선출되어 그의 세 번째 내각이 출범했다. 계속 집권하게 된 콜 수상은 1987년 9월 호네커 서기장과 정상 회담을 개최하는 등 동독과의 교류를 증진시키면서 통일을 위한 준비 작업을 했다.

동 · 서독 관계

1973년 동독 지도부에 변화가 있었다. 1973년 8월 1일 울브리히트 국가 위원회 의장(국가 원수)이 세상을 떠나자 슈토프Willi Stoph 총리가 그의 뒤를 이었다. 총리에는 진더만Horst Sindermann이 취임했다. 그리고 공산당 정치국에도 호네커 서기장의 측근 인사들이 더 많이 기용되어 호네커 체제가 더욱 강화되었다.

동·서독의 교류를 원활히 하기 위해 추진한 동·서베를린의 전화 연결은 1975년 4월 240회선의 전화선이 개통되어 완전 자동화 되었다. 12월 19일에는 '1976~1979년 서독과 서베를린 사이의 동독 도로 이용에 관한 의정서'가 체결되었다. 이 의정서에 따라 서독은 동독 도로 이용 비용으로 1979년까지 매년 4억 마르크를 동독에게 지불했다. 이 비용은 1980년부터 10년 동안 연 5억 2,500만 마르크로 인상되었다.

1978년 11월 동·서독은 1972년 기본 조약 체결 후 가장 중요한 교통 조약을 체결하여 함부르크와 서베를린 사이의 고속도로 개설에 대해 합의했다. 이 고속도로는 1982년 11월 20일 개통되었다.

1975년 8월 헬싱키 유럽 안보 협력 회의에 참석했던 슈미트 수상과 동독 호네커 서기장은 7월 30일과 8월 1일 별도 회담을 갖고 경제 협력, 상호 방문, 그리고 이산 가족의 결합과 재회 문제 등에 관해 협의했다. 이 회담 후 동독은 1975년 9월, 86명의 정치범을 석방하여 서독으로 송환한 데 이어 10월에는 200명을 추가로 석방했다. 이들 대부분은 동독을 탈출하다 체포된 자들이었다. 이들을 석방하기 위해 서독은 1인당 최저 4만 마르크에서 최고 1백만 마르크의 대가를 지불한 경우도 있다.

이러한 가운데 서독과 동독 주민의 상호 방문도 꾸준히 늘어나 1975년에 서독인 773만 명이 동독과 동베를린을 방문했다. 서독을 방문한 동독 주민은 137만 명 이었다. 1974년 방문자와 비교하여 동독을 방문한 서독인은 185만 명이 증가했으나, 서독을 방문한 동독인은 비슷했다.

소련의 아프가니스탄 침공과 폴란드 노조 사태로 국제 정세가 악화되고 긴장이 고조되는 가운데서도 서독은 유럽의 긴장 완화와 동독과의 관계를 발전시키기 위한 노력을 계속했다. 이 결과 제3차 동·서독 정상 회담이 1981년 12월 11~13일 동독의 베어벨린 호수 Werbellinsee에서 슈미트 수상과 호네커 서기장 사이에 열렸다.

당초 이 회담은 1980년 2월 말 또는 3월 초에 동독에서 열릴 예정이었으나, 소련의 아프가니스탄 침공과 폴란드 노조 사태로 인해 동독의 요구로 연기되었다. 1980년 5월 슈미트와 호네커는 유고슬라비아의 티토Josip Broz Tito 공산당 서기장의 장례식을 계기로 만나 회담을 조속히 개최하기로 합의했다. 8월 11일 호네커는 슈미트 수상이 8월 28, 29일 동독을 방문해 주도록 초청했으나, 서베를린 철도 노동자의 파업 등으로 인해 슈미트 수상의 방문은 이루어지지 않았다가 이번에 열리게 된 것이다.

국제적 긴장 속에 열린 제3차 정상 회담에서 슈미트 수상은 동·서독 기본 조약에 의한 두 독일의 관계 강화와 헬싱키 유럽 안보 협력 회의에서 채택된 최종 의정서의 준수 등을 강조했다. 이에 대해 호네커 서기장은 나토의 핵무기 배치 결정이 동독과 서독 사이의 긴장을 고조시켰다고 비난하면서도 동·서독 관계가 개선되어야 한다고 강조했다. 슈미트와 호네커는 유럽의 평화와 안보, 그리고 두 독일 국민의 안녕과 선린 관계를 위한 노력을 지속하기로 합의했다.

이외에도 두 정상은 독일에서 다시는 전쟁이 일어나지 않도록 노력하기로 하고, 이산가족 결합과 상호 방문 등 관계 개선 방안에 관한 의견을 나누었다. 그리고 슈미트 수상은 호네커 서기장에게 서독 방문을 요청하고 호네커는 이를 받아들였다. 이 회담 후 동독은 동독 주민의 서독 방문 기회를 확대했다. 동독 주민은 1982년부터 서독에 거주하는 친척의 생일, 결혼, 병환, 장례식 참석 등의 사유로 서독을 방문할 수 있게 되었다.

제3차 동·서독 정상 회담은 어렵게 열렸으나 이렇다 할 성과가 없었다. 그러나 이것은 국제 정세의 긴장 속에서도 서독이 동독과의 관계를 꾸준히 유지하면서 앞으로의 발전을 도모한 데 의의가 있었다.

동독은 경제 불황에 의한 외화 부족을 해소하기 위해 1983년 6월 29일 서독으로부터 약 11억 마르크의 차관을 얻었다. 이에 대해 동독은 이산가족의 재회 조건을 완화했다. 즉 동독은 서독인의 동독 방문시 14세 미만에게는 방문에 따른 강제 환전 의무를 폐지하고, 14~15세에게는 강제 환전 금액을 7.5마르크로 인하했다.

1984년 7월에도 서독은 동독에 9억 5천만 마르크의 차관을 제공했다. 이에 동독은 서독 연금 수혜자의 방문시 환전 금액을 25마르크에서 15마르크로 내리고, 방문 가능 일수를 연간 30일에서 45일로 확대하는 등 서독인의 동독 방문 조건을 재차 완화했다.

서독이 1983년에 이어 1984년에도 동독에 차관을 제공하자 소련『프라우다』지는 동독의 사회 질서를 전복하려는 시도라며 서독을 비난했다. 또한 소련의 신임 체르넹코Konstantin Tschernenko 서기장은 1984년 8월 호네커 서기장을 만난 자리에서 9월로 예정된 서독 방문을 취소하도록 종용하여 호네커는 부득이 9월 4일 서독 방문을 취소했다.

동독은 주민들이 서독으로 탈출하는 것을 방지하기 위해 서독과의 경계선에 자동 발사기를 설치하고 지뢰를 매설했다. 서독은 이 자동 발사기와 지뢰가 인권에 위배된다며 동독에 철거를 강력하게 요구했다. 마침내 동독은 서독의 요구를 받아들여 1984년 11월 30일 자동 발사기 제거를 완료한 데 이어, 1년 후인 1985년 11월 30일 지뢰도 완전 제거했다.

1982년 취임한 콜 수상과 호네커 서기장 사이에 첫 만남이 있었다. 1984년 2월 13일 모스크바에서 안드로포프 소련 공산당 서기장의 장례식에서 만난 두 사람은 동·서독의 관계를 발전시키기로 합의했다. 이어 1985년 3월 12일 콜과 호네커는 체르넨코 소련 공산당 서기장 장례식에서 다시 만나 공동 성명을 발표했다. 동·서독은 공동 성명에서 국경의 신성불가침, 영토의 불가침성, 모든 유럽 국가 주권의 존중이 평화의 기본 조건임을 확인했다.

이와 같이 국제적인 긴장 관계에서도 서독은 동독과의 관계를 개선하기 위해 꾸준히 노력했다. 이러한 노력으로 1987년 9월 호네커 서기장의 서독 방문이 이루어지자 동·서독 관계는 개선되었다.

제8장 동·서독 교류

독일 정책

　분단 기간 서독 정부는 '독일 정책die Deutschlandpolitik'을 추진했다. '독일 정책'은 자결권自決權을 평화적으로 실현하고자 하는 독일 민족의 권리에 근거하며, 이는 독일 통일과 자유를 완수하려는 기본법의 정신과 일치된 정책이었다. 독일 정책은 '대동독 정책'과 '통일 정책' 모두를 포함했다. 따라서 서독 정부는 분단 기간 동안에 '대동독 정책'이니 '통일 정책'이니 하는 용어를 별도로 사용하지 않았다.

　독일 문제는 유럽의 평화 유지와 밀접한 관련이 있다. 무력 포기는 서독 정부가 추진했던 정책의 기본 원칙이며, 자유는 독일 문제의 핵심이었다. 서독 정부는 평화와 전독일 민족의 이익을 고려하여 동독과의 관계 개선을 위해 노력했다. 서독 정부가 추진한 독일 정책은 아래 내용을 토대로 하고 있다.

　- 독일 연방 공화국의 기본법(1949년)
　- 독일 조약(1955년)
　- 동방 조약과 독일 통일에 관한 공한(1970, 1972년)
　- 독일 정책과 외교 정책에 대한 공동 인식에 관한 1972년 5월

17일의 연방 하원 결의

- 동·서독 기본 조약(1972년)
- 1973년 7월과 1975년 7월의 연방 헌법 재판소의 결정

분단 초기에 서독은 서독만이 전독일을 대표한다는 단독 대표권을 주장하면서 동독의 존재를 인정하지 않았다. 1960년대 들어 분단이 길어지자 서독은 분단에서 오는 어려움을 일부나마 완화하기 위해 동독과 교류를 추진했다. 서독과 동독의 교류는 긴장과 대립 관계에 있던 1950년대에도 있었으나, 본격적인 교류가 이루어지기는 1969년 9월 빌리 브란트가 수상으로 취임하고, 동·서독 기본 조약이 체결된 이후다. 서독은 동독과의 관계 개선도 역시 평화 정착에 대한 기여로 여겼다.

분단 기간 동안 서독이 추진한 동독과의 교류로는 인적 교류, 문화 교류, 우편·통신 교류, 내독 무역 등이 있다. 서독은 동독과의 교류를 분단을 완화하기 위한 독일 내부 문제로 접근하며 적극적으로 추진했다. 그러나 동독은 체제의 약점 때문에 서독과의 교류를 외국 사이의 교류로 여기며 소극적으로 응했다.

인적 교류

서독인의 동독 방문 서독 정부는 독일 정책이 성공하기 위해서는 서독과 동독 주민이 민족의 동질성을 끊임없이 인식하고 있어야 한다고 생각했다. 인적 교류는 서독과 동독의 교류에서 가장 활발했던 분야라 할 수 있다.

서독 정부는 동독과 교류를 추진하면서 무엇보다도 분단으로 인한 이산가족들의 고통을 완화하는 데 중점을 두었다. 또한 인적 교류가 확대되어야만 분단이 깊어지는 것을 막고, 더 나아가 통일도 가능하다고 여겼다. 따라서 서독 정부는 서독인들의 동독 방문을 적극 장려했다. 그러나 동독 정부는 이와는 달리 동독인의 서독 방문을 노년층과 긴급하고 예외적인 경우에만 허용하는 등 소극적으로 대처했다.

서독 정부가 서독인의 동독 방문을 적극 장려했지만, 서독인의 동독 방문은 전적으로 동독 정부에 달려 있었다. 특히 서독인의 동독 방문은 동독 정부가 내세운 여러 정치적인 조건으로 인해 많은 제한을 받았다. 그럼에도 동독에 부모나 형제가 있는 서독인은 1년에 1회의 방문이 허용되었기 때문에 동독에 부모나 형제가 있는 서독인의 동독 방문은 대체로 가능했다.

그러나 서베를린 시민의 경우는 달랐다. 전쟁 직후 4개 연합국이 베를린을 공동으로 관리했기 때문에 서베를린 시민은 비교적 자유롭게 동독과 동베를린을 방문할 수 있었다. 그러나 1952년 5월 동독이 서독과의 국경을 차단한 이후 서베를린 시민은 동베를린 방문만 허용되고, 동독 방문은 허용되지 않았다.

1958년 소련이 베를린을 비무장 자유 도시로 만들기 위해 서방 연합국에 보낸 최후통첩으로 베를린 정세가 악화되자 서독인의 동독 방문은 크게 줄어들었다. 이어 1961년 8월 베를린 장벽이 세워진 후 동독은 서독인에 한해 1일간 동베를린 방문만 허용하여 서독인의 동독 방문은 크게 제한되었다. 그러나 서베를린 시민에게는 동베를린 방문이 허용되지 않았다.

서베를린 시민이 동베를린을 방문할 수 없게 되자 당시 서베를린 시장 빌리 브란트는 동독 정부와 협상하여 1963년 12월 17일 '통과 사증 협정'을 체결했다. 이 협정으로 인해 서베를린 시민은 베를린 장벽이 설치된 이후 처음으로 1963년 성탄절과 새해 연휴 기간(1963년 12월 19일~1964년 1월 5일)에 동베를린에 살고 있는 친척들을 방문할 수 있었다. 이 기간 동안 약 70만 명의 서베를린 시민이 동베를린을 방문했다.

'통과 사증 협정'은 1964년 9월에도 다시 체결되어 서베를린 시민들은 1964년 12월 19일부터 1965년 1월 5일까지 동베를린을 방문했다. '통과 사증 협정'은 1965년과 1966년 부활절에도 체결되어 서베를린 시민들의 동베를린 방문이 이루어졌다. 그리고 1966년에는 '긴급한 가사 문제家事問題'로도 서베를린 시민의 동베를린 방문이 허용되었다. 그러나 1966년 12월 동독이 이 협정의 갱신을 거부하여 서베를린 시민은 긴급한 가사 문제를 제외하고는 동베를린을 방문할 수 없게 되었다.

서독인과 서베를린 시민의 동독 방문 여건이 크게 개선되기는 베를린 협정에 이어 동·서독 '통과 협정'(1971년 12월)과 '동독과 서베를린 시의회의 여행 및 방문 교류 완화와 개선에 관한 합의서'(1971년 12월)가 체결된 이후다.

동독 정부는 통과 협정과 합의서로 인해 서독과 서베를린으로부터 방문자가 크게 증가할 것을 우려하여 1973년 11월 15일 '최저 환전煥錢' 금액을 이전보다 2배나 올렸다. 즉 서독인이나 외국인(사회주의 국가 국민은 제외)이 동독을 여행할 경우 종전 1일에 10마르크에서 20마르크를, 동베를린은 1일에 5마르크에서 10마르크를 환전해야 했다. 또한 환전 대상에서 제외되던 연금 수령자들도 환전하도록 했다.

'최저 환전Mindestumtausch' 제도란 서독인 또는 외국인이 동독을 여행할 경우, 여행 일수에 따라 의무적으로 동독 화폐로 환전해야 하는 제도다. 강제성을 띠어 '강제 환전Zwangsumtausch'이라고도 했다. '최저 환전' 제도는 1964년 12월 1일부터 시작되었는데, 연금 수령자와 어린이를 제외한 일반인들은 동독 방문 1일에 5마르크(DM)를 1:1환율로 의무적으로 바꾸어야 했다. 1968년에는 환전 금액이 10마르크로 인상되었다. 이 제도는 서독인의 동독 방문을 제한하는 동시에 동독에게는 막대한 외화 수입을 올리는 이중 효과가 있었다.

'최저 환전' 금액의 인상으로 서독인의 동독 방문이 어려워지자 서독 정부는 가능한 한 많은 서독인이 동독을 방문할 수 있도록 동독에 차관 제공 등의 노력을 했다. 서독의 차관이 제공되자 동독은 1974년 11월 15일 '최저 환전' 금액을 동독 방문 1일에 20마르크에서 13마르크로, 동베를린 방문은 10마르크에서 6.5마르크로 각각 내렸다. 그리고 동독은 연금 수령자(남자 65세, 여자 60세 이상)를 환전 대상에서 제외했다. 이러한 조치로 1974년에 줄어들었던 동독 방문자가 1975년부터는 다시 늘어나기 시작했다.

동독 정부는 일부 서독인의 방문을 허용하지 않았다. 동독 방문이 금지된 사람들은 동독 당국의 이주 허가를 받아 합법적으로 서독으로 이주한 사람들, 앞으로 이주하려는 사람들과 관계를 맺고 있는 사람들, 그리고 여러 이유로 동독에서 바람직하지 않다고 판단한 사람들 등이었다.

1970년대 말에서 80년대 초 소련의 아프가니스탄 침공과 폴란드 노조의 자유화 운동 등으로 인한 국제적인 긴장 상태에서 동독 정부는 1980년 10월 9일 최저 환전 금액을 동독과 동베를린 구분 없이 1일 여행에 25마르크로 다시 올렸다. 이외에도 지금까지 환전 대상에서 제외되던 연금 수령자와 어린이(6~16세)들도 환전 대상에 포함했다.

이와 같이 최저 환전 금액이 대폭 인상되고 연금 수령자와 어린이까지 최저 환전 대상에 포함되자, 동독을 방문하는 서독인은 급격히 줄어들었다. 1979년 742만 명이던 방문자는 환전 금액이 인상된 이듬해인 1981년에는 502만 명으로 줄어들었다. 그 중에서도 특히 노인층이 많이 줄었다. 고향이 동독 지역이거나 동독에 친지가 살고 있는 노인들은 동독을 자주 방문했는데, 환전 금액 인상으로 많은 비용을 들이면서까지 동독을 방문할 형편이 아니었기 때문이다. 최저 환전 금액의 인상으로 많은 서독인이 동독 방문에 어려움을 겪자 서독 정부는 동독 정부에게 이 제도를 폐지하거나 환전 금액의 대폭 인하를 강력히 요구했다. 서독은 이와 함께 동독의 어려운 경제 사정을 고려하여 차관 제공 의사도 밝혔다.

1982년 10월에 들어선 헬무트 콜 정부도 동독과의 관계를 개선하기 위해 많은 노력을 기울였다. 1983년 6월 서독이 11억 마르크의 차관을 제공하자, 동독은 1983년 9월 14세 미만의 어린이에게는 환전 의무를 폐지하고, 14세에서 15세까지는 1일당 환전 금액을 7.5마르크로 낮추었다. 그러나 만 15세 이상인 자에게는 1일당 환전 금액 25마르크가 계속 적용되었다.

서독은 동독의 환전 금액 인하 조치를 환영하면서도 미흡하다며 더 내릴 것을 요구했다. 또한 유럽 경제 공동체(EC) 국가들도 '최저 환전' 제도는 자유 왕래나 인권을 보장하는 1975년의 헬싱키

서독인의 동독 방문 현황

(단위 : 천 명)

연도	동독과 동베를린 방문	서베를린에서 동베를린 방문	서베를린 시민의 동베를린과 동독 방문	계
1967				1,424
1970	1,254	1,400	-	2,654
1971	1,267	1,400	-	2,667
1972	1,540	1,400	3,320	6,260
1973	2,279	1,400	3,820	7,499
1974	1,919	1,400	2,560	5,879
1975	3,124	1,400	3,210	7,734
1978	3,177	1,400	3,260	7,837
1979	2,923	1,400	3,100	7,423
1980	2,746	1,400	2,600	6,746
1981	2,100	1,120	1,800	5,020
1982	2,218	1,120	1,730	5,068
1983	2,219	1,120	1,720	5,059
1984	2,499	1,120	1,600	5,219
1985	2,600	1,120	1,900	5,620
1986	3,790	1,150	1,800	6,740
*1987	3,700	1,120	1,800	6,620
*1988	3,579	1,120	1,972	6,671

출처 : 내독 관계부, *Zahlenspiegel*, 1988, 124쪽.
  * 주독일 대사관, 『숫자로 본 독일 통일』, 1992, 97쪽.
  내독 관계부에 의하면 서독인의 동독 방문과 관련한 1961년 이전의 통계는 없으며, 1961~66년 사이는 연간 약 2백만 명으로 추산하고 있음.

최종 의정서에도 위배되기 때문에, 서독과 동독만의 문제가 아니라 전유럽의 문제라며 이 제도의 폐지를 요구했다.

이어 서독이 1984년 7월에 9억 5천만 마르크의 차관을 추가로 제공하자, 동독은 같은 해 8월 연금 수령자의 환전 금액을 25마르크에서 15마르크로 내리고, 연간 총 체류 기간도 30일에서 45일로 확대했다. 이와 같은 조치로 서독인의 동독 방문이 다시 늘어나기 시작하여 1985년에는 562만 명으로, 1986년에는 674만 명으로 방문자가 늘어났다.

이러한 방문자 증가는 동독과 교류를 확대하려는 서독 정부의 꾸준한 노력으로 가능했다.

동독인의 서독 방문 분단 초기에 동독인의 서베를린 방문은 비교적 자유로웠으나, 서독 방문은 거의 불가능했다. 1953년 6월 국민 봉기가 일어난 이후 동독 정부는 주민들의 불만을 무마하기 위해 연금 수령자에 한해 서독 방문을 허용했다. 그러나 동독은 1961년 베를린 장벽이 세워진 이후 연금 수령자들의 서독과 서베를린 방문을 허용하지 않다가 1964년 11월 다시 허용했다. 이로 인해 연금 수령자들은 1년에 1회에 한하여 최장 4주일의 방문이 가능했다.

이어 1971년 9월 베를린 협정이 체결되고 그해 12월 통과 협정이 체결되어 연금 수령자 이외에 '긴급한 가사家事 문제'로 인한 방문도 가능했다. '긴급한 가사 문제'란 서독에 살고 있는 가족과 친척들의 생일, 결혼, 중환, 또는 사망하는 경우를 말한다. '긴급한 가사 문제'로 인한 방문 대상자는 1981년 12월 슈미트 수상과 호

동독인의 서독 방문 현황

(단위 : 천 명)

연도	연 금 수혜자	긴급한 가사로 인한 방문	계
1953	1,516	-	1,516
1955	2,270	-	2,270
1957	2,720	-	2,720
1958	690	-	690
1960	807	-	807
1965	1,219	-	1,219
1970	1,048	-	1,048
1971	1,045	-	1,045
1972	1,068	11	1,079
1973	1,257	41	1,298
1974	1,316	38	1,354
1975	1,330	40	1,370
1976	1,328	43	1,371
1978	1,384	49	1,433
1979	1,369	41	1,410
1980	1,554	40	1,594
1981	1,564	37	1,601
1982	1,554	46	1,600
1983	1,463	64	1,527
1984	1,546	61	1,607
1985	1,600	66	1,666
1986	1,516	244	1,760
*1987	3,800	1,290	5,090
*1988	-	-	6,750

출처 : 내독 관계부, *Zahlenspiegel,* 1988, 124쪽.
　* Günter Fischbach, *DDR-Almanach '90,* 1990, 49쪽.

네커 서기장의 정상 회담 이후 확대되었다.

동독 연금 수령자들의 서독 방문은 완만하게 증가했으나, '긴급한 가사 문제'로 인한 방문은 급격히 증가했다. 즉 '긴급한 가사 문제'로 인한 서독 방문자는 1972년에 11,000명에 불과했으나, 1986년에는 24만 4천 명으로, 1987년에는 무려 129만 명으로 늘어났다. 서독을 방문한 동독인은 1985년 167만 명에서 1987년에는 509만 명으로 크게 늘어났다.

동독 정부는 외환 사정이 좋지 않았기 때문에 자국민의 외국 여행시 외화 소지를 엄격히 제한했다. 서독 정부는 동독인들이 충분한 여행 경비를 가져오지 못하는 어려움을 덜어 주기 위해 환영비歡迎費를 지급했다. 이 환영비는 매년 첫 번째와 두 번째 방문에 30마르크씩 지급되었으나 1987년 9월 1일부터는 연 1회에 한해 100마르크로 인상되었다. 한걸음 더 나아가 서독 정부는 더 많은 동독인들이 서독을 방문할 수 있도록 의료비나 철도 요금 할인 등의 지원을 했다. 서독 정부가 환영비로 지출한 비용은 1986년에 6,000만 마르크, 1987년에 9,650만 마르크였는데, 1988년에는 약 2억 9천만 마르크로 크게 증가했다. 의료 지원을 위해 지출한 비용은 1986년 3,830만 마르크, 1987년에 약 4,380만 마르크, 1988년에는 약 5,200만 마르크로 증가했다.

동독인들은 서독 방문을 통해 서독인들이 누리는 자유와 윤택한 생활을 체험할 수 있었다. 결과적으로 동독인의 서독 방문은 1989년 동독인들의 대규모 탈출로 이어져 독일 통일의 발단이 되었다.

청소년 교류 서독은 자라나는 청소년들이 서로를 잘 이해하기 위해 동독과의 청소년 교류도 적극적으로 추진했다. 특히 서독은 고등학생들과 대학생들의 동독 방문을 적극 장려했는데, 1982년에 동독을 방문한 학생들은 196개 학급에 약 5,000명에 달했다. 그러나 동독은 청소년들의 서독 방문이 사회주의 체제 유지에 나쁜 영향을 준다는 이유를 들어 소극적으로 응했다.

1981년 10월 슈미트 수상과 호네커 서기장은 정상 회담에서 동·서독 청소년의 교류를 확대하기로 했다. 이 회담의 후속 조치로 관광 차원의 청소년 교류가 1982년 9월 20일 서독의 독일 연방 청소년 단체(DBJR)와 동독의 자유 독일 청소년 단체(FDJ)의 합의로 시작되었다. 교류 첫 해인 1983년에는 약 24,000명의 서독 청소년이 동독을 방문했고, 1,250명의 동독 청소년이 서독을 방문했다. 이후 4년 뒤인 1987년에는 약 77,000명의 서독 청소년이 동독을 방문했고, 약 3,700명의 동독 청소년이 서독을 방문했다. 청소년 교류는 1986년 5월 6일 문화 협정이 체결되어 정부 차원으로 발전되었다. 그리고 1987년 9월 호네커 서기장의 서독 방문 시에도 동·서독은 청소년 교류를 더욱 확대, 발전시키기로 합의했다.

청소년 교류를 통하여 서독은 자라나는 청소년들에게 독일에는 또 다른 독일이 있으며, 이는 외국이 아니고 독일 분단으로 인한 것임을 이해하도록 했다.

인적 교류는 서로 다른 체제에 사는 서독 주민과 동독 주민을 연결시켜 주며, 서로의 실상을 이해하는 중요한 교류였다.

문화 교류

분단의 또 다른 어려움은 분단이 오래 지속될수록 문화가 서로 다른 방향으로 발전되어 통일이 더 어렵게 된다는 것이다. 서독은 동독과 서로 다른 문화가 발전하는 것을 막고, 서독인들이 동독 문화와 사회생활에 관해 더 많이 이해하도록 하기 위해 동독과 문화 교류를 적극 추진했다.

1972년 동·서독 기본 조약과 추가 의정서에서 문화 분야의 협력 관계를 증진하기로 한 합의에 따라, 서독은 1973년 11월에 동독과 문화 협정 체결을 위한 회담을 시작했다. 그러나 동독이 서독에 있는 프로이센 문화재들에 대한 소유권을 주장하여 회담은 진전이 없었다. 동독은 서독이나 서베를린이 보관하고 있는 옛 프로이센 소유의 문화재들이 모두 동독에 반환되어야 한다고 주장했다. 그러나 서독은 프로이센의 문화재가 동독만의 소유물이 아닌 전독일의 소유라는 이유로 반환을 반대했다.

1982년 가을에 동독이 이를 더 이상 주장하지 않자 동·서독은 회담을 재개하여 1985년 12월 '문화 협정das Kulturabkommen'에 합의했다. 이 협정은 1986년 5월 6일 동베를린에서 서명되어 발효되었다. 동·서독은 '문화 협정'에서 서로의 문화와 사회생활을 알고, 서로를 더 이해하기 위한 목적에서 이 협정을 체결했다고 밝히고, 문화·예술·교육·학문 분야 및 이와 관련된 분야에서의 협력을 증진하기로 합의했다. 동·서독은 또한 공동 의정서 선언에서 전쟁으로 인해 다른 곳에 보관중인 문화재 처리에 관해서는 견해 차이가 있음을 인정하고, 해결 방안을 마련하기 위해 노력하기로 합의했다. 이제 서독과 동독 사이에는 문화 교류가 활발히 전개될 토대가 마련되었다.

'문화 협정'으로 인해 서독과 동독 사이에 학술 대회가 개최되고, 대학교 사이의 자매결연을 비롯하여 학자와 대학생들의 교류도 이루어졌다. 그리고 서독과 동독은 그림, 조각 또는 도서 전시회를 비롯하여 음악회와 영화 상영 등을 번갈아 개최하며 문화 교류의 폭을 넓혔다.

제2차 대전 중 독일은 귀중한 문화재를 연합국의 폭격 등 전쟁으로부터 보호하기 위해 다른 곳에 옮겨 보관했다. 그러나 전쟁이 끝난 뒤에 독일이 분단됨으로써 이 문화재들은 원래 있던 자리로 돌아가지 못하고 동·서독 정부가 각각 관리해 왔다.

문화 협정이 체결된 이후 서독과 동독은 이러한 문화재를 원래 있었던 장소로 되돌려주는 회담을 하여, 1986년 11월 12일에 1차로 중세 시대의 문서 교환에 합의했다. 동독은 함부르크, 브레멘, 뤼벡, 마인츠 시에 중세 시대의 문헌을 돌려주었다. 그리고 서독은 로스톡 대학교 설립 문서와 안할트 주 역사 자료 등의 문헌을 동독에게 돌려주었다. 또한 서독 정부와 쾰른 대교구의 오랜 노력으로 동독은 중세 시대의 화가 브륀Bartholomäus Bruyn의 1550년도 작품을 1987년 9월 서독 쾰른 시에 반환했다. 1986년 9월과 10월에는 동베를린에서 대규모 서독 미술 전시회가 열렸다. 또한 1988년 4월 서독 브레멘에서 '동독에서 온 책'이라는 도서 전시회가 열렸으며, 8월에는 동독 데사우에서 '바우하우스 자료'전이 열렸다.

1987년 10월 30일에 서독과 동독은 2차로 미술품 교환에 합의했다. 이 합의로 서독은 그림을 비롯하여 판화와 동판 등 130여점의 미술품을 동독에 돌려주고, 동독은 300여점의 미술품을 서독 다름스타트, 비스바덴, 그리고 쾰른 박물관 등에 돌려주었다. 이어 1988년 5월 30일에 문화재 반환에 관한 추가 합의가 이루어져 학문 자료와 박물관 자료 등을 서로 돌려주었다.

1989년 8월 8일에도 문화재 교환에 관한 합의가 이루어졌다. 서독이 동독에게 돌려준 문화재에는 종교 개혁가 마틴 루터Martin Luther(1483~1546년)와 철학자 임마뉴엘 칸트Immanuel Kant(1724~1804년)의 원고 등 귀중한 문헌이 포함되었다. 동독은 함부르크와 브레멘 시 등에 이 도시와 관련된 역사 유물을 돌려주었다.

서독은 이외에도 동독 도시와의 자매결연도 적극 추진했다. 최초의 자매결연은 1986년 9월 서독 자르란트 주의 철강 도시 자르루이 Saarlouis 시와 동독 철강 도시 아이젠휘텐쉬타트Eisenhüttenstadt 시 사이에 맺어졌다. 이후 서독과 동독 도시 사이에 1989년 12월까지 62회의 자매결연이 이루어졌다. 도시 자매결연은 산업이나 문화 구조, 그리고 인구가 비슷한 도시 사이에 이루어졌다.

서독은 자매결연을 통해 도시들 사이의 상호 방문, 문화 행사, 또는 체육 경기 등을 통해 서로를 더욱 이해하여 동질성을 회복하고자 했다. 그러나 동독은 이와는 달리 도시의 상호 승인이라는 정치적인 목적을 더 중요시하여 자매결연을 통한 교류에는 한계가 있었다.

우편·통신 교류

편지와 전화를 주고받는 것은 이산가족뿐만 아니라 분단된 서독과 동독을 연결하는 중요한 수단이었다. 점령 기간에는 점령국 사이에 또는 동·서독 사이에 특별한 협정이 없었음에도 우편과 통신은 계속 연결되었다. 그러나 정치적 영향으로 많은 어려움을 겪었다.

1952년 5월 27일 동독이 동베를린과 서베를린 사이의 전화선을 끊은 이후 서베를린에서 동독이나 동베를린 지역으로의 전화 통화는 불가능했다. 서독에서 동독으로 거는 전화는 1950~1960년대에는 교환에 의해 중계되어 대단히 어려웠으며, 통화가 되더라도 많은 시간을 기다려야 했다. 그리고 전보나 텔렉스 연결도 마찬가지였으며, 이산가족들의 사고 등 예외적인 경우에만 가까스로 전달되었다.

서독은 인적 교류를 비롯하여 여러 분야의 교류가 확대되기 위해서는 무엇보다도 우편과 통신 수단의 개선이 시급하다고 여겼다. 서독의 오랜 노력으로 1952년 5월에 끊어졌던 서베를린과 동베를린 사이의 전화 통화가 19년 만인 1971년 1월 31일에 재개되었다. 1971년 9월 30일에 체결된 우편과 통신 개선에 관한 의정서에서 서독은 동독에 전화 시설을 개선하기 위해 2억 5천만 마르크를 지원하기로 했다. 그 대신에 동독은 1972년 3월 31일까지 46회선의 전화선 추가 설치, 전보의 자동화, 텔렉스 회선 증설, 그리고 편지와 소포의 배달 시간 단축 등에 합의했다. 1975년 4월 240회선의 전화선이 개통되어 서베를린과 동베를린 사이의 전화는 완전 자동화가 이루어졌다.

서독은 우편과 통신 교류를 개선하기 위해 동독과 1976년 3월 30일 우편·통신 협정을 체결했다. 이로 인해 동독 일부 지역에 자동 전화가 개통되었다. 그러나 동독과의 우편과 통신 교류에는 여전히 문제가 많았다. 동독은 서독에서 발송한 편지나 소포를 고의로 배달을 지연시키는가 하면, 일부 우편물은 분실되었다는 이유로 배달조차 하지 않는 경우도 있었다. 1982년에 서독에서 동독으로 발송한 우편물 중 약 2,700개의 소포 등 우편물이 분실되어 서독 정부는 약 300만 마르크를 주민들에게 배상한 적이 있다. 따라서 우편물 분실을 방지하고, 자동 전화 지역도 더욱 확대할 필요가 있었다. 이러한 문제를 해결하기 위해 서독은 1982년 10월에 동독과 협상을 시작하여, 1983년 11월 15일에 '우편 교류 개선을 위한 합의서'를 체결했다. 이 합의서에 따라 서독은 동독에게 1983년부터 1990년까지 매년 2억 마르크를 지불하기로 하고, 그 대신 동독은 다음을 약속했다.

- 편지, 소포 등 우편물의 배달 시간을 현저히 단축시키고, 우편물 분실 방지를 위해 최선을 다함.
- 동독인의 우편물을 통한 선물 수령 횟수를 연간 최고 12건으로 제한하던 것을 철폐하고, 약품 발송 조건을 완화함.
- 서독에서 동독의 로스톡, 슈베린, 칼 마르크스 쉬타트와 줄 도시 등 240개 지역에 자동 전화가 가능하도록 함.
- 1984년 2월 말까지 4개의 텔렉스 선과 96개의 전화선을 추가로 설치함.

1987년 9월 말 서독 실링Schwarz Schilling 우편·통신장관은 동독을 방문하여 동독 체신장관과 우편물 분실 및 반송 문제, 전화선 증가 및 자동 전화 확대 등에 관해 협의하고, 동독의 우편·전화 시설을 둘러보았다. 이 협의 결과 1987년 12월 15일부터 서독에서 동독의 108개 전화국으로 자동 전화가 가능해졌다.

이와 같은 서독의 꾸준한 노력으로 1987년 12월 말 서독과 동독(동베를린 포함) 사이에 860회선, 서베를린과 동독(동베를린 포함) 사이에 669회선 등 모두 1,529회선의 전화선이 개통되었다. 이로 인해 서독에서 동독의 1,470개 전화국 중에서 1,221개 전화국의 거주자

편지와 소포 교류 현황

(단위: 백만 건)

연도	편지		소포	
	서독→동독	동독→서독	서독→동독	동독→서독
1968	105	115	41	15
1969	110	115	39	11
1970	120	125	42	15
1975	80	140	28	10
1976	75	100	26	10
1977	60	100	28	10
1978	90	100	27	9
1979	90	100	30	10
1980	75	70	27	9
1981	85	90	26	0
1982	75	100	25	9
1983	60	90	25	9
1984	62	85	25	9
1985	61	108	24	9
1986	63	105	24	9
1987	75	90	24	9
1988	약 80	약 95	약 24	약 9

출처 : 내독 관계부, *Deutschlandpolitische Bilanz 1988*, 1989, 35쪽.

통신 교류 현황

연도	전화 회선수	전화 통화수(서독→동독)
1965		40만
1970		70만
1975	719	970만
1976	719	113만
1977	821	128만
1978	941	167만
1979	1,061	206만
1980	1,181	2,300만
1981	1,301	2,340만
1982	1,421	2,310만
1983	1,421	2,320만
1984	1,517	2,560만
1985	1,517	2,640만
1986	1,517	3,030만
1987	1,529	3,550만
1988	1,529	약 4,000만

출처 : 내독 관계부, *Deutschlandpolitische Bilanz 1988*, 1989, 35쪽.

에게 교환을 거치지 않고 직접 전화를 할 수 있게 되었다. 그리고 동베를린에서 서베를린, 뮌헨, 함부르크와 프랑크푸르트 등 서독의 주요 도시 거주자에게 자동 전화가 가능했다. 이러한 우편과 통신 교류로 인적 교류나 내독 무역 등 다른 분야의 교류도 발전했다.

내독 무역

서독과 동독은 상품을 사고팔았는데, 이를 내독 무역内獨貿易 Innerdeutscher Handel이라고 한다. 내독 무역은 분단 직후부터 시작되었다. 1948년 6월 통화 개혁으로 동·서독이 서로 다른 화폐를 사용하게 되었기 때문에 내독 무역이 이루어지기 위해서는 환율 문제가 해결되어야 했다. 환율 문제를 해결하기 위해 1949년 10월 '프랑크푸르트 협정'이 체결되었다.

'프랑크푸르트 협정'에서 상품 가격은 서독 시장에서 통용되는 가격으로 하고, 상품 대금 지불은 각각의 통화가 아닌 서독 마르크(DM)를 기준으로 한 청산 단위(VE)를 적용 하기로 합의했다. 1청산 단위(VE)의 가치는 1마르크(DM)와 같도록 했다. 그리고 대금 지불은 서독과 동독의 무역업자가 아닌 서독 연방은행과 동독 중앙은행이 하도록 했다. 또한 내독 무역의 대상 지역에는 베를린도 포함되었다. 1951년 3월 프랑크푸르트 협정이 만료되자 그해 9월 20일에 '서독 마르크 지역과 동독 마르크 지역 사이의 무역에 관한 협정'(베를린 협정)이 체결되어 내독 무역이 본격적으로 실시되었다. 이 협정은 1960년 8월 16일에 개정되어 보완되었다.

서독은 내독 무역을 담당하는 기관으로 1949년 11월에 내부 지역 무역 신탁소Treuhandstelle für den Interzonenhandel를 설립했다. 이 기관은 1950년 5월 이래 서베를린에서 업무를 했다. 이 기관의 명칭은 1981년 12월에 산업·무역 신탁소Treuhandstelle für Industrie und Handel로 바뀌었다.

내독 무역은 '관세 및 무역에 관한 일반 협정(GATT)'을 위한 1951년 6월 21일의 '토키Torquay 의정서'에 의해 국제적으로도 인정받았다. 이 의정서는 "서독이 가트(GATT) 회원국으로 가입하는데 독일이 원산지가 되는 상품 교역에 현재의 규정 또는 내독 무역에 어떠한 변경이 요구되지 않는다"라고 했다. 그리고 1957년 3월 25일 유럽 경제 공동체(EEC)를 창설하기 위한 '로마 조약'에서도 현존하는 서독과 동독의 무역 관계에 관해 특별 규정을 두어 내독 무역의 특수성이 인정되었다.

이로 인해 동독은 다른 동유럽 나라들과는 달리 유럽 경제 공동체 회원국이나 서방 국가에 관세 면제나 관세 완화를 통해 유리한 조건으로 상품을 수출할 수 있었다. 내독 무역은 1972년의 동·서독 기본 조약에서 "서독과 동독의 무역은 현재의 협정을 토대로 발전될 것"이라고 하여 확인되었다.

서독은 무역 거래 과정에서 동독이 자금 부족으로 상품 대금을 지불하지 못하는 사태가 없도록 하기 위해 '스윙Swing'이라는 차관도 제공했다. '스윙'은 서독 연방은행이 동독 중앙은행에게 무이자로 제공한 차관을 말한다. 이 '스윙'으로 인해 서독의 사업자들은 동독에 판매한 상품 대금을 어려움 없이 받을 수 있었다. 서독은 1985년까지 연간 6억 마르크였던 스윙 규모를 1986년부터 연간 8.5억 마르크로 확대했다.

서독과 동독의 무역액은 1950년에 8억 마르크에 불과하였으나, 이후 완만하게 증가하다가 1970년 이후 관계가 개선되자 급속도로 증가했다. 내독 무역이 시작된 지 20년 만인 1970년의 무역액은 45억 5천만 마르크였으며, 1980년에는 117억 3천만 마르크로 증가했다. 이후 무역액이 계속 증가하여 1985년에 167억 4천만 마르크였으나, 이후 줄어들어 1988년에는 140억 2천만 마르크로 감소했다. 이와 같은 무역액 감소는 국제 원유가와 원자재 가격이 하락하고, 서방 시장에서 동독 상품의 경쟁력이 약화되어 수출이 줄어들었기 때문이다.

거래 품목으로는 서독은 동독으로부터 석유 제품, 섬유류와 의류, 화학 제품, 농산물 등을 구입했다. 그리고 서독은 동독에게 화학 제품, 농산물, 기계류 등을 판매했다. 서독은 동독과 무역을 하면서도 수출이나 수입이라는 용어 대신에 수출을 '공급Lieferungen'으로, 수입을 '구입Bezüge'이라고 했다. 이는 동독이 외국이 아니기 때문에 동독과의 무역이 국가 거래가 아닌 독일 내부 거래임을 강조하기 위한 것이었다.

서독이 동독과 무역 거래를 하는 데에는 경제적인 이유도 있었지만, 동독과 관계를 계속 유지하고 발전시키려는 정치적인 목적이 더 강했다. 또한 서독은 다른 나라와의 무역에서 얻은 흑자의 일부를 동독에 간접적으로 지원했다. 그러나 동독으로서는 경제적인 이유가 크게 작용했다.

이러한 내용은 서독과 동독의 총 무역액에서 상대방이 차지하는 비율에서도 잘 알 수 있다. 서독이 1987년에 동독과 거래한 무역액은 서독 총 무역액의 1.5% 미만이었고, 무역액 순위로는 동독은 15위에 불과했다. 이에 반해 동독이 서독과 거래한 무역액은 동독 총 무역액의 약 10%를 차지했으며, 무역 상대국 순위로는 서독이 소련 다음으로 2위였다. 따라서 동독은 서독과의 무역을 매우 중요하게 여겼으며, 정치적으로 서독과의 관계가 어려운 시기에도 이를 계속 유지했다.

내독 무역 현황

(단위: 백만 VE)

연도	서독에서 동독으로	동독에서 서독으로	계
1950	359	451	810
1960	1,030	1,007	2,037
1965	1,225	1,249	2,474
1970	2,484	2,064	4,548
1975	4,028	3,391	7,419
1978	4,755	4,066	8,821
1979	5,093	4,792	9,885
1980	5,875	5,855	11,730
1981	6,129	6,350	12,479
1982	7,080	6,988	14,068
1983	7,681	7,562	15,243
1984	7,251	8,241	15,492
1985	8,586	8,158	16,744
1986	7,837	7,344	15,181
1987	7,366	7,119	14,485
*1988	7,234	6,789	14,023
*1989	8,101	7,205	15,306

출처 : 내독 관계부, *Deutschlandpolitische Bilanz 1988*, 1989, 37~38쪽.
  * Günter Fischbach, *DDR-Almanach '90*, 1990, 52쪽.

서독과 동독

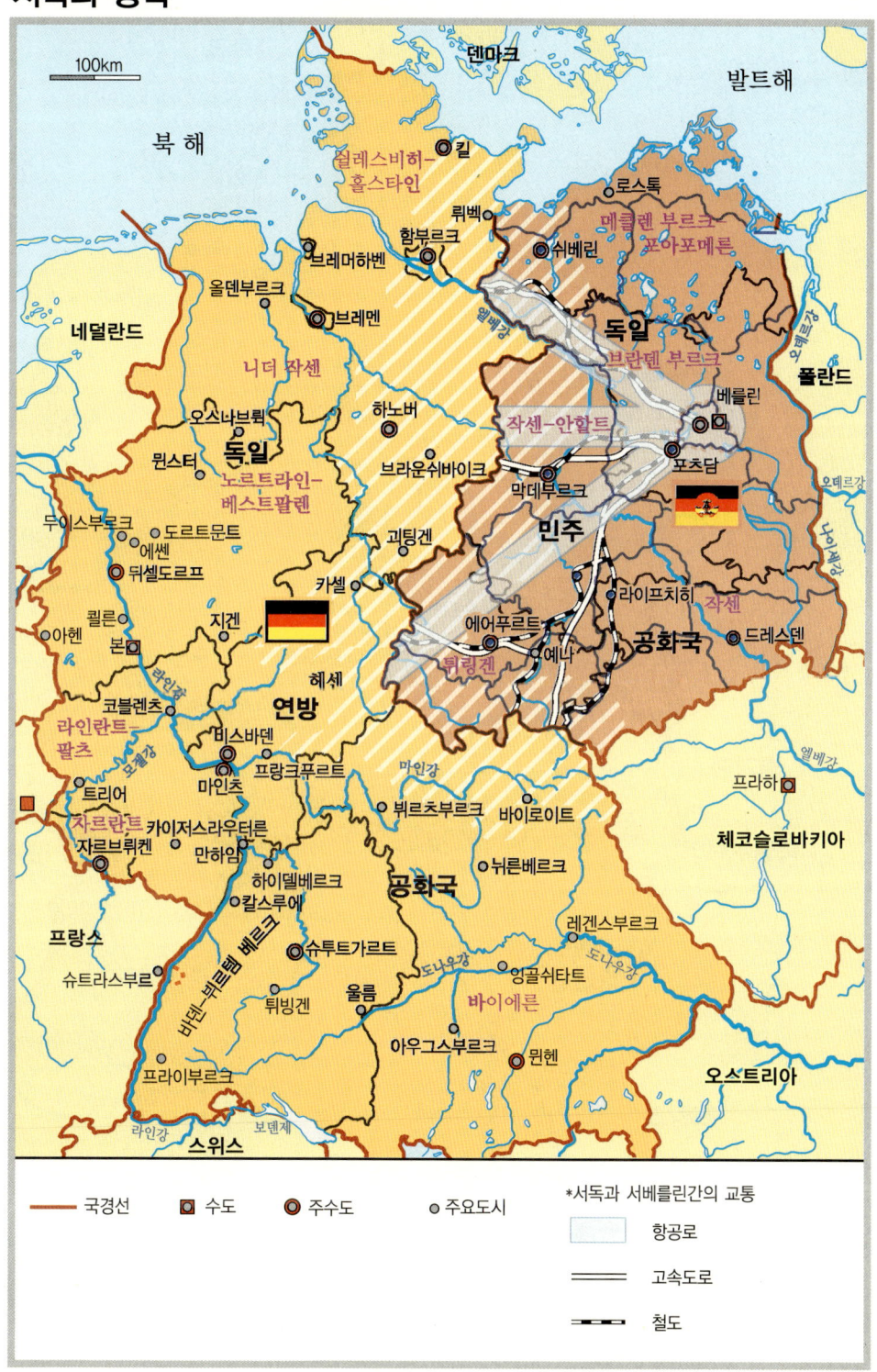

100km

북 해

덴마크

발트해

슐레스비히-
홀스타인

킬

로스톡

메클렌 부르크
포아포메른

뤼벡

쉬베린

함부르크

브레머하벤

올덴부르크

브레멘

독일

브란덴 부르크

베를린

니더 작센

네덜란드

하노버

작센-안할트

오스나브뤽

포츠담

독일

브라운쉬바이크

뮌스터

노르트라인-
베스트팔렌

막데부르크

괴팅겐

민주

라이프치히

작센

무이스부르크

도르트문트

에어푸르트

드레스덴

에쎈

카셀

뒤셀도르프

예나

공화국

뷔링겐

쾰른

지겐

아헨

본

헤세

연방

라인란트
팔츠

코블렌츠

비스바덴

프라하

트리어

마인츠

프랑크푸르트

뷔르츠부르크

바이로이트

체코슬로바키아

자르란트

카이저스라우턴른

자르브뤼켄

만하임

뉘른베르크

하이델베르크

칼스루에

레겐스부르크

프랑스

바덴-뷔르템 베르크

슈투트가르트

잉골쉬타트

바이에른

슈트라스부르

튀빙겐

울름

아우그스부르크

뮌헨

프라이부르크

오스트리아

라인강

보덴제

스위스

── 국경선 ▣ 수도 ◉ 주수도 ● 주요도시

*서독과 서베를린간의 교통

항공로

고속도로

철도

전후의 독일 (1945년)

100km

덴마크

북 해

네덜란드

벨기에

룩셈부르크

프랑스

스위스

암스테르담

브뤼셀

룩셈부르크

쉴레스비히
홀스타인

킬

뤼벡

쉬베린

로스톡

메클렌 부르

함부르크

브레머하벤

브레멘

엘베강

브란덴

니더 작센

오스나브뤼크

하노버

막데부르크

포츠

뮌스터

노르트라인
베스트팔렌

도르트문트

작센
안할트

두이스부르크

에쎈

뒤셀도르프

카셀

에어푸르트

라이프치히

드레

퀼른

아헨

본

예나

튀링겐

코블렌츠

라인강

헤센

라인란트
팔츠

비스바덴

프랑크푸르트

마인츠

모젤강

마인강

자르란트

뷔르츠부르크

자르뷔르켄

만하임

루드빅스하펜

하이델베르크

뉘른베르크

칼스루에

뷔르템베르크-바덴

레겐스부르크

스트라스부르

슈투트가르트

튀빙겐

울름

도나우강

잉골쉬타트

바이에른

프라이부르크

뷔르템베르크
호헨졸레른

아우크스부르크

뮌헨

바덴

라인강

발트해

쾨닉스베르크

단치히

동프로이센

포메른

오데르강

오데르강

나이세강

바르샤바

폴란드

쉴레지엔

브레스라우

엘베강

하

체코슬로바키아

도나우강

빈

오스트리아

	독일제국 국경선 (1937년)
	독일 주경계선
▪▪▪▪▪▪▪	서방연합군과 소련군이 만난 지점
	전쟁말 서방 연합군 진주지역
	전쟁말 소련군 진주지역
	전쟁말 서방 연합군 철수지역

독일 점령지역 (1946~49년)

100km

북 해

덴마크

쉴레스비히
홀스타인

킬

뤼벡

로스톡

메클렌부르

네덜란드

암스테르담

브레머하펜   함부르크

쉬베린

올덴부르크   브레멘

엘베강

니더 작센

브란덴부르

오스나브뤼크

하노버

브라운쉬바이크

막데부르크

포

뮌스터

노르트라인-
베스트팔렌

작센
안할트

두이스부르크   도르트문트

에쎈

괴팅겐

할레

브뤼셀

뒤셀도르프

카셀

라이프치히

아헨

쾰른

본

에어푸르트

드

벨기에

라인강

헤센

예나

튀링겐

룩셈부르크

코블렌츠

라인란트
팔츠

비스바덴   프랑크푸르트

호프

룩셈부르크

트리어

마인츠

뷔르츠부르크

마인강

자르지역

바이로이트

자르브뤼켄

카이저스라우테른

만하임

하이델베르크

뉘른베르크

칼스루에

뷔르템베르크-바덴

레겐스부르크

스트라스부르

슈투트가르트

잉골쉬타트

도나우강

울름

바이에른

프랑스

프라이부르크

뷔르템베르크-
호헨졸레른

아우크스부르크

뮌헨

바덴

잘츠

라인강

스위스

오스트리아

발트해

멜멜

쾨닉스베르크

동

단치히

포로이센

포메른

오데르강

바르샤바

폴란드

쉴레지엔 브레스라우

엘베강

로바키아

	독일 제국 국경선 (1937년)	– 과거 독일 제국의 동부지역 및 단치히
	독일 주 경계선	
바이에른	독일 주 이름	소련 관할지역
	오데르 – 나이세강 선	폴란드 관할지역
	미국 점령지역	– 자르지역
	영국 점령지역 1949년이후 서독	1946년 이후 프랑스 관세·경제지역
	프랑스 점령지역	
	소련 점령지역 —— 1949년이후 동독	

통일된 독일

덴마크

발트해

북 해

100km

폴란드

쉴레스비히-
홀스타인

킬

로스톡

메클렌 부르크-
포아포메른

뤼벡

함부르크

쉬베린

브레머하벤

네덜란드

올덴 부르크

브레멘

니더 작센

브란덴 부르크

작센-안할트

베를린

오스나브뤽

하노버

포츠담

브라운쉬바이크

막데부르크

뮌스터

노르트라인-
베스트팔렌

괴팅겐

두이스부르크

에쎈

도르트문트

라이프치히

작센

뒤셀도르프

카셀

에어푸르트

예나

드레스덴

쾰른

본

헤센

튀링겐

코블렌츠

라인란트-
팔츠

비스바덴

프랑크푸르트

마인츠

뷔르츠부르크

바이로이트

프라하

체코슬로바키아

트리어

카이저스라우터른

자르란트

만하임

뉘른베르크

자르브뤼켄

하이델베르크

레겐스부르크

칼스루에

슈트라스부르

프랑스

슈투트가르트

잉골쉬타트

바덴-
뷔르템베르크

튀빙겐

울름

바이에른

프라이부르크

아우구스부르크

뮌헨

라인강

스위스

오스트리아

체코슬로바키아 주재
서독 대사관으로 진입
한 동독 난민들(1989.
9～10. 프라하)

프라하에서 특별 열차로 서독에
도착한 동독 난민들(1989. 10. 5.
호프)

포츠담 광장의 베를린 장벽을 철거하고 있는 군일들(1989. 11. 베를린)

베를린 장벽 개방 후 '6월 17일 가뻘'를 오가는 차량 행렬(1989. 11. 베를린)

브란덴부르크 문門 개방 기념식(1989. 12. 22)

동독이 국경을 개방하자 브란덴부르크 문 앞 베를린 장벽에 올라 환호하는 동·서베를린 시민들(1989. 11. 베를린)

'화폐, 경제와 사회 동맹 조약'이 발효된 첫 날(1990. 7. 1. 동독)

동베를린에서 열린 제2차 '2+4 외무장관 회담' (1990. 6. 22)

동독 인민 의회 선거(1990. 3. 18)

분단기간 중 서베를린과 동베를린을 오갈 때 거쳐야 했던 찰리 검문소가 철거되고 있다(1990. 6. 22).

통일 기념식에 게양되고 있는 독일 국기(1990. 10. 3. 베를린)

호네커의 서독 방문

서독과 동독의 교류가 활발해진 가운데 제4차 동·서독 정상 회담이 1987년 9월 본에서 열렸다. 이 회담은 에리히 호네커 동독 서기장이 1987년 9월 7~11일 서독을 방문함으로써 이루어졌다. 동·서독 정상 회담은 이미 3차례 있었다. 최초의 정상 회담이 브란트 수상과 슈토프 총리가 만나 1970년 3월 동독의 에어푸르트에서 열린 데 이어 제2차 회담은 같은 해 5월 서독의 카셀에서 열렸다(제6장 참조). 그리고 제3차 회담은 1981년 12월 동베를린 교외 베어벨린제Werbellinsee에서 슈미트 수상과 호네커 서기장 사이에 열렸다(제7장 참조).

호네커 서기장의 서독 방문은 1949년 분단 이후 38년 만에 동독의 국가 원수로는 최초의 방문이라는 데 정치적으로나 역사적으로 큰 의의가 있었다. 호네커 서기장의 서독 방문은 1981년 12월 제3차 정상 회담에서 슈미트 수상의 초청으로 이루어졌다. 호네커 서기장의 서독 방문은 처음에는 1983년으로 예정되었다가 1984년으로 늦추어지고, 다시 1986년으로 미루어졌다가 1987년에 와서야 이루어진 것이다. 이와 같이 호네커의 방문이 여러 차례 연기되었던 이유는 두 독일의 지나친 결속을 저지하려는 소련의 방해와 동독 내부의 정치적인 이유 때문이었다. 소련 『프라우다』지는 1984년 호네커가 서독을 방문하려고 하자 호네커의 서독 방문 계획은 잘못된 길이라며 맹렬히 비난한 적이 있다.

서독은 동독이 외국이 아니고 '특별한 관계'에 있다는 이유로 호네커의 방문을 공식 방문이 아닌 실무 방문으로 맞이했다. 그러면서도 서독은 동독 국기 게양, 국가 연주, 의장대 사열 등 국가원수

동독 국가 원수로는 처음으로 서독을 방문하여 의장대를 사열하는 호네커
서기장(1987. 9. 7. 본).

콜 수상과 호네커 서기장이 지켜보는 가운데 '방사선 보호를 위한 정보 및 경험 교환에 관한 협정'에 서명하는 서독 환경부 장관과 동독 원자력 안전청장 (1987. 9. 8, 본).

로서의 예우를 갖추어 호네커를 환영함으로써 동독의 입장을 배려했다. 호네커 서기장이 9월 7일 동독 국영 항공인 인터푸르크로 쾰른-본 공항에 도착하자 서독은 수상 공관에서 환영식을 개최했다.

방문 기간 동안 호네커 서기장은 콜 수상과 폰 바이체커 연방 대통령과 회담을 갖고 관계 개선을 위한 방안을 논의했다. 이 회담에서 동·서독의 인적 교류 개선 문제와 이를 위해 철도 요금 할인 문제, 관광 교류와 청소년 교류 문제, 도시 자매결연 문제, 그리고 문화·체육 교류 문제 등이 논의되었다. 또한 무역과 경제 교류를 강화하는 문제, 서베를린을 오가는 교통수단의 개선, 그리고 우편과 전화 소통 개선 문제에 관해서도 의견이 교환되었다.

콜 수상과 호네커 서기장은 공동 성명에서 독일 영토에서는 결코 다시는 전쟁이 일어나지 않아야 하며 평화가 정착되어야 한다고 강조했다. 그리고 두 정상은 환경 보호, 방사선 보호와 과학·기술 협력에 관해 의견을 교환하였으며, 이에 관한 3개의 협정이 동·서독 장관들에 의해 서명되었다.

호네커는 지방 도시도 방문했다. 그는 쾰른, 뒤셀도르프 방문에 이어 부퍼탈에 있는 프리드리히 엥겔스Friedrich Engels(1820~1895년) 생가와 트리어에 있는 칼 막스Karl Marx(1818~1883년)의 생가를 둘러보았다. 그리고 그는 자르란트 주의 작은 도시 비벨스키르켄 Wiebelskirchen에도 들렀다. 비벨스키르켄은 호네커가 태어난 곳으로, 그는 이곳에 살고 있는 다섯 살 아래의 여동생을 만나 잠시 향수에 젖기도 했다. 호네커는 어린 시절 이곳에서 철공소와 지붕 수리를 하면서 반히틀러 투쟁에 앞장섰던 청년 공산당원이었다. 그의 방문은 1937년 고향을 떠난 이래 50년 만이었다.

호네커는 뮌헨을 방문한 데 이어 유태인 수용소가 있는 다카우도 방문했다. 그는 지방을 방문하면서 요하네스 라우, 오스카 라퐁텐, 베른하르트 포겔, 그리고 프란츠 요셉 슈트라우스 등 주수상들을 비롯하여 경제계 인사들과도 만나 여러 분야에서 동·서독의 관계를 증진하기 위한 의견을 교환했다.

호네커의 서독 방문 이후 인적 교류가 급증했다. 특히 '긴급한 가사 문제'로 인해 서독을 찾는 동독인이 급속도로 늘어났다. 도시 자매결연도 늘어나 호네커 서기장의 방문 전에 5개에 불과했으나 방문 후인 1987년에 10회, 1988년에는 29회의 자매결연이 이루어졌다. 또한 과학·기술과 환경 분야에서의 협정 체결로 이 분야의 협력 관계를 증진하는 토대가 마련되었다. 이는 지금까지의 인적 교류나 상품 교류에서 진일보한 새로운 협력인 것이다.

그러나 이와 같은 교류의 진전에도 불구하고 베를린 장벽 제거나 통일 문제 등 분단된 독일 사이의 근본적인 문제의 해결에는 진전이 없었다. 호네커 서기장은 "자본주의와 사회주의는 물과 불처럼 합쳐지기 어렵다"면서 동독과 서독이 하나가 될 수 없음을 강조하기도 했다. 이는 또한 두 개의 독일을 만든 분단 상황이 동·서독의 공동 운명임을 지적하는 것이기도 했다. 그러나 호네커의 서독 방문은 서독과 동독의 관계를 안정시키고, 각종 상호 교류를 발전시키는 계기가 되었다.

서독은 인적 교류, 우편과 통신 교류, 문화 교류, 내독 무역을 비롯한 여러 분야에서 동독과의 교류를 꾸준히 이끌어 나갔다. 분단 기간중 서독은 동독과 이러한 교류를 하면서 경제 지원을 했다. 서독은 이러한 지원을 하면서 지원 대가로 반드시 동독이 방문 조건 완화, 우편·통신 시설 증설 등의 관계 개선 조치나, 동·서독 국경선에 설치한 자동 발사기의 해체 및 지뢰 제거 등의 인권 개선 조치를 하도록 했다.

1990년 10월 3일 이루어진 독일 통일은 갑자기 이루어진 것이 아니다. 분단 중에도 이와 같은 다양한 교류가 꾸준히 있어 왔기 때문에 가능했다.

제9장 정치 조직

독일의 국가 이념으로 공화국共和國, 민주주의民主主義, 사회 국가社會國家, 연방 국가聯邦國家와 법치 국가法治國家의 다섯 가지 원칙이 있다. 이는 독일의 헌법인 기본법 제20조 1항에 "독일 연방 공화국은 민주주의의 사회적 연방 국가다"라고 규정하고 있는 데서 알 수 있다.

독일은 공화국이기 때문에 왕정 국가가 될 수 없고, 국가 권력이 국민에 있음을 신인하고 있나. 그리고 사회 국가에서의 '사회'는 사회주의 국가에서 말하는 사회주의가 아니라, 국가로 하여금 경제적 약자에 대해 인간의 존엄성을 유지하도록 보호하고, 결혼과 가정을 보호하며, 사회 보장을 통해 적절한 복지 혜택을 부여하도록 하는 의미가 있다. 독일은 또한 연방 국가이기 때문에 연방뿐만 아니라 16개 주들도 각각 하나의 국가의 특징을 갖고 있다. 즉 주州는 주헌법을 갖고 있고, 일정 영역에서 제한된 통치권을 행사하며, 입법권, 행정권, 그리고 재판권도 행사하고 있다.

이제 독일의 정치 조직에 관하여 살펴보기로 한다. 독일을 움직이는 주요 정치 조직으로는 연방 하원, 연방 상원, 연방 대통령, 연방 수상과 연방 정부, 그리고 주정부 등이 있다. 그리고 정치 조직은 아니나 헌법 기관인 연방 헌법 재판소가 있다. 독일의 역사를 올바로 이해하기 위해서는 이들 조직에 대한 이해가 필요하다.

연방 하원

독일의 의회는 양원제로서 연방 하원der Bundestag과 연방 상원 der Bundesrat으로 구성되어 있다. 연방 하원은 전국민의 의사와 이익을 대변하는 기관이다. 그러나 연방 상원은 엄밀히 말해서 국민의 대표 기관이라기보다는 주州의 이익을 대변하는 기관이다.

연방 하원 의원은 국민의 직접 선거에 의해 선출되는 전국민의 대표로서, 위임이나 지시에 구속되지 않고 오로지 자신의 양심에 따라 행동한다(기본법 제38조 1항, 이하 기본법). 이러한 의원의 양심에 따른 행동과 독립성을 보장해 주기 위해 의원이 소속 정당의 정책과 뜻을 달리하여 탈당하는 경우에도 의원직을 계속 유지할 수 있도록 했다.

연방 하원 의원은 4년의 임기로 선출되며, 임기는 새로운 연방 하원이 구성되면 종료된다. 연방 하원이 새로 구성된 이후에 다음 연방 하원 선거는 아무리 빨라도 46개월, 늦어도 48개월 이내에 실시된다. 그러나 연방 하원이 해산된 경우에는 60일 이내에 새로운 선거가 실시된다(제39조 1항). 연방 하원은 선거 후 늦어도 30일 이내에 구성된다(제39조 2항). 연방 하원의 소집은 재적 의원 1/3 이상이나 연방 대통령 또는 연방 수상의 요구로 가능하다(제39조 3항).

연방 하원의 주요 임무는 법률을 제정하고, 연방 수상을 선출하며, 연방 정부를 견제하는 기능이다. 또한 연방 하원 의원은 연방 대통령 선출에도 참여한다. 법률안 제출권은 연방 하원 의원과 연방 상원, 그리고 연방 정부에게 있다(제76조 1항). 법률은 대부분이 연방 정부의 발의에 의해 제정되고 있다. 이는 1949년 이후 2002년까지 제정된 약 5,640건의 법률 중 대부분이 연방 정부의 발의에 의해 이루어진 것으로 알 수 있다.

연방 하원의 회의는 공개적으로 열린다. 그러나 재적 의원 1/10 이상 또는 연방 정부의 요구가 있을 경우에는 재적 의원 2/3 이상의 찬성으로 비공개로 할 수 있다. 공개 여부에 관한 결정은 비공개로 열린다(제42조 1항). 연방 하원의 결정에는 기본법에 별도로 규정되어 있지 않는 한 투표자 과반수의 찬성이 요구된다(제42조 2항). 연방 하원 또는 상임 위원회는 연방 정부 각료의 출석을 요구할 수 있고, 연방 상원 의원과 연방 정부의 각료 및 그 위임자들은 연방 하원과 상임 위원회의 모든 회의에 출석할 수 있다(제43조).

기본법은 국민의 대표인 연방 하원 의원에게 면책 특권을 부여하고 있다. 연방 하원 의원은 연방 하원 또는 그가 속한 위원회에서 행한 투표나 발언으로 인해 소추되지 않고, 연방 하원 밖에서도 책임을 지지 않는다. 그러나 비방적인 모욕에는 적용되지 않는다(제46조 1항). 즉 연방 하원 의원에게 면책 특권을 부여하고 있으나, 남을 비방하거나 모욕적인 행위에 대해서는 면책 특권을 인정하지 않고 있다. 최소한 8년 동안 연방 하원 의원이었던 자는 퇴임 후 연금을 받는다.

연방 하원의 의원 수는 통일 전에 496명(서베를린 대표 22명 제외)에서 통일 직후에는 656명으로 늘었다가 1998년 2월 선거구 조정으로 2002년 선거부터 598명(지역구 299명, 비례대표 299명)으로 줄어들었다. 그러나 '초과 의석' 제도로 인하여 실제 연방 하원 의원 수는 더 많게 된다. 1990년 12월 2일 통일 이후 첫 연방 하원 선거에

역대 연방 하원 의석 분포

총선 연도	사민당 (SPD)	기민당 (CDU)	기사당 (CSU)	자민당 (FDP)	녹색당	기타	계
1949. 8.	131	115	24	52	-	80	402
1953. 9.	151	191	52	48	-	45	487
1957. 9.	169	215	55	41	-	17	497
1961. 9.	190	192	50	67	-	-	499
1965. 9.	202	196	49	49	-	-	496
1969. 9.	224	193	49	30	-	-	496
1972. 11.	230	177	48	41	-	-	496
1976. 10.	214	190	53	39	-	-	496
1980. 10.	218	174	52	53	-	-	497
1983. 3.	193	191	53	34	27	-	498
1987. 1.	186	174	49	46	42	-	497
1990. 12.	239	268	51	79	-	25[1]	662
1994. 10.	252	244	50	47	49	30[2]	672
1998. 9.	298	198	47	43	47	36[2]	669
2002. 9.	251	190	58	47	55	2[2]	603

* 1987년까지 서베를린 출신 의원은 포함되지 않았음.
  1) 25석 가운데 민사당 17석, 동독 녹색자유연합 8석.
  2) 민사당(PDS, 전동독 공산당의 후신) 의석.

서는 사민당(SPD), 기민당(CDU), 자민당(FDP), 기사당(CSU), 민사당(PDS : 전 동독 공산당의 후신), 그리고 동독 지역의 녹색 연합당(Bündnis 90/Grüne) 의 6개 정당이 연방 하원에 진출했다. 서독 지역의 녹색당은 1983년 선거에서 처음으로 연방 하원에 진출한 이래 1990년 선거를 제외하고 는 1994년 선거 이후 계속해서 진출했다.

기민당과 기사당은 1949년 이래 연방 하원에서 하나의 교섭 단체를 구성하여 긴밀히 협조하고 있다. 기민당은 바이에른 주를 제외한 15개 주에 당 조직을 가지고 있으며, 자매 정당인 기사당은 오로지 바이에른 주에만 조직이 있는 정당이다.

연방 상원

연방 하원이 국민의 대표 기관이라면, 연방 상원der Bundesrat은 16개 주州 Land를 대표하는 기관이다. 주는 연방 상원을 통해 연방의 입법·행정 업무와 유럽 연합(EU)의 업무에 참여한다(제50조). 따라서 연방 상원은 철저히 주의 이익을 대표하는 기관이다. 연방 상원 의원은 연방 하원 의원처럼 국민의 직접 선거가 아닌 주정부에 의해 선출된다. 주정부에 의해 임명되고 해임되는 것이다(제51조 1항). 따라서 연방 상원에 참가하는 주대표는 수시로 교체되기도 한다. 주정부는 당연직인 주수상을 포함하여 주대표를 연방 상원에 파견한다.

연방 상원의 의사 결정은 각 주에 배정된 일정수의 표결권에 의해 이루어진다. 각 주가 몇 표의 권리를 행사하느냐는 주의 인구에 따라 결정된다. 그러나 철저히 인구수에 따라 표결권을 배분할 경우, 인구가 가장 많은 노르트라인-베스트팔렌 주의 인구는 1,805만 명으로 가장 적은 브레멘의 인구 66만 명보다 27배나 많아 자연히 표결권의 수도 27배나 많게 된다. 이렇게 되면 인구가 많은 몇몇 주가 연방 상원의 결정권을 좌지우지하게 되고, 인구가 적은 주의 의사는 무시되기 쉽다. 이러한 불합리를 조정하기 위해 각 주의 표결권을 인구수에 따라 배분하되, 최소한 3표에서 최대한 6표를 배분하도록 했다.

따라서 인구가 적은 주라도 3표의 표결권을 갖고 있고, 인구가 2백만 명 이상인 주는 4표를, 6백만 명 이상인 주는 5표를, 7백만 명 이상인 주는 6표를 갖고 있다(제51조 2항). 통일 전에는 표결권 수가 최소 3표에서 최대 5표였는데, 통일 후 인구가 많은 주의 현실을 인정하여 6표로 늘린 것이다.

통일 전 서독의 주 가운데 노르트라인-베스트팔렌, 바이에른, 바덴-뷔르템베르크와 니더 작센의 4개 주는 인구, 면적, 그리고 경제력에서 다른 주들보다 월등히 우세했다. 이 4개 주는 연방 상원에서 각각 5표씩 모두 20표(총 45표)의 표결권을 갖고 있어, 이들 주의 이익에 반하는 기본법 개정을 저지할 수 있었다. 그러나 통일이 되어 동독의 5개 주가 추가되면 총 64표가 되어, 이 4개 주는 다른 12개 주가 연합하여 큰 주에 불리하게 기본법 개정을 추진할 경우 저지할 수 없게 된다. 이러한 불합리를 시정하기 위해 이 4개 주는 통일 조약 협상시 1표씩을 더 얻어 기본법 개정을 저지할 수 있는 1/3 이상(총 69표 중 24표)을 확보했다.

그런데 연방 상원에서 각 주에 배정된 표결권을 행사할 때 한 가지로만 사용해야지 나누어서 사용해서는 안 된다(제51조 3항). 예를 들어, 6표를 갖고 있는 바덴-뷔르템베르크 주가 어떤 안건에 대해 3표는 찬성, 2표는 반대, 그리고 남은 1표는 기권하는 방법으로 사용할 수는 없다. 즉 주에 배정된 6표 모두를 찬성이나 반대 또는 기권의 어느 하나로만 사용해야 한다는 것이다.

연방 상원에서 토론이나 표결을 할 때 일부 주들은 정당의 이익에 앞서 각 주의 이익을 우선적으로 고려하기도 한다. 때로는 투표

결과가 정당 분포와는 다르게 나타나기도 한다. 왜냐하면 자기 주의 이익을 관철시키기 위해 종종 같은 이해관계에 있는 여러 주가 연합하기도 하고, 심지어 다른 정당이 집권하고 있는 주와도 연합하기 때문이다. 따라서 연방 정부는 주정부가 같은 정당에 의해 집권하고 있더라도 주요 문제에 관해서는 주정부와 긴밀하게 협의한다.

연방 상원의 의장은 주수상이 돌아가면서 맡고 있으며 임기는 1년이다(제52조 1항). 연방 상원의 소집은 의장이 한다. 의장은 2개 주이상의 주대표나 연방 정부가 요구하면 연방 상원을 소집해야 한다(제52조 2항). 연방 상원의 결정은 과반수 이상의 찬성으로 결정한다(제52조 3항). 유럽 연합(EU) 업무를 위해 연방 상원은 유럽 위원회를 구성할 수 있으며, 유럽 위원회의 결정이 연방 상원의 결정으로 간주된다(제52조 3항 a). 연방 상원 의장은 연방 대통령이 집무를 수행할 수 없거나 임기보다 일찍 사퇴하는 경우, 연방 대통령의 권한을 대행한다(제57조).

연방 상원도 연방 하원이나 연방 정부와 같이 법률안을 제출할 수 있다. 연방 상원이 법률안을 제출하고자 할 경우에는 법률안을 연방 정부에 제출하며, 연방 정부는 6주 이내(긴급한 안건은 3주, 충분한 검토가 필요한 안건은 9주 이내)에 연방 하원에 이송하여야 한다(제76조 3항). 연방 하원이 의결한 법률안이 확정되는 경우는 네 가지가 있다. 연방 상원이 동의하는 경우, 중재 위원회가 구성되지 않을 경우, 연방 상원이 이의Einspruch를 제기하지 않을 경우, 마지막으로 연방 상원이 제기한 이의를 연방 하원이 재의결 한 경우이다(제78조).

연방 상원에서의 주별 표결권 수

(인구는 2002년 말 기준)

주 이름	표결권수	인구(단위 만 명)
노르트라인-베스트팔렌	6	1,805
바이에른	6	1,233
바덴-뷔르템베르크	6	1,060
니더작센	6	796
헤센	5	608
작센	4	438
라인란트-팔츠	4	405
베를린	4	339
쉴레스비히-홀스타인	4	280
작센-안할트	4	259
브란덴부르크	4	259
튀링겐	4	241
메클렌부르크-포아포메른	3	176
함부르크	3	173
자르란트	3	107
브레멘	3	66
계	69	

법률을 제정하거나 개정할 때 일부 법률은 반드시 연방 상원의 동의가 필요하다. 연방 상원의 동의가 필요한 법률로는 주의 재정 문제나 주정부의 권한과 관련이 있는 법률들로 대부분이 주의 이익에 관한 것들이다. 그리고 기본법 개정에는 연방 하원 의원 2/3 이상과 연방 상원의 표 2/3 이상의 찬성이 필요하다(제79조 2항).

연방 상원의 동의가 필요한 법률을 제정하거나 개정하고자 할 경우에 연방 상원이 반대하면 이루어질 수 없다. 따라서 집권당이 연방 상원에서 과반수를 차지하고 있지 못한 경우에는 사전에 야당과 충분한 협의를 거쳐야만 법을 제정하거나 개정할 수 있다.

연방 대통령

독일의 국가 원수는 연방 대통령der Bundespräsident이다. 연방 대통령은 대외적으로 국가를 대표하지만, 제한적이고 상징적인 권한만 행사한다. 연방 대통령은 국민의 직접 선거가 아닌 연방 회의聯邦會議die Bundesversammlung라는 기구에서 발언 없이 선출된다. 연방 대통령으로 선출될 수 있는 자는 연방 하원 의원의 선거권이 있는 만 40세 이상의 독일인이다(제54조 1항). 연방 대통령의 임기는 5년이며, 연임은 1회만 허용된다(제54조 2항). 따라서 연방 대통령은 연속해서 10년간 재임할 수 있다.

연방 회의는 상설 기구가 아니고 오직 연방 대통령을 선출할 때만 존재하는 일시적인 기구이다. 연방 회의는 연방 하원 의원 전원과 주州의 주민 대표 기관에서 선출되는 대의원으로 구성되는데, 주의 주민 대표 기관에서 선출되는 대의원의 수는 연방 하원의 의원수와 같다(제54조 3항). 주대표는 인구에 비례하여 선출되기 때문에 주에 따라 대의원 수는 다르다.

이와 같이 독일은 연방 대통령 선출에 연방 하원 의원수와 같은 수의 주대표로 연방 회의라는 별도의 기구를 구성하여 선출하고 있다. 그 이유는 1949년 기본법 제정자들에게 프랑스 대통령 선거 제도가 큰 영향을 주었기 때문이다. 오늘날 프랑스 대통령은 국민의 직접 선거로 선출되지만 1949년 당시에는 상·하원에서 선출되었다.

기본법 제정자들은 1949년 기본법을 제정하는 과정에서 연방 상원 의원수를 연방 하원 의원수의 약 1/12로 하기로 했다. 이들은 프랑스처럼 상·하원에서 대통령을 선출하도록 할 경우에 연방 상원 의원 수가 적기 때문에 주의 의사가 충분히 반영되기 어렵다고 생각했다. 따라서 연방 국가의 특성을 살리기 위해 주의 대표권을 더욱 강화하여 연방 하원 의원수와 같은 수의 별도의 주대표를 포함하도록 한 것이다. 비록 연방 대통령이 형식적인 권한을 갖고 있으나, 연방 대통령 선거에 주의 의사를 반영하고자 한 것이다.

주 의회에서 선출되는 대의원은 주의회를 구성하는 교섭 단체의 크기에 따라 구성된다. 따라서 주대의원들은 엄밀히 말해서 노르트라인-베스트팔렌 주라든가 헤센 주 등 주의 대표로서가 아니라 기민당(CDU), 사민당(SPD), 자민당(FDP), 또는 기사당(CSU) 등 각 정당의 대표 자격으로 참석한다.

연방 대통령 선출을 위한 연방 회의는 늦어도 연방 대통령의 임기가 만료되기 30일 이전에 소집되며, 연방 대통령의 임기가 예정보다 일찍 끝나는 경우에는 이 시점 이후 늦어도 30일 전에 소집된다(제54조 4항). 연방 회의에서 대의원 과반수의 지지를 얻은 자가 연방 대통령으로 당선된다. 그러나 1차 투표에서 과반수를 얻은 자가 없을 경우에는 2차 투표를 실시하고, 2차 투표에서도 과반수를 얻은 자가 없는 경우에는 다음 투표에서 다수표를 얻은 자가 당선된다(제54조 6항).

연방 대통령 후보는 일반적으로 기민당이나 사민당과 같은 큰 정당이 내세우나 당선 가능성이 없을 때에는 후보를 내지 않는 경우도 있다. 1954년, 1984년, 1989년 연방 대통령 선거에서 사민당은 당선 가능성이 없어 후보를 내지 않았다. 연방 대통령 선거는 1974년 이래 기본법 공포일인 5월 23일에 실시되고 있다.

역대 연방 대통령 선거를 살펴보면 초대 대통령 선거는 1949년 9월 12일에 실시되었다. 이보다 한 달 앞서 8월 14일에 실시된 연방 하원 선거에서 총 402석 중 기민/기사당이 139석(31%)을 얻어 제1당이 되었다. 사민당은 131석(29.2%), 그리고 자민당은 52석(11.9%)을 각각 얻어 어느 정당도 과반수를 얻지 못했다. 이렇게 되자 기민/기사당(CDU/CSU)은 자민당(FDP) 및 독일당(DP)과 연립 정부를 구성하기로 합의했다. 연방 수상 후보로는 기민당(CDU)의 대표 콘라트 아데나워가 결정되었기 때문에 연방 대통령 후보는 자연히 자민당(FDP) 인사로 결정되었다.

초대 연방 대통령 선거에 자민당의 테오도르 호이쓰Theodor Heuss가, 사민당(SPD)의 쿠르트 슈마커Kurt Schumacher가 각각 입후보했다. 1차 투표 결과 어느 후보도 당선에 필요한 402표를 얻지 못했다. 이어 실시된 2차 투표에서 호이쓰가 416표를 얻어 가까스로 당선되었다. 호이쓰는 연방 대통령직을 잘 수행하여 5년 뒤인 1954년 7월에는 단일 후보로 출마하여 재선되었다.

1959년에 임기가 만료되는 호이쓰 대통령의 후임으로 경륜이나 학식에서 연방 하원 부의장인 슈미트Carlo Schmid가 적합하다고 거론되었다. 그러나 다수당인 기민/기사당은 그가 사민당 소속이라는 이유로 배제하고, 1959년 2월에 에르하르트 경제장관을 추대하기로 했다. 그러나 에르하르트는 아데나워 수상과 격렬히 논쟁을 한 뒤에 갑자기 출마를 포기했다. 이어 4월 초에 아데나워 수상은 자신이 연방 대통령 후보로 출마할 뜻을 밝혔다가 6월에 출마를 포기했다. 이에 식량 농업 산림장관인 하인리히 뤼프케가 급히 후보로 추대되어 7월 1일 연방 대통령으로 선출되었다. 그는 1964년 7월에 재선되어 10년 동안 연방 대통령직을 잘 수행했다.

1969년 3월 5일에 실시된 연방 대통령 선거에서 기민/기사당은 게르하르트 슈뢰더를, 사민당은 구스타프 하이네만을 각각 후보로 내세웠다. 이 선거에서 하이네만이 3차 투표에서 자민당의 지지를 얻어 당선되었다. 이로써 하이네만은 사민당 출신으론 처음으로 연방 대통령이 되었다. 1974년 5월 선거에서 자민당 대표 발터 쉘이, 1979년 5월에는 기민당의 칼 카스텐스가 연방 대통령으로 각각 선출되었다.

1989년 5월 23일에 실시된 연방 대통령 선거에서는 기민당의 리하르트 폰 바이체커Richard von Weizsäcker가 단독 후보로 나섰다. 왜냐하면 폰 바이체커는 이미 1984년 5월에 연방 대통령으로 선출되어 지난 5년간 대통령직을 잘 수행해 왔고, 국민의 지지 또한 높아 사민당이 별도의 후보를 내지 않았기 때문이었다. 본의 베토벤 할레에서 실시된 대통령 선거의 선거인단은 하원의원 519명(서베를린 대표 22명 포함. 통일 전에 서베를린 출신 의원들은 의사 결정을 위한 투표권은 없었으나 연방 대통령 선거의 투표권은 인정되었음)과 각 주에서 선출된 519명의 주대표 등 총 1,038명이었다. 각 주에서 선출된 대의원들은 대부분 정치인들이나 그 중 일부는 유명한 예술가나 체육인들도 포함되어 있었다. 폰 바이체커는 총 1,038표 중에서 881표를 얻어 재선되었다.

독일 통일 후 첫 대통령 선거는 1994년 5월 23일 베를린의 제국의회 의사당에서 실시되었다. 1974년 이래 본Bonn에서 실시되던 연방 대통령 선거는 통일 이후 다시 베를린에서 실시되고 있다. 이번 선거에 5명의 후보자가 나섰으나 기민/기사당 후보인 로만 헤어초크Roman Herzog와 사민당 후보 요하네스 라우Johannes Rau의 대결로 압축되었다. 처음에 콜 수상은 구동독 지역 출신자가 연방 대통령이 되어야 한다며, 작센 주 법무장관 슈테펜 하이트만Steffen Heitmann을 후보로 내세우려고 했다. 그러나 하이트만은 독일의 과거나 외국인 등에 대해 여러 차례 부적절한 발언을 하여 제외되고, 연방 헌법 재판소장인 헤어초크가 후보가 된 것이다.

사민당 후보 라우는 노르트라인-베스트팔렌 주수상으로 1987년의 총선에 수상 후보로 나섰으나 실패하고, 이번에 연방 대통령 후보로 나섰다. 1차와 2차 투표에서 어느 후보도 과반수를 얻지 못하여 3차까지 이어진 투표에서, 헤어초크가 자민당의 지지로 어렵게 당선되었다. 라우는 이 선거에서 졌으나, 5년 뒤인 1999년 5월 24일 제8대 연방 대통령으로 당선되었다. 2004년 5월 23일 실시된 제9대 연방 대통령 선거에서는 기민당 후보 호르스트 쾰러Horst Köhler가 사민당 후보 슈반Gesine Schwan을 누르고 당선되었다.

연방 대통령은 겸직이 허용되지 않는다. 연방 대통령은 정부 또는 연방이나 주의 입법 단체에 소속되어서는 안 된다(제55조 1항). 연방 대통령은 취임시 연방 하원과 연방 상원 의원 앞에서 독일 국민의 복지를 위해 전력을 다하고, 기본법과 연방 법률을 준수하며, 의무를 성실히 이행하고 모든 이에게 정당하게 하겠다는 선서를 한다(제56조). 연방 대통령이 권한을 행사할 수 없거나 공석일 경우에는 연방 상원 의장이 연방 대통령의 권한을 행사한다(제57조). 연방 대통령은 국가 원수로서 국제법적으로 독일을 대표하며 연방의 이름으로 외국과 조약을 체결한다. 또한 그는 외국에 사절을 파견하고 접수한다(제59조 1항). 그리고 연방 대통령은 법률에 달리 규정되어 있지 않는 한 연방 판사와 연방 공무원에 대한 임명권과 면직권을 갖고 있으며, 장교와 하사관에 대해서도 동일한 권한을 행사한다(제60조 1항). 연방 대통령은 또한 사면권을 행사한다(제60조 2항).

연방 대통령의 권한은 지난날 바이마르 공화국(1919~1933년)을 거울삼아 크게 제한되었다. 연방 대통령은 각료 회의에도 참석할 수 없고, 연방 정부의 정책 결정에 직접적인 영향력도 행사할 수 없다. 연방 대통령은 연방 하원에 연방 수상 후보를 추천하며, 연방 하원이 그를 연방 수상으로 선출하면 연방 대통령은 그를 연방 수상으로 임명해야 한다(제63조 1, 2항). 그러나 연방 하원이 연방 대통령이 추천한 후보를 선출하지 않을 경우, 연방 대통령은 다시 제2의 후보를 추천할 권한이 없다. 연방 대통령은 일반적으로 다수당의 대표를 연방 수상 후보로 추천하기 때문에 수상 후보 추천권은 형식상의 권한에 불과하다고 할 수 있다. 즉 연방 대통령은 독일을 대외적으로 대표하는 지위에서 나오는 권한과 형식적이고 상징적인 권한만을 갖고 있다.

연방 대통령이 헌법 또는 법률을 위반할 경우 탄핵될 수 있다. 연방 하원 또는 연방 상원은 연방 대통령이 기본법 또는 다른 연방 법률을 의도적으로 위반했을 경우, 연방 헌법 재판소에 탄핵을 제소할 수 있다. 탄핵 제소 발의는 연방 하원 의원 1/4 또는 연방 상원 표의 1/4 이상으로 이루어진다. 탄핵 제소 결정은 연방 하원 의원 2/3 또는 연방 상원 표 2/3 이상의 찬성으로 이루어진다(제61조 1항). 연방 헌법 재판소가 연방 대통령이 기본법이나 다른 연방 법률을 의도적으로 위반했음을 확인하면, 연방 대통령직의 상실을 선고할 수 있다. 또한 연방 헌법 재판소는 탄핵이 제소된 이후에 잠정적인 명령으로 연방 대통령직 수행의 정지를 결정할 수 있다 (제61조 2항).

연방 대통령의 자리가 어떠한 직책인가는 리하르트 폰 바이체커 대통령이 1989년 5월 23일 재선된 뒤에 행한 연설에서 엿볼 수 있다.

> "…연방 대통령직은 모든 사람을 위해서 있는 것입니다. 나는 지금까지 해왔던 것처럼 앞으로도 감사할 줄 아는 대통령이 될 것이며, 모든 희망과 권고와 비난도 기꺼이 받아들일 준비가 되어 있습니다. 모든 사람을 다 만족시키는 것은 불가능합니다. 또한 그렇게 하는 것은 연방 대통령이라는 직책이 의미하는 것과도 어긋납니다. 연방 대통령직은 초당파적으로 행사되어야 합니다. 그렇다고 해서 중립적인 태도를 취해서는 안 되고, 독자적인 의견이 없어서도 안 됩니다.…"

역대 연방 대통령으로 테오도르 호이쓰Theodor Heuss, 하인리히 뤼프케Heinrich Lübke, 구스타프 하이네만Gustav Heinemann, 발터 쉘 Walter Scheel, 칼 카스텐스Karl Carstens, 리하르트 폰 바이체커Richard von Weizsäcker, 로만 헤어초크Roman Herzog와 요하네스 라우Johaness Rau가 역임했다. 그리고 2004년 이래 호스트 퀼러가 재직하고 있다. 이들 가운데 10년 이상 재임한 대통령으로는 테오도르 호이쓰, 하인리히 뤼프케, 그리고 리하르트 폰 바이체커 3명이 있다. 연방 대통령의 집무실은 베를린에 있는 벨뷰 궁이다.

연방 대통령	소속 정당	재임 기간 (년도)	비고
테오도르 호이쓰	자민당	1949~1959	1차 연임
하인리히 뤼프케	기민당	1959~1969	1차 연임
구스타프 하이네만	사민당	1969~1974	
발테 쉘	자민당	1974~1979	
칼 카스텐스	기민당	1979~1984	
리하르트 폰 바이체커	기민당	1984~1994	1차 연임
로만 헤어초크	기민당	1994~1999	
요하네스 라우	사민당	1999~2004	
호르스트 쾰러	기민당	2004~	

연방 수상과 연방 정부

독일 연방공화국은 내각 책임제를 채택하고 있는 나라이며, 연방 수상der Bundeskanzler이 연방 정부의 최고 책임자로서 연방 정부 die Bundesregierung를 이끌고 있다. 연방 정부는 연방 수상과 연방 각료로 구성된다(제62조). 연방 정부는 오로지 연방 수상의 책임 아래 있다. 따라서 연방 대통령은 연방 정부의 정책에 거의 관여할 수 없으며, 다만 연방 수상으로부터 국정 운영에 관해 보고를 받고 의견을 제시할 뿐이다.

연방 수상은 연방 대통령의 추천에 의해 연방 하원에서 발언 없이 투표로 선출된다(제63조 1항). 연방 하원에서 재적 의원 과반수 이상의 찬성을 얻은 자가 선출되며, 연방 대통령은 선출된 자를 연방 수상으로 임명해야 한다(제63조 2항). 연방 수상 선출에 하원 의원 과반수 이상의 찬성을 얻도록 한 이유는 바이마르 공화국에서와 같이 소수당에 의해 정부가 구성되는 경우에 국내 정치가 불안정하지 않도록 하기 위한 것이다. 그러나 연방 대통령이 일반적으로 다수당의 대표나 당선 가능성이 있는 자를 추천하기 때문에 연방 대통령이 추천한 자가 큰 어려움 없이 연방 수상으로 선출된다.

그러나 연방 수상이 힘겹게 선출된 경우가 있었다. 1949년 9월 15일 초대 연방 수상 선출시 콘라트 아데나워는 전체 402표 중 202표(201표는 가부 동수로 부결됨)를 얻어 간신히 과반수를 넘어 선출되었다. 빌리 브란트는 1969년 10월 21일 전체 496표 중 251표를 얻어 선출에 필요한 최저 249표보다 2표를 더 얻었다. 또한 헬무트 슈미트도 1976년 12월 15일에 필요한 249표보다 한 표 많은 250표를 얻어 간신히 연방 수상으로 선출되었다. 헬무트 콜도 1994년 11월 15일 필요한 337표 보다 1표가 많은 338표를 얻어 어렵게 수상으로 선출된 적이 있다.

연방 대통령이 추천한 후보자가 연방 수상으로 선출되지 않을 수도 있다. 만일 연방 대통령이 추천한 후보자가 연방 수상으로 선출되지 않을 경우에는 다음과 같은 절차로 연방 수상이 선출된다. 연방 수상 후보로 추천된 자가 선출되지 않을 경우에는 연방 하원은 투표일 후 14일 이내에 재적 의원 과반수의 찬성으로 연방 수상을 선출할 수 있다(제63조 3항). 이 기간 내에 선거가 실시되지 않을 경우, 지체 없이 새로운 선거가 실시되어야 하며, 이 선거에서 가장 많은 표를 얻은 자가 연방 수상으로 선출된다. 이때 선출된 자가 연방 하원 의원 과반수 이상의 표를 얻으면, 연방 대통령은 선거 후 7일 이내에 그를 연방 수상으로 임명해야 한다. 선출된 자가 과반수를 얻지 못할 경우에, 연방 대통령은 그를 연방 수상으로 임명하든지 또는 연방 하원을 해산해야 한다(제63조 4항).

내각 책임제의 단점 중의 하나는 집권당이 의회에서 가까스로 과반수 의석을 유지하고 있을 경우에 야당이 빈번하게 불신임을 제기할 가능성이 크다는 점이다. 이로 인해 수상이 강력하게 국정을 이끌어나가기 어려워져 정국이 혼란에 빠질 위험이 있다. 이러한 점을 고려하여 독일 기본법 제정자들은 야당이 후임 수상에 대한 대안도 없이 사사건건 정부의 정책을 반대하여 연방 정부를 위기로 몰고 가는 것을 방지하기 위한 방안을 마련했다. 이 방안이 '건설적 불신임konstruktives Miβtrauensvotum'제도이다.

즉 연방 하원은 재적 의원 과반수의 찬성으로 후임 수상을 선출하여 연방 대통령에게 연방 수상을 해임하도록 요청함으로써만 연방 수상에 대한 불신임을 할 수 있다. 연방 대통령은 이 요청에 따라야 하며 선출된 자를 연방 수상으로 임명해야 한다(제67조 1항). 불신임 제의와 후임 연방 수상의 선출은 48시간 이내에 이루어져야 한다(제67조 2항). 이 제도가 '건설적 불신임' 제도다. 즉 야당이 연방 수상에 대해 불신임을 하려면, 먼저 과반수 이상의 찬성으로 후임 수상을 선출해야만 가능하다. 그러나 연방 각료에 대한 불신임 제도는 없다.

이 '건설적 불신임' 제도는 연방 수상이 국정을 강력하게 이끌어가도록 하는 중요한 장치이다. 독일에서는 1957년 선거를 제외하고는 역대 연방 하원 선거에서 단일 정당이 과반수 의석을 차지하지 못하여 대부분 연립 정부가 구성되어 왔다. 그럼에도 정국이 안정적이었다는 사실에서도 이 제도가 얼마나 중요한가를 알 수 있다. 이러한 '건설적 불신임' 제도를 이용하여 수상을 교체하려는 시도가 그동안 두 번 있었으나 한 번만 이루어졌다.

첫 번째 시도는 1972년 4월 27일 빌리 브란트 수상에 대해 제기되었다. 기민당은 당대표 라이너 바젤Rainer Barzel을 후임 수상으로 선출하여 브란트 수상을 불신임하고자 했다. 그러나 투표 결과 바젤은 수상이 되는 데 필요한 249표보다 2표가 모자란 247표를 얻는 데 그쳐 기민당은 정권 교체에 실패했다.

두 번째 시도는 1982년 10월 1일 헬무트 슈미트 수상에 대해 제기되었다. 자민당은 실업자 문제 등 경제 정책과 관련해서 연정을 이루고 있는 사민당과 오랫동안 대립하다가 1982년 9월 17일 연정을 탈퇴했다. 이어 자민당은 10월 1일 기민당에 동조하여 기민당 대표 헬무트 콜Helmuth Kohl을 후임 수상으로 선출하여 슈미트 수상에 대한 불신임을 통과시켰다. 이로써 1969년 10월 이래 집권하고 있던 사민당은 13년 만에 정권을 다시 기민/기사당과 자민당에게 넘겨주었다.

연방 수상은 필요할 경우 스스로 연방 하원에 신임을 물을 수 있다. 연방 수상이 연방 하원 의원 과반수 이상의 찬성을 통한 신임을 얻지 못하면, 연방 대통령은 연방 수상의 제의로 21일 이내에 연방 하원을 해산할 수 있다. 그러나 연방 하원이 과반수 이상의 찬성으로 다른 연방 수상을 선출하면 해산권은 소멸된다(제68조 1항). 신임에 대한 투표는 발의 후 48시간 이내에 이루어져야 한다 (제68조 2항). 1972년과 1983년의 연방 하원 선거는 이 조항에 의해 연방 하원이 조기에 해산되어 실시된 선거였다.

연방 수상만이 연방 하원에서 선출되고 연방 하원에 대해 책임을 진다. 연방 수상은 연방 정부의 기본 정책 방향을 결정하고 그에 대한 책임을 진다. 이러한 정책 방향에서 연방각료들은 자신의 업무를 독자적으로 자신의 책임아래 수행한다. 연방각료들 사이에 의견대립이 있을 경우 연방 정부가 결정한다(제65조).

각료들 사이에 의견 대립이 있을 경우 연방 정부가 결정한다는 조항은 겉으로 보기에는 연방 각료에 대한 연방 수상의 권한을 제한하는 것처럼 보인다. 그러나 연방 수상의 구속력 있는 요청에 의해 연방 각료들이 연방 대통령에 의해 임명되고 해임되기 때문에 각료들에 대한 연방 수상의 보이지 않는 권한은 강하다. 따라서 연방 정부의 정책은 연방 수상이 의도하는 방향으로 결정된다고 해도 지나치지 않는다.

그럼에도 불구하고 소속 정당에서 폭넓은 지지 기반을 갖고 있는 일부 연방 장관들은 연방 수상의 정책 방향과 다를 경우에 자신의 정책을 강하게 추진해 나가기도 한다. 이러한 장관들로는 경제 성장의 기반을 닦은 루드비히 에르하르트 경제장관(1949~1963년 재임), 프리츠 샤퍼 재무장관(1949~1957년 재임), 그리고 독일 통일에 크게 기여한 겐셔 외무장관(1974~1992년 재임) 등을 들 수 있다.

연방 수상은 연방 각료 중 1명을 대리인으로 임명한다(제69조 1항). 대부분 외무장관이 대리인, 즉 부수상을 맡고 있다. 연방 수상의 임기는 연방 하원이 새로 구성되면 종료된다(제69조 2항).

독일 연방 공화국이 수립된 이후 역대 집권 정당을 살펴보면, 1949년 첫 연방 하원 선거에서 기민/기사당이 제1당이 되어 1957년까지 자민당과 연정을 구성했다. 1957년 선거에서 기민/기사당이 과반수 의석을 확보하여 단독으로 집권했고, 1961~1966년은 기민/기사당이 다시 자민당과 연정을 구성하여 집권했다. 이어 1966년에서 1969년까지는 기민/기사당과 사민당의 두 정당이 대연정을 구성했다. 1969년 10월에는 사민당이 자민당과 연정을 구성하여 브란트가 연방 수상이 됨으로써 사민당이 처음으로 집권했다. 그러나 1982년 10월에 자민당이 사민당과의 연정을 탈퇴하여 정권은 13년 만에 다시 기민/기사당과 자민당으로 넘어갔다. 이후 헬무트 콜이 이끄는 기민/기사당과 자민당이 1998년까지 16년을 집권했다. 1998년 9월 사민당의 총선 승리로 사민당과 녹색당이 연정을 구성하여 집권하고 있다.

역대 연방 수상으로는 콘라트 아데나워, 루드비히 에르하르트, 쿠르트 게오르크 키징거, 빌리 브란트, 헬무트 슈미트와 헬무트 콜이 있다. 그리고 게르하르트 슈뢰더가 1998년 10월 이래 연방 수상으로 재임하고 있다. 10년 이상 재임한 수상으로는 콘라트 아데나워(1949-1963년: 14년 재임)와 헬무트 콜(1982-1998년: 16년 재임) 2명이 있다.

아데나워는 제2차 대전 후 점령국의 통치를 받고 경제적으로도 어려운 여건에서 오늘날의 독일이 있기까지의 기초를 단단히 쌓아 놓았다. 에르하르트는 수상이 되기 전에 경제 성장에 크게 기여했으나, 수상으로서는 큰 능력을 발휘하지 못하고 중도에서 물러났다. 키징거는 대연정의 어려운 시기에 수상을 지냈다. 브란트는 사민당 출신으로 첫 연방 수상이 되었으며, 독일 정책과 새로운 동방 정책을 통해 동독은 물론 동유럽 국가들과 관계를 개선하고 독일 통일의 기반을 닦아 놓았다. 슈미트는 브란트 수상이 동독 간첩 사건으로 사임하자 뒤를 이어 수상이 되었다. 그는 1976년과 1980년

역대 연방 수상

연방 수상	소속 정당	재임 기간
콘라트 아데나워	기민당	1차 1949. 9~ 1953.10 2차 1953.10~ 1957.10 3차 1957.10~ 1961.11 4차 1961.11~ 1963.10
루드비히 에르하르트	기민당	1차 1963.10~ 1965.10 2차 1965.10~ 1966.11
쿠르트 게오르크 키징거	기민당	1966.12~ 1969.10
빌리 브란트	사민당	1차 1969.10~ 1972.12 2차 1972.12~ 1974. 5
헬무트 슈미트	사민당	1차 1974. 5~ 1976.12 2차 1976.12~ 1980.11 3차 1980.11~ 1982.10
헬무트 콜	기민당	1차 1982.10~ 1983. 3 2차 1983. 3~ 1987. 3 3차 1987. 3~ 1991. 1 4차 1991. 1~ 1994.11 5차 1994.11~ 1998.10
게르하르트 슈뢰더	사민당	1차 1998.10~ 2002.10 2차 2002.10~

의 두 번의 선거를 치르면서 정치적 기반을 쌓아가던 중에 자민당
의 연정 탈퇴로 물러났다. 콜은 독일이 45년의 분단을 청산하고 다
시 하나가 되는 통일의 대업을 이룩한 수상으로 기록되고 있다.

선거 제도

연방 대통령이나 연방 수상은 국민의 직접 선거로 선출되지 않는다. 따라서 독일의 선거 제도는 연방 하원 의원, 주의회 의원, 그리고 시의회 의원 등을 선출하는 제도이다. 선거권은 선거일 기준 만 18세가 지나고 3개월 이상 독일에 거주한 독일인에게 부여된다. 그러나 일정한 사유로 외국에 거주하고 있는 자도 선거권이 있다. 피선거권은 선거일 기준 만 18세가 지나고 최소한 1년 이상 독일 국적을 가진 자에게 부여된다.

연방 하원 의원 선거에서 모든 유권자는 한 장의 투표 용지에 두 번의 X표를 표시한다. 한 번은 지역 선거구Wahlkreis에 출마한 후보에게 투표하는 것으로, 이를 제1투표Erststimme라고 한다. 또 한 번은 정당에 투표하는 것으로, 이를 제2투표Zweitstimme라고 한다. 제1투표와 제2투표를 같은 정당에 할 수 있고, 서로 다른 정당에도 할 수 있다. 즉 제1투표를 지역 선거구에 출마한 기민당 후보에게 투표하고 제2투표를 사민당에 하거나, 또는 두 번 모두 기민당이나 사민당에 할 수 있다.

연방 하원 의원의 정원 중(현재 598명) 절반은 지역 선거구에서 다수표를 얻은 자가 당선되고, 나머지 절반은 비례 대표에 의해 주후보자Landesliste 중에서 선출된다. 연방 하원의 정당별 의석 분포는 사실상 정당에 투표하는 제2투표의 득표율에 따라 결정된다. 이와 같이 지역 대표와 비례 대표제가 결합된 독일 연방 하원의 선거 제도를 '개인화된 비례 대표 선거personalisierte Verhältniswahl'라고 한다.

제1투표도 중요하지만 의석 배정의 기준이 되는 제2 투표가 더 중요하기 때문에 각 정당은 선거에서 제2투표를 얻기 위해 전력을 기울인다. 특히 지역 선거구에서 당선될 확률이 적은 자민당, 녹색당, 그리고 민사당 등은 제2투표의 득표를 위해 많은 노력을 기울인다.

연방 하원에 진출하고자 하는 정당은 지역 선거구에 후보자를 추천하고, 이들 후보와는 별도로 각 주별로 일정수의 비례 대표 후보자를 낸다. 비례 대표 후보자 명단에는 지역 선거구에 후보로 등록된 자가 다시 등록될 수 있다. 비례 대표 후보자 명단에는 주로 정당의 대표 등 고위 당직자들이 포함된다. 물론 이들은 지역 선거구에도 입후보한다. 따라서 지역 선거구에 떨어져도 제2 투표에 의해 연방 하원에 진출하는 경우가 빈번히 있다. 내무장관(1969~ 1974년)과 외무장관(1974~1992년)을 역임한 겐셔는 지역 선거구에서 자주 떨어졌지만, 주후보로 당선되어 연방 하원에 30년 이상 진출했다. 자민당과 녹색당 의원은 거의가 비례 대표로 선출되고 있다.

지역 선거구의 당선자 결정은 제1투표에서 한 표라도 더 많이 얻은 자가 당선된다. 그리고 정당별 의석 분포는 제2투표의 득표율에 따라 결정되기 때문에, 지역 선거구에서 이미 당선된 의석수를 제하고 남은 의석은 비례 대표 후보자 중에서 결정된다. 정당별 의석 배정은 독일 수학자 니마이어Horst Niemeyer가 개발한 방식에 의해 이루어진다.

니마이어 방식은 각 정당이 제2투표에서 얻은 득표수를 총의석수와 곱하여, 이 숫자를 다시 제2투표에서 5% 이상 얻은 모든 정당의 제2투표 총수로 나눈다. 이 숫자에 따라 각 정당은 정수에 해당하는 의석을 우선 배정받고, 잔여 의석은 소수점 이하가 큰 정당 순서로 배정한다. 그런데 각 정당에 배정된 의석 가운데 지역 선거구에서 제1투표에 의해 직접 당선된 의석수를 제하고 남은 의석을 비례 대표 후보자 명부 순위로 잔여 의석이 배정된다.

니마이어 방식에 의한 의석 배분 방법(의석수가 12석인 경우)

1. 득표수

A 당	14,000 표
B 당	11,000 표
C 당	3,000 표
D 당	2,000 표
계	30,000 표

2. 의석 배분

A 당	$14,000 \times 12 \div 30,000 = 5.600$	6석
B 당	$11,000 \times 12 \div 30,000 = 4.400$	4석
C 당	$3,000 \times 12 \div 30,000 = 1.200$	1석
D 당	$2,000 \times 12 \div 30,000 = 0.800$	1석
계		12석

1980년 10월에 실시된 연방 하원 선거에서 사민당은 42.9%, 기민당은 34.2%, 기사당은 10.3%, 그리고 자민당은 10.6%를 얻었다. 이러한 득표율에 따라 사민당은 218석(지역구 127석 포함), 기민당은 174석(지역구 81석 포함), 기사당 52석(지역구 40석 포함), 그리고 자민당은 53석(지역구 당선된 자 없음)이 배정되었다. 기사당은 52석을 배분 받았지만 지역구에서 40석을 얻었기 때문에 비례 대표 후보자 중에서 12석을 추가로 얻었다. 이에 비해 자민당은 제2투표 득표율에 따라 53석이 배정되었는데, 지역 선거구에서 당선된 자가 한 명도 없어 53명 전원을 비례대표 후보자 중에서 배분 받았다.

독일 연방 하원의 의석수는 선거마다 다른데, 그 이유는 '초과 의석Überhangmandat' 제도 때문이다. '초과 의석' 제도란 어떤 정당이 투표 결과 제2투표의 득표율에 따라 획득한 의석수보다 지역 선거구에서 더 많이 당선된 경우, 이 초과된 의석이 인정되는 제도이다.

'초과 의석'이 나오는 전형적인 형태는 첫째 어느 정당이 제2투표의 득표율보다 제1투표에서 훨씬 더 많은 지지를 얻은 경우다. 즉 어느 당이 어느 주州에서 제2투표의 득표율이 38~45%를 얻으면서, 그 주의 지역 선거구에서 전부 또는 대부분의 당선자를 낸 경우다. 예를 들어 1994년 10월에 실시된 제13대 연방 하원 선거에서 기민당은 바덴-뷔르템베르크 주에서 제2투표의 득표율이 43.3%였으나, 지역 선거구 의석을 모두 차지했기 때문에 2석의 초과 의석을 확보했다. 둘째 주의 지역 선거구 수가 비교적 적은 경우에 발생한다. 이는 주로 구동독 지역 선거구에서 발생하는데, 1998년 선거에서 나온 13석의 초과 의석 중에서 12석이 구동독 지역에서 나온 것으로 알 수 있다. '초과 의석' 제도로 인해 연방 하원의 총 의석수는 규정보다 대부분 많게 된다.

역대 연방 하원의 초과 의석수를 살펴보면 1949년에는 2석, 1953년과 1957년에는 3석, 1961년에는 5석이었다. 1965년과 1969년, 1972년, 1976년에는 1석도 없었다. 한편 1980년에 1석, 1983년에 2석, 1987년에 1석, 1990년에는 6석, 1994년에는 16석, 1998년에는 13석, 그리고 2002년에는 5석의 초과 의석이 있었다. 이와 같이 '초과 의석' 제도에 의해 의석이 늘어나게 되자, '초과 의석' 제도가 기본법에 위배된다는 이유로 연방 헌법 재판소에 제소된 적이 있다. 1994년 선거에서 16석의 '초과 의석'이 발생하자, 니더 작센 주정부는 이 제도가 제2투표에 따른 연방 하원 의석의 구성 비율을 파괴하기 때문에 기본법에 위배된다고 1995년 5월 연방 헌법 재판소에 제소했다. 그러나 연방 헌법 재판소는 1997년 4월 10일 "'초과 의석' 제도는 '개인화된 비례 대표 선거' 제도에 의한 것으로 기본법에 일치한다."고 합헌 판결했다.

오늘날 국민의 의사를 대변하는 기관은 의회이다. 그러나 국민의 의사를 그대로 반영한다면 때로는 의회에 여러 정당이 진출하게 되고, 이로 인해 정국이 불안해질 우려가 있다. 이는 1920년대 바이마르 공화국에서 이미 경험했다. 또한 1949년 8월의 연방 하원 선거에서는 무려 36개 정당이 참여하여 11개 정당이 연방 하원에 진출했다.

이와 같은 군소 정당의 난립을 막기 위한 조치가 마련되었는데, 바로 '5% 조항die Fünfprozentklausel'이다. '5% 조항'이란 정당이 연방 하원이나 주의회에서 의석을 배정받기 위해서는 제2투표에서 최소한 5%를 얻어야 한다는 조항이다. 군소 정당의 난립을 막기 위한 조치는 1949년 첫 연방 하원 선거부터 도입되었다.

1949년에는 한 주의 지역 선거에서 최소한 1석, 또는 5%를 얻으면 연방 하원에 진출할 수 있었다. 이 제도는 1953년에 다소 강화되어 전국에서 1석, 또는 5%를 얻도록 했다가 1957년에 현재의 제도로 더욱 강화되었다. 그러나 '5% 조항'은 소수 민족을 대표하는 정당에는 적용되지 않는다. 예를 들어 소수 덴마크 족을 대변하는 '남 슐레스비히 선거인 연합'은 득표율이 5% 미만이라도 3명의 의원이 슐레스비히-홀스타인 주의회에 진출할 수 있도록 했다.

이 제도로 인해 군소 정당이 연방 하원에 진출하기가 어려워졌다. 반면에 큰 정당은 실제 득표율보다 몇 석을 더 얻게 되어 유리해졌다. 군소 정당 출신 의원이 1949년 연방 하원 선거에서는 80명에 이르렀으나, 1953년에는 45명, 그리고 1957년에는 17명으로 줄어들었다. 그리고 1961년 이후 선거에서는 한 명도 없다. 이 '5% 조항' 제도는 '건설적 불신임' 제도와 함께 독일의 정치를 안정시켜 주는 중요한 제도이다.

그러나 1990년 12월 2일에 실시된 연방 하원 선거에 한하여 구동독 지역의 정당은 독일 전체 유권자가 아닌 구동독 지역 유권자의 유효 투표의 5%의 지지만 얻어도 의회 진출이 가능하도록 했다. 그 이유는 선거를 앞둔 1990년 9월 29일 연방 헌법 재판소가 '5% 조항'이 구동독 지역에 기반을 둔 정당의 경우 전독일 지역에서 5% 이상을 얻기가 어렵기 때문에 연방 하원 진출에 불리하다고 위헌 판결을 내렸기 때문이다.

그러나 '5% 조항'에 예외 규정이 있다. 즉 지역 선거구에서 3석 이상을 획득한 정당에게는 제2투표의 득표율이 5% 미만이라도 득표율에 때라 의석이 배정된다. 예를 들어 구동독 공산당의 후신인 민사당(PDS)은 1994년 10월의 연방 하원 선거에서 5%에 못 미치는 4.4%를 얻었으나, 지역 선거구에서 4명이 당선되었기 때문에 26석을 추가로 배정받아 모두 30석을 얻었다.

이처럼 민사당이 5%를 얻지 못했는데도 지역구에서 4석을 얻었다는 이유로 26석의 추가 의석을 얻게 되자 이 제도가 기본법에 어긋난다고 연방 헌법 재판소에 위헌 제소가 있었다. 그러나 연방 헌법 재판소는 1997년 4월 10일 "이 제도가 의회의 기능을 원활히 하고, 제2투표율에 따른 의석을 배분할 때 고려되지 않은 선거인과 정당에 대한 기회 균등을 고려한 것으로 기본법에 위배되지 않는다."고 합헌 판결했다.

　지역구 의원이 사망 등으로 의석이 궐위된 경우에는 새로 선거
가 실시되지 않고 궐위된 의원과 같은 정당의 주의 비례 대표 후
보자 중에서 계승된다. 단, 궐위된 의원이 속한 정당이 해당 주에
서 초과 의석이 있는 경우에는 의석은 승계되지 않는다. 과거에는
초과 의석이 있어도 승계되었는데, 1998년 4월 7일 연방 헌법 재
판소의 위헌 판결로 더 이상 승계할 수 없게 되었다.
　그리고 독일에서 각종 선거는 일요일이나 공휴일에 하도록 되어
있는데 주로 일요일에 실시되고 있다. 따라서 선거를 이유로 별도
의 공휴일은 지정되지 않는다.

　연방 헌법 재판소

　연방 헌법 재판소das Bundesverfassungsgericht는 모든 헌법 기관에
대해 독립적이고 초연한 기관으로, 기본법 이행을 감시하며 헌법을
보호하고 기본법을 해석하는 기관이다. 연방 헌법 재판소가 정치
조직은 아니나 이러한 이유로 중요한 기관이다. 연방 헌법 재판소
의 재판관은 연방 하원과 연방 상원에서 각각 반씩 선출된다(제94조
1항). 재판관은 총 16명이며 연방 하원에서 선출되는 제1 의원회
Erster Senat와 연방 상원에서 선출되는 제2 의원회Zweiter Senat로 구
성된다. 재판관의 임기는 12년으로 재선되지 않는다.
　연방 헌법 재판소의 관할 사항은 첫째 정부 기관의 행위나 법원
의 판결, 또는 법률에 의해 기본권이 침해되었다고 여기는 주민들

에 의한 헌법 소원 사항, 둘째 연방 법률 또는 주의 법률이 기본법에 일치되는지 여부 심리, 그리고 주의 법률이 연방 정부, 주정부또는 연방 하원 의원 1/3 이상의 위임에 의한 여타 연방 법률에 일치되는지 여부 심리, 셋째 연방 기관 사이, 연방과 주 사이, 또는 주내부의 분쟁 사항, 넷째 기본법이나 연방 법률에 정한 사항이다(제93조). 또한 연방 헌법 재판소는 정당의 정강이나 활동이 헌법에 위반되는지 여부를 결정한다.

연방 법률이 기본법에 일치되는지 여부는 연방 정부, 주정부 또는 연방 하원 의원 1/3 이상의 제소로 이루어진다. 정당 활동에 대한 제소는 연방 하원, 연방 상원, 연방 정부만이 할 수 있다. 일부지역에서만 활동하는 정당에 대한 제소는 주정부가 한다. 연방 헌법 재판소가 정당의 설립과 목적이 헌법에 위반된다고 판결하면해당 정당은 해산된다.

연방 헌법 재판소의 판결은 즉시 효력이 있으며 모든 헌법 기관을 구속한다. 연방 헌법 재판소의 소재지는 칼스루이다.

주정부

독일 연방 공화국이라는 나라 이름에서 알 수 있듯이, 독일의 연방제 성격은 유럽의 어느 나라보다도 강하다. 독일의 강한 연방제성격은 오랫동안 이어온 역사적 유산으로서 지난날에는 독일 분열의 상징으로, 그리고 나라 발전의 장애 요인으로 여겨지기도 했다. 프로이센 왕국이 1871년에 여러 왕국으로 나누어진 독일을 통일하여 독일 제국을 세웠을 때에도 수백 년을 내려온 각 지방의 특성은 여전히 강하게 남아 있었다.

독일 연방 공화국은 오늘날 16개의 주Land로 구성되어 있다. 이 가운데 11개 주는 지난날 서독 지역에 있던 주이고, 5개 주는 동독 지역에 있던 주이다. 서독 지역에 있던 주들로는 바이에른, 바덴-뷔르템베르크, 헤센, 라인란트-팔츠, 자르란트, 니더작센, 노르트라인-베스트팔렌, 함부르크, 브레멘, 쉴레스비히-홀스타인, 그리고 베를린 등 11개 주이다. 동독 지역에 있던 주들로는 작센, 작센-안할트, 튀링겐, 브란덴부르크, 그리고 메클렌부르크-포아포메른 등 5개 주이다.

독일의 16개 주 가운데에서 베를린과 함부르크는 시市 자체가 주州를 이루고 있으며, 브레멘은 브레멘과 브레머하벤의 2개의 시로 이루어져 있다. 독일의 주 가운데 면적이 가장 큰 주는 바이에른 주이고 가장 작은 주는 브레멘이다.

바덴-뷔르템베르크 주는 1951년 5월 4일 바덴, 뷔르템베르크-바덴, 그리고 뷔르템베르크-호엔촐레른의 3개 주가 합쳐져 새로 만들어진 주이다. 자르란트 주는 1949년에 서독이 건국될 당시에는 제외되었다가 1957년 1월 1일에 편입되었다.

옛 동독 지역에 있던 5개 주들은 동독 공산 정권에 의해 중앙 집권을 목적으로 1952년에 폐지되었다가, 통일 전에 부활되어 1990년 10월 3일 통일과 함께 기본법 제23조에 따라 독일 연방 공화국에 편입되었다. 그러나 이 주들의 옛 이름이 법률상으로 부활된 것은 통일 후인 1990년 10월 14일이며, 이는 1990년 7월 22일 동독 인민 의회가 제정한 '주 도입법'에 의해서였다.

통일이 되면서 16개 주의 수를 줄이는 문제가 거론되었다. 통일 협상시 우선 베를린 주와 브란덴부르크 주를 통합하기로 합의했다.

이 2개 주는 역사적으로 프로이센 제국의 중심 지역이었으며, 브란덴부르크 주가 베를린을 둘러싸고 있어 2개 주의 발전을 위해서는 통합이 필요했다.

2개 주의 통합조약은 1995년 베를린과 브란덴부르크 주의회에서 2/3 이상의 찬성으로 통과되었다. 그러나 1996년 5월 5일 실시된 주민 투표에서 베를린 주민은 찬성했으나, 브란덴부르크 주민은 반대하여 통합은 무산되었다. 통일 이후 급격한 변화를 겪어 온 브란덴부르크 주민은 새로운 통합에 대한 불안감과 베를린에 대한 심리적 거부감으로 반대했다. 이로 인해 16개 주를 축소, 재조정하려는 문제는 상당 기간 어렵게 되었다.

연방제의 전통적인 특징은 각 지방의 다양함을 유지시키면서 각 지방의 특성을 잘 발전시킬 수 있다는 점이다. 또한 비교적 지역 사정에 밝은 주민들이 주와 지방 자치 단체의 정치 활동에 참여할 기회가 많아지기 때문에 민주주의를 더욱 활성화시킬 수 있다는 장점이 있다. 연방 정부와 연방 하원과는 별도로 각 주에는 주정부 die Landesregierung와 주의회der Landtag가 있다. 주정부는 주수상der Ministerpräsident과 각 부 장관으로 구성된다.

연방 정부와 주정부의 업무 분담은 권력의 분할과 권력의 균형 측면에서 볼 때 연방제에서 아주 중요하고도 기본적인 요소이다. 전적으로 연방 업무에 속하는 입법 사항은 전국적으로 동일하게 적용되어야 하는 것들인 외교, 국방, 통화 제도, 관세, 항공, 그리고 일부 조세권 등이다.

오늘날 주에 위임된 업무에서 주가 거의 독자적으로 처리하는 분야는 교육 분야와 문화 정책 분야라고 할 수 있다. 이 분야에 대해 주정부가 독자적으로 정책을 수립하고 주의 성격이 강하게 나타난다고 하여 이를 두고 문화 주권die Kulturhoheit이라고 부른다. 각 주는 초등학교, 직업학교, 김나지움, 그리고 장애자를 위한 특수학교 운영 등 각 주의 실정에 적합한 교육을 실시하고 있다.

행정 업무의 대부분은 주에 위임되어 있는데, 주정부의 행정 업무는 3단계로 나뉜다. 첫째 주정부는 자신의 고유한 업무를 처리하는데, 이러한 업무로는 학교 업무, 경찰 업무, 주 국토 계획 수립 업무 등이 있다. 둘째 주정부는 연방법에 의해 수행하는 자체 업무가 있는데, 이러한 업무로는 건축 계획권, 영업권, 환경 보호 업무 등이 있다. 셋째 주정부는 연방의 권한을 위임받아 처리하는 업무가 있는데, 이러한 업무로는 연방 도로 건설과 교육 진흥 업무 등이 있다.

주정부는 연방의 위임에 의해 주어진 업무를 하는 이외에도, 연방 상원을 통하여 연방의 입법에 참여하기도 한다. 따라서 비록 정당이 디르더라도 같은 목적을 추구하는 여러 주들이 서로 협조하기도 한다. 예를 들면, 집권당인 기민/기사당은 1992년에 통일에 따른 재원을 마련하기 위해 14%인 부가 가치세를 15%로 인상하고자 했다. 연방 하원에서 법안이 통과되었으나, 연방 상원에서는 사민당이 37:31로 기민/기사당보다 우위를 차지하고 있기 때문에 통과가 어려웠다. 그러나 사민당이 집권하고 있던 브란덴부르크 주는 통일 후의 경제적인 어려움을 해결하기 위해 많은 비용이 필요했다. 결국 브란덴부르크 주는 사민당의 정책에 따르지 않고 부가 가치세 인상 법안에 찬성하여 동 법안은 찬성 35, 반대 33으로 통과되었다. 브란덴부르크 주는 부가가치세 인상으로 조성된 재원의 일부가 지원될 것을 염두에 두었기 때문이다.

연방 하원, 연방 상원, 연방 대통령, 연방 수상과 연방 정부, 연방 헌법 재판소, 그리고 주정부는 독일의 정치를 이끌어 가는 중요한 기관들로 그 동안 크고 작은 어려움을 극복하면서 꾸준히 발전해 왔다. 이 기관들은 독일이 추구하고 있는 법치 국가, 민주주의 국가, 연방 국가 및 사회 국가의 기본 질서를 유지해 가고 있다.

제10장 독일 통일

1989년 가을의 대탈출

1980년대 후반 들어 동유럽에 개혁의 바람이 불었다. 동유럽의 개혁은 1985년 3월 11일 소련 공산당 서기장에 취임한 미하일 고르바초프Michail Gorbatschow가 '페레스트로이카'와 '글라스노스트'를 내세우며 추진한 개혁 정치가 기폭제가 되었다. 그의 개혁 정치의 주된 내용은 사회주의의 낡은 체제를 고치고, 막대한 국방비를 축소하여 경제를 발전시키는 것이라 할 수 있다. 그는 또한 외교에서 '신사고新思考'를 통해 미국과의 관계를 개선하고 긴장 완화도 추구하고자 했다. 고르바초프의 이러한 정책은 자유를 갈망하는 동유럽인들에게 큰 희망을 안겨주었다.

지난날 소련은 동독(1953년 6월), 헝가리(1956년 11월), 그리고 체코슬로바키아(1968년 8월)에서 일어난 자유화 운동을 무력으로 진압하면서 동유럽 국가들의 주권과 자유를 제한하고 간섭했다. 체코슬로바키아의 자유화 운동이 무산된 후 동유럽 국가들의 주권은 소련의 지도적 역할이 제한받지 않는 범위에서만 가능하다는 '브레즈네프 독트린'이 강요되었다.

그러나 1980년대 후반 동유럽에 개혁과 개방의 바람이 일자 브레즈네프 독트린은 더 이상 유지하기가 어렵게 되었다. 브레즈네프 독트린은 마침내 1989년 7월 7일 부카레스트에서 열린 바르샤바 조약 기구 회의에서 공식적으로 폐기되었다. 이제 동유럽 국가들은 국내 문제에 관해 소련의 간섭 없이 자유롭게 결정을 내릴 수 있게 되었다.

동유럽 국가에서 개혁에 앞장선 나라는 폴란드와 헝가리였다. 폴란드에서는 1989년 6월 실시된 첫 자유선거에서 자유 노조 연합이 승리하여, 9월에는 자유 노조 출신의 마조비츠키Tadeusz Mazowiecki 가 공산당과 함께 연립 정부를 구성하여 수상이 되었다. 이로써 폴란드는 동유럽 국가 가운데 처음으로 공산당 일당 독재가 막을 내린 나라가 되었다. 또한 헝가리에서는 10월 7일 집권당인 공산당이 사회주의 정당으로 탈바꿈하고, 10월 23일에는 국호에서 '인민'을 삭제하여 '헝가리 공화국'으로 바뀌는 변화가 일어났다. 이러한 변화는 동유럽이 앞으로 새롭게 변하리라는 것을 예고하는 것이었다.

이웃 나라의 이러한 변화와 개혁에 아랑곳없이 동독의 집권층은 마르크스-레닌주의를 고수하며 주민들의 개혁 요구에 냉담했다. 동독에서는 1989년 5월 7일 실시된 지방 의회 선거에서 과거와 같이 정해진 후보자에 대한 찬성이 강요되었으며 선거 조작도 되풀이되었다. 그러나 과거와 달리 이러한 선거 부정에 대해 항의가 제기되는 등 동독에서도 변화의 조짐이 있었다. 동독의 변화는 위로부터 시작된 헝가리나 폴란드의 변화와 개혁과는 달리 주민들에 의해 아래로부터 시작되었다.

동독의 본격적인 변화는 1989년 여름 헝가리로 휴가를 나온 일부 동독인들이 오스트리아를 거쳐 서독으로 탈출하면서부터 시작되었다. 1989년 1월 1일 발효된 새로운 여행 규정에 의해 동독인들의 외국 여행이 급격히 증가하여 1989년 1월에서 9월 말까지 외국 여행을 신청한 자가 무려 161,000명이나 되었다. 이는 1972년부터 1988년까지 17년 동안의 전체 외국 여행자 193,000명과 비교하면 크게 증가한 것이다.

헝가리는 이미 1989년 5월에 오스트리아와의 국경선에 설치한 철조망 등의 장애물을 제거하고, 6월에는 유엔 난민 협약에 서명하여 서독으로 탈출하기가 용이한 국가로 동독인들 사이에 알려져 왔다. 헝가리-오스트리아 국경을 넘는 탈출은 8월에 들어서도 계속되고, 일부는 부다페스트 주재 서독 대사관에 몰려드는 등 그 숫자는 날이 갈수록 늘어났다. 8월 19일에는 범 유럽 연맹이 헝가리 국경 도시 소프론Sopron에서 개최한 피크닉 행사로 국경이 몇 시간 열린 틈을 이용하여 661명의 동독인들이 오스트리아로 탈출했다. 또한 이 시기에 프라하와 바르샤바의 서독 대사관과 동베를린의 서독 대표부에도 수많은 동독인들이 몰려들어 대사관과 대표부가 잠시 폐쇄되기도 했다.

동독인들의 탈출이 늘어나 사태가 심각해지자, 동독 정부는 헝가리 정부에게 같은 사회주의 형제 국가임을 강조하면서 헝가리에 있는 동독인들을 동독으로 돌려보내줄 것을 요청했다. 이 당시 헝가리는 동독과 체결한 협정에 의해 합법적인 여행증명서가 없는 동독인들을 제3국으로 출국을 허용해서는 안 될 의무가 있었다. 또한 서독 정부도 이들을 서독으로 데려오기 위해 헝가리를 설득했다. 결국 서독 정부의 요구가 받아들여져 헝가리의 서독 대사관에 있던 108명의 동독인들은 국제 적십자의 신분증을 받아 8월 24일 비행기 편으로 서독으로 넘어갔다.

그러나 헝가리에는 아직도 많은 동독인들이 남아 있어 이들의 처리 문제가 시급했다. 결국 헝가리 네메트Miklos Németh 수상과 호른Gyula Horn 외무장관은 서독을 방문하여 8월 25일 헬무트 콜 수상과 협의한 후, 이들이 서독으로 갈 수 있도록 지원하겠다고 약속했다. 이에 대해 서독은 헝가리에게 10억 마르크의 경제 원조를 약속했다. 8월 31일 헝가리는 동독인들을 유엔 난민 협약에 따라 처리할 것임을 시사했다. 헝가리는 다당제와 시장 경제를 도입하는 등 개방 정책을 추진하고 있었기 때문에 동독의 입장보다는 서독의 입장에서 이런 결정을 내릴 수 있었다.

1989년 9월 11일 헝가리 정부는 인권 존중과 인도적인 차원에서 헝가리에 머물고 있는 7,000여명의 동독인들이 서독으로 떠나는 것을 허용했다. 동독 정부는 헝가리의 이러한 조치가 국제법과 두 나라가 맺은 협정에 위반될 뿐만 아니라, 동독에 대한 배신이고 국내 문제에 대한 간섭이라며 헝가리 정부를 강하게 비난했다. 동독 정부는 또한 이러한 대규모 탈출의 배후 조정자로 서독을 거론하며 비난했다. 헝가리 정부의 이러한 조치로 9월 말까지 약 25,000명의 동독인들이 오스트리아를 거쳐 서독으로 넘어갔다.

이제 체코슬로바키아와 폴란드의 서독 대사관에 머물고 있는 동독인 문제를 시급히 처리할 차례였다. 이와 관련하여 유엔 총회에 참석 중인 서독 겐셔 외무장관은 9월 28일 체코슬로바키아 및 폴란드 외무장관에게 협조를 구했다. 폴란드 장관은 협조를 약속했으나, 체코슬로바키아 장관은 이는 서독과 동독이 직접 협상하여 해결할 문제라며 협조를 거절했다. 따라서 겐셔 장관은 유엔 총회에 참석 중인 오스카 피셔Oskar Fischer 동독 외무장관과 직접 협의했다. 결국 9월 29일 동독은 이들을 추방 형식으로 서독으로 보내겠다고 약속했다.

이에 프라하의 서독 대사관에 머물던 약 5,500명의 동독인은 9월 30일 동독 열차를 이용하여 동독의 드레스덴을 거쳐 서독으로 가게 되었다. 동독 정부는 이들을 태운 열차가 동독 영토에 들어오자 신분증을 회수하고, 조국을 배신했기 때문에 추방한다는 이유를 들어 이들을 서독으로 보내는 것을 정당화했다.

폴란드 주재 서독 대사관에 있던 800명을 비롯하여 동베를린의 서독 대표부를 통해서도 많은 동독인이 서독으로 넘어갔다. 프라하 주재 서독 대사관은 동독인들이 떠난 지 3일 만에 다시 동독인들로 가득찼는데 무려 7,600명이나 되었다. 10월 4일 이들도 기차편으로 서독으로 넘어갔다. 헝가리, 체코슬로바키아, 폴란드에서 일어나고 있는 동독인들의 대규모 탈출은 동독의 붕괴를 알리는 시작이었다.

동독인들이 서독으로 탈출하는 가운데 동독에 남아 있던 사람들 사이에서는 공산당과 지도층에 대한 불만이 고조되고 있었다. 이러한 불만은 시민운동 단체와 정당을 결성하는 것으로 나타나고 이들은 곧 활발한 활동을 펴기 시작했다. 1989년 9월 10일 동베를린에서는 재야 시민운동 단체인 '신광장Neues Forum'이 결성되어 등록을 신청했다. 그러나 동독 정부는 '신광장'이 반국가 단체라는 이유로 등록을 거절했다. 1989년 1월부터 창당을 준비하던 독일 사민당(SDP)이 10월 7일 창당되었고, '즉시 민주주의(Dj)'나 '민주주의 출발당(DA)'과 같은 정당들이 결성되어 활동했다. 이들 시민운동 단체와 정당들은 정치 개혁만이 동독을 구할 수 있다며 개혁을 주장했다.

이러한 때 지방 도시인 라이프치히에서 시민들이 니콜라이 교회에서 기도 모임을 갖고, 여행 자유화를 요구하며 시위를 하기 시작했다. 9월 4일 1,200명이 모인 이후 니콜라이 교회에서는 매주 월요일마다 기도 모임과 시위가 이어졌다. 이제 주민들의 대규모 탈출에 이어 내부 개혁을 요구하는 시위로 동독 정부는 점차 어려움에 처했다.

호네커의 퇴진

동독 주민의 탈출과 개혁 요구가 계속되는 가운데 1989년 10월 7일 동베를린에서 동독 수립 40주년 기념식이 열렸다. 이 기념식에서 호네커 서기장은 동독이 지난 40년간 유지해 온 사회주의가 성공적이었다고 평가하면서 사회주의의 승리를 역설했다. 이 행사에 참석했던 고르바초프 서기장은 호네커의 연설에 크게 실망했다. 그는 호네커에게 "정치적인 결정이 외부로부터 강요받던 시대는 이미 지나갔으며, 동독에서 일어나는 문제는 모스크바가 아닌 동베를린에서 결정되어야 한다며 개혁과 개방을 촉구"했다. 또한 그는 "너무 늦게 오는 사람에게는 인생이 벌을 내린다."면서 동독의 개혁이 시급하다고 강조했다.

그러나 호네커는 고르바초프의 조언을 따르지 않고 마르크스-레닌주의를 고수하며 사회주의 국가로서 동독의 정통성을 유지하고자 했다. 대부분의 독재자가 그러하듯이 그도 개혁을 갈망하는 주민들의 열의가 그 어느 때보다도 높다는 것을 올바로 깨닫지 못했다.

동독 정권 수립 40주년 기념 행사가 열린 10월 7일 동베를린,

라이프치히, 드레스덴, 칼-마르크스-쉬타트 등 여러 도시에서 '집회의 자유' '자유선거' '여행 자유화' 등 정치 개혁을 요구하는 시위가 일어났다. 동베를린 등 일부 도시에서는 경찰과 보안 요원이 시위를 진압하는 과정에서 폭력 사태가 발생하기도 했다. 이후에도 시위는 거의 매일 계속되었으며 일부 교회 인사들과 지방의 당 관료들까지도 개혁을 요구했다.

이러한 시위에 교회도 적극 참여했는데, 그 가운데서도 동베를린 겟세마네 교회와 라히프치히 니콜라이 교회의 활동이 두드러졌다. 10월 9일에 있었던 니콜라이 교회의 월요 기도회와 시위 행진에 약 75,000명의 시민이 참가했다. 이들은 "우리는 같은 민족이다(Wir sind das Volk)." 또는 "우리는 이곳에 남는다(Wir bleiben hier)."라는 구호를 외치며 개혁을 요구했다. 이 시위에 대비하여 수만 명의 동독 경찰과 슈타시 보안 요원들이 거리 곳곳에 배치되었으나, 시위대와 충돌은 없었다.

이러한 평화적인 시위가 가능했던 이유는 라이프치히 공산당 지도부와 라이프치히 게반트 하우스 오케스트라 지휘자 쿠르트 마주르Kurt Masur 등 시민 대표들의 노력 때문이었다. 또한 동독 주둔 소련군은 소련 지도층의 지시로 시위에 개입하지 않고 병영에 남아 있었다. 폭력이 사라지고 시위가 평화적으로 진행되었다는 것은 동독에 되돌릴 수 없는 새로운 변화가 가능해졌다는 것을 암시했다. 니콜라이 교회의 10월 16일 월요 기도회에는 12만 명이, 10월 23일의 기도회에는 30만 명이 각각 참가하여 개혁을 촉구하며 공산당을 압박했다.

평화적으로 진행된 1989년 가을의 시위는 실패로 끝난 1953년 6월의 봉기와는 다른 방향으로 발전될 수 있다는 것을 예고했다.

동독은 이제 피를 흘리지 않고 '평화적인 혁명'의 길로 들어서게 되었다.

이러한 가운데 동독 공산당(SED) 정치국은 호네커의 퇴진을 결정하기 위해 10월 10, 11일 특별 회의를 열었다. 회의 전날인 10월 9일 당 정치국원인 에곤 크렌츠Egon Krenz는 호네커 서기장에게 동독의 어려운 상황을 설명하면서 동독을 구하기 위해 당의 나이 많은 지도부가 물러나야 한다는 당의 입장을 전달했다. 호네커는 놀랍고도 당혹스런 이 제의를 받아들일 수밖에 없었다. 호네커는 이 제의가 당 정치국원들이 이미 소련 지도층과 협의한 결과라는 것을 잘 알고 있었다.

10월 10일의 당 정치국 회의에서 빌리 슈토프Willi Stoph 총리는 호네커의 퇴진을 제의했다. 이 제의는 만장일치로 받아들여졌다. 모든 것이 준비된 각본대로 진행되었다. 호네커는 10월 18일 당 서기장직에서 물러났다. 당 정치국원인 미탁Günter Mittag과 헤어만 Joachim Herrmann도 물러났다.

당 서기장에서 물러난 호네커는 이듬해인 1990년 1월 29일 재임중의 국가 반역, 직권 남용과 부패 혐의로 동독 검찰에 의해 체포되었으나 건강이 좋지 않아 바로 풀려났다. 베를린 교외 소련 군 병원에 입원해 있던 호네커는 재임 기간에 베를린 장벽 탈출자에게 사살 명령을 내린 혐의로 1990년 12월 체포 영장이 발부되자 1991년 3월에 소련으로 피신했다. 통일 후 독일 정부가 소련 정부에게 끈질기게 호네커의 인도를 요구하자 호네커는 12월에 모스크바 주재 칠레 대사관으로 다시 피신했다. 그러나 그는 추방령을 받고 1992년 7월 베를린으로 송환되어 모아비트 형무소에 수감되었다.

호네커는 베를린 지방 법원에서 열린 재판에서 베를린 장벽을 넘어 탈출하다 희생된 자들에 대한 정치적 책임은 인정했다. 그러나 그로 인한 법적, 도덕적인 죄는 인정하지 않았다. 지병인 간암 악화로 재판이 중단되어 1993년 1월에 풀려난 호네커는 딸이 살고 있는 칠레로 망명하여 지내다 1994년 5월 29일 82세의 일기로 숨을 거두었다.

1960년 베를린 장벽 설치 총책임자였던 호네커는 스탈린과 소련의 노선을 철저히 추종했다. 호네커는 1971년 이래 18년 동안 동독의 제1인자였으며 1976년부터는 국가원수직도 겸했다. 그러나 1980년대 후반 고르바초프 서기장이 개혁 정치를 실시하자 그는 소련과 일정한 거리를 유지하려고 했다. 그는 죽는 날까지도 지난 날의 행동을 후회하거나 공산주의를 부정하지 않은 철저한 공산주의자였다.

호네커의 후임으로 크렌츠가 당 서기장이 되었다. 호네커에서 크렌츠로의 교체는 동독 집권층이 정권을 계속 유지하기 위한 마지막 시도였다.

베를린 장벽 개방

10월 18일 당 서기장이 된 에곤 크렌츠는 10월 24일에는 인민 의회에서 국가 위원회 위원장(국가원수)으로 선출되었다. 크렌츠는 지난 날 호네커의 정치 노선을 지지해 온 강성 보수주의자로서 호네커와 함께 개혁의 물결을 차단하며 개혁에 반대해 왔다. 그는 또한 1989년 6월 중국 천안문 광장에서 일어난 민주화 운동이 무참히 진압된 것을 옹호한 적도 있었다. 따라서 그가 당 서기장에 취임하면서 탈출자에 대한 사면과 외국 여행 허용 등의 개혁 의사를 밝혔지만, 주민들의 지지를 받기는 어려웠다. 그리고 일단 분출된 주민들의 개혁 요구는 그칠 줄 모르고 더해 가면서 시위는 전국적으로 계속되었다.

이러한 가운데 크렌츠 서기장은 1989년 11월 1일 모스크바를 방문하여 고르바초프 대통령과 동독의 개혁 문제에 관하여 의견을 나누었다. 크렌츠는 고르바초프가 동독의 개혁을 촉구하자 이를 받아들였다.

개혁을 요구하는 동독인들의 시위가 계속되는 가운데 11월 4일 동베를린에서는 약 70만 명의 주민이 자유선거, 공산당의 일당 독재 폐지, 그리고 내각 퇴진 등을 요구하며 대규모 시위를 벌였다. 이 시위는 동독 공산 정권 수립 4년 만인 1953년 6월 17일에 근로 조건 개선, 정부 퇴진과 자유선거 등을 요구하며 동베를린과 동독 전역에서 일어난 대규모 봉기 이래 가장 큰 규모였다. 주민들의 시위가 계속되고 서독으로 넘어가는 사람들이 늘어나자 동독 지도부는 획기적인 개혁 조치 없이는 국민의 불만을 해소할 수 없다고 판단했다.

한편 동독을 떠나는 사람이 계속 늘어나 1989년 1월에서 10월까지의 탈출자와 이주자들이 약 16만 7천 명이나 되었다. 이들 대부분은 능력이 있고, 한창 일할 젊은 층이었다. 이로 인해 공장은 제대로 가동되지 않았으며, 병원은 의사와 간호사가 부족하여 어려움을 겪었다. 대부분의 직장에서 한두 사람은 서독으로 넘어가 나오지 않았다. 이러한 상황에서 동독의 경제 사정은 더욱더 악화되었다. 이제 동독 정부는 더 이상 개혁을 늦출 수 없었다.

동독 정권 수립 이래 최대 규모의 반정부 시위를 하는 동베를린 시민들
(1989. 11. 4, 베를린 알렉산더 광장).

이러한 판단에서 동독 지도부는 11월 7일 빌리 슈토프 내각을 총사퇴시키고, 11월 8일에는 당 정치국을 전면 개편했다. 슈토프 내각의 총사퇴는 주민들의 개혁 요구 시위와 대규모 탈출로 인한 체제 불안정과 경제 위기를 해결할 수 없는 동독 지도부의 한계를 스스로 드러낸 것이다. 슈토프의 후임으로는 드레스덴 시 공산당 제1서기인 한스 모드로Hans Modrow가 취임했다. 모드로는 개혁과 변화를 추구하는 자로 알려졌기 때문에 그의 총리 취임으로 개혁이 본격적으로 추진될 수 있었다.

동독의 이러한 변화와 관련하여 헬무트 콜 서독 수상은 1989년 11월 8일 연방 하원에서 분단 상황에 관해 보고하면서 동독 정부에게 획기적인 개혁 조치를 요구했다.

> "… 자유로운 자결권Freie Selbstbestimmung은 과거와 마찬가지로 지금도 우리 독일 정책의 핵심입니다. 자유로운 자결권은 과거와 마찬가지로 동독에 있는 우리 동포들의 희망이요, 바람입니다. … 동독의 정치와 경제의 근본적인 개혁 조치와 연결지어 광범위한 경제 원조를 할 용의가 있으며, 동독 공산당(SED)은 권력 독점을 포기해야 하며, 독립 정당을 허용하고 자유선거를 실시해야 합니다. 본인은 이러한 전제 조건 아래 완전히 새로운 차원의 경제 원조에 관해 협의할 용의가 있습니다. …"

11월 8일 개편된 공산당 정치국과 내각은 획기적인 여행 자유화 조치를 마련했다. 즉 여행법이 새로 제정될 때까지 11월 10일부터 동독인의 해외 여행을 전면 허용하기로 했다. 크렌츠 서기장의 지시로 당 대변인 샤보브스키Günter Schabowski는 11월 9일 초저녁 기자 회견을 갖고, 모든 국경과 베를린 장벽의 개방을 포함한 여행

동독 정부가 국경 개방과 여행 자유화 조치를 발표하자 베를린 장벽 위에 올라
기쁨을 나누는 동·서 베를린 시민들(1989. 11. 9, 베를린).

자유화를 발표했다. 이 조치는 11월 10일부터 실시될 예정이었는데, 샤보브스키의 실수로 발표 즉시 유효하게 되었다. 11월 9일 밤수많은 동독인들이 서베를린으로 몰려들었다. 베를린은 동·서독인의 축제의 장이 되었다.

동독의 국경 개방과 여행 자유화 조치가 발표되자 서독 연방 하원 의원들은 회의를 잠시 중단하고 감격하며 독일 국가를 불렀다. 이 소식은 폴란드를 공식 방문 중이던 헬무트 콜 수상에게도 즉각전달되었다.

콜 수상은 폴란드 방문을 중단하고 다음날인 11월 10일 급히 베를린 쉐네베르크 시청 앞에서 열린 집회에 참석했다. 이 집회에는빌리 브란트 전 수상, 겐셔 외무장관과 몸퍼Walter Momper 베를린시장을 비롯하여 2만여 명의 시민이 참석했다. 콜 수상은 이 집회에서 "11월 9일은 베를린과 독일 역사에 위대한 날이며, 동독에서는 무엇보다도 의사 표현과 언론의 자유, 노동조합과 정당 설립의자유, 그리고 선거의 자유 등 동독 주민의 모든 생활 영역에서 더많은 자유가 요구된다."고 강조했다. 그는 또한 동독이 더 많은 개혁을 해야 한다고 촉구했다.

1961년 8월에 세워진 베를린 장벽을 넘어 서베를린으로 탈출을시도하다가 그동안 모두 78명의 동독인들이 목숨을 잃었다. 베를린 장벽은 제2차 대전 이후 형성된 동·서 냉전 체제의 유물로서베를린 장벽의 개방 조치는 냉전 체제를 허무는 역사적 사건이다. 1987년 6월 서베를린을 방문한 미국 레이건 대통령은 소련에게 베를린 장벽의 철거를 요구했다. 그러나 1989년 1월 동독 호네커 서기장은 "베를린 장벽은 장벽이 세워져야 했던 여건이 변화되지 않는 한 앞으로 50년 또는 100년은 더 존재할 것"이라고 장담했는데,

그가 장담한 지 불과 10개월 만에 무너졌다. 이렇듯 베를린 장벽은 그동안 끊임없이 동·서 진영의 쟁점이 되었다. 그렇기 때문에 베를린 장벽의 개방과 여행 자유화 조치는 앞으로 독일 문제가 해결되어 결국에는 통일이 될 수 있음을 뜻하는 것이기도 했다.

동독 정부의 베를린 장벽 개방 조치 후 콜 수상은 11월 16일 연방 하원에서 동독 정부에게 또다시 폭넓은 개혁을 촉구했다.

> "… 동독, 특히 베를린의 역사적인 사건은 독일과 유럽의 역사를 바꾸어 놓았습니다. … 동독의 정치와 경제 제도의 근본적인 변화가 중요하며, 그러한 변화가 지금 지속적이고 되돌려질 수 없는 것이라면, 우리는 완전히 새로운 차원의 원조와 협력을 할 용의가 있습니다. … 자유는 독일 문제의 핵심이었으며 지금도 그러합니다. 동독의 우리 동포가 앞으로 어떠한 길을 가고자 하는지 스스로 결정할 수 있어야 합니다. 그들에게는 어느 편으로부터 어떠한 가르침도 필요 없으며, 스스로 무엇을 원하는지 잘 알고 있습니다. …"

서독은 공정하고 자유로운 선거에 의한 동독 민주 정부의 탄생이 바로 통일의 앞 단계임을 인식하고, 동독의 민주화를 위해 모든 노력을 기울였다.

드레스덴 정상 회담

동독 정부의 개혁 조치에도 불구하고 동독인들은 신정부의 개혁 의지를 불신하고 전국적으로 시위를 계속하며 더욱 과감한 개혁을 요구했다. 이와 함께 동독인들의 서독 이주가 계속되어 1989년 11

월 한 달 동안에 133,429명이 이주했다. 동독인들의 개혁 요구가 나날이 거세지고 서독으로의 탈출과 이주가 계속되자 크렌츠 서기장 등 구시대의 인물은 더 이상 자리를 유지하기 어려웠다.

이러한 가운데 인민 의회die Volkskammer는 1989년 12월 1일 헌법 제1조 가운데 "노동 계급과 마르크스-레닌 당의 지도 아래"라는 공산당의 권력 독점 문구를 삭제했다. 이렇게 함으로써 동독이 더 이상 공산당(SED)에 의해 지배되는 나라가 아님을 밝힌 것이다. 12월 3일 공산당 중앙 위원회는 당 정치국과 중앙 위원회를 해체했다. 같은 날 크렌츠 서기장과 당 정치국원 전원이 퇴진했다. 공산당 정치국의 해체와 크렌츠의 퇴진은 동독 집권층이 주민들의 개혁 요구에 굴복한 것으로, 이제 공산당이 아닌 모드로 정부에 의해 폭넓은 개혁이 가능하게 되었다.

베를린 장벽이 개방되자 서독 정부는 서독인들의 자유로운 동독 방문을 추진했다. 1989년 12월 5일 서독 자이터스Rudolf Seiters 수상실 장관과 동독 모드로 총리는 동베를린에서 서독인의 동독 방문에 따른 제한 규정을 폐지하기로 합의했다.

즉 동독은 1990년 1월 1일부터 서독인에 대해 입국 비자 제도를 폐지하고, 최저 환전 규정을 적용하지 않기로 했다. 이는 서독이 정상 회담 개최와 동독에 대한 경제 원조의 전제 조건으로 요구했던 내용이다. 그리고 서독과 동독은 1990년 1월 1일부터 2년 동안 여행 기금을 마련하기로 했다. 여행 기금을 통해 동독인의 서독 방문시 200마르크까지 환전해 주되 100마르크까지는 동독 마르크와 서독 마르크의 환율을 1:1로, 그 외 100 마르크는 5:1로 환전해 주기로 했다. 1990년 7월 1일 화폐 통합이 이루어지기까지 약 29억 마르크의 여행 기금이 조성되어 약 1,500만 명의 동독인이 서독 마르크로 환전하여 여행했다.

지난 11월 9일의 여행 자유화 조치가 동독인의 자유로운 서독 방문을 허용한 조치라면, 이번 합의는 서독인이 아무런 제한 없이 동독을 방문할 수 있도록 한 조치였다. 이 조치로 1949년 분단된 이래 40년 만에 서독인들과 동독인들이 자유롭게 오갈 수 있게 되었다. 자이터스 장관과 모드로 총리는 또한 정상 회담을 12월 19~20일 이틀에 걸쳐 동독의 드레스덴에서 갖기로 합의했다.

이 합의에 따라 12월 19~20일 드레스덴에서 콜 수상과 모드로 총리의 정상 회담이 열렸다. 회담 일정이 12월 19일로 정해진 이유는 프랑스 미테랑 대통령이 12월 20~22일 동베를린을 방문할 예정이었기 때문이다. 동독에 개혁의 물결이 일고 있는 이때 콜 수상은 다른 나라 국가 원수보다 먼저 동독을 방문해야 한다고 생각했다. 동독 수도인 동베를린의 지위 때문에 콜 수상이 동베를린을 방문할 수 없게 되자 회담 장소로 드레스덴이 선정되었다.

콜 수상과 모드로 총리는 두 독일 관계의 현황과 발전 가능성에 관해 폭넓은 의견을 교환했다. 두 정상은 서독과 동독의 역사적인 '특별한 관계'를 고려하여, 동·서독 조약 공동체 결성 이외에도 경제, 환경, 교통·통신 등 모든 분야에서 긴밀히 협력하기로 했다. 또한 그들은 1990년 1월에 폐지하려던 서독인의 동독 방문 제한 규정을 앞당겨 12월 24일부터 폐지하기로 합의했다. 또한 브란덴부르크 문das Brandenburger Tor을 12월 22일에 개방하고, 화폐 교환 비율을 서독 1마르크에 동독 3마르크로 합의했다.

모드로 총리는 콜 수상에게 동독이 그 동안 취한 개혁 조치는 되돌릴 수 없는 것임을 분명히 했다. 그는 콜 수상에게 앞으로 민주주의 선거법을 토대로 자유선거를 실시함은 물론, 경제 정책도 완전히 바꾸고 시장 경제 원리에 입각한 경제 개혁을 추진하겠다는 확고한 의사를 전달했다. 모드로 총리는 크리스마스 이전에 정치범을 석방하고, 형법도 일반 국제 규약에 맞게 고칠 뿐 아니라 헌법도 개정하겠다고 약속했다.

콜 수상은 모드로 총리의 개혁 계획을 환영하며 동독의 우편과 통신 시설을 개선하고 동독과의 교류를 촉진하기 위해, 그동안 연간 2억 마르크였던 지원 비용을 1990년부터는 3억 마르크씩 지원하겠다고 약속했다. 또한 두 정상은 신문, 잡지, 방송과 텔레비전을 통한 자유롭고 폭넓은 정보 교환이 큰 의의가 있음을 강조했다. 그리고 그들은 1990년 1월 말이나 2월 초에 서독에서 다시 회담을 갖기로 합의했다.

드레스덴의 정상 회담은 동독에서 국민의 힘으로 공산 정권이 물러나고, 일련의 개혁 조치가 진행되고 있는 시점에 열렸다는 데 그 의의가 있다. 서독은 정상 회담을 통해 동독의 폭넓은 개혁과 자유선거를 촉구하며 통일 작업을 더욱 빠르게 추진하고자 했다. 반면에 동독은 개혁과 서독의 지원을 통해 탈출자와 이주자들을 줄이고자 했다. 동독은 또한 악화된 경제를 회복시키고 동독을 안정시켜 사회주의 국가로 남아 있고자 했다.

이어 12월 22일에는 콜 수상과 모드로 총리가 참석한 가운데 브란덴부르크 문이 다시 개방되었다. 브란덴부르크 문은 베를린의 상징으로 1961년 8월 베를린 장벽이 세워지면서 굳게 잠겨 있었다. 이제 이 문이 28년 4개월 만에 다시 열림으로써 독일인들에게 곧 통일이 될 수 있다는 희망을 주었다.

모드로 총리와 회담 후 열광하는 드레스덴 시민들에게 연설하는 콜 수상
(1989. 12. 19, 드레스덴).

콜 수상의 통일 방안

동독이 여행 자유화 및 자유선거 실시 약속 등 개혁 조치를 취하자 콜 수상은 통일을 조심스럽게 추진하고자 했다. 그는 1989년 11월 28일 연방 하원에서 '독일과 유럽의 분단 극복을 위한 10개항의 방안Zehn Punkte-Programm zur Überwindung der Teilung Deutschlands und Europas'을 제시했다. 독일과 유럽 분단 극복의 마지막 단계가 독일 통일임은 물론이다.

첫째, 인도적 분야와 의료 분야의 즉각적인 지원 조치.

둘째, 경제, 과학·기술, 문화, 환경 분야에서 동독과의 협력을 확대함.

셋째, 헌법 개정과 새로운 선거법 제정 등 동독의 정치와 경제 제도의 근본적인 개혁을 전제 조건으로 서독이 경제 원조와 협력을 확대함.

넷째, 동독 모드로 총리가 제의한 조약 공동체die Vertragsgemeinschaft를 고려해 볼 용의가 있음. 경제, 교통, 환경, 과학·기술, 보건, 그리고 문화 분야의 협력을 위한 공동 위원회를 구성함.

다섯째, 독일 연방국 건설을 목표로한 동·서독간 국가 연합적 조직die Konföderative Struktur으로 발전시킴. 이를 위해 동독에서 민주적 정통성이 있는 정부가 구성되어야 함.

여섯째, 동·서독 관계의 발전은 전유럽의 통합 과정, 즉 동·서 관계에 맞도록 함.

일곱째, 유럽 경제 공동체(EC)는 전유럽 발전의 핵심으로 동독도 포함되어야 함.

여덟째, 유럽 안보 협력 회의(CSCE)는 전유럽의 핵심 조직으로 이를 더욱 발전시키고, 동·서 경제 협력 조정을 위한 공동 기구와 전유럽의 환경 보호를 위한 기구를 설립함.

아홉째, 유럽의 분단과 독일의 분단을 극복하기 위해 광범위한 군비 축소와 군비 통제를 실시함.

열째, 이러한 광범위한 정책을 통해 유럽에 평화를 달성하고, 이를 토대로 독일 민족은 자유로운 자결권을 행사하여 통일을 이룩함. 통일 독일은 연방 정부의 변함없는 정치적 목표임.

다섯 번째의 '연합적 조직'은 동독 모드로 총리가 제의한 '조약 공동체'보다 발전된 것이나 과도기적인 것이다. 콜이 10단계의 방안을 제시하였으나, 그의 통일 방안은 결국 동독의 정치, 경제와 사회 개혁이 이루어지고 난 뒤에 동·서독이 협력을 통해 '국가 연합적 조직'으로 발전하여, 마지막에 통일을 이룩한다는 3단계 방안으로 요약된다. 콜 수상은 독일 문제가 전유럽의 발전은 물론 동·서 관계와 밀접한 연관이 있다고 강조했다.

콜 수상은 통일 과정 초기부터 독일이 국제 사회에서 강대국 역할을 하려 한다는 오해를 받지 않기 위해 동독과의 협상에 관한 구체적인 일정은 제시하지 않았다. 이 당시 콜은 통일이 되기까지는 앞으로 5~10년은 걸릴 것으로 생각했다.

콜 수상의 통일 방안이 발표되자 독일인들 사이에 통일에 대한 기대가 높아졌다. 그러나 주변 나라들의 생각은 그렇지 않았다. 소련의 고르바초프 대통령은 1989년 12월 3일 몰타Malta에서 조지 부시George Bush 미국 대통령과 회담을 하면서, 두 개의 독일을 원했던 역사적 현실을 잊어서는 안 된다고 강조했다. 이어 그는 독일 문제를 인위적으로 해결해서는 안 된다며 성급한 독일 통일의 움직임을 경고했다.

고르바초프 대통령은 또한 12월 10일 소련 공산당 중앙 위원회에서 전략적으로 중요한 동맹국인 동독을 곤궁에 처하도록 내버려두지 않을 것이며, 두 개의 독일이 있어야 한다는 것이 소련의 변함없는 입장이라고 강조했다. 고르바초프의 이러한 발언은 독일 통일을 반대하는 것으로 독일이 통일되기까지는 아직도 많은 장벽이 가로막고 있었다.

한편 유럽 경제 공동체(EC) 회원국 정상들은 12월 8~9일 프랑스 스트라스부르크에서 열린 정상 회담에서 독일 통일이 헬싱키 최종 의정서와 유럽 통합의 테두리 안에서 이루어져야 한다고 선언했다. 이 당시 영국의 마가렛 대처 수상은 독일 통일을 지지하지 않았으며, 프랑스도 마찬가지였다. 이와 같이 소련은 물론 영국이나 프랑스도 독일 통일을 지지하지 않았다.

동독 모드로 정부는 콜 수상의 통일 방안이 현실을 고려하지 않은 것이라고 전면 반대하면서, 신속한 개혁을 통해 동독을 안정시켜 독립 국가로 남아 있고자 했다.

미국은 영국이나 프랑스와 달리 독일 통일을 지지했다. 베이커 James Baker 국무장관은 1990년 2월 1일 미 하원에서 독일의 통일이 미국의 대독일 정책의 주요 목적이라고 밝혔다. 그는 독일 통일이 자결권 존중, 통일된 독일의 나토(NATO) 잔류, 유럽의 안정을 위해 평화적이고도 단계적인 추진, 그리고 헬싱키 최종 의정서에 의한 국경선 문제 해결 등 네 가지 원칙 아래 이루어져야 한다는 것이 미국의 입장이라고 강조했다. 그는 특히 독일의 나토 잔류를 강조했다.

콜 수상의 통일 방안이 나온 2개월 후인 1990년 2월 1일 동독 모드로 총리는 독일 통일의 길을 밝히면서 4단계 통일 방안을 제시했다. 모드로의 통일 방안은 동독과 서독이 군사 기구에서 각각 탈퇴한 후 총선을 실시한 다음에, 중립화된 연방국으로 통일하는 것이었다. 모드로의 통일 방안은 그가 소련을 방문하여 1월 30일 고르바초프로부터 독일 통일에 원칙적으로 반대하지 않는다는 입장을 받아낸 후에 나온 것이다.

콜 수상의 통일 방안에는 독일에 주둔하고 있는 외국군이나 나토와 바르샤바 조약 기구에 관한 언급이 없었다. 그러나 모드로 총리의 통일 방안에는 동독과 서독의 군사 기구 탈퇴를 제의한 데 큰 차이가 있었다. 서독은 통일된 독일이 나토에 잔류해야 한다는 입장이었으며, 미국도 독일이 나토에 잔류하는 조건에서만 통일에 동의한다고 밝힌 바 있다.

따라서 콜 수상은 모드로 총리가 자유로운 자결권을 토대로 통일을 이룩하자는 데는 환영을 하면서도, 서독의 나토 탈퇴나 통일된 독일이 중립을 유지해야 한다는 통일 방안에는 반대했다. 그는 통일된 독일이 유럽의 한가운데에서 중립이라는 이상한 지위를 부여받음으로써 고립되어서는 안 된다는 입장이었다.

따라서 서독으로서는 모드로 총리의 통일 방안을 받아들일 수 없었다. 그러나 독일 통일을 반대해 오던 소련과 동독이 통일의 불가피성을 인정하고 구체적인 통일 방안을 제시한 것은 통일을 위한 큰 진전인 동시에 서독의 통일 노력에 큰 힘이 되었다. 이제 콜 수상은 자신감을 갖고 통일을 추진할 수 있게 되었다.

콜 수상은 1990년 2월 7일 연방 정부 안에 '독일 통일 위원회'를 구성한 다음, 동독에 화폐, 경제와 사회 동맹 결성을 제의했다.

이어 그는 통일에 대한 소련의 지지를 받기 위해 2월 10일 고르바 초프 대통령을 찾아갔다.

이 자리에서 고르바초프는 콜 수상에게 "소련은 한 나라로 살고 자 하는 독일인들의 결정을 존중할 것이며, 독일 통일 문제는 독일 인 스스로가 결정해야 할 일이다. 독일인 스스로가 어떠한 형태로, 어느 시기에, 얼마나 빨리, 그리고 어떠한 조건에서 통일을 실현해 야 할지 스스로 선택해야 한다."고 언급했다. 그러나 그는 독일 문 제의 해결은 유럽의 통합과 동·서 관계의 테두리 안에서 이루어져 야 한다고 강조했다.

그 동안 소련은 '독일 문제'는 독일인들 스스로 결정해야 할 문 제라고 하면서도 독일 통일은 독일만의 문제가 아니며, 이웃 나라 들도 깊은 관련이 있다면서 독일 통일을 반대하여 왔었다. 고르바 초프의 이러한 발언은 독일 통일이 독일인들의 자결권에 속하는 문제임을 확인한 것으로, 소련의 독일 정책이 통일을 지지하는 방 향으로 변화되었음을 뜻했다.

동독 최초의 자유 총선

통일에 대한 열기가 높아가는 가운데 통일의 방향을 결정짓는 동 독 인민 의회 총선일이 1990년 3월 18일로 결정되었다. 당초 인민 의회 선거는 1989년 12월 7일 열린 정부, 정당, 교회와 노동자 대 표로 구성된 원탁회의Runder Tisch에서 1990년 5월 6일에 실시하기 로 결정되었다. 그러나 1990년 1월 28일 모드로 총리와 원탁회의 대표자들이 조속한 개혁을 바라는 주민들의 여망을 받아들이고, 총선을 통해 동독을 안정시키기 위해 인민 의회 선거는 3월 18일에, 지방 의회 선거는 5월 6일에 실시하기로 합의하여 앞당겨졌다.

원탁회의는 공산당과 정부의 권력이 급속히 붕괴되는 과정에서 정치적인 공백을 메우고, 주민들의 진정한 의사를 대변할 필요에 의해 만들어졌다. 그러나 원탁회의는 민주적인 절차에 의해 선출된 대표로 구성된 기구는 아니었다. 그럼에도 이 회의에 참가한 인사나 단체들이 신뢰를 받고 있고, 조속한 자유선거 실시, 새로운 헌법 초안 마련, 그리고 국가 안전부(쉬타시) 해체 등을 추진하였기 때문에 원탁회의는 주민들로부터 지지를 받았다.

그러나 원탁회의는 시일이 지나면서 서독과의 통일을 죄악시하고, 서독 기본법 제23조에 의한 통일을 반대하며 동독의 존속을 주장하는 등 현실적인 정책을 제시하지 못해 주민들로부터 호응을 받지 못했다. 그럼에도 원탁회의는 개혁의 소용돌이에서 정부와 시민운동 단체를 결합하여 자유선거 실시와 쉬타시 해체 등 개혁에 크게 기여했다.

모드로 정부는 개혁의 열기 속에 수립되었으나, 자유선거에 의해 수립된 정부가 아니기 때문에 진정으로 동독 주민의 의사를 대변할 수 있는 정부는 아니었다. 따라서 앞으로 서독과 통일을 위한 협상에 동독 주민의 진정한 의사를 대변할 정통성 있는 정부가 수립되어야 했다. 바로 이점에 3월 총선의 중요성이 있었다.

1990년 3월의 총선은 1949년 동독 정권이 수립된 이후 최초의 자유선거인 동시에 통일의 방향을 결정짓기 때문에 동독은 물론 서독으로서도 중요한 선거였다. 3월 총선에 24개나 되는 많은 정당이 참여하였으나, 동독 사민당(SPD)과 기민당(CDU)의 대결로 압축되었다. 사민당은 주민들의 개혁 요구가 한창이던 1989년 10월 7일 다당제에 의한 의회 민주주의와 사회적 시장 경제 등을 내세우며 창당된 정당이다. 그리고 서독 사민당과의 유대를 강화하기 위해 당 이름을 1990년 1월 'SDP'에서 서독의 사민당과 같이 'SPD'로 바꾸기도 했다.

또한 공산당(SED)은 더 이상 존립이 어렵게 되자 1989년 12월 당명을 '사회주의 통일-민주 사회주의당'으로 바꾼 데 이어, 1990년 1월에는 민주 사회주의당(PDS: 이하 '민사당'이라함)으로 바꾸어 선거에 나섰다. 1946년 4월 창당되어 1953년 6월의 국민 봉기를 무자비하게 진압하고, 1961년 8월에는 베를린 장벽을 세우면서 40년 넘게 동독을 통치해 왔던 공산당이 살아남기 위해 변화를 시도한 것이다.

총선에서는 통일 방안이 주요 쟁점이었다. 통일 방안에 관해 동독의 기민당과 사민당은 서로 다른 입장이었다. 기민당은 서독 기본법이 모범적인 헌법이기 때문에 새로운 헌법을 제정할 필요 없이, 기본법 제23조에 의해 동독이 서독에 편입하는 방법으로 조속히 통일하자고 주장했다. 기민당은 또한 통일 방안에 같은 입장이었던 독일 사민당(DSU) 및 민주주의 출발당(DA)과 함께 '독일 동맹 Allianz für Deutschland'을 결성했다. 그러나 총선에는 개별적으로 나갔다. '독일 동맹' 결성은 1990년 2월 헬무트 콜 수상의 노력으로 이루어졌다.

반면에 동독 사민당은 서독 기본법 제146조에 의해 동독 의회와 서독 의회가 동등한 자격으로 제헌 의회를 구성하고, 제헌 의회에서 새로운 헌법을 제정하는 방법에 의한 점진적인 통일을 주장했다. 즉 기민당 등 '독일 동맹'은 신속한 통일을, 사민당은 제헌 의회 구성을 통한 점진적인 통일을, 그리고 민사당(PDS) 등 좌익계는 사회주의의 가치를 존중하는 점진적인 통일을 주장했다.

총선은 콜 수상을 비롯한 빌리 브란트 전수상 등 서독 정치인들의 지원 유세와 서독 정당들이 자금을 지원하는 가운데 이루어졌다. 콜 수상은 동독인들에게 체제 개혁에서 더 나아가 조속한 통일을 이룰 수 있도록 고무했다.

총선은 투표율 93.4%가 말해주듯이 주민들의 높은 관심 속에 이루어졌다. 기민당 지지 계층인 가톨릭계나 자영업 계층이 적고, 사민당 지지 계층인 노동자가 많았기 때문에, 이번 선거는 사민당의 승리가 예상되었다. 그러나 선거 결과 기민당이 40.8%의 지지를 얻는 등 '독일 동맹'이 48.0%를 얻어 승리했다. 사민당은 21.9%를, 민사당은 16.4%를 얻었다. 이로써 기본법 제23조에 의한 조속한 통일을 주장한 기민당이 통일 협상을 주도하게 되었다.

이번 선거의 특징은 집권당의 선택보다는 이미 정해진 통일을 얼마나 빨리, 그리고 어떤 방법으로 실현할 것인가를 결정하는 데 있었다. 이런 면에서 동독 주민은 나날이 어려워지고 있는 경제를 회복시키고, 서독으로의 탈주자와 이주자를 줄이기 위해서는 신속한 통일만이 가장 좋은 방안임을 선택한 것이다.

서독 기민당과 콜 수상이 기본법 제23조에 의해 통일을 추진하려고 하였기 때문에 '독일 동맹'의 승리는 바로 콜 수상의 승리였다. 그 이유는 제146조에 의한 통일은 새로운 헌법을 제정하는 데 시일이 오래 걸리고, 또한 동독이 정치, 경제, 사회적으로 불안정하여 결국에는 통일 자체의 무산도 우려되었기 때문이다.

이번 총선으로 그 동안 막연하기만 했던 통일의 방향이 구체화되었다. 즉 앞으로 통일 협상을 주도할 동독 기민당의 통일 방안이 서독 콜 정부의 통일 방안과 일치하여 통일은 더욱 빠르게 이루어지게 되었다. 사민당은 선거에서 졌으나 협력을 약속했다.

4월 5일 인민 의회가 구성되고, 의장으로 선출된 베르크만-폴 Sabine Bergmann-Phol이 국가 원수도 겸하게 되었다. 4월 11일 기민당 대표 로타 드 메지에르Lothar de Maizière는 사민당 및 자민당과 대연정을 구성하여 헌법 개정에 필요한 2/3 의석을 확보했다. 4월 12일 드 메지에르를 총리로 하는 신정부가 출범했다. 이로써 통일에 관해 동독 주민의 의사를 대변할 정통성 있는 정부가 수립되어 서독과 통일 협상을 빠르게 추진할 수 있게 되었다.

인민 의회 선거에 이어 5월 6일에 실시된 동독 지방 의회 선거에서도 기민당이 많은 지지를 얻었다.

화폐, 경제와 사회 동맹 조약

통일 작업을 본격적으로 준비하기 위해 서독 정부는 1990년 2월 7일 각의에 연방 수상을 위원장으로 하는 '독일 통일 위원회'를 구성했다. 이 위원회의 결정에 따라 같은 날 콜 수상은 동독에 화폐, 경제와 사회 동맹 결성에 관한 회담을 제의했다. 이 제의는 동독의 심각한 경제 위기와 늘어만 가는 탈출자와 이주민 때문에 불가피했다.

콜 수상은 2월 13, 14일 본에서 모드로 총리와 회담을 갖고 경제 개혁과 화폐 통합을 준비하기 위한 공동 위원회를 구성하기로 합의했다. 이어 화폐, 경제와 사회 통합에 관한 동·서독 전문가 위원회가 구성되어 2월 20일 동베를린에서 실무 회담에 들어갔다. 화폐와 경제 통합의 핵심 내용은 두 가지다. 서독 마르크가 공식 통화로 동독에 통용되고, 동독은 사회적 시장 경제 체제에 적합한 법적인 조치를 취하는 것이다.

동독은 처음에 서독이 화폐, 경제와 사회 동맹의 전제 조건으로 사유 재산제 인정, 자유 시장 경제 제도 도입, 그리고 자유 노조 허용 등을 요구했기 때문에 동맹에 대해 부정적인 입장이었다. 그러나 동독의 경제 여건은 갈수록 나빠졌다. 1986년에서 1988년 사이에 연평균 경제 성장률이 3~4%였으나, 1989년에는 2%로 떨어졌다. 그리고 1989년 한 해 동안 343,854명의 주민이 서독으로 넘어갔으며, 1990년에 들어서도 3월까지 3개월 동안의 이주민이 약 18만 5천 명이나 되었다. 1989년의 이주민 수는 1년 전인 1988년의 이주민 39,832명에 비하면 9배 가까이 늘어났다. 그 만큼 동독의 경제 사정이 크게 악화되었다.

무엇보다도 이주민 가운데는 능력이 있고, 한창 일할 젊은이들이 많은 것이 심각한 문제였다. 따라서 서독의 요구를 받아들이지 않을 경우 동독의 경제 상황은 더 악화되고 경제 파탄이 예상되기 때문에, 동독은 서독의 마르크와 경제 체제를 도입하기로 결정한 것이다.

동독 이주민 문제는 서독으로서도 큰 어려움이 아닐 수 없었다. 동독인이 계속 넘어올 경우 동독 경제가 더 악화되고, 이로 인해 이주민도 더 늘어나는 악순환이 계속될 것이기 때문이었다. 그리고 이주민 수용도 점점 어려워졌다. 따라서 서독은 동독 이주민을 억제하고, 동독을 정치적으로나 경제적으로 안정화시키기 위해 화폐와 경제 동맹을 제의한 것이다. 서독은 이주민의 증가나 동독 경제 붕괴 등 여러 상황을 고려하여, 점진적이고 단계적인 통합보다는 조속한 통일을 추진하기로 결정했다.

콜 수상과 드 메지에르 총리가 지켜보는 가운데 '화폐, 경제와 사회 동맹 조약'에 서명하는 동·서독 재무장관(1990. 5. 18, 본).

동독 신임 총리 드 메지에르는 4월 19일 인민 의회에서 통일에 관한 신정부의 입장을 밝혔다. 드 메지에르 총리는 서독 기본법 제23조에 의해 통일을 가능한 빨리 이룩하는 것이 신정부의 주요 정책임을 천명하고, 통일된 독일이 나토에 잔류해야 한다는 입장도 밝혔다. 그는 서독과의 화폐, 경제와 사회 동맹을 1990년 7월 1일까지 결성하되, 동독 마르크가 서독 마르크와 1:1로 교환되어야 한다고 주장했다. 그는 특히 임금, 보수, 연금과 개인 저축에 대해서는 1:1 교환을 요구했다. 또한 그는 통일을 위한 제반 여건은 이상적이고도 미래 지향적이어야 한다고 강조했다.

동독 신정부가 화폐, 경제와 사회 동맹을 7월 1일까지 실현하기로 결정함으로써 통일 일정은 더욱 구체화되고, 통일도 앞당겨지게 되었다.

동독 정부가 화폐 교환 비율을 1:1로 제의하자 서독 정부는 4월 23일 동독인들의 임금과 연금, 그리고 개인 저축의 경우 1인당 4천 동독 마르크까지는 1:1의 비율로, 그 이상은 동독 마르크와 서독 마르크를 2:1로 교환해 주기로 했다. 서독에서는 1:1의 교환이 물가를 오르게 하고 실업자를 늘어나게 하여 마르크화의 가치를 떨어뜨릴 것이라는 이유로 반대하는 사람이 많았다. 그러나 콜 수상은 동독인의 이익을 최대한 보장해 통일을 신속히 이룩해야 한다는 정치적 판단에서 이를 받아들였다.

콜 수상과 드 메지에르 총리는 4월 24일 본에서 회담을 갖고 화폐, 경제와 사회 동맹을 1990년 7월 1일을 기해 실시하기로 합의했다. 동독과 서독은 5월 2일 화폐 교환 비율을 연령에 따라 차이를 두는 등 세부 계획에 합의했다.

세부 계획이 합의되어 5월 18일에 본의 샤움부르크 궁에서 서독

바이겔Theodor Waigel 재무장관과 동독 롬베르크Walter Romberg 재무장관은 '화폐, 경제와 사회 동맹에 관한 국가 조약Staatsvertrag zur Wirtschaft, Wahrung-und Sozialunion'에 서명했다. 이 조약은 전문 6장, 7개의 부속문서와 공동 의정서로 구성되었으며, '국가 조약'으로 불린다. '국가 조약'은 6월 21일 서독과 동독 의회에서 비준되어 7월 1일 발효되었다.

서독과 동독은 '국가 조약' 전문前文에서 1989년 가을에 동독 시민에 의한 평화적이고 민주적인 혁명이 일어났음을 밝히고, 유럽의 평화 질서 안에서 자유롭게 통일을 이루기로 했다고 선언했다. 그리고 서독과 동독은 동독의 경제와 사회를 더욱 발전시키고, 동독 주민의 생활 여건을 개선하기 위해 동독에 사회적 시장 경제 제도를 도입하기로 했다고 밝혔다. 또한 서독과 동독은 화폐, 경제와 사회 동맹을 이룩함으로써 기본법 제23조에 따른 통일을 향한 중요한 발걸음을 내디뎠다고 평가했다.

화폐 동맹과 관련하여 1990년 7월 1일 서독 마르크(DM)를 단일 통화로 지정하고, 발권 은행은 서독 연방은행die Bundesbank이 맡기로 했다. 이로써 동독은 통화 정책에 관한 주권을 포기하게 되었다. 화폐 교환에서 순수 임금, 보수, 장학금, 임차료와 연금 등은 1:1의 비율로 교환하기로 했다. 개인 저축은 처음에 1인당 4천 동독 마르크까지 1:1로 교환해 주기로 하였으나, 나이에 따라 차등을 두기로 했다. 즉 14세 미만은 2천 동독 마르크까지, 15세 이상 59세 미만은 4천 동독 마르크까지, 그리고 60세 이상은 6천 동독 마르크까지 1:1로 교환해 주기로 했다.

이와 같이 나이에 따라 차등을 둔 것은 동독 정부의 요청으로 저축액이 많은 장년층을 배려하기 위해서였다. 그외에는 원칙적으로 동독 마르크와 서독 마르크의 교환 비율을 2:1로 했다. 화폐 교환 대상은 동독에 거주하거나 주소를 둔 주민들과 기관들에만 적용되며 은행을 통해서 하기로 했다. 1990년 6월 30일 현재 동독 금융 기관에 예금된 1,847억 동독 마르크는 1,228억 서독 마르크로 환전되었다.

경제 동맹의 기본 원칙은 단일 경제 체제로서의 사회적 시장 경제 제도이다. 동독은 이를 토대로 개인 소유권, 경쟁과 자유 가격 제도를 실시하며 노동, 자본, 상품과 용역의 자유로운 이동을 보장하기로 했다. 내독 무역과 관련하여 1951년 9월 20일에 체결된 '베를린 협정'을 화폐와 경제 동맹에 맞게 조정하며, 서독 마르크(DM)로 결제를 하고 차관의 결산 잔고를 조정하기로 했다. 그리고 통관과 관련한 통제를 폐지하기로 했다.

대외 경제에서 동독이 가트(GATT)의 무역 원칙을 존중하고, 유럽 경제 공동체(EC)의 관할권을 준수하면서 동·서독이 긴밀하게 협의하기로 했다. 또한 국영 기업을 가능한 한 신속히 민영화하여 기업의 생산성을 높이기로 했다. 그리고 동독은 농업 및 식량 부분과 관련된 유럽 경제 공동체의 규정을 적용하고, 환경 보호를 위해 가능한 조속히 서독의 환경 관련 규정을 도입하기로 했다.

사회 동맹과 관련해서 동독은 결사의 자유, 임금 협상의 독립 등 시장 경제 원칙에 맞는 경제 원칙을 채택하고, 연금, 의료 보험, 사고 보험, 그리고 실업 보험 등 서독의 사회 복지 제도와 유사한 제도를 도입하기로 했다. 그리고 서독은 동독의 예산 적자를 보충해 주기 위해 1990년 하반기에 220억 마르크를, 1991년에는 350억 마르크를 원조해 주기로 합의했다.

이외에도 콜 수상과 드 메지에르 총리는 통일 비용을 마련하기 위해 1994년까지 1,150억 마르크의 통일 기금을 조성하기로 합의 했다. 이를 위해 서독은 연방 예산에서 200억 마르크를 절감하고, 남은 950억 마르크는 차관으로 충당하되 연방 정부와 주정부가 공동으로 부담하기로 했다. 콜 수상은 '국가 조약'에 통일되고 자유로운 독일에서 공동의 미래를 향해 가는 모든 독일인들의 의사를 담았으며, 이 조약으로 말미암아 통일에 결정적인 발걸음을 내디뎠다고 평가했다.

'국가 조약'이 체결되어 동독은 사회주의 체제에서 자유 민주주의 체제로 옮겨가기 위한 제도적 장치가 마련되었다. 이 조약에 의해 동독이 경제와 화폐 주권의 대부분을 서독에게 넘겨줌으로써 서독과 동독은 통일이라는 정치 통합에 앞서 완전한 경제 통합을 이루게 되었다. 이 조약은 기본법 제23조에 따른 통일을 향한 의미 있는 첫 걸음이었다. 또한 경제 분야의 통합을 기초로 하여 정치 분야의 통합도 앞당길 수 있게 되었다.

대외 문제의 해결 : 2+4 조약

동·서독 주민의 자유 왕래, 동독의 자유 총선, 국가 조약 체결 등 동·서독은 통일에 따른 내부적인 문제를 하나씩 해결해 나갔다. 그러나 독일 통일에는 분단 당사국인 서독과 동독의 합의 이외에 미국, 영국, 소련 및 프랑스 4국의 동의가 필요했다. 이들 4국은 1945년 8월의 포츠담 협정에 의해 '베를린과 전독일에 대한 권한과 책임'을 갖고 있기 때문이었다. 또한 독일 통일이 유럽의 안보나 평화 문제와 관련이 있기 때문에 통일된 독일의 군사 동맹 문제와 국경선 문제 등이 해결되어야 했다. 따라서 통일에 따른 이러한 대외 문제를 다룰 기구가 필요했다.

동·서독 및 4국 외무장관들은 1990년 2월 13일 캐나다 오타와에서 열린 유럽 안보 협력 회의(CSCE) 외무장관 회담에서 독일 통일에 따른 주변국의 안보 문제를 포함한 대외 문제를 협의할 기구를 구성하기로 합의했다. 이 6개국 외무장관 회담이 바로 독일 통일과 관련한 '대외 문제'를 협의하기 위한 '2+4 회담'이다.

즉 통일과 관련한 '내부 문제'인 헌법 문제, 화폐와 경제 동맹 문제, 그리고 사회 문제 등을 포함한 국가 형태는 독일이 결정할 사항으로 오로지 서독과 동독이 협의하여 해결하기로 했다. 그러나 이웃 나라의 안전 보장과 국경선 문제 등 통일에 따른 '대외 문제'는 서독과 동독이 독일 분단 책임 당사국인 4국과 협의하여 해결하기로 했다.

서독은 서방 3국과 체결한 1954년의 '파리 조약'에서 주권 국가로 인정받았다. 그러나 소련이 전독일에 대한 점령권이 계속 유효하다고 주장하고 있어 서독과 동독이 통일이 되기 위해서는 소련으로부터 완전한 주권 회복이 필요했다. 그리고 4개국의 '베를린과 전독일에 대한 권한과 책임'이 해제되어야 했다. '2+4 회담'은 이러한 독일 문제를 종결짓기 위해 특수한 방식으로 채택된 회담이었다. '2+4 회담'은 베이커 미 국무장관과 겐셔 서독 외무장관의 사전 합의에 의해 소련 등 관련 당사국을 설득하여 이루어졌다.

'2+4 회담'의 구성은 서독이나 동독에게 큰 의의가 있다. 첫째로 서독이나 동독이 과거와 같이 미국, 영국, 소련 및 프랑스 4국의 합의나 결정 사항에 일방적으로 따르는 것이 아니고 함께 협의하기로 한 점이다. 둘째로 이들 4개국과 협의할 내용도 독일의 통일과 관련한 '대외적인' 문제로 제한하기로 한 점이다. 이로써 베를린 장벽이 개방된 지 3개월 만에 통일을 위한 유리한 국제적 환경이 마련되었다.

한편 바르샤바 조약 기구 외무장관들은 1990년 3월 18일 프라하에서 회담을 갖고 독일 통일은 독일 민족의 일이라며, 통일에 대한 독일 민족의 권리를 인정했다. 그러면서도 그들은 독일 통일은 유럽의 통합이라는 테두리 안에서 이루어져야 한다고 강조했다. 이 회담에서 소련은 통일된 독일의 중립을 주장하였으나, 헝가리, 체코슬로바키아와 폴란드는 통일된 독일이 나토(NATO) 회원국으로 남는 것이 바람직하다고 했다. 유럽 경제 공동체 정상들은 4월 28일 아일랜드의 더블린에서 회담을 갖고, 진행되고 있는 독일 통일 과정을 지지했다.

'2+4 회담'의 제1차 회담은 1990년 5월 5일 서독 본에서 열렸다. 서방측은 독일 통일이 나토의 테두리 안에서 이루어지고, 통일된 독일이 나토에 잔류해야 한다고 제의했다. 이와는 달리 소련 외무장관 세바르드나제는 통일된 독일이 군사적으로 중립을 유지해야 한다고 주장했다. 또한 그는 대외적인 문제의 최종 해결을 미루고, 우선 임시적인 해결을 하자고 제의했다. 세바르드나제의 제의는 4국이 독일이 통일된 이후에도 독일에 대해 일정 기간 동안 권한을 행사하겠다는 것을 의미했다. 그러나 서방측은 이를 받아들이지 않았다.

겐셔 외무장관은 서독과 동독은 자결권과 동등권을 바탕으로 통일을 이룩할 것이며, 독일 통일이 이웃 나라에 전혀 위협이 되지 않을 것임을 강조했다. 이 회담에서 6개국 외무장관들은 통일에 관해 스스로 결정할 수 있는 독일인들의 권리가 존중되어야 하고, 통일된 독일의 동부 국경선이 국제법적으로 구속력 있는 형태로 확정되어야 한다는 데 의견을 모았다. 제1차 회담에서 4개의 의제가 정해졌다. 즉 국경선 문제, 유럽의 안보 구조를 고려한 정치·군사적인 문제, 베를린 문제, 그리고 4국의 권리와 책임의 해제 등이다. 그리고 1990년 9월까지 대강의 회담 일정이 정해졌다.

제2차 회담은 6월 22일 동베를린에서 열렸다. 이 회담에서 소련 세바르드나제 장관은 독일이 통일된 후에도 5년의 과도기 동안에 4국의 권한이 유지되고, 베를린에서 4국 군대가 철수하며, 나토와 바르샤바 조약 기구는 상대방의 영역에서 활동하지 않을 것을 제의했다. 그러나 동독 외무장관 메켈Markus Meckel은 동·서독과 서방 측을 대표하여 독일이 통일되면 독일이나 유럽과 관련하여 어떠한 미결 문제도 남아서는 안 된다며 소련의 제외를 반대했다.

또한 6개국 외무장관들은 2+4 회담 결과 보고서를 1990년 11월 파리에서 열릴 예정인 유럽 안보 협력 회의(CSCE) 정상 회담에 제출하기 위해 1990년 가을까지 '대외 문제'를 해결하기로 합의했다. 6월 22일 6개국 외무장관이 참석한 가운데 연합국 찰리 검문소가 철거되었다. 서베를린과 동베를린 경계선에 세워진 찰리 검문소는 분단 기간에 많은 외국인들이 이곳을 통해 동독을 오갔던 검문소였다.

한편 나토 회원국 정상들은 1990년 7월 6일 런던에서 열린 회담에서 "나토는 결코 어떠한 상황에서도 먼저 무력을 사용하지 않을 것임"을 선언했다. 나토 정상들의 이 선언은 통일된 독일의 나토 잔류에 불안해하는 소련이 독일 통일에 제동을 걸자, 이러한 소련의 기도를 차단하기 위해 나온 것이다.

'2+4 회담'이 잘 마무리되고 통일이 순조롭게 이루어지기 위해서는 어느 나라보다도 소련의 지지와 협조가 절대적으로 필요했다. 따라서 서독 정부는 처음부터 소련을 거스르지 않게 조심스럽게 통일 작업을 추진했다. 이렇게 하는 것만이 통일을 이룰 수 있기 때문이었다. 물론 지난 2월 콜 수상의 소련 방문시 고르바초프 대통령은 독일 통일에 대해 원칙적으로 찬성한다는 입장을 표명했다. 그러나 소련은 통일을 인정하면서도 통일된 독일의 나토 잔류를 반대하는 입장이었다. 서독은 이제 중요한 문제인 통일된 독일의 군사 동맹 잔류 문제를 해결하고, 소련의 확고한 지지와 협조를 받을 필요가 있었다.

콜 수상은 겐셔 외무장관과 바이겔 재무장관을 대동하고 소련을 재차 방문하여 7월 15~16일에 걸쳐 고르바초프 대통령과 통일에 따른 대외적인 문제를 협의했다. 회담은 모스크바와 고르바초프의 고향인 코카서스Kaukasus에서 열렸다. 코카서스 회담에서는 통일된 독일의 나토 잔류 문제와 동독 주둔 소련군 문제 등이 논의되었다.

이 회담에서 고르바초프는 "통일된 독일이 어떠한 군사 동맹 기구에 속할지는 통일된 독일이 스스로, 자유롭게 결정할 수 있다"는 입장을 밝혔다. 그리고 그는 통일된 독일이 나토 회원국이 되는 데 반대하지 않는다고 했다. 또한 고르바초프와 콜은 통일이 되면 전승 4국의 '베를린과 전독일에 대한 권한과 책임'이 끝나고, 독일은 통일과 동시에 완전한 주권을 보유하며, 동독 주둔 소련군은 3~4년 안에 철수한다는 데 합의했다. 소련이 통일된 독일의 나토 잔류를 허용함으로써 통일을 가로막고 있는 장애가 제거되었다.

소련은 독일 통일의 전제 조건으로 몇 가지를 요구했다. 소련의 요구로 통일된 독일은 핵무기와 생화학 무기의 제조나 보유를 포기하고, 오데르-나이세 강 선이 독일과 폴란드의 국경선임을 승인하기로 했다. 그리고 통일된 독일은 병력을 3~4년 안에 37만 명으로 줄이고, 동독 주둔 소련군의 철수 비용을 부담하기로 했다. 또한 서독은 소련에게 150억 마르크를 지원하기로 했다.

소련은 동·서독 사이에 이미 화폐와 경제 통합이 이루어져 동독의 붕괴가 임박한 상황에서 통일을 더 이상 막을 명분이 없는 데다가 소련의 심각한 경제난을 타개하기 위해 통일에 동의했다. 이제 소련의 지지로 통일을 가로막고 있던 대외적인 문제가 해결되었다. 대외적인 문제가 해결되어 앞으로 '2+4 회담'은 큰 어려움 없이 진전될 수 있었다.

'2+4 회담'의 제3차 회담은 7월 17일 파리에서 열렸다. 이 회담에서는 독일과 폴란드의 국경선 문제가 주로 다루어졌기 때문에 6개국 외무장관 이외에 스쿠비체프스키Krysztof Skubiszewski 폴란드 외무장관도 참석했다. 서독과 동독 의회가 6월 21일에 통일된 독일과 폴란드의 국경선으로 오데르-나이세 강 선을 인정함으로써독일과 폴란드의 국경선 문제는 이미 해결된 상태였다.

이 회담에서는 통일된 독일과 폴란드의 국경선인 오데르-나이세 강 선 문제와 관련하여, 통일 후 새로 구성될 독일 정부가 가능한 한 빠른 시일 안에 폴란드와 국경 조약을 체결하여 이 선을 승인하기로 했다. 그리고 통일된 독일의 영토는 현재의 서독과 동독, 그리고 베를린으로 하며 독일은 통일 후 어떠한 영토적 요구도 하

독일 통일에 대한 소련의 확고한 지지를 약속한 코카서스 회담.
오른쪽부터 콜 수상, 고르바초프 소련 대통령, 겐셔 장관. 뒤편에 세바르드나제
소련 외무장관과 바이겔 재무장관(1990. 7. 15, 코카서스).

지 않기로 하는 등 독일 국경에 관한 5대 원칙이 채택되었다. 폴란드로서는 오데르-나이세 강 선이 통일된 독일과의 국경선으로 확정되는 것이 오랜 염원이었는데 이로써 국경선 문제가 해결되었다.

마지막 제4차 회담은 9월 12일 모스크바에서 열렸다. 그동안 세 차례의 회담과 콜 수상의 소련 방문으로 대외적인 문제가 모두 해결되어 이번 회담에서 '독일과 관련한 종료 규정에 관한 조약'(2+4 조약)이 서명되었다. 고르바초프 대통령이 참석한 가운데 미국 베이커 국무장관, 영국 허드Douglas Hurd, 소련 세바르드나제Eduard Schewardnadse, 프랑스 듀마Roland Dumas, 서독 겐셔 외무장관, 그리고 동독 드 메지에르 총리가 이 조약에 서명했다. 드 메지에르 총리가 서명한 이유는 메켈 외무장관이 8월 19일 사임한 관계로 드 메지에르가 외무장관직을 겸하고 있기 때문이었다.

'2+4 조약'에서 6개국은 독일 민족이 자유로운 결정으로 통일을 이룩하고, 독일은 통일과 동시에 완전한 주권을 갖도록 했다. 제1조에서 통일된 독일은 동독, 서독과 베를린으로 구성되며, 통일된 독일의 외부 국경선은 현재의 동독과 서독의 국경선이며, 독일과 폴란드는 추후 국제법적으로 구속력 있는 국경 조약을 체결하기로 했다. 제2조에서 서독과 동독 정부는 독일 영토에서는 평화만이 깃들어야 함을 강조했다.

제3조에서 독일은 핵무기와 생화학 무기를 제조하거나 보유하지 않고, 군 병력을 3~4년 안에 37만 명으로 감축하기로 했다. 제4조에서 동독 지역에 주둔하고 있는 소련군의 체류 조건과 체류 기간에 관련하여 통일된 독일이 소련과 협의하여 1994년 말까지 결정하기로 했다. 제5조에서 소련군이 동독에서 완전히 철수하는 1994년 말까지 나토 병력을 동독 지역에 주둔시키지 않기로 했다.

독일 통일에 따른 대외 문제를 규정한 '2+4 조약'에 서명하는 겐셔 장관,
드 메지에르 동독 총리와 4개국 외무장관(1990. 9. 12, 모스크바).

제6조에서 통일된 독일이 동맹에 가담할 권한은 이 조약에 저촉되지 않는다고 했다. 제7조에서 미국, 영국, 소련, 프랑스의 4국은 '베를린과 전독일에 대한 권한과 책임'이 종료되고, 이에 따라 통일된 독일은 '내부 문제'는 물론 '대외 문제'에서도 완전한 주권을 갖는다고 했다.

'2+4 조약'이 체결됨으로써 1990년 2월 오타와에서 '2+4 회담'을 갖기로 합의한 지 불과 7개월 만에 독일 통일에 따른 '대외 문제'가 모두 해결되었다. 이제 통일을 가로막는 대외적인 걸림돌이 모두 제거되어 독일은 대내외적으로 완전한 주권을 되찾게 되었다.

선거 조약과 통일 조약

'화폐, 경제와 사회 동맹 조약'이 발효되고, 2+4 회담이 순조롭게 진행되자 통일 시기가 주요 관심사가 되었다. 통일 시기는 통일 후에 있을 첫 총선거와도 밀접히 관련되었다. 통일 후의 총선 방식은 서독과 동독 모든 정당들의 주요 관심사였다.

통일 후의 총선 방식과 관련하여 서독 사민당(SPD)은 연방 하원의 의석을 배정받기 위해서는 최소한 5%의 득표율을 얻어야 한다는 '5% 조항' 도입을 주장했다. 이렇게 함으로써 동독 민사당(PDS)이나 독일 사회당(DSU)의 연방 하원 진출을 저지할 수 있기 때문이었다. 자민당(FDP)도 사민당 안에 동조했다. 그러나 서독 기민당(CDU)과 기사당(CSU)은 동독 자매 정당의 의회 진출을 위해 '5% 조항' 도입을 반대했다.

또한 민사당 등 동독에서 새로 결성된 정당들도 '5% 조항'의 도입을 강력히 반대했다. 동독 정당들은 서독 지역에서 득표가 어렵기 때문에 연방 하원 진출에 필요한 5% 이상의 득표를 위해서는 동독 지역에서만 24% 이상의 득표를 얻어야 하기 때문이었다. 이와 같이 총선 방식에 대해 동독과 서독 정당들의 입장이 달랐다. 이러한 상황에서 동독 인민 의회는 1990년 7월 22일 서독에게 선거 조약 체결을 요구하는 결의를 채택하여 동·서독은 협상에 들어갔다.

동·서독은 쟁점이 되었던 '5% 조항'은 그대로 두고, 의원 정수를 518명에서 656명으로 늘리며, 총선거를 12월 2일에 실시한다는 내용의 '선거 조약'에 합의했다. 선거 조약은 8월 3일 서명되었다. 8월 22일 동독 인민 의회는 선거 조약을 찬성 295표, 반대 90표, 기권 2표로 의결했다. 서독 의회도 8월 23일 선거 조약을 의결했다.

그러나 민사당(PDS) 등 동독 지역 정당들은 '5% 조항'이 동독 지역 정당들에게 불리하게 작용한다면서 연방 헌법 재판소에 위헌 제소했다. 이에 대해 연방 헌법 재판소는 9월 29일 선거 조약이 기본법에 위반된다고 판결하면서, 서독과 동독을 따로 나누어 동독 정당들은 동독 유권자들의 5% 지지만 얻어도 의석을 배분해 주는 방안을 제시했다. 연방 헌법 재판소의 위헌 판결에 따라 10월 5일 연방 하원은 '5% 조항'을 동독 지역과 서독 지역을 분리하여 적용하는 선거법을 채택했다.

이제 통일이 다가오면서 수도首都 문제, 재산권 문제 및 낙태 관련 규정 등 통일에 따른 여러 문제를 해결하기 위한 조약이 체결되어야 했다. 이 조약을 '통일 조약'이라고 하는데, 이 이름은 드 메지에르 총리가 동독의 서독 가입에 관한 조약은 제2의 '국가 조약'이 아닌 '통일 조약'이어야 한다고 제의하여 채택되었다.

'통일 조약' 회담에는 서독측에서는 볼프강 쇼이블레Wolfgang Schäuble 내무장관을, 동독측에서는 귄터 크라우제Günther Krause 정무차관을 각각 수석 대표로 하여 각 50명씩 총 100명이 참여했다. 서독에는 통일 문제를 다루는 '내독 관계부'가 있었으나, 내무부가 통일 조약 협상을 주도했다. 그 이유는 서독과 동독의 수많은 법률이 다루어지는 통일 조약을 내독 관계부가 감당하기가 어려웠기 때문이었다.

제1차 회담은 1990년 7월 6일 동베를린에서 열렸다. 서독은 공식적인 제안이 없이 회담에 임했다. 왜냐하면 서독으로서는 동독이 제의한 내용을 협의할 수밖에 없기 때문이었다. 그러나 서독은 이미 1990년 2월부터 통일 작업을 하여 왔고, 5월 29일에는 쇼이블레 장관이 동독 대표 크라우제로부터 통일로 인해 동독이 염려하는 내용이 담긴 메모를 전달받았기 때문에 협의할 주요 내용을 파악하고 있었다. 이 회담은 8월 30일까지 동베를린과 본을 오가며 4차례 열렸다. '통일 조약' 협의 과정에서 동독은 특히 통일된 독일의 수도首都 결정, 재산권 문제, 그리고 낙태 관련 규정에 관해 많은 요구를 했다.

수도 소재지와 관련하여 동독은 베를린이 통일된 독일의 수도뿐만 아니라 행정부와 의회의 소재지가 되어야 한다고 주장했다. 그러나 서독은 동독의 요구를 전부 들어줄 수 없었다. 왜냐하면 베를린이 수도가 되고, 행정부와 의회의 소재지까지 되면 지방 분권이나 주의 권한이 약화될 것을 우려하여 일부 서독 주들이 반대하기 때문이었다. 서독 주가 반대하면 연방 상원에서 '통일 조약' 통과가 불투명했다. 따라서 쇼이블레 장관은 수도는 베를린으로 정하되, 의회와 행정부의 소재지는 통일 후 새로 구성될 의회에서 결정하자고 제의하여 이 문제를 해결했다.

재산권과 관련해서도 많은 논란이 있었다. 특히 1945년부터 1949년까지의 점령 기간에 소련 점령 당국에 의해 몰수된 동독 지역 재산의 처리 문제가 어려웠다. 동독 지역에 갖고 있던 토지나 건물 등 재산을 몰수당한 서독인들은 재산을 되찾고자 했다. 그러나 동독 정부는 동독인들이 취득한 재산을 보호하려고 했다. 또한 소련 정부도 독일의 법원이나 어떠한 기관도 점령 기간의 몰수 조치에 대해 무효로 할 수 없음을 분명히 했다.

재산권 문제 해결이 쉽지 않자 서독과 동독은 재산권 처리에 관한 기준을 마련했다. 즉 서독과 동독은 1990년 6월 15일 공동 성명을 통해 "소련 점령 기간에 몰수된 재산에 대해서는 반환하지 않기로 하고, 세부적인 문제는 통일 후 새로 구성될 의회가 해결"하기로 했다. 그리고 일반 재산에 관해서는 '보상에 앞서 반환' 원칙을 적용하기로 했다. 이 공동 성명은 '통일 조약'에 그대로 반영되었다. 이후 원소유자들은 '통일 조약'의 재산권 규정, 즉 공동 성명 내용이 기본법에 위배된다고 위헌 제소했다. 그러나 연방 헌법재판소는 1991년 4월 23일 이 규정이 기본법에 위배되지 않는다고 판결했다.

낙태 관련 규정에 관해서도 많은 논란이 있었다. 낙태 규정에 관한 동·서독의 입장이 크게 달라 '통일 조약'이 무산될 뻔 했다. 서독 형법 제218조는 특별한 경우 이외의 낙태를 처벌하도록 규정하고 있는 데 반해, 동독에서는 서독과 달리 임신 3개월 이내에는 자유롭게 낙태를 할 수 있었다. 따라서 드 메지에르 총리는 협상 초기부터 '통일 조약'이 동독 의회에서 비준되기 위해서는 이 법이 동독 지역에 바로 적용되지 않아야 한다고 주장했다. 오랜 협의 끝에 서독과 동독은 새로운 법이 제정될 때까지 '거주지 원칙'에 따라 서독 지역 거주자에게는 서독 법을 적용하고, 동독 지역 거주자에게는 기존의 동독 규정을 적용하기로 했다.

그러나 '통일 조약'을 가서명하려던 8월 24일 갑자기 서독의 자민당은 이미 합의한 '거주지 원칙'을 반대하고, 사민당과 같이 '행위지 원칙'을 주장했다. 결국 기민/기사당도 '거주지 원칙'을 포기했다. 결국, 서독과 동독은 통일 후인 1992년 12월 31일까지 낙태에 관한 적절한 단일 규정을 마련하기로 합의했다.

이외에도 동독의 국가 안전부인 쉬타시 문서에 관해서도 많은 논란이 있었는데, 쉬타시 문서는 동독에 두기로 했다.

이와 같이 '통일 조약' 협상에는 어려움이 많았다. 서독으로서 어렵고, 복잡했던 것은 동독과의 협상이 아니라 서독 내부의 협의 과정이었다. 쇼이블레 장관은 "동독과의 협상보다도 소속 정당인 기민당이나 야당, 그리고 이익 집단을 이해시키고 이들의 지지를 얻는 서독 안의 협의 과정이 더 어려웠다"고 회고했다.

1990년 8월 31일 쇼이블레 내무장관과 동독의 크라우제 총리실 정무차관이 동베를린에서 '통일 조약Einigungsvertrag'에 서명했다. '통일 조약'의 정식 명칭은 '독일 통일 완수에 관한 독일 연방 공화국과 독일 민주 공화국 간의 조약'이나 일반적으로 '통일 조약'이라고 한다.

드 메지에르 총리는 조약 서명식에서 "이 조약은 민주주의의 성공이며, 이 조약 체결로 경제 번영의 모든 꿈이 곧바로 이루어지는

통일 조약에 서명하는 쇼이블레 내무장관(왼쪽)과 크라우제 동독 총리실
정무차관(1990. 8. 31, 동베를린).

것은 아니지만 우리는 올바른 길로 가고 있다"고 의미를 부여했다. 또한 쇼이블레 장관도 "지난 수십 년 동안의 공산주의의 계획 경제와 이로 인한 결과가 하룻밤 사이에 없어지지 않으며, 또한 이 조약을 체결했다고 해서 내일 당장 모든 것이 좋아질 수 없다"고 했다. 그는 이어 "우리는 오늘 동독과 서독으로 나뉘어져 있지만, 내일이면 우리 모두는 하나의 독일"임을 강조했다. 콜 수상은 통일 조약이 "최고의 역사적인 의의가 있는 문서"라고 평가했다.

'통일 조약'은 전문前文과 9장 45조의 본문, 그리고 의정서와 특별 규정으로 되어 있다. 전문에서 서독과 동독은 평화스럽고 자유스러운 가운데 자결권에 의해 통일을 이룩한다고 밝혔다. 또한 서독과 동독은 동·서독 국민들이 연방 국가에서 함께 살고, 독일 역사를 지키며, 독일 통일을 통해 유럽의 통합과 평화 질서에 기여하고자 노력할 것임을 명시했다. 또한 유럽 모든 국가의 국경선의 불가침과 영토의 신성함과 주권의 불가침이 평화를 위한 기본 조건임을 인식하여 이 조약을 체결한다고 밝혔다.

조약 제1조에서 브란덴부르크, 메클렌부르크-포아포메른, 작센-안할트, 작센, 그리고 튀링겐 주는 기본법 제23조에 따라 1990년 10월 3일자로 독일 연방 공화국의 주가 된다고 했다. 제2조에서 독일의 수도首都는 베를린이며, 의회와 정부의 소재지는 통일 후에 결정하기로 했다. 그리고 10월 3일이 독일 통일의 날로 정해졌다.

또한 서독과 동독은 '통일 조약'에서 기본법 전문의 일부를 개정하여, 기본법이 전독일 국민에게 적용됨을 밝혔다. 그리고 기본법 제23조를 삭제하고, 동독의 채무와 재산과 관련한 새로운 규정을 두고, 제146조를 개정하여 기본법은 전독일 국민의 자결권에 의한 헌법이 제정되면 효력을 잃는다고 했다. 동독 지역에 서독의 연방

법을 적용하기로 하고, 서독의 국제법상의 조약과 합의 사항은 계속 유효하나 동독이 체결한 국제법상의 조약의 이행 문제는 각 당사자 및 유럽 경제 공동체(EC)와 협의하여 결정하기로 했다. 이외에도 노동, 사회 보장, 가족과 여성, 보건, 환경 보호, 문화, 방송, 교육, 과학, 그리고 체육에 관한 합의가 이루어졌다.

'통일 조약'은 9월 20일에 서독 연방 하원에서 찬성 442, 반대 47, 기권 3으로, 같은 날 동독 인민 의회에서도 찬성 299, 반대 80, 기권 3으로, 즉 양구 모두 재적 의원 2/3 이상의 찬성으로 각각 의결되었다. '통일 조약'이 체결됨으로써 통일을 위한 내부적인 조치는 모두 끝났다.

독일 통일

동독이 기본법 제23조에 따라 서독으로 편입되어 통일이 되기 위해서는 다음 3가지 사항이 이루어져야 했다.

첫째, '통일 조약'이 서독과 동독 의회에서 비준되고,

둘째, '2+4 회담'에서 독일 통일에 따른 '대외 문제'가 해결되어야 하며,

셋째, 동독의 행정 구역Bezirk이 서독과 같이 주州로 변경되어야 했다.

행정 구역 변경을 위해 동독 정부는 1990년 7월 22일 메클렌부르크-포아포메른, 브란덴부르크, 작센-안할트, 작센, 그리고 튀링겐 등 5개 주를 10월 14일자로 부활하고, 같은 날 주의회 선거 실시

를 제의했다. 7월 22일 인민 의회는 14개 행정 구역을 주州로 변경하기 위한 주 도입법을 제정했다. 이 법에 의해 동독의 14개 행정 구역은 10월 14일을 기해 메클렌부르크-포아포메른, 브란덴부르크, 작센-안할트, 작센, 그리고 튀링겐의 5개 주로 바뀌게 되었다. 이 5개 주는 동독 공산 정권이 지배 체제를 강화하기 위해 1952년에 폐지했는데, 38년 만에 부활된 것이다.

'화폐, 경제와 사회 동맹 조약'이 발효되고, '2+4 회담'에서 대외적인 문제도 해결되어, 이제 통일 일자가 결정되어야 했다. 동독 정당들은 기본법 제23조에 의한 통일 원칙에는 의견이 일치하였으나, 그 시기에 관해서는 입장이 달랐다. 즉 동독 기민당은 12월 2일 총선을 실시한 후 통일을 선호한 반면, 사민당과 자민당은 우선 통일 후 단일 선거법에 의해 12월 2일 총선을 주장했다. 이와 같이 의견이 대립되었으나, 인민 의회는 8월 8일 주의회 선거가 실시되는 10월 14일을 동독이 서독에 편입되는 통일의 날로 결정했다.

그러나 인민 회의는 8월 23일 통일 일자를 다시 논의했다. 통일 일자는 4가지 안이 제시되었는데, 즉시 통일, 9월 15일(사민당), 10월 3일(녹색당), 그리고 10월 14일(기민당) 이었다. 결국 인민 의회는 8월 23일 새벽에 기민당, 사민당, 자민당, 그리고 독일 사회당의 공동 발의에 따라 1990년 10월 3일에 동독의 5개 주가 기본법 제23조에 의해 독일 연방 공화국에 편입하기로 의결했다.

통일 일자가 10월 3일로 결정된 배경에는 동독을 조속히 서독에 편입시켜 안정시키고, 10월 14일에 동독 지역 주의회 선거가 예정되어 있어 행정 공백을 줄이기 위해서였다. 또한 '2+4 회담' 결과가 10월 1~2일 뉴욕에서 개최되는 유럽 안보 협력회의(CSCE) 외무 장관 회담에서 채택될 예정이어서 통일 일자를 10월 3일로 정한 것이다.

콜 수상은 인민 의회의 통일 시기 결정을 환영하며, "이 날은 모든 독일인들의 기쁨의 날인 동시에 분단 기간 많은 사람들이 겪었던 고통을 기억해야 할 날이고, 독일 역사의 위대한 결정"이라며 높이 평가했다.

이제 동독의 행정 구역이 주로 변경될 것이고, '2+4 회담'도 종료되고, '통일 조약'도 체결되어 통일을 위한 모든 준비가 끝났다. 동독은 통일을 위한 마지막 조치들을 취했다.

동독은 9월 24일 바르샤바 조약 기구를 탈퇴하고, 9월 25일에는 인민 의회 의장이며 국가 원수인 베르크만-폴Sabine Bergmann-Pohl이 동독 주재 외교단을 마지막으로 접견했다. 이 자리에서 외교단장인 아클 레바논 대사는 "모든 대사가 한꺼번에 주재국 국가 원수에게 작별 인사를 하는 일은 역사에서 한 번 있는 일"이라며 그 의미를 부여했다. 9월 26일에는 마지막 각료 회의가 열렸다.

이어 10월 2일 인민 의회는 마지막 회의를 열어 동독 정부를 해산하고 동독의 소멸을 선언했다. 드 메지에르는 고별 연설에서 "우리는 하나의 민족이며, 이제 하나의 국가가 된다. 이는 큰 기쁨의 시간이며, 눈물 없는 이별"이라고 했다. 비록 동독이 사라지지만, 동독 주민들은 기쁨 속에 동독과 작별을 고했다.

대외적으로는 4국 외무장관과 서독 외무장관, 그리고 동독 교육부장관은 10월 1일 뉴욕에서 '2+4 조약'을 고려하여 독일 통일과 함께 4개국의 '베를린과 전독일에 대한 권한과 책임Rechte und Verantwortlichkeiten in bezug auf Berlin und Deutschland als Ganzes'이 중단된다고 선언했다. 이제 통일을 위한 모든 조치가 끝났다.

통일 기념식은 1990년 10월 2일 밤 11시 55분 제국 의회 의사당 앞에서 폰 바이체커 대통령, 콜 수상, 그리고 드 메지에르 총리 등을 비롯하여 약 100만 명의 시민이 참석한 가운데 열렸다. 독일 국가가 울려 퍼지고, 검정·빨강·노랑의 독일 국기도 올라갔다. 폰 바이체커 대통령은 "오늘 우리는 하나의 독일을 이룩했다"며 독일이 통일되었음을 선포했다.

이로써 독일은 1990년 10월 3일 0시를 기해 통일이 되었다. 콜 수상은 "오늘을 기해 독일 민족은 평화와 자유 속에 통일이 되었으며, 독일 영토에서 일어나 유럽과 전세계에 끔찍한 고통을 주었던 제2차 대전이 끝난 지 45년 만에 독일인들의 고통스럽던 분단은 끝이 났다."며 전세계에 독일이 통일되었음을 알렸다.

10월 4일 제국 의회 의사당에서는 인민 의회 의원 144명을 포함한 통일된 독일의 첫 연방 하원 회의가 열렸다. 콜 수상은 이 회의에서 미국, 영국, 프랑스, 소련의 4국 협력으로 통일을 할 수 있었다며, 특히 소련 고르바초프 대통령에게 고마움을 표시했다. 그는 또한 지난 20세기에 독일인들이 저지른 죄를 잊지 않으며, 과거를 인정함으로써 자유와 통일을 얻을 수 있었다고 말했다. 이어 그는 독일의 죄악과 어두운 역사로 고통을 받았던 여러 국가의 국민, 특히 유태인에게 사죄하고, 동독 재건을 위해 500억 마르크의 투자계획을 밝혔다.

드 메지에르 전 총리, 베르크만폴 전 인민 의회 의장 등 구동독 정치인 5명이 연방 정부의 무임소 장관으로 입각했다. 콜 정부는 12월 2일 총선까지 과도 정부가 되었다.

히틀러가 일으킨 전쟁으로 연합국의 점령 통치를 받고 분단되었던 독일은 이제 하나가 되었다. 이로써 독일이 전쟁에서 패한 지

독일은 제2차 세계 대전이 끝난 지 45년 만에 통일되었다.
1990년 10월 3일 0시 제국 의회 의사당 앞에서 열린 기념식(1990. 10. 3).

제국의회 의사당 앞에서 거행된 통일 기념 행사에 참석한 드 메지에르 총리,
바이체커 대통령, 콜 수상, 겐셔 외무장관(1990. 10. 3, 베를린).

통일 후 첫 연방 하원 회의(1990. 10. 4, 베를린).

45년 만에, 그리고 서독과 동독으로 분단된 지 41년 만에 독일은 하나가 된 것이다. 독일이 통일되어 면적은 35만 7천Km^2이며, 인구는 약 7천 9백만 명이 되었다.

독일이 이와 같이 빨리 통일될 줄은 서독의 정치인은 물론 전세계의 독일 전문가들조차 예측하지 못했던 일이다. 동독의 정치 체제만을 고려해 볼 때, 동독의 체제는 상당 기간 지속될 것으로 생각되었기 때문이다. 독일의 통일이 가능하게 된 배경에는 다음과 같은 점이 크게 작용했다.

첫째, 독일이 비록 전쟁 도발에 대한 책임으로 4국에 의해 분단되었으나 동·서독 사이에 전쟁은 없었다. 따라서 동·서독 사이에 이념과 체제의 차이에도 불구하고 뿌리 깊은 적대감이 없었기 때문에 분단 기간 중에도 대화와 교류가 가능했다.

둘째, 빌리 브란트가 추진한 새로운 동방 정책에 힘입은 바 크다. 특히 1972년에 체결한 기본 조약을 토대로 동·서독 사이에 인적 교류, 문화 교류, 우편과 통신 교류, 그리고 내독 무역 등 여러 분야에서 폭넓은 교류가 이루어졌다. 동·서독의 대화와 교류는 통일의 큰 밑거름이 되었다.

셋째, 서독의 강한 경제력과 성숙한 민주주의다. 서독은 경제 성장과 민주주의를 바탕으로 국력에서 동독을 훨씬 앞섰다. 따라서 동독인들 스스로가 사회주의 체제를 버리고 서독의 정치·경제 체제를 받아들였다. 즉 더 나은 생활에 대한 동독 주민의 갈망이 공산주의의 이념과 체제를 압도한 것이었다. 이 점이 바로 독일 통일이 서독의 주도로 이루어지게 된 가장 중요한 이유라고 할 수 있다.

넷째, 독일 통일에 대한 미국의 확고한 지지와 콜 수상의 외교력이다. 소련 고르바초프 서기장의 개혁·개방 정책으로 동유럽이 변화하고, 동독에도 자유선거를 실시하는 민주 혁명이 일어났다. 콜 수상은 이러한 변화를 통일로 연결지었다. 독일 통일에는 무엇보다도 미국의 확고한 지지가 결정적이었다. 콜 수상은 미국의 지지에 힘입어 통일에 반대하던 소련과 주변국의 지지를 얻을 수 있었다.

12월 2일 통일 후 처음으로 제12대 연방 하원 선거가 실시되었다. 사민당은 자르란트 주수상 겸 부대표인 라퐁텐Oskar Lafontaine을 수상 후보로 내세워 집권하고자 노력했다. 선거 결과 기민당이 36.7%, 기사당이 7.1%를 얻어 기민/기사당이 43.8%를 얻어 제1당이 되었다. 사민당은 33.5%를 얻는 데 그쳐 정권 교체에 실패했다. 자민당은 역대 선거에서 가장 높은 11.0%의 지지를 얻었다. 서독의 녹색당은 3.8%를 얻어 연방 하원 진출이 좌절되었다.

동독의 정당에서 민사당은 2.4%를, 녹색 자유 연합Bündnis 90/Grüne은 1.2%를 각각 얻었으나, 동독 지역에서는 11.1%와 6.1%를 얻었다. 동독 지역의 정당은 '5% 조항'을 별도로 적용하기로 한 '선거 조약'에 따라 민사당은 17석을, 녹색 자유 연합은 8석을 각각 얻었다.

1991년 1월 17일 콜이 다시 연방 수상으로 선출된 데 이어 신정부가 구성됨으로써 독일 통일이 완성되었다. 그러나 콜 정부에게는 시급히 해결할 과제가 있었다. 그 과제는 막대한 비용이 소요되는 통일 비용 조달, 동독 주둔 소련군 철수 문제, 동독 정권의 불법 행위에 대한 과거 청산 문제, 동·서독 주민의 이질감 해소, 구동독 지역의 경제 부흥, 구동독 주민의 실업 문제 해결 등이었다.

제11장 독일 통합 과정

통일에 따른 문제

독일 국민은 45년의 고통스런 분단을 겪은 후 1990년 10월 3일 자유로운 자결권 행사를 통해 평화적으로 통일을 이룩했다. 통일이 됨으로써 독일 전역에 민주적 법치 국가의 원칙과 기본법에 보장되어 있는 기본권이 적용되었다. 지난 45년간 서독은 자유 민주주의와 시장 경제 체제를, 동독은 공산 독재와 계획 경제 체제를 각각 유지하여 왔기 때문에 통합 과정에서 발생한 여러 문제들을 해결하는 데 어려움이 많았다. 통일 이후 외교·안보, 헌법·행정, 동독 정권이 자행한 불법 행위에 대한 과거 청산, 시장 경제로의 경제 통합과 파산 상태인 동독 지역의 경제 재건, 그리고 사회 분야 등 여러 분야에서 해결할 일이 많았다.

외교·안보 분야에서는 동독 주둔 소련군의 철수 문제, 동독이 제3국과 체결한 조약의 처리 문제, 그리고 서독 연방군과 동독 인민군의 통합 문제 등이 있었다. 헌법과 행정 분야에서는 기본법 개정, 연방 정부와 연방 하원의 베를린 이전 문제를 비롯하여 동독 공공 기관 근무자의 처리 문제가 있었다. 동독 공산 독재 정권의 과거 청산 분야에서는 공산 정권에 의해 피해를 당한 주민들이 복권되고 피해 보상도 이루어져야 했다. 또한 법치 국가의 기본 원칙을 위반하고 인간의 기본권을 억압한 동독 집권층이 처벌되어야 했다. 그리고 점령 당국과 동독 정권에 의해 보상 없이 강제로 몰수당한 토지나 건물 등 재산의 소유권 문제도 해결해야 했다.

경제적으로 동독은 통일 전인 1989년 가을에 이미 파산 상태에 있었기 때문에 국가로서 더 이상 유지하기 어려웠다. 따라서 파산 상태인 동독 경제의 재건, 통일 비용 조성, 경쟁력이 없어진 동독 국유 기업의 사유화 문제가 있었다.

사회적으로는 국유 기업의 사유화 과정에서 발생한 실업자 해결, 동독의 사회 보험 제도 확대 개편, 극심하게 오염된 동독 지역의 환경 개선 등의 문제가 있었다. 그리고 무엇보다도 분단으로 인해 45년간 떨어져 살아온 서독 주민과 동독 주민의 내적인 통합이 중요했다.

서로 다른 체제에 있던 서독과 동독이 통일됨에 따라 발생할 수밖에 없는 이러한 문제를 해결하는 것은 쉬운 일이 아니었다. 헬무트 콜 수상은 통일 전날인 1990년 10월 2일 "누구나 알고 있듯이 우리 앞에 어려운 과정이 놓여 있으나, 우리는 이 길을 함께 가고자 하며, 우리가 함께 나아가며 희생할 용의가 있다면, 우리는 성공할 가능성이 있습니다"라며 통일 이후의 어려움을 극복하기 위해 희생이 불가피함을 강조했다.

통일 이후 발생한 문제들 가운데 동·서독군의 통합, 동독 주둔 소련군의 철수를 비롯하여 연방 하원과 연방 정부의 베를린 이전 등 현재 완료된 사업도 있으나, 동독 지역의 경제 재건, 실업자 감축 및 내적인 통합 등은 계속되고 있다. 통일 이후 이러한 문제들이 어떻게 처리되었고, 또 처리되고 있는지를 각 분야별로 알아본다.

외교와 안보 문제

독일의 주권 회복 통일에 따른 대외적인 문제를 다룬 '독일 관련 최종 처리에 관한 조약'(2+4 조약)이 1990년 9월 12일 서명되었다. '2+4 조약'(제7조)에서 미국, 영국, 프랑스, 소련의 4국은 '베를린과 전독일에 대한 4국의 권한과 책임'을 종결하여 통일된 독일이 대내외 관계에서 완전한 주권을 갖는다고 확인했다. 이외에도 '2+4 조약'은 통일된 독일의 국경선, 군 병력 규모, 동독 주둔 소련군의 철수, 동맹 체제 소속에 관한 독일의 자유 재량권 등에 관한 사항도 규정했다.

그러나 독일의 완전한 주권을 인정한 '2+4 조약'은 통일이 되는 1990년 10월 3일까지 비준될 시간적 여유가 없었다. 이러한 점을 고려하여 미국, 영국, 소련, 프랑스의 4국은 1990년 10월 1일 뉴욕에서 회담을 갖고, 독일이 통일되는 시점부터 '2+4 조약'이 발효될 때까지 베를린과 전독일에 대한 4국의 권한과 책임이 중지된다고 선언했다. 이로 인해 독일은 대내외적으로 완전한 주권을 회복했다.

이어 4개국은 '2+4 조약' 비준에 들어가 미국은 1990년 10월 16일, 영국은 11월 16일, 프랑스는 1991년 1월 17일에, 마지막으로 소련이 1991년 3월 15일에 비준했다. 1991년 3월 15일 '2+4 조약'이 발효되어 통일된 독일은 국내외적으로 완전한 주권을 회복했다.

이로써 제2차 대전 이후 유럽 역사에서 다루기 힘들었던 독일 문제는 당사자인 동·서독은 물론 독일 문제 당사국인 4국이 동의하여 해결되었다. '2+4 조약'은 독일 문제를 최종적으로 처리한 조약이며, 전유럽에 자결권과 민주주의가 원칙이며 되돌릴 수 없음을 확인한 조약이었다. 1990년 11월 21일 파리에서 열린 유럽 안보 협력 회의(CSCE) 정상 회의는 독일 통일이 장래 민주적으로 통일될 유럽의 정의로운 평화 질서 구축에 큰 기여를 할 것이라고 평가했다.

소련군과 연합군의 철수 독일이 주권을 회복함으로써 독일에 주둔하고 있는 미국, 영국, 프랑스 및 소련의 4국 군대는 철수해야 했다. 특히 동독에 주둔하고 있는 소련군의 철수 문제는 통일에 따른 외교·안보 측면에서 중요하면서도 어려운 과제였다. 동독 주둔 소련군의 철수는 '2+4 조약'(제4조)에 규정된 대로 1994년 말까지 완료되어야 했다. 그러나 미국, 영국, 프랑스의 3국 군대는 소련군이 완전 철수할 때까지 베를린에 한시적인 주둔이 가능했다.

소련군 철수와 관련하여 독일과 소련은 1990년 10월 9일 소련군의 한시적 주둔과 질서정연한 철수 방법에 관한 '이양移讓 협정'을 체결했다. 이 협정에서 독일은 소련군의 한시적 주둔 비용, 철수 비용 및 정착 비용으로 120억 마르크, 차관으로 30억 마르크 등 총 150억 마르크를 소련에게 지원하기로 했다. 1994년 말까지 철수하기로 했던 소련군은 1992년 12월 16일 헬무트 콜 수상과 보리스 옐친 러시아 대통령의 공동 성명에 따라 예정보다 빠른 1994년 8월 31일 완전 철수했다.

22개 사단과 42개 독립 여단 규모의 소련군 340,000명은 통일 이후 약 4년에 걸쳐 러시아와 구소련 국가(CIS)로 돌아갔다. 이로써 제2차 대전 이래 독일 땅에서 약 653,000명의 병력을 잃은 소련군은 49년의 주둔을 청산했다.

소련군이 예정보다 빨리 철수함에 따라 독일은 철수 병력의 재정착 지원금으로 5억 5천만 마르크를 추가 지원하여 총 155억 5천만 마르크를 지원했다. 이 비용은 철수 군인들을 위한 주택 건설에 85억 5천만 마르크, 군의 한시적 주둔과 철군 비용으로 30억 마르크, 철군 병력의 수송 비용으로 10억 마르크, 나머지는 직업 전환 교육 등에 사용되었다. 그리고 30억 마르크의 차관이 제공되었다. 이러한 독일의 재정 지원은 소련군이 아무런 분쟁이나 마찰 없이 완전 철수하는 데 크게 기여했다. 또한 독일의 재정 지원은 철수한 소련군과 그 가족들이 고국에서 재정착하고 직업을 구하는 데 큰 도움이 되었다.

소련군이 철수하자 서방 3국의 군대도 1994년 9월 8일 철수했다. 1945년 승리자로 서독 지역과 서베를린에 주둔한 서방 3국의 군대는 특히 분단 기간 동안 서베를린 보호에 각별한 의미가 있었다. 소련이 서베를린을 봉쇄한 1948년 6월에서 1949년 5월까지 미군과 영국군은 식량과 생활필수품 등을 공중 보급하며 소련의 위협으로부터 서베를린을 지켰다. 3국 군대의 철수는 완전 철수가 아니라 나토(NATO) 군으로 독일에 계속 주둔하기 때문에 전승국 지위의 소멸에 더 큰 의의가 있다.

* 독일은 마르크(DM)를 사용하다가, 2002년 1월 1일부터 유로Euro를 사용하고 있다(1유로는 약 2마르크 상당).

동독의 대외 관계 처리 동독이 소멸됨에 따라 동독이 제3국과 체결한 조약의 처리가 중요한 문제로 등장했다. 동독이 체결한 조약의 처리와 관련하여 '통일 조약'(제12조)은 통일된 독일이 조약 체결 당사국들과 협의하여 동독이 체결한 조약의 계속 유효, 조정, 효력 상실 여부 등을 결정 또는 확인하도록 했다. 이 작업은 신뢰

보호, 관련 당사국의 이해관계, 서독의 조약상 의무의 관점, 자유
민주 법치 국가적 기본 원칙의 존중, 그리고 유럽 경제 공동체(EC)
의 권한 존중 등 5가지 기준에 의해 이루어졌다.

동독 외무부 조약 관련 자료집에 따르면 동독은 137개국과
2,582건의 조약을 체결한 것으로 파악되었다. 소련(348건), 폴란드
(184건), 체코(129건) 등 사회주의 국가와 체결한 조약이 대부분이었
으나, 미국(21건), 영국(17건), 프랑스(14건) 등 서방 국가와 체결한 조
약도 있었다. 이 조약 가운데 정치, 경제, 무역, 문화, 보건 및 사회
분야에 관한 조약은 대부분 서방 국가와도 다자간 협정을 맺고 있
어서 처리에 어려움이 없었다. 그러나 동유럽 국가나 제3세계와는
양자간 협정이 많아 처리가 어려웠다. 또한 전체 조약 가운데 약
7%만이 관보官報를 통해 공표되었으며, 통일 이후 공표되지 않은
조약도 상당수 드러나 이들의 처리가 어려웠다.

동독이 체결한 조약 가운데 국경 관련 조약들은 통일된 독일이
소련이나 폴란드와 체결한 우호 협력 조약을 통해 계속 유효하게
되었다. 유엔과 그 산하 기구, 유럽 안보 협력 회의(CSCE) 등 동·서
독이 동시에 회원국이었던 다자간 협정은 통일된 독일이 대표권을
행사하기로 하여 해결되었다. 동독은 가입하였으나 서독이 가입하
지 않아 통일된 독일이 가입할 의사가 없는 다자간 조약이나 협정
은 통일과 더불어 자동적으로 효력이 상실되도록 했다. 이러한 기
준에 따라 전체 조약의 약 80%는 1990년 10월 3일 통일을 기해
효력이 상실되었다. 동독은 또한 북한과도 53건의 조약을 체결하
였는데, 이중 41건이 무효로 처리되었다.

통일 이후 독일 정부는 동독이 체결한 조약을 근거로 하는 제3
국인에 대한 교육 훈련이나 장학금 지원은 신뢰성 보호의 차원에

서 통일 이후에도 계속 되었다. 또한 동독에서 취득한 각종 자격시험과 학위는 인정되었다. 독일 정부는 효력이 상실된 모든 조약은 법의 투명성을 위해 관보에 고시告示하여 더 이상 유효하지 않음을 분명히 했다.

동독이 외국과 맺고 있던 외교 관계와 영사 관계는 통일과 동시에 소멸되었다. 이에 따라 동독의 재외 공관은 폐쇄되고, 동독에 주재하던 외국 공관도 폐쇄되었다. 외교관들에게는 통일 이후 3개월간 외교 특권을 부여하여 이들이 본국으로 귀임하거나 다른 나라로 부임하는 데 불편이 없도록 했다.

통일 당시 잔류하고 있던 2,208명(실제 인원은 더 많았으나, 통일이 진행되면서 사직하였음)의 동독 외교관 가운데 재외 공관 관리나 문서 이관 등 업무 지원을 위해 250명만이 임시로 채용되고 여타 인원은 모두 해임되었다. 해임된 외교관 가운데 468명이 재임용을 신청했는데, 어학 특기자 80명만이 다시 채용되었다. 외교관의 재임용 기준은 일반 공무원의 기준과 동일하였으나, 외교 업무의 특성을 고려하여 더 엄격한 기준을 적용했다.

동독이 소유한 해외 재산은 독일 정부 재산으로 귀속되었다. 동독의 재외 공관에서 계속 사용이 필요한 공관은 문화원 등 다른 용도로 활용하고, 사용할 필요가 없는 공관은 국유 재산 매각 절차에 의해 공매 처분했다.

동독이 1990년 7월 1일을 기준으로 서독이나 제3국에 갖고 있던 채권과 채무는 통일까지 계속 유효한 경우 서독 재무장관의 지시와 감독에 따라 청산되었다. 1990년 7월 1일을 기준으로 동독의 대외 채권은 74억 마르크, 채무는 386억 마르크로 순 부채가 312

억 마르크인 것으로 나타났으나, 정확한 액수는 파악되지 않았다. 화폐 통합으로 채권과 채무는 2동독마르크 : 1마르크(DM)의 비율로 환산되었다. 독일 정부는 채권과 채무를 위의 5가지 기준에 의해 당사국과 협의하여 처리했다.

군사 분야 통합 통일 이전에는 서독 연방군과 동독 인민군 Nationale Volksarmee(NVA)이 각각 나토군과 바르샤바 조약 기구에 속해 있으면서 서로 대치했다. 특히 동독 인민군은 공산당(SED)의 도구로 공산 정권을 유지하는 데 중요한 역할을 했다. 인민군의 모든 장교와 하사관의 절반이 공산당원인 관계로 공산당은 군 내부의 다양한 조직망을 통해 거의 모든 인민군을 감시하며 장악했다. 동독의 병역 제도는 국민 개병 제도였으며, 징집 대상자는 청소년기에 군사 훈련을 받은 후 18개월을 복무했다. 병력은 서독 연방군이 49만 5천명, 인민군은 17만 5천명으로 총 67만 명이었다. 통일이 되어 서독 연방군과 인민군이 하나로 통합되어야 했다.

통일된 독일의 군 병력 규모와 관련하여 서독은 '2+4 조약'에서 3~4년 안에 37만 명까지 감축하겠다고 약속했다. 군 병력을 감축해야 하는 이유는 소련 등 주변국들이 통일이 되어 거대해진 독일이 군사 대국이 되는 것을 바라지 않았고, 서독으로서도 통일 이후 많은 병력을 유지할 필요가 없었기 때문이다. 따라서 인민군이 연방군에 통합되면서 대대적인 병력 감축이 불가피했다.

통일이 확정되자 동독은 인민군의 복무 기간을 단축시키면서 병력을 줄이기 시작했다. 통일이 임박한 시점에 장기 근무 군인과 직업 군인 50,000명, 군속 48,000명 등 약 103,000명만 남았다. 통일이 되면서 7,000명의 장교가 자발적으로 전역하고, 장군과 제독,

정치 장교, 군 검찰과 군사 법원 소속 군인들, 55세 이상의 직업 군인은 연방군으로 편입되지 않았다. 이 결과 9만 명만이 연방군으로 편입되어 통일 당시 연방군은 58만 5천명이 되었다. 동독 국방 장관 에펠만Rainer Epelmann은 1990년 10월 3일 통일을 기해 103,000명의 인민군에게 동독에 대한 군의 의무를 해제했다.

연방군으로 편입된 9만 명의 인민군 가운데 20,000명은 1990년 12월 31일 인민군 연금 규정에 따라 확대 연금 조치를 받은 후 자발적으로 전역하는 등 1991년 1월까지 35,600명이 추가로 감축되었다. 통일 당시 장교와 하사관 중에서 24,000명(장교 12,000명, 하사관 12,000명)이 2년간 한시적으로 연방군으로 편입되었는데, 이 가운데 10,666명(장교 3,027명, 하사관 7,639명)만이 최종적으로 연방군에 편입되었다. 또한 서독도 병력을 줄이기 위해 15개월이었던 복무 기간을 1990년 7월을 기해 12개월로 3개월 단축했다. 이렇게 하여 독일은 군 병력을 1994년 말까지 37만 명으로 줄인 데 이어, 1995년 초에는 34만 명으로 줄였다.

서독은 인민군의 연방군 편입 준비 작업을 위해 1990년 8월 25일 동독 지역에 연방군 동부 지역 사령부를 설치했다. 동부 지역 사령부는 육·해·공군 전 부대에 대한 군사 지휘권, 동독 지역 부대의 연방군 편입, 장비 인수 및 보존, 소련군 철수 지원 등의 이양 업무를 끝내고 1991년 6월 30일 해체되었다.

연방군은 또한 인민군이 보유한 군 장비도 인수했다. 인수한 주요 장비는 전차 2,337대, 장갑차 5,980대, 대포 2,245문, 항공기와 전투용 헬리콥터 479기, 군함 71척을 비롯하여 개인화기 120만정과 탄약 약 30만 톤 등이었다. 이러한 막대한 양의 장비는 전시를 대비한 인민군의 전투 태세 준비와 바르샤바 조약 기구 회원국을 지원하기 위한 것이었다. 이 장비 중 '유럽 재래식 무기 감축에 관한 협정(CFE, 1990년 11월 19일 서명)'에 포함된 장비는 1995년 11월 말까지 폐기되었다. 탄약은 1996년 초까지 모두 폐기되었으며, 일부 항공기와 헬리콥터는 방어용과 수송용으로 사용되고 있다. 1995년 신 연방주(동독 지역 주) 주둔 연방군 병력이 나토에 편입됨으로써 연방군 개혁의 첫 단계는 완료되었다.

통일 이후 독일 정부는 감시 초소 등 시설물을 철거하고, 새로 발견된 지뢰 1,104개를 제거하는 등 국경 정비 작업을 실시했다. 지난날 동독은 주민들의 탈출을 막기 위해 1,477.7km에 이르는 서독과의 국경 지역에 감시 초소와 자동 발사기를 설치하고, 약 130만개의 지뢰를 매설했었다. 자동 발사기와 지뢰는 서독의 강력한 제거 요구와 재정 지원으로 1985년까지 제거 작업이 이루어졌으나, 지뢰는 완전히 제거되지 않아 통일 이후 제거 작업이 다시 실시된 것이다.

헌법 개정과 행정 분야

기본법 개정 1990년 10월 3일 신 연방주州(동독 지역 주)가 독일 연방 공화국에 가입함으로써 헌법인 기본법基本法이 동독 지역에도 그 효력을 미치게 되었다. '통일 조약'(제4조)에 따라 기본법은 개정되고 보완되어야 했다. 우선 기본법 전문前文과 일부 조항이 개정되고 일부 조항은 폐지되었다. 독일인의 통일과 자유 달성을 명시한 전문의 내용과 기본법의 한시적 성격을 삭제하고, 기본법이 새로 적용되는 동독 지역의 주들을 열거했다.

"신과 인류에 대한 책임을 깨달으며, 통합된 유럽 안에서 동등한 권리를 갖는 구성원으로서 세계 평화에 이바지하겠다는 의지로 독일 국민은 헌법 제정권에 따라 이 기본법을 제정했다. 바덴-뷔르템베르크, 바이에른, 베를린, 브란덴부르크, 브레멘, 함부르크, 헤센, 메클렌부르크-포아포메른, 니더작센, 노르트라인-베스트팔렌, 라인란트-팔츠, 자르란트, 작센, 작센-안할트, 쉴레스비히-홀스타인과 튀링겐 주의 독일인들은 자유로운 자결권 행사를 통해 독일의 통일과 자유를 완성했다. 이로써 이 기본법은 모든 독일 국민에게 적용된다."

통일이 되어 필요 없어진 기본법 제23조가 삭제되고, 제146조는 "독일의 통일과 자유가 성취된 이후 전독일 국민에게 적용되는 이 기본법은 독일 국민의 자유로운 결정으로 제정한 헌법die Verfassung 이 효력을 발휘하는 날 그 효력을 상실한다."로 개정되었다. 통일이 제23조에 의해 이루어졌고, 또한 통일 이후에도 기본법이 헌법으로 자리를 잡게 됨에 따라 개정 전의 제146조는 그 의미를 잃었다.

연방 상원에서 표결할 때 주州가 행사하는 투표권 수를 규정한 제51조 2항이 개정되었다. 즉 통일 전 3~5표였던 주의 투표권 수를 인구 700만 명 이상인 주의 이익을 고려하여 3~6표로 확대했다. 옛 동독의 채무 해결을 위해 국가 채무의 한정이 동독의 채무에도 적용될 수 있도록 제135조 a 2항을 신설했다. 또한 제143조(잠정 법률)를 신설하여 옛 동독의 법이 여러 사정으로 기본법 질서에 완전하게 부합할 수 없는 경우, 일정 기간 기본법의 규정과 차이가 나는 것을 허용했다. 그러나 시한은 1992년 12월 31일까지로 정했다. 이로써 기본법의 1단계 개정 작업이 완료되었다.

기본법 개정 작업은 계속되어 1992년 12월 21일에는 유럽 연합 (EU)과 관련된 일부 조항이 신설되고 보완되었다. 유럽 연합 조항의 신설은 유럽이 통합되는 추세에서 유럽 연합의 기능과 역할이 중요시되고, 마스트리히트 조약의 비준을 위해 필요했다. 우선 제23조에 유럽 연합 조항이 신설되어 독일은 유럽 연합의 발전에 협력하고, 의회의 동의를 얻은 법률로써 유럽 연합에 주권을 이양할 수 있게 되었다. 또한 법률에 의해 국제기구에 주권 이양이 가능하고(제24조 1항), EU 회원국 출신 외국인에게 지방 자치 단체(군과 면 단위) 선거권이 인정되었다(제28조 1항 3단). 유럽 연합 문제를 다루기 위해 연방 하원에는 EU 분과 위원회를(제45조), 연방 상원에는 유럽 위원회를 각각 설치하도록 하고(제52조 3항 a), 주는 연방 상원을 통해 유럽 연합 문제에 참여하도록 했다(제50조). 그리고 연방 은행의 업무와 권한을 유럽 연합의 테두리에서 유럽 중앙은행에 이양이 가능하도록 했다(제88조).

'통일 조약'(제5조)은 독일의 입법 기관이 통일 이후 제기될 기본법 개정과 보완을 위한 준비 작업을 2년 안에 완료하도록 권고했다. 이 권고에 따라 연방 하원과 연방 상원의 결의로 구성된 합동 헌법 위원회는 기본법 개정을 위한 준비 작업을 했다. 이를 토대로 1994년 기본법 개정이 이루어졌다. 그 내용은 장애자에 대한 차별 금지, 남녀평등의 실질적 실현, 쾌적한 삶의 보호, 지방 자치 기관의 자치권 보장, 사회 보장 제도의 보완, 연방과 주간의 입법권 조정과 입법 절차 강화, 환경 보호 등이었다. 개정된 조항은 1994년 11월 15일 발효되었다.

의회와 연방 정부의 베를린 이전 동·서독은 통일 문제를 협의하면서 수도는 베를린으로 합의했으나, 연방 하원과 연방 정부의 이전 문제로 의견이 크게 대립했다. 이러한 의견 대립으로 '통일 조약'(제2조 1항)은 "통일된 독일의 수도는 베를린이다. 의회와 연방 정부의 소재지는 통일 후 결정한다."라고 규정했다. 결국 소재지는 1991년 6월 20일 연방 하원에서 결정되었다. 표결에 앞서 헬무트 콜 수상을 비롯하여 107명의 의원들이 장장 11시간에 걸쳐 자신들의 입장을 밝혔다.

연방 하원과 연방 정부의 베를린 이전을 찬성하는 자들은 베를린이 수도가 된 이상 두 기관도 옮겨야 베를린이 수도로서 기능을 다 할 수 있고, 베를린이 오랜 동안 독일 제국의 수도였기 때문에 두 기관이 베를린에 있어야 한다는 입장이었다. 특히 헬무트 콜 수상, 빌리 브란트 전 수상, 그리고 볼프강 쇼이블레 내무장관 등은 베를린 이전을 지지했다. 두 기관의 이전을 반대하는 자들은 베를린이 수도가 된 이상 두 기관을 이전할 필요가 없으며, 그 대신 이전에 소요되는 막대한 비용을 동독 지역의 경제 재건에 사용하자고 주장했다. 표결 결과 찬성 337대 반대 320의 근소한 차이로 베를린이 연방 하원과 연방 정부의 소재지로 결정되었다.

연방 하원은 두 기관의 베를린 이전을 결정하면서 이전에 따른 손실을 보전하고, 본Bonn에 대해 적절한 기능을 부여하도록 베를린/본 법 제정을 결의했다. 이에 따라 연방 하원은 1994년 3월 10일 베를린/본 법을 제정했다. 현재 국방부, 교육 연구부, 노동부, 교통부 등 7개 부처는 본에 잔류하고 있다.

처음에 본에 잔류하기로 하였던 연방 상원은 1996년 9월 27일 베를린 이전을 결정했다. 연방 정부, 연방 하원과 연방 상원은 1999년 9월 1일 베를린에서 공식 업무를 시작했다.

동독 행정 기관 근무자 처리 문제 1990년 '통일 조약' 협상 당시 동독 행정 기관에 근무하던 공직자 수에 관한 공식적인 통계가 없지만, 직업 군인과 인민 경찰을 포함하여 약 225만~230만 명으로 추정되었다. 이는 동독 인구 1,600만 명의 14.0~14.3%에 해당되었는데, 이 당시 서독의 공직자는 군인을 포함하여 490만 명으로 인구 6,200만 명의 7.9%였다. 따라서 과다 고용된 동독 공직자의 대폭 감축이 불가피했으며, 공산 독재 정권에 적극 활동하였던 자들도 정리되어야 했다.

'통일 조약'에 따라 동독의 행정 기관이 존속되거나 다른 기관에 편입될 경우에는 그 기관에 속한 근무자도 존속되거나 이양되었다. 통일 시점까지 서독 정부 기관이 인수하지 않은 동독 행정 기관 근무자의 고용 관계는 일단 종료되었는데, 종료된 경우에도 근무자는 최근 6개월 평균 소득의 70% 정도를 휴직금으로 매월 받았다. 고용 관계가 중지되었어도 재임용은 가능했으나, 재임용에서 제외된 자들은 일정 기간 동안(50세 이하는 6개월, 50세 이상은 9개월) 종전 급여의 70%를 받으며 전직 준비의 기회를 주고, 그 이후에는 자동적으로 해고되었다

'통일 조약'은 동독 행정 기관 근무자들이 재임용을 희망할 경우, 통일된 독일의 공공 기관 근무에 대한 결격 사유를 심사하도록 했다. 그러나 국가 안전부(이하 쉬타시Stasi라고 함) 등 국가 보위 기구에 근무한 자, 공산당(SED)과 공산 체제 수호를 위해 적극적으로 활동한 자, 국제 협약에 보장된 인권과 인권에 관한 일반 선언에 위배된 행정 행위를 한 자들은 즉시 해고가 가능했다. 특히 쉬타시 Stasi에 근무하며 공산 체제 수호에 적극적으로 활동하였던 자들은 거의 모두 해고되었다.

일반 행정 기관 근무자들은 동독 지역 행정 기관의 수요와 예산 범위에서 재임용되었다. 그러나 재임용 전에 쉬타시에 관여한 사실이 없음을 서약하고, 반드시 쉬타시 자료를 관리하고 있는 가우크 기구Gauck Behörde의 심사를 거쳐 임명하도록 했다. 심사에서 인간의 기본권과 법치 국가의 원칙에 위반되는 행동을 했거나, 국가 안전부 등 공산 체제와 관련된 경력이 드러나면 무조건 해고되었다. 일부 해고자들은 연방 정부의 해고 조치가 기본법에 위배된다며 위헌 제소를 했으나 연방 헌법 재판소는 1992년 3월 12일 해고 조치가 기본법의 정신에 위배되지 않는다고 판결하여 이들의 제소를 받아들이지 않았다.

재임용된 자에 대해서 재교육이 실시되었다. 비록 공산 정권에 적극적으로 가담하지 않았더라도 자유 민주주의에 필요한 이념과 새로운 행정 업무를 교육시키기 위해서였다. 또한 동독 지역의 부족한 행정력을 보충하기 위해 서독 공무원(일부 퇴직 공무원들도 포함)을 파견하여 1992년 말까지 한시적으로 근무하도록 했다. 그러나 일부 서독 공무원들이 돌아가지 않고 주요 고위 보직을 차지하여 동독인들의 불만을 사기도 했다.

공직자 처리와 관련하여 특히 공산당 독재 정권과 사회주의 체제 유지를 위해 하수인으로 활동한 판사와 검사들을 사법 기관에서 배제시키는 일은 통일된 독일 정부의 주요 과제 중 하나였다. 이를 위해 동독 지역에 법관 선출 위원회와 검사 임용 위원회를 설치하여 판사와 검사들의 자격 유무를 심사했다. 재임용 심사 자료는 서독 잘츠기터Salzgitter의 중앙 법무 기록 보존소에 수집되어 있던 동독 판사와 검사들에 대한 각종 자료와 쉬타시 문서들이었다.

통일 당시 잔류한 2,896명의 동독 판사와 검사 중 1,889명이 재임용을 신청했는데, 1,094명(58%)만이 통과되었다. 이들은 3～5년의 시보 기간을 거쳐 법관이나 검사로 임명되었다. 공산 정권 유지에 기여했던 판사와 검사들은 재임용에서 제외함은 물론 변호사활동도 금지시켰다. 공산 정권에 가담한 자들이 변호사로 활동하는것은 국민의 신뢰를 저버리는 일이기 때문이었다.

동독 공산 정권의 과거 청산

독일 국민은 오랜 염원인 통일을 이룩했으나, 동독 공산당(SED)정권이 저지른 불법 행위 청산이라는 난제가 있었다. 공산 정권의불법 행위를 청산하는 과거 청산 문제는 몇 가지로 나눌 수 있다. 첫째, 동독 정권이 수립된 1949년 이래 40년 동안 동독 공산 정권이 저지른 정치적 가혹 행위나 불법 행정 행위 등으로 불이익을받은 정치적 피해자들을 법적으로 구제하는 일이었다. 둘째, 공산정권을 유지하기 위해 인간의 존엄성을 유린하고, 인간의 기본권에대해 불법 행위를 한 자들을 처벌하는 일이었다. 셋째, 점령 당국과 동독 정부에 의해 몰수된 재산의 소유권 반환 문제가 해결되어야 했다.

공산 독재 정권에 의한 불법 행위 청산 동독 공산 독재 정권에 의해 피해를 당한 사람들을 법적으로 구제하고, 또 이들에게 보상을 실시하는 것은 가해자들에 대한 처벌보다 더 중요했다. 피해자들을 유형별로 살펴보면, 헌법상 정치적 기본권과 인권에 반하여 처벌되었거나, 형사상 유죄 판결을 받은 자(형법적 복권의 대상), 법률의 중대한 위반 이유로 유죄 판결을 받은 자(파기의 대상), 동독 관청의 행정 행위로 불이익을 받은 자(행정법적 복권의 대상), 그리고 동독 기업의 잘못된 결정으로 직업에서 불이익을 받은 자(직업적 복권의 대상) 등이다. 공산 정권에 의한 피해자에게는 형법적, 직업적, 행정법적으로 구분하여 복권과 보상이 이루어졌다.

동독은 이미 정치적 변혁기부터 통일까지 자체적으로 과거의 불법 행위를 개선하기 위한 조치를 취했다. 1990년 6월 29일 동독 인민 의회는 형사 소송법상 파기 규정을 개정하여 확정된 형사 판결을 취소시킬 수 있는 재판 파기 제도를 도입했다. 재판 파기破棄 대상은 1990년 10월 3일 이전 동독 법원에 의해 형사 사건에서 판결이 확정된 사건으로 제한되었다. 그러나 1945~1949년의 점령기간 동안 동독 점령 지역에서 이루어진 독일 형사 법원의 재판은 제외되었다. 파기 사유는 재판이 법률의 중대한 위반이 있는 경우, 형량에 있어 현저한 하자가 있는 경우, 또는 재판이 법치 국가의 원칙과 일치하지 않는 경우였다.

'통일 조약'(제17조)은 공산 정권에서 희생된 자들이 복권될 수 있는 법적 기초를 마련하고, 적절한 보상 조치를 하도록 했다. 인민 의회는 9월 6일 복권 대상자를 위해 복권법을 제정했다. 복권법은 형사법적 복권뿐만 아니라 직업적, 행정법적 복권에 관한 규정도 포함하였다.

'통일 조약'(제17, 18조)에 따른 재판 파기 제도와 복권법은 통일 협상의 시간 제약으로 인해 서독 법체계와의 조화 문제 등 미비점으로 인해 피해자 구제에 어려움이 있었다. 미비점은 1992년 9월 25일 '동독 공산당(SED) 불법 청산을 위한 제1차 법률'이 제정되어 보완되었다. 이 법은 1992년 11월 발효되었는데, 공산 정권에서 법치 국가의 원칙에 위반하여 형사 처벌을 받은 자들에게 복권과 보상을 실시하도록 했다.

이 법은 종전의 파기 절차를 폐지하여 복권 절차에 흡수하고, 복권에 따른 보상 문제를 더욱 상세히 규정하여 피해자의 유족에게도 원호를 제공하도록 했다. 이 법의 주요 내용은 첫째, 복권 대상은 독일이 항복한 1945년 5월 8일부터 1990년 10월 2일까지 동독에서 법치 국가의 원칙에 위배되어 내려진 형사 판결들이다. 둘째, 동독 법원이 판결에 인용한 반역적인 정보 유출, 반국가적인 인신 매매, 반국가적 선동 행위, 노동 쟁의의 선동, 외국과의 불법적 접촉, 국외 탈출, 배반죄 등에 의한 피해다. 셋째, 소위 발트하임 재판 판결(소련 점령 당국으로부터 동독에 인계된 자들에 대하여 1950년 4월 26일~6월 29일 동독 발트하임에서 내려진 3,392건의 판결)은 무조건 취소되었다. 넷째, 불법적으로 정신 병원 등 감호 시설에 수용된 자도 복권과 보상을 실시한다는 내용이었다.

복권의 효과效果는 형사 판결이 법치 국가의 원칙에 위배된 경우 신청에 의해 불법적인 것으로 선고되고 판결은 취소되었다. 이에 따라 당해 판결은 취소된 범위에서 일체의 법적 효력이 상실되었다. 동일 사건에 대하여 유죄 판결을 받은 여러 명의 피고인이 있는 경우, 판결의 효력은 오직 복권을 신청한 자에게만 있었다. 그리고 동독 형벌 등록부상의 모든 기록이 말소(일부 취소된 경우 취소된 범위에서만 말소)되고 명예가 회복되었다. 또한 판결이 취소된 경우, 형사 소송 비용이나 구금으로 인한 손실에 대한 상환 청구권과 사회적 조정 급부의 청구를 인정하고, 해당자들에게 일정액의 보상금을 지급했다.

직업적 복권법의 적용 대상은 직업 활동이나 직업 교육 과정에서 법치 국가의 원칙에 위배되는 간섭이나 정치적 박해로 인해 큰 손해가 발생한 사안들이다. 박해 행위는 1945년 5월 8일 이후 동독 지역에서 법치 국가의 원칙에 위배되는 구금, 행정 조치(영업 허가증의 몰수 등), 동독 기관 또는 기업에 의해 자행된 근로자 해고 조치 등이다. 확인된 경우에는 연금을 통한 배상, 직업 교육 비용 지급, 보상금 지급 등이 이루어졌다. 복권법의 핵심은 연금을 통한 보상인데, 연금 정산을 할 때 정치적 박해로 인해 직업 활동을 못한 기간을 연금 납입 기간에 포함시켰다.

행정법적 불법 행위 중 대표적인 예로는 강제 이주 조치가 있다. 1994년 7월 1일 발효된 행정법적 복권법은 행정 처분이 법치 국가의 원칙에 위배되거나, 당사자의 건강, 재산, 그리고 직업 활동에 해를 끼친 경우 폐기될 수 있다고 규정했다.

동독에서 정치적 박해를 당한 희생자를 위한 제2차 복권 개선법이 2000년 1월 1일 발효되었다. 이 법에 의해 정치적 희생자들을 위해 2억 유로의 보상 재원이 추가로 마련되고, 직업적 복권과 관련하여 피해자들이 연금법상 입게 될 불이익 가능성을 개선했다. 2002년까지 총 6억 1,700만 유로가 보상금으로 지원되었다.

피해자들에 대한 법적 구제를 제대로 하기 위해서는 국가 안전부(쉬타시) 자료에 대한 열람이 불가피했다. 지난날 동독은 독재 정권 유지를 위해 쉬타시에 91,000여명의 정규 직원과 174,200명의 협조자들을 고용하여 약 400만 명의 주민과 200만 명의 서독인 등 총 600만 명을 감시하고 자료를 만들었다. 자료로는 색인 목록 카드, 문서, 사진과 녹음 테이프 등이 있었다.

통일이 임박하자 쉬타시는 문서 폐기 작업을 시도했으나, 미처 폐기하지 못한 방대한 자료가 남았다. 이 문서를 연결하면 무려 178km나 된다. 이름과 주요 내용이 기재된 3,570만 장의 색인 목록 카드와 20만 개의 녹음 테이프 등 자료가 있었다. 쉬타시 문서에 의해 주요 인사와 반체제 인사에 대한 정부의 감시는 물론 이웃에게 이웃을, 교사에게 학생과 학부모를, 일부 목사에게 신도들을 감시하게 한 것으로 드러났다. 동독은 거대한 감시 공화국이었다.

이러한 쉬타시 자료 공개 여부에 관해 많은 논란이 있었지만, 진정한 과거 청산 없이는 미래도 무의미하다며 진실을 규명하기 위해 자료를 공개하기로 결정했다. 1991년 12월 29일 '구동독 국가안전부 자료에 관한 법'(쉬타시 자료법)이 제정되어 1992년 1월 1일부터 자료 열람이 가능했다. 1997년 말까지 자료 열람, 공직자에 대한 전력 조사와 복권 신청이 약 350만 건이 있었는데, 이 가운데 약 303만 건이 해결되었다. 쉬타시 자료법은 동독의 정치적 잔재를 청산하는 데 크게 기여했다.

공산당 불법 행위의 법적 청산에서 준거법 다음으로 시효時效 문제가 중요했다. 지난 40년간 공산 정권에서 일어난 불법 행위 가운데 정치적인 이유로 형사 처벌을 받지 않은 범죄의 시효가 경과되었는지의 여부가 문제가 되었다. 일반적인 견해는 형사 처벌을 받지 않은 불법 행위는 공산 정권 기간 동안에는 시효가 정지된 것으로 보고 있다. 그러나 과거 일부 불법 행위에 대한 재판이 시효 만료라는 이유로 동독 검찰이나 법원에 의해 중단된 사례가 있었기 때문에, 연방 하원은 1993년 1월 21일 '공산당 정권하의 불법 행위에 대한 시효 정지에 관한 법'을 제정했다.

이 법은 형사 처벌을 받지 않은 불법 행위에 대해서는 동독 정부 기간 동안에는 시효가 정지된 것으로 규정했다. 또한 과거를 청산하여 법치 국가적 기틀을 마련하기 위해 제정된 '형법 시효 연장에 관한 법'이 1993년 9월 27일 발효되어 과거 동독 정권에서 소추되지 않았던 공산당의 불법 행위에 대해 소멸 시효가 연장되었다.

과거 청산을 위해서는 피해자들에 대한 법적인 구제 이외에 인간의 존엄성을 유린하고, 정치적 폭력이나 불법 행위를 행한 자들에 대한 처벌이 필요했다. 이를 위해 과거 동독 집권층에 대한 대대적인 조사와 처벌이 이루어졌다.

우선 동독 검찰은 통일 이전인 1990년 1월 29일 호네커Erich Honecker 전 당서기장을 베를린 장벽 탈출자에게 사살 명령을 내린 혐의로 구속했다. 그러나 호네커는 변호인의 구속 취소 신청이 받아들여져 이튿날 석방되자 동독 주둔 소련군 병원으로 거처를 옮겼다. 통일 이후 베를린 장벽에서의 살인 혐의로 구속 영장이 발부되자, 호네커는 1991년 3월 소련으로 탈출하여 그곳 칠레 대사관으로 피신했다. 그러나 호네커는 독일의 강력한 송환 요구에 의해 1992년 7월 29일 강제 송환되어 베를린 모아비트 교도소에 수감되었다. 11월 12일 재판이 시작되었으나, 호네커는 건강 악화(간암)로 재판이 중지되어 1993년 1월 13일 석방되었다. 그는 석방 즉시 칠레로 망명하여 지내다 1994년 5월 29일 칠레에서 숨을 거두었다(제10장 참조).

호네커와 함께 슈토프Willi Stoph 전 총리, 케슬러Kessler 전 국방장관, 밀케Erich Mielke 전 국가안전부장관 등 5명의 전 국방 위원은 동독을 탈출하는 주민 살해 사건과 관련하여 1991년 구속되었다. 케슬러는 1993년 9월 살인 교사죄로 유죄를 선고받자 연방 대법원에 상고하였으나, 기각되었다. 연방 대법원이 기각하자 케슬러는 동독법에 따르면 국경에서의 탈출자에 대한 살해는 처벌되지 않는데, 이를 처벌하는 것은 기본법의 형법 불소급의 원칙에 위반된다며 연방 헌법 재판소에 제소했다. 그러나 연방 헌법 재판소는 1996년 11월 이들이 국제적으로 인정된 인간의 기본권을 침해하였기 때문에 그 책임을 면할 수 없다면서 이들의 헌법 소원을 기각했다. 슈토프와 밀케는 국경 살해 사건과 관련하여 변론 능력이 없어 재판이 중지되었으나, 밀케는 경찰관 살해 혐의로 6년의 형이 선고되었다.

또한 베를린 주 검찰은 1995년 1월 9일 크렌츠Egon Krenz 전 당 서기장과 샤보브스키와 클라이버 등 정치국원 6명을 베를린 장벽을 넘거나 동독을 탈출하려던 자들에게 발포 명령을 내린 혐의로 기소했다. 크렌츠는 개혁 요구가 한창이던 1989년 10월에 호네커 후임으로 당 서기장이 되었는데, 국민의 개혁 요구에 부응하지 못해 그해 12월 3일 물러났었다. 1997년 8월 크렌츠는 6년 6월의 형을, 샤보브스키와 클라이버는 3년을 각각 선고받았다. 또한 탈출하는 주민을 실제로 사격한 국경 수비대원과 명령을 내린 장교에 대해서도 중형을 선고했다. 법원은 비록 동독법에 따라 사격했다 하더라도 고의로 인명을 살상하고, 인도주의적 원칙을 위반했기 때문에 처벌해야 한다고 판결했다.

과거 동·서독은 상대방의 정보를 얻기 위해서 첩보 활동을 했다. 이 때문에 동독 간첩의 처벌 문제가 제기되었다. 그러나 연방 헌법 재판소는 1995년 5월 15일 오로지 동독에 체류하며 첩보 활동을 한 동독 간첩은 처벌할 수 없고, 서독 내에서 첩보 활동을 한 경우에도 그 행위의 법적 결과를 판단하여 기소 중지될 수 있는 감형의 근거로 참작한다고 판결했다. 연방 헌법 재판소는 "동독에서 활동한 서독 간첩들은 아무런 법적 제재를 받지 않는데, 동독 간첩들만 처벌하는 것은 법 앞의 평등 원칙에 위배된다"고 그 이유를 밝혔다.

이와 같이 독일 정부는 동독 공산 정권에 의한 인권 탄압이나 불법 행위를 처벌함으로써 불행했던 과거를 청산하고자 했다. 과거의 불법 행위에 대한 원칙 없는 관용은 피해를 입은 당사자들은 물론 국민들에게도 불신을 초래해 통일의 의미를 퇴색시키기 때문이었다. 이렇게 하는 것이 진정으로 과거를 청산하는 일이고, 자유 민주주의의 참뜻이기 때문이었다.

미해결(몰수된) **재산의 처리** 과거 동독에서 사유 재산 몰수 조치가 있었는데, 몰수 조치는 크게 소련 점령 시기(1945. 5. 8~ 1949. 10. 6)와 동독 시기로 구분된다. 점령 기간 중 점령 당국은 토지개혁 명목으로 100ha 이상의 토지 소유자, 나치주의자와 전쟁 범죄자 소유의 토지를 몰수하여 국유화했다. 토지 개혁으로 농업용 토지 약 230만ha와 임업용 토지 약 100만ha 등 동독 지역 토지의 1/3인 약 330만ha가 몰수되었다(제3장 참조). 또한 1948년 당시 산업 생산의 약 40%를 차지했던 7천여 개의 기업체가 몰수되었고, 소련에 대한 전쟁 배상 조치로 총 50억 마르크에 해당하는 공장이 해체되었다. 그리고 213개의 기업이 소련식 회사로 전환되었다.

또한 동독 정부에 의해서도 사유 재산이 몰수되었다. 1949년 10월 동독 정부 수립 이후 수백만 명의 동독 주민이 서독으로 탈출하였는데, 동독 정부는 이들의 재산을 형사 처벌 조치로 몰수했다.

또한 동독 정부에 의해 서독으로 이주가 허가된 자들도 부동산을 매각하도록 강요당했다. 동독 정부에 의해 몰수된 재산 현황에 관해 정확한 통계가 없지만 대략 다음과 같다.

- 구서독인 소유 68,000건의 부동산, 약 2,000건의 기업 재산에 대한 소유권과 2억 6,000만 마르크의 예금액을 잠정적으로 국가 관리에 두었음.
- 1953년 6월 10일 이전에 허가 없이 동독을 떠난 주민들의 재산(약 31,000건의 부동산, 2,700개의 공장과 2억 마르크의 예금액)은 몰수되어 인민 공유 재산으로 됨.
- 1953년 6월 11일부터 1989년 7월 31일까지 허가 없이 동독을 떠난 사람들의 부동산(부동산 약 80,000건, 예금액 13억 마르크)은 국가의 신탁 관리에 두었음.
- 1972년에 약 12,000개의 반민半民 반半국영 기업체가 인민 공유 재산으로 전환되었음. 그러나 1949년~1972년 사이에 몰수되어 인민 공유 재산이 된 기업체에 관한 통계는 없음.

통일 과정에서 원소유자들은 몰수된 사유 재산에 대한 소유권을 주장하였으나, 동독은 반환할 수 없다는 입장이었다. 서독은 원소유자에게 반환할 경우 동독 지역에 대한 투자 장애 요인이 되고, 또 반환 소송 등으로 상당한 부작용이 있을 것을 우려했다. 그러나 반환을 배제할 경우 재산을 몰수당한 자들의 거센 반발을 초래하여 재산권 문제로 통일이 어려워지는 것을 막기 위해 반환을 허용하고자 했다.

이와 같이 미해결 재산 처리에 관한 입장이 첨예하게 대립하자

동·서독 정부는 1990년 6월 15일 '공동 선언'을 통해 미해결 재산 문제 처리를 위한 기본 원칙을 정했다. 즉 1949년 10월 7일 동독 수립 이후 아무런 보상 없이 몰수된 재산은 원칙적으로 원소유자에게 반환하도록 하였으나, 소련 점령 기간에 점령 당국에 의해 몰수된 재산은 반환하지 않기로 했다. 미해결 재산의 처리 기준이 된 '공동 선언'은 '통일 조약'(제41조)에 포함되어 법률적 성격을 갖게 되었으며, 후에 연방법에 도입되었다. 동독 인민 회의는 '공동 선언'을 토대로 9월 29일 '미해결 재산 문제의 처리를 위한 법'(이하 재산법)을 제정했다. 이 재산법은 점령 기간에 몰수된 재산에는 적용되지 않았다.

소련 점령 기간에 몰수된 재산을 원소유자에게 반환하지 않기로 한 데에는 동·서독과 소련의 입장이 반영되었기 때문이다. 소련은 통일 협상 과정에서 독일 통일의 전제 조건으로 점령 기간의 재산 몰수 조치가 인정되어야 한다고 요구했다(그러나 고르바초프 전 소련 대통령은 1994년 이러한 요구를 한 적이 없다고 부인했다). 또한 동독 정부도 점령 기간에 몰수된 토지의 일부를 취득하여 이미 소유권을 깆고 있는 동독 주민의 이익을 고려하여 원소유자에게 반환을 반대했다. 서독도 과거의 부당성이 반환 이후 제기될 또 다른 부당성과 상충해 사회 문제를 일으키는 것을 원하지 않았다. 이러한 입장에서 통일 후 개정된 기본법 제143조 3항(잠정 법률)에 의해 소련 점령 기간 중 몰수된 재산은 원상회복이 배제되었다.

소련 점령 기간에 재산을 강제로 빼앗겼던 원소유자들은 '통일 조약'의 규정이 기본법 제3조(평등권), 제14조(소유권), 그리고 제79조(기본법의 개정)에 위배된다고 연방 헌법 재판소에 제소했다. 그러나 연방 헌법 재판소는 1991년 4월 23일 토지 개혁 등에 의한 재산 몰수 조치가 점령국의 주권적 조치이기 때문에, 기본법 제143조 3항의 몰수된 재산의 원상회복 배제 조치가 기본법 개정 불가 사유에 해당되지 않는다고 판결했다.

또한 토지 개혁에 대해서는 연방 헌법 재판소는 "이 당시 서독의 국가 권력이 사실상 그리고 법률적으로 동독 지역에 미치지 않았던 점을 고려하면, 마치 외국의 국가 권력 작용에 그 어떤 책임을 질 수 없듯이 당시 소련 점령군이 행한 몰수 조치에 대해 책임을 질수 없으므로 재산권을 규정한 기본법 제14조에 위배되는 것이 아니다."라고 판결했다.

연방 헌법 재판소는 1996년 5월 9일 점령 기간의 국유화 조치는 법적으로 유효하다는 1991년의 판결이 계속 유효하다고 판결했다. 판결이 다시 내려진 이유는 소련이 독일 통일을 허용하는 조건으로 토지 개혁에 의한 몰수 조치를 원상회복하지 않는다는 조건을 내걸었다는 독일 정부의 주장을 고르바초프가 1994년 부인하여 토지 개혁 조치에 대해 헌법 소원이 다시 제기되었기 때문이었다.

재산법은 1949년 10월 7일 동독 수립 이후 몰수된 재산을 원소유자에게 반환하도록 규정했다. 재산법에 규정된 몰수된 재산의 반환 원칙은 소유 관계를 명확하게 하지 않아서 동독 지역의 경제 재건에 지장을 초래한다는 비난이 있었다. 이에 독일 정부는 1992년 7월 재산법을 개정하여 몰수된 재산의 원소유자에게 반환 원칙은 유지하되, 동독 지역에 투자를 촉진하기 위해 고용을 유지하거나 새로이 창출할 때에는 예외를 인정하여 신탁청이나 지방 자치 단체에 의해 직접 임대하거나 매각될 수 있도록 했다. 그러나 이러한 경우에도 원소유자에게 보상을 해주도록 했다.

미해결 재산 문제의 처리를 위한 마지막 입법 조치인 '보상과 조정 급부법'이 1994년 12월 1일 발효되었다. 이 법은 보상 없이 몰수한 재산에 대해 보상액의 규모와 재정 조달에 관해 규정하고 있으며, 원소유자에게 재산 가치의 반환이 불가능하거나, 원소유자가 재산의 반환 대신 보상을 희망할 경우 보상이 가능하도록 했다.

몰수된 재산의 처리 현황을 살펴보면, 1996년 12월 말 현재 기업과 관련하여서는 약 174,000건 신청에 74%가, 부동산과 기타 재산과 관련해서는 약 236만 건 신청에 약 72%가 처리되었다. 재산권과 소유권 문제는 동독인들의 입장이 반영되지 않아 해결에 많은 어려움을 겪고 있다.

경제 통합과 경제 재건

경제 통합은 1990년 7월 1일 화폐 통합과 함께 이루어졌다. 화폐 통합은 마르크(DM)가 7월 1일 동독에 도입되어 곧바로 이루어졌으나, 경제 통합은 시간이 필요했다. 동독이 지난 40년간 유지해 온 사회주의 계획 경제 체제의 모든 제도를 일시에 바꾸기 어렵기 때문이었다. 경제 통합은 사회적 시장 경제를 토대로 하였으며, 계획 경제 요소를 혼합하는 방식은 철저히 배제되었다. 동독은 서독의 경제 관련 법률이나 규정을 받아들이고, 시장 경제 원칙에 어긋나는 법률이나 규정을 폐지했다.

서독의 국민 경제는 높은 생산성과 국제 경쟁력을 갖고 있었으나, 동독의 국가 경제는 아주 열악한 상태였다. 동독 기업들은 경쟁력 부재, 고용 인력의 과잉, 동구권 시장 붕괴 등으로 유지하기 어려웠다. 특히 동독 경제는 화폐 통합 이후 새로운 가격 체제와 생산 방식을 도입하는 등 시장 경제 체제로 바뀌면서 더욱 침체에 빠졌다.

통일이 됨에 따라 이와 같이 큰 차이가 나는 두 경제가 하나로 통합되어야 했다. 그러나 통일 이후 동독의 경제 실상은 예상보다 훨씬 더 심각했다. 이로 인해 동독 경제 회복이 오래 걸리고, 비용도 더 들고 있다. 특히 낙후된 동독 경제의 재건, 실업자 감축, 그리고 동독 기업의 사유화 등이 이루어져야 했다.

동독 지역의 경제 재건 동독의 계획 경제 체제에서는 개개인이 성장의 원동력인 창의성과 책임감을 갖고 스스로 기업 활동을 하기가 어려웠다. 이로 인해 근로자의 능률과 생산성이 크게 떨어졌다. 동독 근로자의 생산성은 1970년에 서독 근로자의 46%였으나, 1980년대 말에는 30%정도로 급격히 떨어졌다. 동독 근로자의 낮은 생산성은 사회주의 계획 경제가 갖고 있는 근본적인 문제에서 비롯되었다. 동독 경제는 1990년 7월 화폐·경제 통합 이후 더욱 침체에 빠졌다. 경제 성장률은 1986~1988년에는 연 3~4%였으나, 1989년에 2%로 떨어지고, 1991년에는 −31.4%로 급격히 떨어졌다.

독일 정부는 침체에 빠진 동독 지역의 경제를 시급히 회복시켜 이 지역을 경제적으로나 사회적으로 안정시켜야 했다. 동독 지역의 경제 재건을 위해서는 기존의 일자리를 유지하면서 새로운 일자리 마련과 주택 건설, 통신 시설, 도로 및 철도망 등 사회 간접 자본 시설의 확충이 시급했다. 동독의 계획 경제를 시장 경제로 전환시키는 과정에서 단계적인 방법보다는 충격적인 방법이 도입되었다. 이를 위해 동독 국유 기업의 사유화와 투자 촉진의 두 가지 방안을 마련했다.

동독 정부는 동독 지역의 경제 재건을 촉진하기 위해 1991년 3월 8일 '동독 부흥Aufschwung Ost'계획이 마련되었다. '동독 부흥' 계획의 목표는 신속하고 효과적인 투자 지원과 고용 창출 조치를 마련하는 것이다. 이 계획에는 광범위한 투자 지원과 재원 지원을 통해 민간 투자 활동과 민간 창업 활동의 장려, 소유권과 행정 분야에서 투자 장애 요인의 제거, 사회 간접 자본 시설의 확충, 동독 기업 제품의 판매 조건 개선, 동독 국유 기업의 사유화와 재사유화, 그리고 적극적인 고용 정책 추진 등이 있었다.

동독 부흥 계획에서 특히 민간 투자를 장려하고, 투자 장애 요인을 제거하는 것이 중요했다. 민간 투자를 장려하기 위해 융자 지원, 세제 혜택과 투자 보조금 지원 등의 조치가 있었다. 투자 장애 요인을 제거하기 위해서는 불명확한 소유권을 명확히하고, 행정 체계 개선 등의 조치를 했다. 특히 재산권과 관련하여 통일 조약에 규정된 '보상 이전에 반환Rückgabe vor Entschädigung'의 원칙은 소유권을 명확히 하기 어려워 투자에 장애가 되자, '반환 이전에 투자Investition vor Rückgabe' 원칙이 도입되었다. 이로 인해 연방 정부, 주정부, 지방 자치 단체 또는 신탁청은 소속 재산을 반환 청구에 대한 결정을 기다리지 않고 투자가에게 매각할 수 있게 되었다.

동독 지역의 경제 재건을 위한 '동독 부흥' 계획에 따라 1991년부터 2001년까지 11년 동안 총 9,563억 유로가 투자되었다. 총 투자액 중 66.8%인 6,392억 유로가 건설 분야에 투자되어 건설 분야에 많은 투자가 이루어졌다. 통일 이후 1996년 말까지 동독 지역에 약 53만 개에 이르는 기업들이 자리를 잡았고, 340만 개의 일자리가 만들어졌다. 그럼에도 불구하고 서독 지역보다 두 배나 높은 실업률 등 동독 지역에는 아직도 해결되어야 할 일이 많다.

통일 비용(동독 지역의 재건 재원)   동독 지역의 경제를 재건하고 사회 간접 자본 시설을 확충하기 위해서는 많은 비용이 소요되었다. 통일 비용이란 통일 이후 동독 지역의 경제와 사회 체제의 전환을 지원하기 위해 투입된 모든 종류의 공공 재원을 말한다. 통일 당시 서독에서는 통일 비용에 대해 큰 관심을 갖지 않았다. 왜냐하면 서독의 건실한 공공 재정, 동독 국유 재산의 매각 대금, 통일이 되어 필요 없게 된 분단 유지 비용 등을 활용하면 통일 비용이 해결될 것으로 낙관하였기 때문이었다. 그러나 동독 경제 상황이 매우 심각하여 처음 예상보다 많은 비용이 소요되었다.

통일 비용은 연방 정부의 재정 지원, 통일 기금 조성, 유럽 연합(EU)의 구조 조정 기금, 그리고 사회 보장비 지원 등의 모든 비용을 포함한다.

첫째, 연방 정부가 예산에서 지원한 비용이 있다. 1991년에서 1997년까지 신연방주(동독 지역)에 지원한 금액은 8,040억 마르크로 연 예산의 25% 정도였다. 동독 지역에 이전된 공공 재원 가운데 연방 정부가 약 70%를 부담하였는데, 통일 비용의 대부분을 정부가 부담한 것이다.

둘째, '통일 기금Fonds der deutschen Einheit'이 있다. '통일 기금'은 통일 이전 동·서독이 신연방주의 공공 재정을 지원하기 위해 '국가 조약'에서 조성하기로 한 기금이다. 1991년에서 1994년까지 5년 동안 총 1,607억 마르크가 조성되었는데, 1,607억 마르크 중 950억 마르크는 기채, 469억 마르크는 연방 정부의 보조금, 161억 마르크는 서독 지역 주정부의 보조금이었다. '통일 기금'은 동독 지역 주민 수에 비례하여 주와 지방 자치 단체에 지원되었는데, 통일 기금의 15%를 연방 정부에 배정하여 동독 지역 재건 사업에 직접 사용했다. 85%는 신연방주에 할당했는데, 이 가운데 40%는 다시 그 주에 속해 있는 지방 자치 단체에 재배정하여 사용했다.

셋째, 유럽 연합(EU)의 구조 조정 기금이 있는데, 동독은 1인당 GDP 기준으로 유럽 연합의 구조 취약 지역에 해당되어 1991년부터 유럽 연합으로부터 구조 조정 기금을 지원받고 있다. 1991년부터 1997년까지 410억 마르크가 지원되었다.

넷째, 사회 보장비 지원 비용이 있는데, 동독 지역 주민의 사회 보장비를 위해 1991년에서 1997년까지 약 2,790억 마르크가 지원되었다.

독일 정부는 통일 이후 1994년까지 통일 기금을 조성하여 지원하고, 1995년부터는 재정 균형 제도(연방 정부와 주정부, 또 주정부 상호 간 부가 가치세 배분과 연방 정부의 교부금 지원을 통해 각주 1인당 평균 조세 수입을 농일하게 배분하는 제도)를 통해 지원했다. 재정 균형 제도가 시행되어 통일 기금보다 많은 금액이 지원되고 있다. 이와 같이 통일 비용을 조달하기 위해 독일 정부는 유휴 기금의 활용, 재정 차입, 조세 인상, 연대 부과금 징수, 그리고 예산 절감 등의 방법을 사용했다.

통일 이전의 서독의 공공 재정은 정부의 긴축 재정 노력으로 1989년에 0.2%의 흑자를 이룰 정도로 양호했다. 그러나 통일 이후 동독 지역의 경제 재건으로 투자비 증가, 서독 지역의 경기 침체로 인해 조세 수입 감소, 사회 보장비 증가 등으로 공공 부문의 적자가 계속되었다. 이로 인해 1989년 말에 9,290억 마르크(GNP 대비 41%)였던 전체 공공 부문의 부채 총액은 1996년 말에 약 2조 2,135억 마르크(GNP 대비 60.3%)로 늘어났다. 이러한 지속적인 적자 재정 운용은 경제에 큰 부담이 되었고, 이자율을 올려 투자 여건을 악화시켰다. 이로 인해 동독 지역의 경제 재건이 더욱 어렵게 되었다.

통일 이전 헬무트 콜 수상은 통일로 인한 조세 인상이 없을 것이라고 약속하였지만, 늘어나는 통일 비용을 조달하기 위해 조세를 인상하지 않을 수 없었다. 우선 유류세가 인상되고, 1991년 4월 1일부터 사회 보장 보험료가 인상되어 실업 보험료는 2.5%에서 6.5%로, 연금 보험료는 17.7%에서 19.2%로 인상되었다. 또한 부가 가치세도 1993년 1월 1일부터 14%에서 15%로 인상되었다. 이외에도 보험세는 3%에서 15%로 인상되고, 담배세도 인상되었다.

통일에 따른 어려운 경제 여건에서 연대 의식을 통해 통일 비용을 부담하기 위해 연대 협약이 마련되었다. 연대 협약의 기본 원칙은 연방 정부, 주정부 및 지방 자치 단체는 지출을 줄이고, 기업가는 동독 지역에 투자를 확대하며, 노동자들은 임금 인상을 자제하는 데 있었다. 연대 협약 부과금은 1991년 7월 1일부터 1년 동안 임금, 소득세 및 법인세에 7.5%를 부과하여 219억 마르크를 조성했다. 통일 비용이 계속 소요되자 이 제도는 1995년 1월 1일부터 다시 도입되었다.

1991년부터 2003년까지의 13년 동안 약 1조 2,500유로의 공공 자금이 동독 지역으로 이전된 것으로 파악된다. 그러나 동독 지역에서 세금 등으로 연방 정부에 유입된 금액을 제외하면 순 이전 금액은 총 이전 금액의 76%인 약 9,500유로로 파악된다. 통일 비용 중에서 재정 차입으로 가장 많은 비용이 조달되었고, 이어 세금 인상과 사회 보험료 인상, 그리고 예산 절감 순으로 조달되었다.

동독 국유 기업의 사유화 1990년 7월 1일 '국가 조약'이 발효되면서 동독 기업들은 서독이나 외국 기업들과 경쟁하게 되었다. 그러나 기술 수준이 낮고, 시설 장비가 노후화된 동독 기업 제품은 품질이 현저히 떨어져 동독 주민들조차 외면했다. 더욱이 동독 화폐 교환 비율이 너무 높게 책정되어 근로자의 임금이나 상품 가격이 일시에 급격히 올라 경쟁을 약화시켰다. 주요 수출 시장이었던 소련과 동유럽이 붕괴되고, 동유럽 국가간 경제 협력체인 코메콘(COMECON)이 해체되어 기존의 시장을 상실하여 동독 기업들은 살아남기 더욱 어려워졌다. 이 결과 동독 지역 노동자의 생산성은 크게 떨어져 서독 지역 노동자의 1/3 수준에 불과했다.

통일이 되어 가장 어려운 문제 중의 하나는 이와 같이 생산성이 떨어지고 경쟁력이 없는 동독 국유 기업의 처리 문제였다. 결국 동독 기업은 창업, 재사유화再私有化, 그리고 신탁청에 의한 인민 공유 기업 사유화의 세 가지 방법에 의해 처리되었다. 여기에서 재사유화는 소유권을 박탈당한 원소유자에게 그 기업을 되돌려주는 것이고, 사유화는 국영 기업을 민간에 매각하는 것을 뜻한다. 재사유화의 대상은 1972년 국유화된 11,800개의 기업이었다.

동독 기업의 사유화(매각) 작업은 신탁청에 의해 추진되었다. 동독의 개혁이 한창이던 1990년 2월 12일 동독 원탁회의가 인민 공유의 재산을 보호하기 위해 신탁청Treuhandanstalt 설립을 제의하자, 동독 정부는 3월 1일 신탁청 설립을 결정했다. 이어 6월 17일 '국유 재산의 사유화 및 재편성을 위한 법'(이하 신탁법)이 제정되어, 신탁청은 1990년 7월 1일 베를린에 설립되었다. 신탁청은 400만 명의 근로자와 45,000개 이상의 영업장을 가진 약 8,000~9,000개의 기업을 소유하고, 33,000개의 상점, 호텔, 식당, 영화관과 약 385만 ha의 농지와 산지도 소유했다. 신탁청은 또한 공산당, 국가 안전부 및 인민군이 소유했던 재산도 관리했다.

신탁청의 주요 임무는 국유 기업을 사유화(매각)시켜 가능한 한 신속하게 기업 활동을 하도록 전환시키고, 경쟁력을 갖추어 기존의 일자리를 유지하면서 아울러 새로운 일자리도 확보하는 일이었다. 실업자 발생을 줄이기 위해 기업의 사유화보다는 경쟁력을 갖도록 정비하는 일에 우선을 두어야 한다는 주장도 있었으나 반영되지 않았다. 신탁청은 "동독 기업의 최상의 정상화는 신속한 사유화"라며 "신속한 사유화, 단호한 정비, 신중한 폐지"라는 원칙에 의해 사유화를 서둘렀다. 신탁청의 활동 시한은 1994년 12월 31일까지였다.

신탁청의 업무에서 사유화 작업, 특히 국유 기업의 사유화가 매우 중요했다. 신탁청에 의해 매각된 기업이 잘 운영되어야만 일자리가 창출되어 경제에도 기여하기 때문이었다. 그러나 신탁청이 기업체를 사유화하거나 매각하는 과정에서 실업자가 늘어나자 신탁청 활동에 대한 비난도 있었다.

신탁청은 활동 시한인 1994년 12월 31일까지 국유 기업과 콤비나트의 사유화를 통해 15,102개의 기업체와 공장을 사유화(매각)했다. 그리고 25,030개의 상점, 식당, 호텔과 영화관 등을 사유화(매각)하고, 매각이 도저히 불가능한 3,600개의 기업체는 폐쇄했다. 신탁청의 사유화 조치로 150만 개의 새로운 일자리가 생기고, 666억 마르크의 기업체 매각 수익과 2,111억 마르크의 투자가 확보되었다. 그러나 이로 인해 약 2,750억 마르크에 달하는 적자가 발생하기도 했다.

신탁청은 국유 기업의 사유화 이외에도 농지農地와 임야林野의 사유화 작업을 했다. 신탁청은 190만ha의 농지와, 195만ha의 산지를 보유하고 있었다. 190만ha의 농지에서 60만ha는 주정부, 지방 자치 단체, 그리고 1949년 이후 소유권을 박탈당해 재반환을 청구할 권리가 있는 원소유주들에게 반환되었으며, 130만ha는 사유화되었다. 그리고 195만ha의 산지 가운데 77만ha가 사유화되었다. 따라서 130만ha의 농지와 118만ha의 임야가 우선 사유화되고, 2차적으로는 장기 임대 형식으로 실수요자들에게 배분되었다.

신탁청은 40년 이상 지속된 중앙 집권적 계획 경제 체제를 시장 경제 체제로 바꾸는 데 큰 역할을 했다. 신탁청 후속 기관으로 1995년 1월 1일 통일 관련 특별 업무 연방청(BVS)이 설립되었다. 이 연방청은 재산권 분쟁 등 권리 행사, 회사의 정리, 재사유화, 그리고 신탁청이 체결한 계약 관리 등의 과제를 인계받았다. 또한 신탁청이 체결한 3만여 건의 사유화 계약을 포함한 85,000여 건의 신탁 계약서, 투자 보장과 일자리 보장을 감시하고 기업들의 사유화나 매각 문제를 처리했다.

사회 분야 통합

정치 통합이나 경제 통합이 체제의 통합이라면 사회 통합은 국민 개개인에 관련된 제도의 통합이기 때문에 동독 주민들은 훨씬 더 중요하게 느꼈다. 특히 동독 국유 기업의 사유화(매각) 과정에서 발생한 실업자 문제, 동독 지역 주민의 생활수준 향상 문제, 사회 보장 제도 확대 및 환경 개선 등에는 어려움이 따랐다.

실업자 대책 통일 이전에 동독에서는 형식적인 완전 고용을 달성하기 위해 생산성과 관계없이 많은 노동자를 채용했다. 이로 인해 동독은 실업자가 없다고 자랑하였는데, 이는 동독뿐만 아니라 대부분의 사회주의 국가가 그러했다. 그러나 동독 기업의 기술 수준이 낮은 데다 화폐 통합으로 상품 가격이 상승해 거의 모든 동독 제품이 경쟁력을 잃었다. 또한 동독 기업의 생산 시설은 극도로 낙후되었으며, 에너지가 많이 소비되는 시설이었다. 통일이 되자 사회주의 경제 체제가 시장 경제 체제로 바뀌면서 과다하게 고용된 근로자들의 대대적인 감축이 불가피했다.

1989년 동독의 평균 취업 인구는 974만 명이었으나, 통일 이후 취업자가 급격히 줄어들었다. 취업자가 줄면서 자연히 실업자가 늘어나 1991년에는 91.3만 명, 1992년에는 117만 명의 실업자가 있었다. 그러나 이는 어디까지나 등록된 실업자이고, 실업 상태에 있는 사람들까지 합하면 1992년의 실업자는 303만 명으로 총 취업자의 38.6%를 차지했다. 과다 고용되고 경쟁력 없는 국유 기업의 사유화 과정에서 고용 감축으로 발생한 수많은 실업자는 통일의 가장 부정적인 측면이었다.

실업자 문제를 근본적으로 해결하는 방법은 동독 지역의 꾸준한 경제 성장으로 민간 기업이 고용을 증대하는 것이었다. 그러나 동독 지역의 꾸준한 경제 성장이 어려운 사정을 고려하여 적극적인 고용 정책이 추진되었다. 실업자 발생을 억제하기 위해 실시된 정책으로는 단축 조업, 조기 퇴직, 전직 훈련, 고용 창출 조치 등이 있었다.

단축 조업은 근로자의 해고를 방지하기 위해 실시되었으며, 해당 근로자의 일자리가 보장되지 않는 경우에도 단축 조업 수당을 지불했다. 조기 퇴직은 동독 지역에만 실시된 제도로 고령층의 인력을 미리 감축함으로써 장기적인 실업 상태를 해소하려는 조치였다. 또한 고용 창출 조치로 도로 건설, 교통, 사회 복지 시설 등 사회 간접 자본 시설을 복구하고 확장하는 작업에 근로자를 고용했다.

이와 같이 일자리를 보존하고 창출하기 위해 실시된 단축 조업, 조기 퇴직, 고용 창출 조치 및 전직 훈련 제도를 통해 실업자 발생을 크게 줄였다. 적극적인 고용 정책을 통해 감축한 실업자는 1991년 191.9만 명, 1992년 193.4만 명, 1995년에는 103.8만 명이었다. 1996년부터는 백만 명 이하로 줄어들어 81.7만 명, 2000년은 48.8만 명 2001년은 44.7만 명의 실업자를 각각 줄였다. 그럼에도 불구하고 동독 지역의 실업자는 1992년 117만 명(14.4%), 1993년 104.7만 명(15.1%)이었으나, 1997년 136.4만 명(18.1%), 2001년 134.4만 명(17.5%), 2002년 156만 명(19.2%)으로 매우 높은 편이다. 서독 지역의 실업률 9.8%(406만 명)는 동독 지역 실업율의 절반에 불과하여 동독 지역의 실업자 감축이 시급한 실정이다.

실업 문제와 함께 동독 근로자의 생활수준을 향상시키는 것은 시급한 일이었다. 동독 근로자들의 기본 임금 수준이 1990년 통일 당시에는 서독 근로자들의 36.4%였으나, 1996년 말에는 89%로 향상되었다. 이와 같은 평균 소득의 상승은 동독 근로자의 생산성 향상에 의한 것이 아니라, 노조에 의한 단체 협약 체결로 임금이 올랐기 때문이다.

통일과 함께 동독 지역 근로자들의 생활수준이 향상되고 있으나, 이는 임금의 상승과 서독 지역으로부터 막대한 재정 이전에 의해 이루어지고 있는 실정이다.

사회 보장 제도의 개편 사회 보장 제도의 개편은 일차적으로 동독의 사회 보험 제도에 대해 실시되었다. 통일 이전 동독의 사회 보장 보험은 서독과 마찬가지로 독일 제국 시대의 사회 보험을 기초로 하고 있었다. 그러나 동독의 보험 제도는 서독과 다른 정치 체제를 겪으면서 다르게 운영되었다. 즉 동독의 사회 보험 제도는 의료 보험, 연금 보험, 상해 보험 등 3개 보험이 하나의 사회 보험으로 통합 운영되었으며, 외형적으로 실업자가 없어 실업 보험 제도는 없었다. 사회 보험 재원은 가입자가 50%를 납부하고, 세금 50%로 충당되었다.

이에 비해 서독의 사회 보험 제도는 연금 보험, 의료 보험, 실업 보험, 산재 보험으로 나누어져 각각 다른 보험 기관에 의해 운영되었으며, 1995년에 도입된 간병 보험 제도가 있다. 보험료는 산재 보험만 고용주가 100% 납부하고, 다른 보험은 고용주와 근로자가 반반씩 부담했다.

'국가 조약'(제18조)과 '통일 조약'(제30조)에 의해 동독은 서독의 사회 보험 제도를 도입하여야 했다. 즉 동독 지역에 연금 보험, 의료 보험 및 실업 보험 등으로 구분하여 사회 보장 제도를 구축하고, 각각의 보험 기구를 설립하도록 했다. 그리고 각 사회 보험은 보험료에 의해 운영되며, 보험료는 서독의 보험료와 같게 하고 근로자(가입자)와 사업주가 반반씩 부담하도록 했다.

실업 보험 제도 도입을 위해 동독 지역에는 '국가 조약'에 따라 통일 이전 38개의 노동관청과 161개의 사무소가 설치되었으며, 통일 이후 2개의 주 노동청이 설립되어 연방 노동청 지청이 되었다. 과거 동독에서는 실업 보험 제도가 없었기 때문에 '국가 조약'과 '통일 조약'에 따라 서독의 고용 촉진법이 동독 지역에 확대 적용되었으며, 실업 보험과 실업 보조금 제도가 도입되었다. 이로 인해 근로자가 최근 3년 동안 최소 1년간 실업 보험에 가입되어 있는 경우에 순 소득액의 63~68%를 최소한 6개월 동안 받을 수 있도록 했다.

연금 제도와 관련하여 동독의 연금법이 서독의 연금법과 같아지도록 한 '국가 조약'(제20조)에 따라 연금 전환법이 1992년 1월 1일부터 동독 지역에 확대 적용되어 연금 제도는 단일화되었다. 연금 전환법의 가장 중요한 특징은 연금의 재평가를 실시하여 동독 지역 연금 수령자들은 근로 실적(취업 연수와 보험 가입 연수)과 이 기간 동안 받은 연금을 반영하기로 했다. 그럼에도 최초 연금 수령액이 최저 연금액에 미달되는 경우에는 실제 받은 연금과 최저 연금과의 차액을 사회 보조금Sozialzuschlag으로 1996년 12월 31일까지 한시적으로 지급했다.

동독 지역에서 연 2회(매년 1월 1일과 7월 1일) 조정되던 연금 지급액은 1996년 7월 1일부터 연 1회(매년 7월 1일)조정되고 있다. 1990년 7월 1일 동독 근로자의 연금 수준은 서독 근로자의 40.3%였으나, 1995년 7월 1일에 79%로 높아지고 2003년 7월 1일에는 87.9% 수준으로 높아져 격차가 크게 줄어들었다. 그러나 실제 지급된 연금은 이와는 달리 신 연방주에서는 남자 1,036유로와 여자 655유로로 서독 지역의 남성 991유로와 여성 482유로보다 높다. 지불 가능한 기본 연금과 비교하여 실제 지급된 보험 연금에서 신 연방주가 유리한 이유는 연금 이전 과정에서 보장되었던 소유 보호 금액과 동독 지역 연금 생활자들이 더 일관된 보험 경력이 있기 때문이었다.

의료 보험 제도는 1991년 1월 1일 의료 보험법이 동독 지역에 적용되어 시행되었다. 산재 보험 도입을 위해 '국가 조약'은 1990

년 서독의 모델을 따라 고용주가 보험료를 전액 납부하도록 했다. 이어 1992년 1월 1일 전지역에 단일의 산재 보험 제도가 발효되었다.

또한 사회 복지 제도에 의해서도 생활 유지가 어려운 자들에게는 사회 보조금이라는 생계비가 지급되었다. 사회 보조금 제도는 소득 및 재산과 연관된 기본 보험으로 사회 복지 국가를 실현하기 위해 궁핍한 경우에도 인간다운 생활이 가능하도록 보장해주는 제도이다. 지원액은 독신자와 가장의 경우 월 400마르크를 지급하고, 환자, 임산부 장애자 등 수입이 적은 자에 대해서는 기본급의 20%를 추가로 지급했다.

환경 개선 통일 이전 서독은 쓰레기를 분리수거하거나 환경오염을 방지하는 등 환경 보호를 위해 많은 노력을 기울였다. 그러나 동독의 사회주의 계획 경제에서는 환경 보호에 대한 대비가 거의 없었으며, 생산 수단 투자에 있어서 환경 보호 장치가 없어 개개인이 환경오염에 대한 의식이 부족했다.

1990년 동독 정부가 작성한 자료에 따르면, 동독 하천의 42%, 저수지의 24%가 심하게 오염되어 정수 처리를 하여도 식수로 사용할 수 없었다. 또한 흐르는 물의 3%, 고여 있는 물의 1%만이 상태학적으로 양호한 정도였다. 대기 오염은 더욱 심각했는데, 주민 1인당 먼지 배출량과 아황산가스 배출량은 서독 지역의 8배나 되고 세계 1위를 차지할 정도였다. 그리고 1989년의 이산화탄소 배출량은 세계에서 최고치였다. 1인당 쓰레기도 동독 주민들이 서독 주민들보다도 50%나 더 배출하였으며, 쓰레기 매립으로 토양은 물론 지하수도 심각하게 오염되어 있었다. 전체 토지의 40%는 갈탄

채취, 휴경 없는 농작물 경작과 관리 소홀 등으로 오염되어 있었다. 특히 군사 훈련 지역, 비행장, 유류 저장소가 가장 심하게 오염되어 있었다. 동독 지역은 하나의 거대한 환경오염 지역이었다.

이렇게 오염된 환경을 개선하기 위해 동독 인민 의회는 1990년 6월 29일 환경 기본법을 제정하여 하천 보호, 자연 보호, 방사선 보호 등 서독 환경법의 주요 내용을 적용하도록 했다. '국가 조약'(제16조)에서 동독은 환경 보호에서 서독의 환경 기준을 따르기로 하고, '통일 조약'(제34조)은 인간의 자연적 삶의 원천을 보호하고 생태학적 생활 여건을 최소한 서독 수준으로 향상시키도록 했다. 서독 환경법은 동독 지역의 오염 제거를 위해 높은 수준의 환경 보호를 위한 중요한 법이었다.

통일된 독일 정부는 동독 지역의 환경을 오염시키는 주범인 에너지 산업 분야의 현대화를 위해 노력했다. 우선 갈탄의 사용을 억제하고, 유황 배출이 많은 석탄을 사용하는 발전 시설 등 환경오염 시설을 즉시 가동 중지시켰다. 또한 가정과 기업에서 사용하는 에너지 기구를 현대화된 절약형으로 대체하도록 지원하여 에너지를 절약하고 환경오염을 낮추었다. 과거 동독 지역 주택의 난방은 갈탄이 주재료였으나, 2000년 말에는 주택의 45%는 천연 가스를, 18%는 난방용 석유를 사용했다. 또한 환경 정화를 위해 고용된 약 120만 명이 매립지 제거, 낡고 오염된 시설의 철거와 해체, 쓰레기 처리 등의 환경 개선 작업을 했다.

환경 개선을 위한 연방 정부와 동독 지역 주정부의 꾸준한 투자와 환경을 오염시키는 노후 산업 시설의 개선 조치로 동독 지역의 환경 상태는 통일 이후 크게 개선되었다. 1989년을 기준으로 2000년 말에 먼지 배출량은 99%, 이산화유황 배출량은 88%, 산화질소 배출량은 74%가 각각 줄어들었다. 또한 환경을 오염시키는 갈탄 생산량은 1989년 3억 톤에서 2002년에는 7,900만 톤으로 크게 줄었다.

그러나 환경 개선은 다른 분야보다도 시일이 더 걸렸다. 왜냐하면 동독 지역에는 경제 성장을 통한 경제 재건과 실업자 구제 문제가 환경오염 시설의 개선보다도 더 시급하였기 때문이다.

내적인 통합

동독 지역 주민들은 통일과 함께 자유를 찾고, 또한 어느 정도의 경제적인 안정도 누릴 것으로 생각했다. 그러나 통일 이후 경쟁력 없는 국유 기업을 사유화하는 과정에서 많은 사람들이 실업자로 전락하여 그러한 기대는 무너졌다. 대량 실업의 발생은 통일의 가장 부정적인 면이다. 이러한 동독인들의 실망과 불안감은 연방 하원 선거에서 나타났다.

1994년 10월 실시된 연방 하원 선거에서 동독 공산당(SED) 후신인 민사당(PDS)은 30석을 얻은 데 이어, 1998년 9월 선거에서는 5.1%의 득표율로 36석을 얻었다. 민사당은 서독 지역에서 1%정도를 얻었으나, 동독 지역에서는 무려 19.5%를 얻었는데, 이 지역 투표자 5명중 1명은 그들의 어려운 입장을 대변해 줄 정당으로 민사당을 선택한 것이다. 그러나 민사당은 2002년 9월 선거에서 의석 배분에 필요한 5%에 못 미치는 4%를 얻어, 지역구에서 얻은 2석뿐인 군소 정당으로 전락했다. 그럼에도 민사당은 신연방 주의회에 진출하여 동독 지역에서 여전히 영향력 있는 정당이다.

서독 주민과 동독 주민은 지난 45년 동안 전혀 다른 체제에서 서로 다른 삶을 살아왔기 때문에 서로에 대한 이해가 부족했다. 진정한 통합이 이루어지기 위해서는 서독 지역 주민과 동독 지역 주민이 서로 다른 삶을 살아온 데 대해 이해하고, 더욱 가까이 지내려는 노력이 필요하다. 또한 동독 공산당(SED)의 독재를 청산하고, 공산 독재 정권에 의해 희생된 자들에 대한 보상도 이루어져야 한다. 내적인 통합을 위해 다음과 같은 노력이 이루어지고 있다.

첫째, 문화적·지역적 정체성을 강화하는 일이다. 동독 지역에는 국가적으로나 국제적으로 중요한 문화 유적지와 건축 기념물이 많다. 문화 유적지와 건축 기념물은 주민들에게 정체성과 자긍심을 심어주기 때문에 이러한 문화재의 보존과 유지는 중요하다. 그러나 신연방주(동독 지역 주)는 재정이 취약하여 이러한 문화재를 스스로 보존하기 어렵기 때문에 연방 정부의 재정 지원이 이루어지고 있다. 이를 위해 동독 지역의 문화 인프라를 개선하는 '신연방주의 문화' 프로그램과 문화 시설의 보존과 현대화를 위한 '등대der Leuchtturm' 프로그램이 운영되고 있다.

둘째, 스포츠에 대한 지원이 있다. 스포츠는 동질성을 느끼도록 하여 사람들을 함께 묶는 큰 힘을 가지고 있다. 스포츠 특별 지원 프로그램인 '동부 황금 계획Goldener Plan Ost'에 의해 신연방주의 청소년을 위해 체육관과 수영장 등 스포츠 시설이 확장되고, 개조되고 있다. 또한 연방 정부의 재정 지원으로 베를린 올림픽 경기장이 현대화되고, 라이프치히 경기장이 개조되어 2006년 독일 월드컵이 동독 지역에서도 열리게 되었다.

셋째, 동독 공산당(SED) 독재의 과거 청산이 있다. 내적인 통합은 서독 주민과 동독 주민의 상호 이해와 동반자 의식을 높이는 것일 뿐만 아니라 역사적인 정체성을 확립하는 문제이기도 하다. 이런 의미에서 공산당 독재에 대한 청산은 매우 중요했다. 이를 위해 동독이 독일 역사의 일부로 학문적으로 연구되고 있으며, 공산당이 동독을 지배하게 된 원인, 역사, 결과에 대한 연구 등을 통해 반전체주의가 독일 사회에서 확고히 자리 잡도록 하고 있다. 또한 동독 국가 안전부 활동에 관한 연구와 함께 과거 희생자들에 관한 정보 접근이 보장되고 있다.

넷째, 동독 공산당 정권에 의해 희생된 자들에 대한 보상이 있다. 2001년 1월 1일 발효된 제2차 복권 개선법에 의해 정치적으로 박해 받은 희생자들을 지원할 수 있게 되었다. 이 법에 의해 정치적으로 박해를 받은 자, 기존의 정치범, 희생자 유가족, 그리고 제2차 대전 이후 오데르 강과 나이세 강 건너에서 강제로 추방된 사람들에게 약 2억 유로가 추가 지원되었다. 또한 직업적 복권과 관련하여 피해자들이 연금법상 입을지도 모를 불이익을 개선했다.

내적인 통합을 위해서는 위와 같은 노력과 함께 동독 지역과 서독 지역 사이에 존재하는 경제적 격차를 해소하고, 동독 지역의 높은 실업률을 줄이는 노력이 꾸준히 이루어져야 한다.

통합 과정에 많은 어려움이 있었으나, 이러한 어려움은 자유민주주의와 시장 경제 체제의 서독과 공산 독재와 계획 경제 체제하에 있던 동독이 통일되어 불가피하게 일어나는 문제들이다. 하지만 이러한 문제들에도 불구하고, 통일이 독일인들의 자유로운 의사에

따라 평화적으로 이루어졌고, 또한 동독 지역 주민들이 공산 독재 체제에서 벗어나 자유와 기본권이 보장된 자유 민주주의 체제에서 생활하게 된 점이 독일 통일의 가장 큰 의미라고 할 수 있다.

분단과 통일의 독일 현대사 주요 일지

1939.	8. 23	독일, 소련과 불가침 협정 체결.
	9. 1	독일, 폴란드 공격.
1941.	6. 22	독일, 소련 공격.
	8. 14	루스벨트와 처칠, 대서양 헌장 발표.
1943.	1. 14~24	루스벨트와 처칠, 카사블랑카 회담 개최.
	11.28~12.1	루스벨트, 처칠, 스탈린, 테헤란 회담 개최.
1944.	9. 12	독일 점령지 분할에 관한 런던 의정서 체결.
	11. 12	통제 기구 설립에 관한 런던 협정 체결.
1945.	2. 4~11	루스벨트, 처칠, 스탈린, 얄타 회담 개최.
	4. 30	히틀러, 베를린에서 자살함.
	5. 7~8	독일, 무조건 항복.
	6. 5	연합국, 베를린 선언으로 독일의 주권 인수.
	7. 17~8.2	트루먼과 처칠(뒤에 애틀리가 참석), 그리고 스탈린, 전후 독일 문제에 관하여 협의 (포츠담 회담).
	11. 20	뉘른베르크 군사 재판 시작.
1946.	4. 21~22	소련 점령 지역 내의 공산당과 사민당, 통합하여 독일 사회주의 통일당(SED) 결성.
	9. 6	번즈 미 국무장관, 대독일 정책 전환 선언.

1947.	1. 1	미국과 영국, 점령 지역에 대한 경제 정책 통합(Bi-Zone).
	3. 12	트루먼 독트린 발표.
	6. 6~7	전독일 주수상 회담이 뮌헨에서 개최되었으나 결렬됨.
1948.	3. 20	소련 소콜로프스키 사령관, 연합국 통제 위원회 탈퇴.
	6. 20	서방 연합국, 서독 지역에 화폐 개혁 실시.
	6. 24	소련, 베를린 봉쇄 단행(1949. 5. 12 해제).
	6. 24~28	소련, 동독 지역과 동베를린에 화폐 개혁 실시
	9. 1	의회 위원회der Parlamentarische Rat 발족.
1949.	5. 23	독일 연방 공화국의 기본법 발효.
	8. 14	서독, 최초의 연방 하원 선거 실시.
	9. 12	테오도르 호이쓰, 초대 연방 대통령으로 선출됨.
	9. 15	콘라트 아데나워, 초대 연방 수상으로 선출됨.
	9. 20	아데나워 수상, 연방 정부 구성.
	9. 21	서독 연방 정부 출범, 점령 규약 발효.
	10. 7	독일 민주 공화국(동독) 수립.
	10. 31	서독, 유럽 경제 위원회 가입.
	11. 22	페터스베르크 협정 체결.
1950.	3. 22	서독, 국제 감시하의 자유로운 선거에 의한 통일 호소
	6. 15	연방 하원, 서독의 유럽 위원회 가입 결정.
	7. 6	동독, 폴란드와 체결한 괴를리츠 협정에서 오데르-나이세 강 선이 폴란드의 서부 국경선임을 인정함.
1951.	3. 15	서독 외무부 창설. 아데나워 수상, 외무장관 겸직.
	4. 18	석탄 및 철강 유럽 공동체 조약 체결.
	9. 20	동·서독, 내독 무역과 관련한 베를린 협정 체결.
	9. 28	연방 헌법 재판소 설립됨.
1952.	5. 26	서독과 서방 3국, 독일 조약(일반 조약) 서명.
	5. 27	유럽 방위 공동체 조약(EVG) 서명(그러나 1954. 8. 30, 프랑스

의회의 비준 거부로 무산되었으며, 따라서 '독일 조약'도 발효되지 않음).

7. 25   석탄 및 철강 유럽 공동체 설립 조약 발효. 루르 규약 해제됨.

8. 28   사민당 대표 쿠르트 슈마커, 세상을 떠남.

1953. 6. 17   동독 대규모 국민 봉기.

9. 6   제2대 연방 하원 선거 실시.

10. 7   콘라트 아데나워, 연방 수상으로 재선됨.

1954. 1.25~2. 28 독일 문제 해결을 위한 4개국 회담이 베를린에서 열렸으나 합의 없이 끝남.

7. 17   테오도르 호이쓰, 연방 대통령으로 재선됨.

10. 21~23 파리 조약 서명(서독의 주권 행사와 나토 가입 등을 규정).

1955. 1. 25   소련, 독일과 전쟁 상태 종결 선언.

2. 27   연방 하원, 파리 조약 비준.

5. 5   파리 조약의 발효로 서독은 주권 국가가 됨.

5. 9   서독, 나토 가입.

7. 17~23 독일 문제 해결을 위한 4국 회담이 제네바에서 개최되었으나 합의 없이 끝남.

9. 8~14 아데나워 수상, 모스크바 방문(외교 관계 수립과 독일 전쟁포로 석방 합의).

10. 23   자르 지역 주민, 주민 투표에서 자르 규약 반대.

1956. 7. 7   병역 의무 제도 신설.

8. 12   연방 헌법재판소, 독일 공산당(KPD)을 헌법에 위반되는 정당으로 판결.

1957. 1. 1   자르란트 서독에 편입됨.

3. 25   EEC 창립 조약 서명.

9.15   제3대 연방 하원 선거 실시.

| 10. 19 | 서독, 유고슬라비아가 동독과 외교 관계를 수립하자 할슈타인 독트린에 의해 유고슬라비아와 외교 관계 단절. |
| 10. 22 | 콘라트 아데나워, 연방 수상으로 선출됨(세 번째). |

1958.	1. 1	EEC 조약 발효.
	11. 27	소련, 서방 연합국에게 베를린에 관한 최후 통첩 발송.
	12. 31	서방 연합국, 베를린에 대한 권리를 포기하지 않겠다며 소련의 최후 통첩 거부.

1959.	1. 5	서독, 서베를린의 자유 도시화와 동독 승인 거절.
	7. 1	하인리히 뤼프케, 제2대 연방 대통령으로 선출.
	5.11~8.15	독일 문제 해결을 위한 제네바 회담 개최(4개 연합국과 동·서독 외무장관 참석).
	9. 8	빌리 브란트 베를린 시장, 베를린 4대 기본 원칙 제시.
	11. 15	사민당, 특별 전당 대회를 개최하고 '고데스베르크 강령' 채택.

| 1960. | 6. 30 | 헤베르트 베너, 연방 하원에서 사민당의 새로운 외교 정책 선언. |
| | 9. 12 | 피크 동독 대통령의 사망(9. 7)으로 울브리히트가 국가 원수를 겸함. |

1961.	6. 3~4	케네디와 흐루시초프, 빈에서 정상 회담 개최.
	8. 13	동독, 베를린 장벽 설치 시작.
	9. 17	제4대 연방 하원 선거 실시.
	11. 7	콘라트 아데나워, 연방 수상으로 선출됨(네 번째).

1962.	9. 4	드골 프랑스 대통령, 서독 방문.
	10. 26	시사 주간지 슈피겔 발행인과 편집 위원들이 국가 반역 혐의로 체포됨(슈피겔 사건).
	11. 30	슈피겔 사건과 관련, 슈트라우스 국방장관 사임.
	12. 13	아데나워 수상, 슈피겔 사건과 관련 새로운 내각 구성.

1963.	1. 22	독·불 우호 조약(엘리제 조약) 체결.
	4. 23	기민/기사당, 루드비히 에르하르트를 차기 수상 후보로 선출.
	6. 11	뤼프케 대통령, 동독 주민의 봉기일인 6월 17일을 국민 기념일로 선포.
	6. 23~26	케네디 미국 대통령, 서독 방문.
	10. 11	아데나워 수상, 수상직 사임 발표.
	10. 16	연방 하원, 루드비히 에르하르트를 연방 수상으로 선출.

| 1964. | 2. 16 | 빌리 브란트, 사민당 특별 전당 대회에서 새 대표로 선출. |
| | 7. 1 | 하인리히 뤼프케, 연방 대통령으로 재선됨. |

1965.	5. 5	서독, 이스라엘과 외교 관계 수립.
	9. 19	제5대 연방 하원 선거.
	10. 20	루드비히 에르하르트, 연방 수상으로 재선됨.

1966.	3. 25	서독, 외교 관계를 맺고 있는 모든 국가에게 평화 공한 발송.
	5. 26	사민당(SPD)과 동독 공산당(SED), 연설 교환 합의.
	6. 29	동독 공산당, 연설 교환 합의 취소.
	10. 27	4명의 자민당 소속 연방장관의 사퇴 선언으로 기민/기사당과 자민당의 연정이 붕괴됨.
	11. 30	에르하르트 수상, 수상직 사퇴.
	12. 1	쿠르트 게오르크 키징거, 연방 수상으로 선출됨. 기민/기사당과 사민당 대연정 수립.

| 1967. | 1. 31 | 서독, 루마니아와 외교 관계 수립. |
| | 4. 19 | 콘라트 아데나워, 91세로 세상을 떠남. |

1968.	1. 1	부가 가치세(Mehrwertsteuer) 제도 실시.
	1. 31	서독, 유고슬라비아와 외교 관계 재개.
	3. 11	키징거 수상, 동독에게 무력 포기에 관한 협상 제의.

	4. 6	동독, 새로운 헌법 제정.
	4. 9	서독, 소련에 무력포기 협상 제의.
	6. 28	비상 조치법 발효.
	8. 21	바르샤바 조약기구 군대, 체코슬로바키아 칩입.
	9. 27	독일 공산당(DKP) 창당. 독일 공산당(KPD)이 해체된 지 12년 만에 다시 공산당이 조직되었음.
1969.	3. 5	구스타프 하이네만, 제3대 연방 대통령으로 선출됨.
	9. 28	제6대 연방 하원 선거 실시.
	10. 21	빌리 브란트, 수상 취임(사민당-자민당 연정 수립).
	10. 28	브란트 수상, 새로운 동방 정책 발표.
	11. 28	서독, 핵 확산 금지 조약 서명.
	12. 18	울브리히트 동독 제1서기, 하이네만 대통령에게 동등권을 바탕으로 한 조약 초안 제시.
1970.	1. 22	브란트 수상, 동독 슈토프 총리에게 무력 포기에 관한 회담 제의.
	2. 5	서독과 폴란드, 관계 개선 위한 정상 회담 시작.
	3. 19	브란트 수상과 슈토프 총리 회담(에어푸르트).
	5. 21	브란트 수상과 슈토프 총리 정상 회담(카셀).
	7. 7	바덴 지역 주민 투표 실시(바덴이 바덴-뷔르템베르크 주로부터 분리 여부 투표에 82%가 잔류 결정).
	8. 12	서독, 소련과 모스크바 조약 서명.
	11. 27	에곤 바르와 미카엘 콜, 동·서독 관계 개선 회담 시작.
	12.7	서독, 폴란드와 바르샤바 조약 체결.
1971.	5. 3	발터 울브리히트 동독 제1서기 사임. 후임 에리히 호네커.
	9. 3	베를린 협정 체결.
	12. 10	브란트 수상, 노벨 평화상 수상.
	12. 17	동·서독, 서독과 서베를린 간의 통과 협정 체결.
1972.	4. 27	연방 하원, 기민/기사당이 제의한 브란트 수상에 대한

건설적 불신임안 부결함.

5. 17	연방 하원, 모스크바 조약과 바르샤바 조약 비준.
6. 3	베를린 협정 최종 의정서 체결.
8. 26~9.11	제20회 올림픽 개최(뮌헨).
9. 5	아랍 테러 조직인 '검은 9월단'의 이스라엘 선수촌 습격으로 17명 사망.
9. 20	연방 하원, 의도적으로 브란트 수상 불신임. 이에 연방 대통령은 연방 하원 해산.
11. 19	제7대 연방 하원 선거.
12. 14	빌리 브란트, 연방 수상 재선.
12. 21	동·서독, 기본 조약 체결.

1973. 1. 1 영국, 덴마크와 아일랜드 EC에 가입.
      6. 12 헬무트 콜, 기민당 대표로 선출됨.
      7. 31 연방 헌법 재판소, 동·서독 기본 조약이 기본법에 위배되지 않는다고 판결.
      9. 18 동·서독 유엔 가입.
      12. 11 서독, 체코슬로바키아와 프라하 조약 체결.

1974. 5. 2 동·서독, 상주 대표부 교환.
      5. 7 브란트 수상, 동독 간첩 사건으로 사임.
      5. 15 발터 쉘, 제4대 연방 대통령으로 선출됨.
      5. 16 헬무트 슈미트, 연방 수상으로 선출됨.
      9. 4 미국, 동독과 외교 관계 수립.

1975. 8. 1 유럽 안보 협력 회의(CSCE) 최종 의정서 서명.
      10. 28 슈미트 수상, 서독 수상으로는 최초로 중국 방문.

1976. 6. 24 반테러법 제정됨.
      10. 3 제8대 연방 하원 선거 실시.
      12. 15 헬무트 슈미트, 연방 수상으로 재선됨.
1977. 4. 7 서독 연방 검찰 총장 부박Sigfried Buback, 적군파에 의해

살해됨.

9. 5　　독일 경영인 연맹 및 산업 연맹 회장 슐라이어Hanns Martin Schleyer 납치되어 살해됨.

1978.　2. 23　　미 달러화 환율, 처음으로 2DM 이하로 떨어짐.

5. 4~7　　브레주네프 소련 공산당 서기장, 서독 방문.

10. 27　　독일 철강 산업, 50년 만에 처음으로 파업.

11. 25　　동·서독, 베를린-함부르크 간 고속도로 건설 합의.

1979.　5. 23　　칼 카스텐스, 제5대 연방 대통령으로 선출됨.

6. 10　　유럽 의회, 첫 직선 실시.

10. 7　　녹색당, 브레멘시 주 의회 선거에서 5.14%를 획득하여 역사상 처음으로 주 의회에 진출.

12. 12　　나토, 중거리 핵로켓의 현대화와 소련과의 군축협상 결의 (이중 결의).

12. 27　　소련군, 아프카니스탄 침공.

1980.　1. 12~13　녹색당, 칼스루에Karlsruhe에서 연방 정당 결성.

1. 30　　바움Gerhart Baum 내무장관, 극우파인 '호프만 군사 스포츠 그룹' 금지.

7. 3　　프랑케 내독 관계부 장관, 1964년에서 1980년 사이에 약 2만 명의 동독 정치범이 서독 정부의 노력으로 석방되어 서독으로 넘어왔고, 같은 기간에 약 3만 명의 동독인이 가족 결합으로 서독으로 넘어왔다고 밝힘.

10. 3　　호네커, 서독에게 동독 승인과 상주 대표부의 대사관 전환 등 관계 정상화 제의(서독 거부).

10. 5　　제9대 연방 하원 선거 실시.

10. 9　　동독, 최저 환전 금액 인상(DM13 → DM25).

11. 5　　헬무트 슈미트, 수상으로 선출됨(3번째).

1981.　2. 28　　약 8만 명의 시민이 브록도르프Brokdorf 핵 발전소 건설 반대 시위.

	10. 10	약 30만 명의 시민이 본Bonn의 호프가르텐에서 평화와 군비 축소 지지 시위.
	12. 11~13	슈미트 수상과 호네커 서기장, 동독에서 정상 회담 개최.
1982.	1. 30	프랑크푸르트 공항 서부 활주로 공사 관련, 반대 시위.
	2. 3	슈미트 수상, 연방 하원에 신임 투표 제의.
	2. 5	연방 하원, 슈미트 수상 신임.
	9. 17	자민당, 사민당과의 연정 탈퇴.
	10. 1	슈미트 수상에 대한 건설적 불신임안이 가결됨(헬무트 콜이 후임 수상으로 선출됨).
	12. 17	연방 하원, 의도적으로 콜 수상에 대한 신임 거부.
1983.	1. 7	카스텐스 대통령, 연방 하원 해산.
	3. 6	제10대 연방 하원 선거 실시.
	3. 29	헬무트 콜, 연방 수상으로 재선됨.
	6. 29	서독, 동독에게 10억 마르크 차관 제공(동독, 방문 조건 완화와 자동 발사 장치 제거 약속).
	11. 21~22	연방 하원, 미국 중거리 핵 로켓 배치 결의(이중 결의 채택).
1984.	4. 4	금속 및 인쇄 노동 조합, 임금 협상 실패하자 주 35시간 근무 돌입.
	5. 23	리하르트 폰 바이체커, 제6대 연방 대통령으로 선출됨.
	7.25	서독, 동독에게 9억 5천만 마르크 차관 제공.
	11.30	동독, 서독과의 국경선에 설치한 자동 발사 장치 제거.
1985.	3. 11	미하일 고르바초프, 소련 공산당 서기장에 취임.
	5. 5~6	레이건 미 대통령, 독일 방문.
	5. 8	폰 바이체커 대통령, 독일 항복 40주년을 맞이하여 연방 하원에서 연설.
	10. 1	소련, 서베를린에 가스 공급 시작.
1986.	5. 6	동·서독, 문화 협정 체결.

6. 6	연방 정부, 환경 및 자연 보호부 신설.
10. 6	동·서독, 도시 간 자매결연 시작.
12. 5	연방 하원, 테러단 격퇴 법안 의결.

1987.	1. 25	제11대 연방 하원 선거 실시.
	3. 11	헬무트 콜, 연방 수상으로 선출됨(세 번째).
	3. 23	빌리 브란트, 사민당 대변인 선정 관련 물의로 대표직 사퇴(1964~1987년간 대표 역임).
	3. 25	서독 연방군 장교, 동독에서 실시된 바르샤바 조약기구 기동 훈련에 처음으로 참관.
	6. 14	한스-요켄 포겔, 사민당 대표로 선출됨.
	9. 1	서독, 서독을 방문하는 동독인에게 연간 30마르크씩 2회 지급하던 환영비를 연간 1회 100마르크로 인상 지급.
	9. 7~11	에리히 호네커 동독 서기장, 서독 방문.
	10. 2	바셀Uwe Barschel 슐레스비히-홀스타인 주수상, 바셀/파 이퍼 사건으로 사임함.
	10. 11	바셀 전 주수상, 제네바에서 시체로 발견됨.

1988.	7. 1	뵈르너Manfred Wörner 전 국방장관, 나토 사무총장 취임.
	8. 15	EC, 동독과 외교 관계 수립.
	10. 3	프란츠 요셉 슈트라우스 바이에른 주수상, 73세로 세상을 떠남.

1989.	5. 23	리하르트 폰 바이체커, 연방 대통령으로 재선됨.
	8.	동독인들이 헝가리·폴란드·체코슬로바키아 주재 대사관 에 몰려들며 서독으로 보내줄 것을 요구.
	9. 10	헝가리, 동독인들이 서독으로 넘어가는 것을 허용함.
	10. 18	에리히 호네커 서기장 물러남.
	11. 7	동독 빌리 슈토프 내각 총사퇴, 한스 모드로 총리 취임.
	11. 9	동독, 서독과 서베를린 사이의 국경선과 베를린 장벽 개방.
	11. 28	콜 수상, 연방 하원에서 통일 방안 10개항 발표.

12. 3	부시 미 대통령과 고르바초프 소련 대통령, 몰타에서 정상 회담 개최.
12. 19~20	콜 수상과 모드로 총리, 드레스덴에서 정상 회담 개최.
12. 22	브란덴부르크 문 개방.

1990.

2. 1	동독 모드로 총리, 4단계 통일 방안 제시.
3. 18	동독, 마지막 총선 실시.
5. 5	2+4 회담 1차 회의 개최(본).
5. 18	동·서독, 화폐, 경제와 사회 동맹 조약 체결.
6. 17	동독 재산 처리 문제 담당 기구인 신탁청 설립.
6. 22	2+4 회담 2차 회의 개최(동베를린).
7. 1	화폐, 경제와 사회 동맹조약 발효
7. 17	2+4 회담 3차 회의 개최(파리).
9. 12	2+4 회담 마지막 회의 개최, 2+4 조약 체결됨(모스크바).
10. 3	독일 45년 만에 통일됨.
12. 2	통일 후 최초의 전독일 연방 하원 선거 실시.
12. 20	제12대 연방 하원이 구성됨.

1991.

1. 17	헬무트 콜, 연방 수상으로 선출됨(네 번째).
3. 31	바르샤바 조약 기구 해체.
6. 17	독일과 폴란드, 우호 협력 조약 서명.
6. 20	베를린, 연방 하원에서 의회와 행정부 소재지로 결정됨.

1992.

10. 9	빌리 브란트 전 수상, 79세로 세상을 떠남.

1993.

1. 1	통일에 따른 재원 조달을 위해 부가 가치세가 14%에서 15%로 인상됨.
1. 13	에리히 호네커 전 동독 서기장, 칠레로 망명함.
6. 25	루돌프 샤핑 라인란트-팔츠 주수상, 사민당 대표로 선출.
11. 1	유럽 연합European Union 발족.

1994.

5. 23	로만 헤어초크, 제7대 연방 대통령으로 선출됨.

	5. 29	에리히 호네커 전 동독 서기장, 망명지 칠레에서 82세로 세상을 떠남.
	8. 31	동독 주둔 소련군, 동독에서 철수 완료.
	10. 16	제13대 연방 하원 선거 실시.
	11. 15	헬무트 콜, 연방 수상으로 선출됨(다섯 번째).
	12. 1	신탁청 해체.

1995. 1. 1 오스트리아, 핀란드 및 스웨덴, EU 가입(회원국 15개국).
      1. 1 유럽안보협력회의(CSCE)가 OSCE로 변경됨.
      11. 16 오스카 라폰텐 자르란트 주수상, 사민당 대표로 선출됨.
      12. 20 연방 하원의 독일군 4,000명 보스니아 파병 결정(12. 6)으로 독일군이 보스니아에 파병됨.

1997. 1. 독일의 실업자 수 전후 처음으로 400만 명 돌파(416만 명, 실업률 10.8%).
      11. 1 폐점법 개정으로 영업시간이 연장됨(평일 06:00~18:30→ 06:00~20:00, 토요일 06:00~14:00→ 06:00~16:00).

1998. 2. 13 연방 하원, 지역 선거구를 2002년부터 29개 줄인 299개로 조정하여 총 의석을 598석으로 함.
      4. 1 부가 가치세가 15%에서 16%로 인상됨.
      4. 20 적군파, 해체 선언.
      9. 27 제14대 연방 하원 선거 실시.
      10. 27 게르하르트 슈뢰더, 연방 수상으로 선출됨(사민당과 녹색당 의 연정 수립).

1999. 3. 11 오스카 라폰텐 사민당 대표 겸 연방 재무장관, 모든 직에 서 사퇴 선언.
      4. 13 슈뢰더, 사민당 대표로 선출됨.
      4. 19 구제국 의사당, 8년 공사 후 연방 하원 건물로 전환.
      5. 24 요하네스 라우(SPD), 제8대 연방 대통령으로 선출됨.
      6. 10 연방 하원, 독일군(8,500명)의 코소보 파병 결정.

6. 23	고용, 성장 및 사회 안정을 위한 미래 프로그램 발표.
9. 1	연방 정부와 의회, 베를린에서 공식적으로 업무 시작.
2000. 7. 17	독일, 제2차 대전 중 강제 노역에 종사한 자들에 대한 보상금으로 100억 마르크 조성 합의.

| 2001. 6. | 구동독 지역에 대한 재정 지원 계획(Solidarpakt II) 수립. |
| 9. 19 | 연방 하원, 9. 11 테러 후 미국이 추진하는 테러와의 전쟁 지지 선언. |

2002. 1. 1	독일 등 EU 12개 회원국, 유로화 사용(영국, 덴마크, 핀란드는 사용하지 않음).
9. 22	제15대 연방 하원 선거 실시.
10. 24	게르하르트 슈뢰더, 연방 수상으로 재선됨.

| 2004. 5. 1 | 폴란드 및 헝가리 등 10개국, EU 가입(EU 회원국 25개국). |
| 5. 23 | 호르스트 쾰러, 제9대 연방 대통령으로 선출됨. |

참고 문헌

1. 독일 전체

— Baumann, Wolf-Rüdiger(Hrsg.), *Die Fischer Chronik Deutschland: Ereignisse, Personen, Daten*, Frankfurt a.M.: Fischer, 2001.

— Diemer, Gebhard(Hrsg.), *Kurze Chronik der deutschen Frage*, München: Olzog Verlag, 1990.

— Grosser, Alfred, *Geschichte Deutschlands seit 1945*, München: dtv, 1987.

— Hillgrüber, Andreas, *Deutsche Geschichte 1945~1986*, 6. Aufl., Stuttgart: Kohlhammer, 1987.

— Lehmann, Hans Georg, *Deutschland-Chronik 1945 bis 1995*, Bonn, 1995.

— Münch, Ingo von(Hrsg.), *Dokumente des geteilten Deutschland*, Stuttgart: Kröner, 1976.

— Münch, Ingo von(Hrsg.), *Dokumente des geteilten Deutschland, Band II: seit 1968*, Stuttgart: Kröner, 1976.

— Staritz, Dietrich, *Geschichte der DDR,* erweiterte Neuausgbe, Frankfurt a.M.: Suhrkamp, 1996.

— Weber, Hermann, *Geschichte der DDR*, 2. Aufl., München: dtv, 1985.

2. 제1장 독일의 분단, 제2장 독일 연방 공화국의 건국과 발전

— 장홍, 『유럽 통합의 역사』, 서울: 고려원, 1994.

— Benz, Wolfgang(Hrsg.), *Die Bundesrepublik Deutschland, Band I: Politik*, Frankfurt a.M.: Fischer, 1984.

— Graml, Hermann, *Die Alliierten und die Teilung Deutschlands: Konflikte und Entscheidungen, 1941-1948*, Frankfurt a.M.: Fischer, 1985.

— Grosser, Alfred, *Das Deutschland im Westen: Eine Bilanz nach 40 Jahren*, München: Hanser Verlag, 1985.

— Haack, Dieter u.a.(Hrsg.), *Das Wiedervereinigungsangebot des Grundgesetzes*, Köln: Verlag Wissenschaft und Politik, 1989.

— Herbst, Ludolf, *Option für den Westen: Vom Marshallplan bis `zum deutsch-französischen Vertrag*, München: dtv, 1988.

— Loth, Wilfried, *Die Teilung der Welt 1941~1955*, München: dtv, 1990.

— Ludwig Erhard, Stiftung E.V., *Die Korea-Krise als ordnungspolitische Herausforderung der deutschen Wirtschaftspolitik*, Stuttgart, 1986.

— Münch, Ingo von(Hrsg.), *Dokumente des geteilten Deutschland*, Stuttgart: Kröner, 1976.

— "Public Papers of the Presidents of the United States: Harry S. Truman 1947," Washington: U. S. Government Printing Office, 1963.

— Rauschning, Dietrich(Hrsg.), *Rechtsstellung Deutschlands: Völkerrechliche Verträge und andere rechtsgestaltende Akte*, Göttingen: dtv, 1985.

— Steininger, Rolf, *Deutsche Geschichte 1945~1961*, Frankfurt a.M.: Fischer, 1984.

— Schwarz, Hans-Peter, *Adenauer der Aufstieg:1876~1952*, Stuttgart: Deutsche Verlags-Anstalt, 1986.

— Südwest(Hrsg.), *Ostdeutschland*, München, 1987.

— Tenbrock, R-H., *Geschichte Deutschlands*, Paderborn: Ferdinand Schöningh, 1977.

— Waigel, Theo, "Soziale Marktwirtschaft als eine Verpflichtung," in der Welt vom 4. Februar 1987.

— Wilke, Jürgen, "Ein früher Beginn der Vergangenheitsbewältigung," in der Frankfurter Allgemeine Zeitung(FAZ) vom 15. November 1995.

3. 제3장 또 다른 독일, 독일 민주 공화국

— Bundesministerium für innerdeutsche Beziehungen, *Der Aufstand vom*

17. Juni 1953, Bonn, 1988.

— Edition Deutschland Archiv(EDA, Hrsg.), *Das Profil der DDR in der sozialistischen Staaten Gemeinschaft*, Köln, 1987.

— Frenzel, Paul/ Fritz Schenk, *Die rote Mark: Perestroika für die DDR*, Herford: Busse Seewald, 1989.

— Gohl, Dietmar, *Deutsche Demokratische Republik*, Frankfurt a.M.: Fischer, 1986.

— Spittmann, Ilse, *Die SED in Geschichte und Gegenwart*, Köln: EDA, 1897.

— Spittmann, Ilse/ Karl Wilhelm Fricke(Hrsg.), *17. Juni 1953: Arbeiteraufstand in der DDR*, Köln: EDA, 1988.

— Spittmann, Ilse/ Gisela Helwig(Hrsg.), *DDR Lesebuch: Von der SBZ zur DDR 1945~1949*, Köln: EDA, 1989.

— Staritz, Dietrich, *Geschichte der DDR,* erweiterte Neuausgbe, Frankfurt a. M.: Suhrkamp, 1996.

— Weber, Hermann, *Geschichte der DDR,* 2. Aufl., München: dtv, 1985.

— Wetzel, Günter, "Das Dilemma der SPD nach dem Kriege," in der FAZ vom 26. August, 1994.

— Wilke, Manfred/Erler, Peter, "Die Vorgeschichte der Vereinigung von SPD und KPD in der Sowjetischen Besatzungszone," in der FAZ vom 10. Mai 1995.

4. 제4장 아데나워 시대 말기, 제5장 과도기: 1963~1969

— Bar, Egon, *Zu meiner Zeit*, München: Karl Blessing Verlag, 1986.

— Berglar, Peter, *Konrad Adenauer Konkursverwalter oder Erneuerer der Nation*, Göttingen: Munterschmidt, 1975.

— Kremp, Herbert, "Große Koalition — der Versuch, die Staatsmacht durch zwei zu teilen," in der Welt vom 28. November 1986.

— "Public Papers of the Presidents of the United States: John F. Kennedy 1961," Washington: U. S. Government Printing Office, 1962.

- Strauß, Franz Josef, *Die Erinneringen*, Berlin: Siedler Verlag, 1989.
- "Verfassung der Deutschen Demokratischen Republik," Staatsverlag der DDR, Berlin, 1985.

5. 제6장 브란트와 새로운 동방 정책의 시대, 제7장 70~80년대의 독일

- Bar, Egon, *Zu meiner Zeit*, München: Karl Blessing Verlag, 1986.
- Brandt, Willy, *Begegnungen und Einsichten*, München: Knaur, 1976.
- Brandt, Willy, *Erinnerungen*, Frankfurt a.M.: Propyläen, 1989.
- Bundesministerium für innerdeutsche Beziehungen, *Zehn Jahre Deutschlandpolitik: Die Entwicklung der Beziehungen zwischen der Bundesrepublik Deutschland und der Deutsche Demokratische Republik 1969~1979 Eine Dokumentation(1)*, Bonn, 1980.
- Gaus, Günter, *Wo Deutschland liegt: Eine Ortsbestimmung*, München: dtv, 1986.
- Genscher, Hans-Dietrich, *Erinnerungen*, Berlin: Siedler, 1995.
- Griffith, William E., *Die Ostpolitik der Bundesrepublik Deutschland*, Stuttgart: Klett-Cotta, 1981.
- Maser, Werner, Helmuth Kohl: *Der deusche Kanzler; Biographie*, 2. Aufl., Frankfurt a.M.: Ulstein, 1990.
- Münch, Ingo von(Hrsg.), *Dokumente des geteilten Deutschland, Band II: seit 1968*, Stuttgart: Kröner, 1976.
- Rauschning, Dietrich(Hrsg.), *Rechtsstellung Deutschlands: Völkerrechliche Verträge und andere rechtsgestaltende Akte*, Göttingen: dtv, 1985.
- Schmidt, Helmuth, *Eine Strategie für die Westen*, Berlin: Siedler, 1986.
- Thurich, Eckart, *Schwierige Nachbarschaften: Deutsche und Polen-Deutsche und Tschechen im 20. Jahrhundert*, Stuttgart: Kohlhammer, 1990.

6. 제8장 동·서독 교류

- Bundesministerium für innerdeutsche Beziehungen, "Das Kulturabkommen,"

3. Aufl., Bonn, 1989.

— ——— , *Deutschlandpolitische Bilanz 1988: Zahlen, Daten, Fakten*, Bonn, 1989.

— ——— , *Deutschlandpolitische Bilanz 1989: Zahlen, Daten, Fakten*, Bonn, 1990.

— ——— , "Innerdeutsche Beziehungen: Die Entwicklung der Beziehungen zwischen der Bundesrepublik Deutschland und der Deutsche Demokratische Republik 1980~1986: Eine Dokumentation," Bonn, 1986.

— ——— , *Jahresbericht 1987*, Bonn, 1988.

— ——— , *Zahlenspiegel Bundesrepublik Deutschland/Deutsche Demokratische Republik: Ein Vergleich*, Bonn, 1988.

— Fischbach, Günter(Hrsg.), *DDR Almanach '89: Daten ‑Information ‑Zahlen*, Stuttgart: Bonn Aktuell, 1989.

— Fischbach, Günter(Hrsg.), *DDR Almanach '90: Daten ‑Information ‑Zahlen*, Stuttgart: Bonn Aktuell, 1990.

— Honecker, Erich, *Moabiter Notizen*, Berlin: edition ost, 1994.

— Martin, Ernst, *Zwischenbilanz: Deutschlandpolitik der 80er Jahre*, Stuttgart: Bonn Aktuell, 1986.

— Nawrocki, Joachim, *Die Beziehungen zwischen den beiden Staaten in Deutschland*, 2. ergänzte Aufl., Berlin: Verlag Gebr. Holzapfel, 1988.

— Press‑und Informationsamt der Bundesregierung, "Gemeinsamer Kommunique," in der Bulletin des, Nr. 83/s. 705 vom 10. September 1987.

7. 제9장 정치 조직

— Bundeszentrale für politische Bildung, "Grundgesetz für die Bundesrepublik Deutschland," 2002.

— Fromme, Friedrich Karl, "Die Zweitstimme ist entscheidend" in der FAZ vom 14. Oktober 1994.

— Grosser, Alfred, *Geschichte Deutschlands seit 1945*, München: dtv, 1987.

- Reuther, Helmut, *Demokratie im Schaubild,* Bonn, transcontact, 1994.
- "Nachrückverfahren für Abgeordnete verfassungswidrig," in der FAZ vom 8. April 1998.
- "Überhangmandate und Grundmandatsklausel mit dem Grundgesetz vereinbar," in der FAZ vom 11. April 1997.

8. 제10장 독일 통일

- 엘리자베스 폰드(오정환 옮김), 『장벽을 넘어서: 독일은 이렇게 통일이 되었다』, 서울: 한국논단, 1994.
- Bundesministerium für innerdeutsche Beziehungen, "Texte zur Deutschland- politik: Reihe III/ Band 7-1989," Bonn, 1990.
- ――――, "Texte zur Deutschland- politik: Reihe III/ Band 8a-1990," Bonn, 1991.
- ――――, "Texte zur Deutschland- politik: Reihe III/ Band 8b-1990," Bonn, 1991.
- Edition Deutschland Archiv(Hrsg.), *Chronik der Ereignisse in der DDR,* Köln, 1989.
- Genscher, Hans-Dietrich, *Erinnerungen,* Berlin: Siedler, 1995.
- Honecker, Erich, *Moabiter Notizen,* Berlin: edition ost, 1994.
- Kohl, Helmuth, *Ich wollte Einheit,* Frankfurt a.M., Propyläen, 1996.
- Korte, Karl-Rudolf, *Die Chance genutzt?: Die Politik zur Einheit Deutschlands,* Frankfurt a.M.: Campus, 1994.
- Press-und Informationsamt der Bundesregierung, "Der Vertrag über die Schaffung einer Währungs-Wirtschafts-und Sozialunion zwischen der Bundesrepublik Deutschland und der Deutsche Demokratische Republik," Bonn, 1990.
- ――――, "Vertrag zwischen der Bundesrepublik Deutschland und der Deutsche Demokratische Republik über die Herstellung der Einheit Deutschlands," Bonn, 1990.
- Schäuble, Wolfgang, *Der Vertrag wie ich über die deutsche Einheit*

verhandelt, Stuttgart: 1993.

- Schützsack, Axel, *Exodus in die Einheit: Die Massenflucht aus der DDR 1989,* St. Augustin: Melle, 1990.
- Teltschik, Horst, *329 Tage: Innenansichten der Einigung,* Berlin: Siedler, 1993.
- Waigel, Theo/Schell Manfred, *Tage, die Deutschland und die Welt veränderten,* München: Ed. ferenczy bei Bruckmann, 1994.
- Weidenfeld, Werner/ Korte, Karl-Rudolf, *Handbuch zur deutschen Einheit,* Frankfurt a.M.: Campus, 1994.

11. 독일 통합 과정

- 김영탁, 『독일 통일과 동독 재건과정』, 서울: 한울 아카데미, 1997.
- 주독일 대사관(역), 『독일 통일 6년, 동독재건 6년』, 본, 1996.
- 주독일 대사관(역), 『독일 통일 현황보고서』, 본, 1998.
- 통일부(역), 『독일 통일 백서(2001)』, 서울, 2002.
- 통일부(역), 『독일 통일 백서(2002)』, 서울, 2003.
- 통일부(역), 『독일 통일 백서(2003)』, 서울, 2004.
- "Das bodenreformurteil in vollem Umfang bestätigt," in der FAZ vom 10. Mai 1996.
- Presseinformation vom März 1995, der Bundesbeauftrgte für die Unterlagen des Staatssicherheitsdienstes der ehemaligen DDR.
- Weidenfeld, Werner/ Korte, Karl-Rudolf, *Handbuch zur deutschen Einheit,* Frankfurt a.M.: Campus, 1994.
 * 상기 주독일 대사관과 통일부 자료는 독일 통일과 관련해서 독일 연방 정부가 연방 하원에 제출한 연례 보고서를 번역·발간한 자료이다.

(사진 출처)
- Bundesbildstelle Bonn der Press- und Informationsamtes der Bundesregierung.

찾아보기

가